U0515658

中國近代期刊彙刊·第二輯

# 新民叢報

一（壹—陸號）

中華書局

圖書在版編目(CIP)數據

新民叢報/梁啓超主編. -北京:中華書局,2008.4
(中國近代期刊彙刊·第二輯)
ISBN 978-7-101-05224-4

Ⅰ.新… Ⅱ.梁… Ⅲ.期刊-彙編-中國-清后期
Ⅳ.Z62

中國版本圖書館 CIP 數據核字(2006)第 086114 號

責任編輯:歐陽紅

中國近代期刊彙刊·第二輯
新 民 叢 報
梁啓超 主編
*
中 華 書 局 出 版 發 行
(北京市豐臺區太平橋西里 38 號 100073)
http://www.zhbc.com.cn
E-mail:zhbc@zhbc.com.cn
北京瑞古冠中印刷廠印刷
*
787×1092 毫米 1/16·836¼印張·17 插頁
2008 年 4 月第 1 版 2008 年 4 月北京第 1 次印刷
印數:1-600 册 定價:4800.00 元

ISBN 978-7-101-05224-4

# 影印説明

一

《新民叢報》是二十世紀初在日本發行的半月刊，是梁啓超主持的報刊中歷時最久、影響最大的刊物。

一九〇一年十二月二十日（光緒二十七年十一月十日），《清議報》第一百册出版的第二天，報館失火停刊。一九〇二年二月八日（光緒二十八年正月初一日），梁啓超在日本橫濱續辦《新民叢報》。每月舊曆初一日、十五日發行。一九〇三年（光緒二十九年）起，改爲每月舊曆十四日、二十九日發行。一九〇四年二月以後，經常不能如期出版。《新民叢報》歷時六年，共出九十六號，編輯和發行人署馮紫珊，實爲梁啓超負責，刊物上重要文章也大都出自梁氏之手。

《新民叢報》初創時，向保皇會譯書局借款數千元作爲經費，一年後還清，改爲股份經營，分八股，梁居其二。

《新民叢報》創刊號《本報告白》稱：「本報取名《大學》『新民』之義，以爲欲維新吾國，當先維新吾民。」初創時，分圖畫、論説、學説、口聞短評、中國近事、海外彙報、史論、地理、教育、學術、近事、名家説叢、輿論一斑、雜俎、小説、文苑、紹介新著各欄。第二年起「改定内容」，論著門中，着重論説、學説、時局、政治、歷史、地理、教育。説明「以教育爲主腦，以政論爲附從」，「爲吾國前途起見，一以國民公利公益爲目的」。

《新民叢報》初創時，主要論文幾乎都出自梁啓超之手，所撰《新民説》，是系統表達他對「新民爲今日中國急務」的文篇，也是當時較有代表性而影響廣泛的文篇。他説：「新民云者，非欲吾民盡棄其舊以從人也。新之義有二：一曰焠厲其所本有而新之，二曰採補其所本無而新之。二者缺一時乃無功。」也就是説：舊有的要創新，本無的要採補。凡二十章，即叙論、論新民爲今日中國第一急務、釋新民之義、就優勝劣敗之理以證新民之結果而論及取法之所宜、論公理、論國家思想、論進取冒險、論權利思想、論自由、論自治、論進步、論自尊、論合群、論生利分利、論毅力、論義務思想、論尚武、論私德、論民氣、論政治能力。自一九〇二年創刊號開始登載，直到一九〇六年一月六日第七十二號止，歷時五年，後又出版單行本。

《清議報》第九十八册開始登載的《飲冰室自由書》，也在《新民叢報》繼續刊發，一直登到一九〇五年四月出版的第六十七號，以「自驗其學識之進退、氣力之消長」，「日記數條以自課」，「每有所觸，應時援筆」，「或發論，或講學，或記事，或鈔書，或用文言，或用俚語，惟意取之」。

《新民叢報》還發表了梁啓超的《新史學》（第一、三、十一、十四、十六、二十號）、《論中國學術思想變遷之大勢》（第三、五、七、九、十二、十六、十八、二十一、二十二號）等學術專著，以及介紹西方著名政治家、思想家的生平和學説，如《天演學初祖達爾文之學説及其略傳》（第三號）、《近世第一女杰羅蘭夫人傳》（第十七、十八號）、《進化論革命者頡德之學説》（第十八號）、《新英國巨人克林威爾傳》（第二十五、二十六、五十四、五十六號）、《近世第一大哲康德之學説》（第二十五、二十六、二十八、四

十六、四十七、四十八號）、《政治學大家伯倫知理之學説》（第三十八、三十九）等，對當時以至當今有着深遠影響。

梁啓超還寫了不少切中時弊的「時論」。由於梁啓超議論新穎、文字生動，吸引了許多讀者，促使《新民叢報》印數日增。最初僅印二千册，到了第二十二期，增至九千册，還經常再版、翻印。據一九〇二年十一月十四日（光緒二十八年十月十五日）創刊的《新小説》後面所附「廣告」，記録《新民叢報》二十號以前的版次説：

九版　《新民叢報》第一號

七版　《新民叢報》第二號至第六號

六版　《新民叢報》第七號至第十號

三版　《新民叢報》第十一號至第十三號

再版　《新民叢報》第十四號至第十八號

初版　《新民叢報》第十九號至第二十號。

《新小説》創刊之時，《新民叢報》正出到第二十號，所以只載到第二十號。這兩份報刊同由梁啓超主持〔二〕，它們的發行所同在日本横濱市山下町百五十二番，所記出版、再版情況自屬可信，但只記到《新

〔二〕《新小説》編輯兼發行人雖署名趙毓林，實由梁啓超主持。

小説》創刊時，以後還曾加印，可知銷售之廣。據稱一般銷售數在一萬份左右，國内外的銷售處也達九十餘處。

## 二

隨着社會歷史的發展和革命報刊的興起，梁啓超的思想時有變化，《新民叢報》的宗旨也時有動盪。

一九〇三年十一月，梁啓超出訪美國返回日本，思想大變，放棄了過去的「破壞主義」主張，在《新民叢報》第四十至四十三號，接連發表《論俄羅斯虛無主義》、《答飛生》、《答和事人》，表達了他當時「用意之所存」。以爲「立言者必思以其言易天下，不然則言之奚爲者」。「吾所謂與輿論挑戰者，自今以往，有以主義相辨難者」。「苟持之有故，言之成理，吾樂相與賞之析之」。本來，他信奉盧梭的民權、民約論，旅美後看到美國民主政治的弊病，又感到不能「迷信共和」。

就在這時，國内革命形勢日漸高漲。一九〇三年由鄒容的《革命軍》和章太炎的《駁康有爲論革命書》引發的「《蘇報》案」，擴大了革命的思想影響，章士釗、陳去疾等續辦《國民日報》，「放肆蜚言，昌言無忌」，重遭清政府外務部通飭總税務局轉告郵政局「毋得代寄」。不久，蔡元培等又創《俄事警聞》，後擴展爲《警鐘日報》，憤斥帝國主義，抨擊清朝政府。在日本刊行的《江蘇》、《浙江潮》言論也漸趨激烈。孫中山在《檀山新報》發表《敬告同鄉書》，明確指出，「革命與保皇，理不相容，勢不兩立」，「革命、保皇二事，决分兩途，如黑白之不能混淆，如東西之不能易位。革命者志在撲滿而興漢，保皇者志在扶滿而臣清，事理相反，背道而馳」，號召「大倡革命，毋惑保皇」〔一〕。一九〇五年，興中會、華興會、光復會合併爲中國同盟會，把「驅逐韃虜，恢復中華，建立民國，平均地權」寫入誓言。從此推翻清朝成爲時代主流。次年，同盟會的機關報《民報》也在日本刊發。

面對國内革命形勢的發展，梁啓超擔心革命會引起帝國主義的干涉，説是「外國則或俟觀政府之請求然後干涉焉，或不俟其請求而先干涉焉，皆意中事也」〔二〕。「欲爲政治革命者，宜以要求而勿以暴動」〔三〕。還説：「自秦以來，貴族即已消滅」，「乃至本朝，根株愈蓋浄盡」，「舉國無階級之可言。」〔四〕革命只會「煽動下流」、煽惑「賭徒、小偷、乞丐、流氓」來「荼毒一方」〔五〕。

梁啓超旅美返日後思想以致對《民報》的論争，對清政府預備立憲的熱衷，在《新民叢報》也時有反映。儘管這些文章和當時形勢不相適應，但也反映了一些知識分子由改良而立憲的心態。《新民叢報》也成爲研究近代中國，特别是革命和改良論争的不可或缺的素材。

## 三

《新民叢報》多次重版，梁啓超在《新民叢報》刊發的詩文，也多次結集，但要深入探索近代中國和

---

〔一〕孫中山：《敬告同鄉書》，見《孫中山全集》第一卷，中華書局一九八一年版，第二三〇至二三三頁。

〔二〕梁啓超：《申論種族革命與政治革命之得失》，《新民叢報》第七十六號，光緒三十二年二月十五日出版。

〔三〕梁啓超：《開明專制論》，《新民叢報》第七十五號，光緒三十二年二月初一日出版。

〔四〕梁啓超：《雜答某報》，《新民叢報》第八十六號，光緒三十二年七月十五日出版。

〔五〕梁啓超：《開明專制論》，《新民叢報》第七十五號，光緒三十二年二月初一日出版。

梁啓超思想,還得查閲《新民叢報》。

梁啓超詩文結集搜集最多而爲晚近學者經常引用的是《飲冰室合集》(下簡稱《合集》),這是梁啓超去世後由其好友林志鈞編輯的,序文雖謂「編輯遺稿,並訂定已印諸集」,實際因時間緊迫,並未收全,也未及認真「訂定已印」諸集。下面即以《新民叢報》爲例:

第一,《新民叢報》發表時没有署名,《合集》未收,而《飲冰室全集》或其他結集却已輯入的,如《西藏密約問題》,載《新民叢報》第十三號「國聞短評」欄,未署名,《合集》未收,而《在飲冰室全集》第三十七册收入。

第二,《新民叢報》發表時没有署名,《合集》未收,但據《梁任公年譜長編》(下簡稱《年譜》),可以確證爲梁氏所撰的爲《嗚呼榮禄》,載《新民叢報》第二十九號「雜評」欄,未署名,《合集》未收,而《年譜》收有此文。

第三,《新民叢報》發表時有署名,而《合集》没有收入的,如《答某君問張伯倫帝國主義政策一節》,載《新民叢報》第六號,署名「飲冰」,《合集》未載。

這種事例不是個别,而是時有發現。此外,《新民叢報》發表時雖曾署名,《合集》未收,而《梁啓超全集》或其他結集却予輯入的,也有不少。

照此説來,全面查閲《新民叢報》,有助於正確評述梁氏思想轉變的迹象及其與當時社會政治的關係。

## 四

《新民叢報》的重要論文，大都出自梁啓超之手，但不是所有詩文都是梁氏一人所寫，其他人的詩文，在編排上也自具特色。

《新民叢報》上的詩文函札，作者除梁啓超外，還有章太炎、嚴復、黃遵憲（人境廬主人）、蔣智由（觀雲）、馬君武、楊度、黃宗仲（與目山僧）、蔣方震（百里）、康有爲（明夷）、梁啓勛、錢基博等，他們的詩文書札，有的没有結集，有的雖收入文集，也有助於勘覈。還有戊戌六君子之一劉光第（裴村）的遺稿。

《新民叢報》首載「圖畫」，刊載世界著名政治家、思想家的圖片，如「法帝拿破侖第一」、「德前相俾士麥」（第一號）、「美國前大統領華盛頓」、「英國前相格蘭斯頓」（第二號）、「英國前女皇域多利亞」、「德前皇維廉第一」（第三號）、「英儒培根」、「法儒笛卡兒」（第四號）、「政治學大家法儒盧梭」、「哲學大家德儒康德」（第五號）等。這些「圖畫」，也是不可多得的。

《新民叢報》列有「小説」一欄，有譯自法國焦士威爾的《十三小豪杰》以及梁氏（飲冰室主人）的《新羅馬傳奇》。此後，梁氏又在日本創辦了《新小説》月刊。

《新民叢報》從創刊到結束，歷時六年，在這六年動盪歲月中，既有論説時政的專文，還有「口聞短評」、「中國近事」、「海外彙報」等欄。加上其他欄目，實爲研究中國近代政治、文化不可或缺的重要刊物。因此，重新影印《新民叢報》是完全必要和非常迫切的。

然而，影印《新民叢報》却並非易事。《新民叢報》的刊行，雖然距今僅有百年，但這一百年中，屢經戰亂，它又在日本發行，國内雖有多處發行所，也不是每號按時寄到，要把九十六號搜集齊全既不容易，每號是否中有缺損也有待細覈。一些主要圖書館雖有收藏，借出影印又有各種限制。經多方聯繫，終於將幾家單位所藏配套輯成。其中第一至六、三十一至五十四號藏於上海社會科學院歷史研究所，第七至三十、七十三至九十六號藏於北京師範大學歷史學院，第五十五至七十二號藏於中華書局圖書館。又，《新民叢報》多次再版，這裏採用的版本無法詳加考證。而各號中有的封面缺損，有的廣告頁缺失，這裏只補全了封面，其餘未加變動。此次影印的《新民叢報》，保留了原刊頁碼，每頁外側的中文數字頁碼，爲影印時所加。爲了方便讀者，按照原刊每期目録，編製了總目，附於書前，以便翻閲。

湯志鈞　二〇〇八年一月

# 總目

## 第壹號（光緒二十八年正月初一日）一——一三八頁

## 第貳號（光緒二十八年正月十五日）一三九——二六六頁

## 第參號（光緒二十八年二月一日）　二六七—三九四頁

## 第肆號（光緒二十八年二月十五）　三九五——五二二頁

## 第伍號（光緒二十八年三月一日）五二三—六五〇頁

## 第陸號（光緒二十八年三月十五日）六五一——七八二頁

## 第柒號（光緒二十八年四月一日） 七八三——九二〇頁

## 第捌號（光緒二十八年四月十五日）　九二一—一〇五八頁

## 第玖號（光緒二十八年五月一日）一〇五九——一一九四頁

# 第拾號（光緒二十八年五月十五日）一一九五——一三三二頁

## 第拾壹號（光緒二十八年六月初一日）一三三三——一四七〇頁

## 第拾貳號（光緒二十八年六月十五日）一四七一——一六〇六頁

## 第拾參號（光緒二十八年七月初一日）一六〇七——一七四二頁

## 第拾肆號（光緒二十八年七月十五日）一七四三——一八九四頁

# 第拾伍號（光緒二十八年八月一日）　一八九五——二〇四八頁

## 第拾陸號（光緒二十八年八月十五日）二〇四九——二二〇〇頁

## 第拾柒號（光緒二十八年九月一日）二二〇一——二三五四頁

## 第拾捌號（光緒二十八年九月十五日）二三五五——二五〇二頁

## 第拾玖號（光緒二十八年十月一日）二五〇三——二六四八頁

## 第貳拾號（光緒二十八年十月十五日）二六四九——二七九四頁

## 第貳拾壹號（光緒二十八年十一月一日）二七九五——二九五〇頁

## 第貳拾貳號（光緒二十八年十一月十五日）二九五一——三一〇〇頁

## 第貳拾參號（光緒二十八年十二月一日）三一〇一——三二四六頁

## 第貳拾肆號（光緒二十八年十二月十五日）三二四七—三四〇八頁

## 第貳拾伍號（光緒二十九年正月十四日）三四〇九——三七一二頁

## 第貳拾陸號（光緒二十九年正月二十九日）三七一三——三八六〇頁

## 第貳拾捌號（光緒二十九年二月二十九日）四〇〇九—四一五六頁

## 第貳拾玖號（光緒二十九年三月十四日） 四一五七——四三〇〇頁

## 第參拾號（光緒二十九年三月二十九日）　四三〇一——四四五八頁

華年閣雜録……觀雲

霉菌燈 馬尾之長度 黑人嬰兒之白色 世界第一之大砲 心理與生理之一斑 世界大富之王 世界至速之電車 世界帝王之口才 牛何故驚赤色 美國蟲害之豫定額

紀事……一一三

本國之部 外國之部

## 第參拾壹號（光緒二十九年四月十四日）四四五九——四五九二頁

## 第參拾貳號（光緒二十九年四月二十九日）四五九三——四七二八頁

## 第參拾參號（光緒二十九年五月十四日）四七二九—四八六六頁

## 第参拾肆號（光緒二十九年五月二十九日）四八六七—五〇〇二頁

## 第參拾伍號（光緒二十九年六月十四日）　五〇三—五一三八頁

## 第參拾陸號（光緒二十九年六月二十九日）五一三九——五二六六頁

## 第參拾柒號（光緒二十九年七月十四日）五二六七——五四〇〇頁

## 第參拾捌、參拾玖號（光緒二十九年八月十四日）五四〇一——五六六四頁

## 第肆拾、肆拾壹號（光緒二十九年九月十四日）五六六五——五九三〇頁

## 第肆拾貳、肆拾參號（光緒二十九年十月十四日）五九三一——六一八八頁

## 第肆拾陸、肆拾柒、肆拾捌號（光緒二十九年十二月二十九日）　六四四七—六八二四頁

## 第肆拾玖號（光緒三十年五月十五日）六八二五—六九五二頁

# 第伍拾號（光緒三十年六月初一日）　六九五三—七〇八〇頁

## 第伍拾壹號（光緒三十年七月十五日）七〇八一——七二〇六頁

## 第伍拾貳號（光緒三十年八月初一日）七二〇七—七三三四頁

## 第伍拾參號(光緒三十年八月十五日)七三三五——七四六二頁

## 第伍拾肆號（光緒三十年九月初一日）七四六三——七五九二頁

## 第伍拾伍號（光緒三十年九月十五日）七五九三——七七二〇頁

## 第伍拾陸號（光緒三十年十月初一日）七七二一——七八四八頁

## 第伍拾柒號（光緒三十年十月十五日）七八四九——七九七六頁

## 第伍拾捌號（光緒三十年十一月初一日）七九七七—八一〇四頁

## 第伍拾玖號（光緒三十年十一月十五日）八一〇五—八二三二頁

## 第陸拾號（光緒三十年十二月初一日）八二三三——八三六〇頁

## 第陸拾壹號（光緒三十年五十二月十五日） 八三六一——八四八八頁

## 第陸拾貳號（光緒三十一年正月初一日）八四八九——八六一六頁

## 第陸拾參號（光緒三十一年正月十五日）八六一七——八七四二頁

## 第陸拾肆號（光緒三十一年二月初一日）八七四三——八八七〇頁

## 第陸拾伍號（光緒三十一年二月十五日）八八七一——八九九八頁

# 第陸拾陸號（光緒三十一年三月初一日）八九九九——九一二三頁

## 第陸拾柒號（光緒三十一年三月十五日）九一二三——九二五〇頁

## 第陸拾玖號（光緒三十一年四月十五日）九三七九—九五〇四頁

## 第柒拾號（光緒三十一年十一月十五日）九五〇五——九六三〇頁

## 第柒拾壹號（光緒三十一年十二月初一日）　九六三一——九七五六頁

## 第柒拾貳號（光緒三十一年十二月十五日）九七五七——九八八二頁

## 第柒拾參號（光緒三十二年一月一日）九八八三——一〇〇一四頁

## 第柒拾肆號（光緒三十二年一月十五日）一〇一五——一〇一五〇頁

## 第柒拾柒號（光緒三十二年三月一日）一〇四三——一〇五六二頁

## 第柒拾捌號（光緒三十二年三月十五日）一〇五六三——一〇七〇二頁

## 第柒拾玖號（光緒三十二年四月一日）一〇七〇三—一〇八四四頁



## 第捌拾號（光緒三十二年四月十五日）一〇八四五—一〇九八四頁

## 第捌拾壹號（光緒三十二年五月一日）一〇八五——一一二四頁

## 第捌拾貳號（光緒三十二年五月十五日）一一二五——一二七〇頁

## 第捌拾參號（光緒三十二年六月一日）一二七一——一四一六頁

## 第捌拾肆號（光緒三十二年六月十五日）一一四一七——一一五六〇頁

## 第捌拾伍號（光緒三十二年七月一日）　一一五六一——一一七〇四頁

## 第捌拾陸號（光緒三十二年七月十五日）一一七〇五—一一八五二頁

## 第捌拾柒號（光緒三十二年八月一日）　一一八五三——一一九九二頁

## 第捌拾捌號（光緒三十二年八月十五日）一一九九三——一二一三三頁

# 第捌拾玖號（光緒三十二年九月一日）一二一三三—一二二七八頁

## 第玖拾號（光緒三十二年九月十五日）一二三七九——一二四二〇頁



## 第玖拾壹號（光緒三十二年十月一日）一二四二一——一二五六二頁

## 第玖拾貳號（光緒三十二年十月十五日）一二五六三——一二六九六頁

第玖拾參號（光緒三十二年十一月一日）一二六九七——一二八三四頁



第玖拾肆號（光緒三十二年十一月十五日）一二八三五——一二九七〇頁

## 第玖拾伍號（光緒三十三年十月一日）一二九七一——一三一一〇頁

## 第玖拾陸號（光緒三十三年十月十五日）一三二一——一三二五六頁

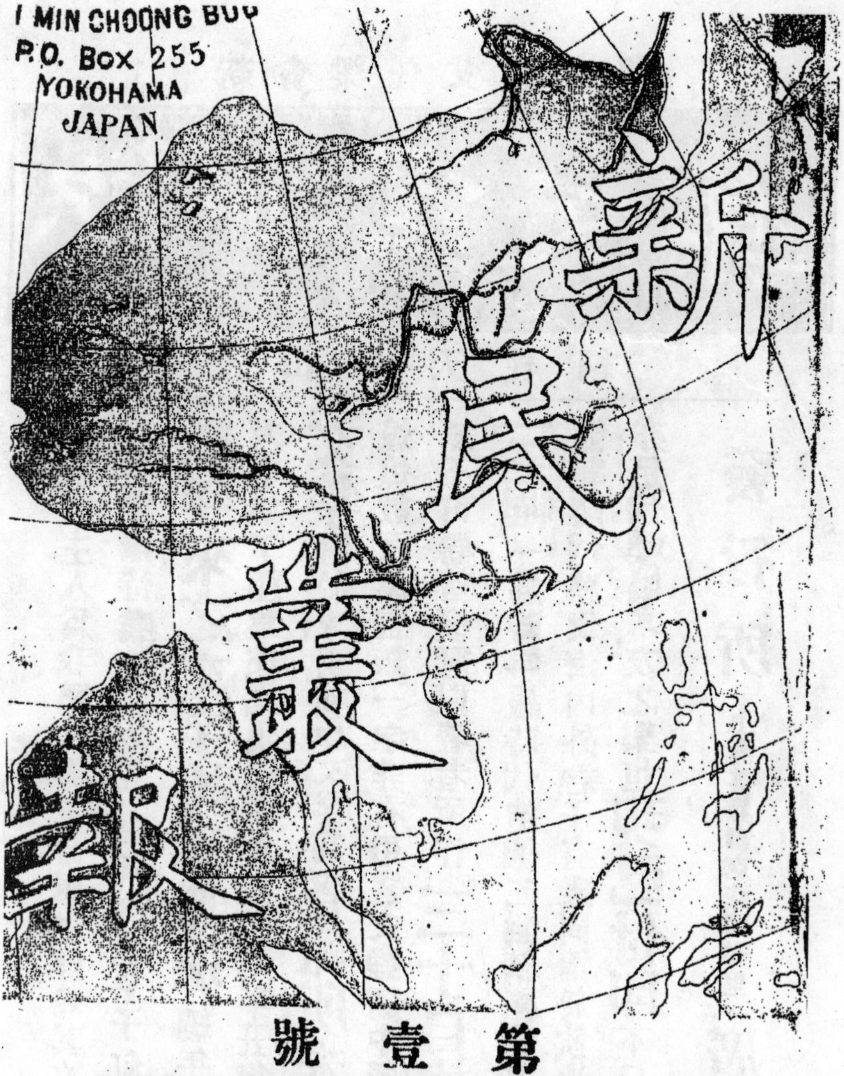


第壹號

光緒二十八年元月一日
明治三十五年二月八日



每月二回朔望發行

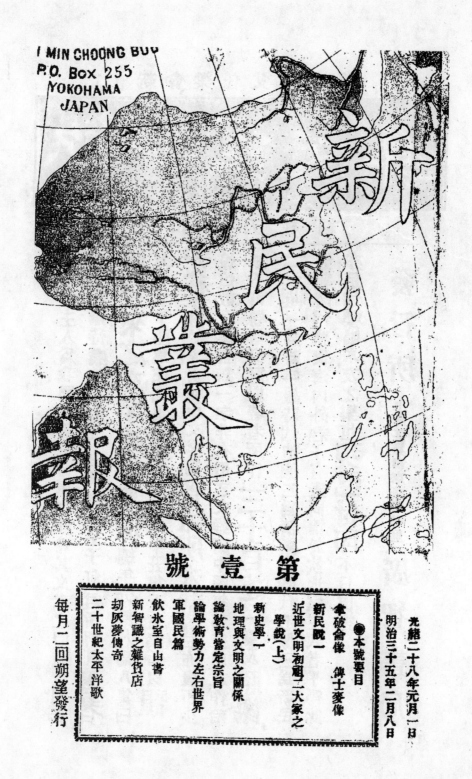

新會梁任父先生著

# 飲冰室文集

香山何天柱編

飲冰室主人爲我國文界革命軍之健將其文章之價値世間既有定評無待喋喋此編乃由其高足弟子何君所纂凡**著者數年來之文字搜集無遺**編年分纂凡爲八集曰丙申集丁酉集戊戌集己亥集庚子集辛丑集壬寅集而以**韻文集**附於末焉其中文字爲**各報所未載者**亦復不少煌煌數百萬言無一字非有用之文雖謂中國集部空前之作殆無不可卷首復冠以著者所作**三十自述**一篇及**照像三幅**一爲時字報時代造像二爲淸議報時代造像三爲新民叢報時代務像海內外君子有表同情於飲冰室主人者乎得此亦足代嚶鳴求友之樂也**現已付印**不日出書

**發行所** 上海英界南京路同樂里 **廣智書局**

# 新民叢報第一年總目錄

## ●圖畫



## ●論說

㊂學說

◎時　局



◎政　治

## ⊙教育



## ⊙歷史



## ⊙地理

六

## ◉雜俎



## ◉小說

◉紹介新著



◉問答

## ●文苑



## ●餘錄

輿論一斑中國近事海外彙報三門以目繁不備載讀者諒之

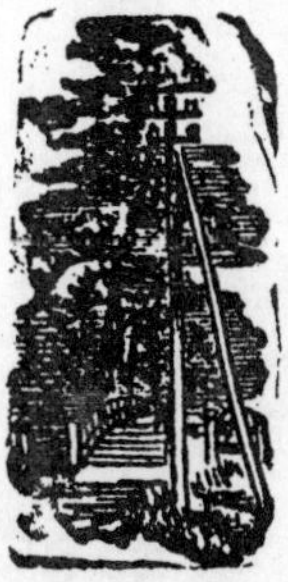

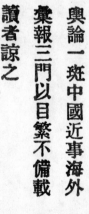

十二

# 新民叢報第一號目錄

光緒二十八年正月初一日

## 售報價目表

| 全年廿四冊 | 半年十二冊 | 每冊 |
|---|---|---|
| 五元 | 二元六毫 | 二毫五仙 |

美洲澳洲南洋海參威各埠全年六元半年三元二毫零售每冊三毫正郵稅每冊壹仙外埠六仙

## 廣告價目表

| 一頁 | 半頁 | 一行 四號十七字起碼 |
|---|---|---|
| 七元 | 四元 | 二毫 |

凡欲惠登告白者須于本報定期發刊之前五日交到價須先惠欲登長年半年者價當面議從減

編輯兼發行者　馮紫珊
印刷者　西脇末吉
發行所　橫濱山下町百五十二番館　新民叢報社　信箱二百五十五番
印刷所　橫濱山下町百五十二番館　新民叢報社活版部

法帝拿破侖第一

德前相俾士麥

論說

# 新民說一

中國之新民

## 第一節 敘論

自世界初有人類以迄今日國於環球上者何啻千萬問其巋然今存能在五大洲地圖占一顏色者幾何乎曰百十而已矣此百十國中其能屹然强立有左右世界之力將來可以戰勝於天演界者幾何乎曰四五而已矣夫同是日月同是山川同是方趾同是圓顱而若者以興若者以亡若者以弱若者以强則何以故或曰是在地利然今之亞美利加猶古亞美利加而盎格魯撒遜（英國人種之名也）民族何以享其榮古之羅馬猶今之羅馬而拉丁民族何以墜其譽或曰是在英雄然非無亞歷山大而何以馬基頓今已成灰塵非無成吉思汗而何以蒙古幾不保殘喘嗚呼噫嘻吾知其由國也者積民而成國之有民猶身之有四肢五臟筋脉血輪也未有四肢已斷五臟已瘵筋脉已傷血輪已涸而身猶能存者則亦未有其民愚陋怯弱渙散混濁而國猶能立者故欲其

身之長生久視。則攝生之術不可不明。欲其國之安富尊榮。則新民之道不可不講。

## 第二節　論新民爲今日中國第一急務

吾今欲極言新民爲當務之急。其立論之根柢有二。一曰關於內治者。二曰關於外交者。

所謂關於內治者何也。天下之論政術者多矣。動曰某甲誤國。某乙殃民。某之事件。政府之失機。某之制度。官吏之溺職。若是者。吾固不敢謂爲非然也。雖然。政府何自成。官吏何自出。斯豈非來自民間者耶。某甲某乙者。非國民之一體耶。久矣夫聚羣盲不能成一離婁。聚羣聾不能成一師曠。聚羣怯不能成一烏獲。以若是之民。得若是之政府官吏。正所謂種瓜得瓜種豆得豆。其又奚尤。西哲常言。政府之與人民。猶寒暑表之與空氣也。室中之氣候。與針裏之水銀。其度必相均。而絲毫不容假借。國民之文明程度低者。雖得明主賢相以代治之。及其人亡則其政息焉。譬猶嚴冬之際。置表於沸水中。雖其度驟升。水一冷而墜如故矣。國民之文明程度高者。雖偶有暴君汙吏。虔劉一時。而其民力自能補救之而整頓之。譬猶溽暑之時。置表於冰塊上。雖其度忽落。不俄頃則氷消而漲如故矣然則苟有新民何患無新制度無新政府無新國家非爾者則雖今日變一法明日易一人東塗西抹學步效顰吾未見其能濟也夫吾國言新法數十年而效不覩者何也則於新民之道未有留意焉者也

今草野憂國之士往往獨居深念歎息想望曰安得賢君相庶拯我乎吾未知其所謂賢君相者必如何而始爲及格雖然若以今日之民德民智民力吾知雖有賢君相而亦無以善其後也夫拿破侖曠世之名將也苟授以旗綠之惰兵則不能敵黑蠻哥侖布航海之大家也苟乘以朽木之膠船則不能渡溪沚彼君相者非能獨治也勢不得不任疆臣疆臣不得不任監司監司不得不任府縣府縣不得不任吏胥此諸級中人但使其賢者半不肖者半猶不足以致治而況乎其百不得一也今爲此論者固知泰西政治之美而欲吾國之效之矣但推其意得毋以若彼之政治皆由其君若相獨力所製造耳試與一游英美德法之都觀其人民之自治何如其人民與政府之關係何如觀之一省其治法儼然一國也觀之一市一村落其治法儼然一國也觀之一黨會一公司一學校其治法儼然一國也乃至觀之一人其自治之法亦儼然治一國也譬

諸鹽有鹹性積鹽如陵其鹹愈釅然剖分此如陵之鹽爲若干石石爲若干斗斗爲若干升升爲若干顆顆爲若干阿屯無一不鹹然後大鹹乃成摶沙挼粉而欲以求鹹雖隆之高於泰岱猶無當也故英美各國之民常不待賢君相而足以致治其元首則堯舜之垂裳可也成王之委裘亦可也其官吏則曹參之醇酒可也成瑨之坐嘯亦可也何也以其有民也故君相常倚賴國民國民不倚賴君相小國且然况吾中國幅員之廣尤非一二人之長鞭所能及者耶。

則試以一家譬一國苟一家之中子婦弟兄各有本業各有技能忠信篤敬勤勞進取家未有不浡然興者不然者各委棄其責任而一望諸家長家長而不賢固闔室爲餓殍藉令賢也而能蔭庇我者幾何即能蔭庇矣而爲人子弟累其父兄使終歲勤動日夕憂勞微特於心不安其毋乃終爲家之索耶今之動輒責政府望賢君相者抑何不恕抑何不智英人有常言曰 That's your mistake. I couldn't help you 譯意言君誤矣吾不能助君也此雖利己主義之鄙言而實鞭策人自治自助之警句也故吾雖日望有賢君相吾尤恐即有賢君相亦愛我而莫能助也何也責望於賢君相者深則自責

望者必淺而此責人不責己望人不望己之惡習即中國所以不能維新之大原我責人人亦責我我望人人亦望我是四萬萬人遂互消於相責相望之中而國將誰與立也新民云者非新者一人而新之者又一人也則在吾民之各自新而已孟子曰子力行之亦以新子之國自新之謂也新民之謂也

所謂關於外交者何也自十六世紀以來約四百年前歐洲所以發達世界所以進步皆由民族主義Nationalism所磅礴衝激而成民族主義者何各地同種族同言語同宗教同習俗之人相視如同胞務獨立自治組織完備之政府以謀公益而禦他族是也此主義發達既極馳至十九世紀之末近二三十年乃更進而爲民族帝國主義National Imperialism民族帝國主義者何其國民之實力充於內而不得不溢於外於是汲汲焉求擴張權力於他地以爲我尾閭其下手也或以兵力或以商務或以工業或以敎會而一用政策以指揮調護之是也近者如俄國之經略西伯利亞土耳其德國之經略小亞細亞阿非利加英國之用兵於波亞美國之縣夏威掠古巴攘非律賓皆此新主義之潮流迫之不得不然也而今也於東方大陸有最大之國最腴之壤最腐敗之政府最散

弱之國民彼族一旦窺破內情於是移其所謂民族帝國主義者如群蟻之附羶如萬矢之向的釐然而集注於此一隅彼俄人之於滿洲德人之於山東英人之於揚子江流域法人之於兩廣日人之於福建亦皆此新主義之潮流迫之不得不然也

夫所謂民族帝國主義者與古代之帝國主義迥異昔者有若亞歷山大有若查理曼有若成吉思汗有若拿破侖皆嘗抱雄圖務遠略欲蹂躪大地吞幷弱亡雖然彼則由於一人之雄心此則由於民族之漲力彼則爲權威之所役此則爲時勢之所趨故彼之侵略不過一時所謂暴風疾雨不崇朝而息矣此之進取則在久遠日擴而日大日入而日深吾中國不幸而適當此盤渦之中心點其將何以待之曰彼爲一二人之功名心而來者吾可以恃一二之英雄以相敵彼以民族不得已之勢而來者非合吾民族全體之能力必無從抵制也彼以一時之氣燄驟進者吾可以鼓一時之血勇以相防彼以久遠之政策漸進者非立百年宏毅之遠猷必無從倖存也不見乎瓶水乎水僅半器他水即從而入之若內力能自充塞本器而無一隙之可乘他水未有能入者也故今日欲抵當列强之民族帝國主義以挽浩劫而拯生靈惟有我行我民族主義

之一策而欲實行民族主義於中國。舍新民末由。

今天下莫不憂外患矣。雖然。使外而果能爲患。則必非一憂之所能了也。夫以民族帝國主義之頑强突進如彼其劇。而吾猶商榷於外之果能爲患與否。何其愚也。吾以爲患之有無。不在外而在內。夫各國固同用此主義也。而俄何以不施諸英。英何以不施諸德。德何以不施諸美。歐美諸國何以不施諸日本。亦曰有隙與無隙之分而已。人之患瘵者。風寒暑溼燥火。無一不足以侵之。若血氣强盛。膚革充盈者。冒風雪。犯暴暵。衝瘴癘。凌波濤。何有焉。不自攝生。而怨風雪暴暵波濤瘴癘之無情。非直彼不任受。而我亦豈以善怨而獲免耶。然則爲中國今日計。必非恃一時之賢君相而可以弭亂。亦非望草野一二英雄崛起而可以圖成。必其使吾四萬萬人之民德民智民力。皆可與彼相埒。則外自不能爲患。吾何爲而患之。此其功雖非旦夕可就乎。然孟子有言。七年之病。求三年之艾。苟爲不蓄。終身不得。今日舍此一事。別無善圖。甯復可蹉跎蹉跎。更閱數年。將有欲求如今日而不可復得者。嗚呼。我國民可不悚耶。可不勖耶。

## 第三節 釋新民之義

新民云者。非欲吾民盡棄其舊以從人也。新之義有二。一曰淬厲其所本有而新之。二曰採補其所本無而新之。二者缺一。時乃無功。先哲之立教也。不外因材而篤與變化氣質之兩途。斯即吾淬厲所固有採補所本無之說也。一人如是。衆民亦然。

凡一國之能立於世界。必有其國民獨具之特質。上自道德法律。下至風俗習慣文學美術。皆有一種獨立之精神。祖父傳之。子孫繼之。然後羣乃結。國乃成。斯實民族主義之根柢源泉也。我同胞能數千年立國於亞洲大陸。必其所具特質。有宏大高尚完美。釐然異於羣族者。吾人所當保存之而勿失墜也。雖然保之云者。非任其自生自長。而漫曰我保之我保之云爾。譬諸木然。非歲歲有新芽之茁。則其枯可立待。譬諸井然。非息息有新泉之湧。則其涸不移時。夫新芽新泉。豈自外來者耶。舊也而不得不謂之新。惟其日新。正所以全其舊也。濯之拭之。發其光晶。鍛之鍊之。成其體段。培之濬之。厚其本原。繼長增高。日征月邁。國民之精神。於是乎保存。於是乎發達。世或以守舊二字爲一極可厭之名詞。其然豈其然哉。吾所患不在守舊。而患無眞能守舊者。眞能守舊者何。即吾所謂淬厲其固有而已。

僅猝厲固有而遂足乎。曰不然。今之世非昔之世。今之人非昔之人。昔者吾中國有部民而無國民。非不能爲國民也。勢使然也。吾國夙巍然屹立於大東。環列皆小蠻夷。與他方大國。未一交通。故我民常視其國爲天下。耳目所接觸。腦筋所濡染。聖哲所訓示。祖宗所遺傳。皆使之有可以爲一箇人之資格。有可以爲一家人之資格。有可以爲一鄉一族人之資格。有可以爲天下人之資格。而獨無可以爲一國國民之資格。夫國民之資格。雖未必有以遠優於此數者。而以今日列國並立。弱肉强食。優勝劣敗之時代。苟缺此資格。則決無以自立於天壤。故今日不欲强吾國則已。欲强吾國。則不可不博考各國民族所以自立之道。彙擇其長者而取之。以補我之所未及。今論者於政治學術技藝。皆莫不知取人長以補我短矣。而不知民德民智民力。實爲政治學術技藝之大原。不取於此而取於彼。棄其本而摹其末。是何異見他樹之蓊欝而欲移其枝以接我槁榦。見他井之汩湧而欲汲其流以實我眢源也。故採補所本無以新我民之道。不可不深長思也。

世界上萬事之現象。不外兩大主義。一曰保守。二曰進取。人之運用此兩主義者。或偏取甲或偏取乙或兩者並起而相衝突或兩者並存而相調和偏取其一未有能立者也有衝突則必有調和衝突者調和之先驅也善調和者斯爲偉大國民盎格魯撒遜人種是也譬之蹞步以一足立以一足行譬之拾物以一手握以一手取故吾所謂新民者必非如心醉西風者流蔑棄吾數千年之道德學術風俗以求伍於他人亦非如墨守故紙者流謂僅抱此數千年之道德學術風俗遂足以立於大地也

（未完）



黔首本骨肉　天地本比鄰　一髮不可牽
牽之動全身　聖者胞與言　夫豈夸大陳
四海變秋氣　一室難爲春　宗周若蠢蠢
嫠緯燒爲塵　所以慷慨士　不得不悲辛
看花憶黃河　對月思西秦　貴官勿三思
以我爲杞人

# 學說

## 近世文明初祖二大家之學說

中國之新民

### 緒言

泰西史家分數千年之歷史爲上世中世近世三期。所謂近世史者。大率自十五世紀之下半（西曆以耶蘇生後一百年爲一世紀）以至今日也。近世史與上世中世特異者不一端。而學術之革新其最著也。有新學術。然後有新道德新政治新技藝新器物。有是數者。然後有新國新世界。若是乎新學術之不可以已如是其急也。近世史之新學術亦多矣。日出日精。愈講愈密。其進化之速。不可思議。前賢畏後生。吁、其然哉。雖然前此數千年之進化何以如此其遲。後此數百年之進化何以如此其速。其間必有一關鍵焉。友人侯官嚴幾道常言。「馬丁路得、倍根、笛卡兒諸賢。實近世之聖人也。不過後人思想薄弱。以謂聖人爲古代所專有之物。故不敢奉以此名耳」。吾深佩其言。蓋爲數百年來宗教界開一新國土者。實惟馬丁路得。爲數百年來學術界開一新國土者。實惟倍根與笛卡兒顧宗教今已屬末法之期。而學術則如旭日升天。方興未艾。然則倍氏笛氏之功之在世界者。正未始有極也。我國屹立泰東。閉關一統。故前此於世界推移之大勢。莫或知之。莫或究之。今則天涯若比鄰矣。我國民置身於全地球激湍盤渦最劇最烈之場。物競天擇優勝劣敗。苟不自新。何以獲存。新之有道。必自學始。彼夫十六世紀泰西學界。轉捩之一大原。雖以施之今日之中國。吾猶見其適吾用也。故最錄其學說之精華以供考鑒焉。若其全豹。有原書在。

上篇　倍根　Bacon　實驗派之學說（亦名格物派）

倍根。英國人。生於一千五百六十一年。（明嘉靖四十年）卒於一千六百二十六年。（明天啓六年）其時正承十五世紀古學復興 Renaissance 及新教 Protestant 確立之後。學界風潮漸變。雖然學者猶泥於希臘阿里士多德 Aristotle 柏拉圖 Plato 之科臼。未能自闢塗徑。其究也。不免涉於詭辯。陷於空想。及倍根興。然後學問始歸於實際。英人數百年來汲其流。迄今不衰。故英學先實驗而後理論。倍根者。實英國學界之先驅。又英國學界之代表人也。

倍根以爲人欲求學。只能就造化自然之迹而按驗之。不能憑空自有所創造。若恃其智慧以臆度事理。則智慧即爲迷謬之根原。譬如戴青眼鏡者。所見物一切皆青。戴黃眼鏡者。所見物一切皆黃。一切物果青乎哉。果黃乎哉。常人妄思以謂五官所感觸之外物。一與其物之原形相脗合。不知其相脗合者。吾之精神耳。非物之本質也。此種妄想。爲人性所本有。百般誤謬。由此生焉。

倍根曰。吾人之精神。如凸凹鏡。外物之來照者。或於凸處。或於凹處。於是乎雖同一物。而其所照不同。我之觀察。自不得不有所謬。此爲致誤之第一原因。又五官所接者。非物之本色。而物之假相也。此爲致誤之第二原因。又吾人之體質。各各不同。於是乎同一事物。而人之所見。各各相異。此爲致誤之第三原因。又人與人相處之間。謬見亦常因緣而起。如農夫自有農夫之謬見。工商自有工商之謬見。學士大夫自有學士大夫之謬見。又前人之學說。亦往往爲謬見之胎。蓋凡倡一先生之言者。常如傀儡登場。許多點綴。觀者不察。遂爲所迷。此爲致誤之第四原因。

倍根以爲治此迷因。惟一良法。然非如阿里士多德論理學之三句法也。（按英語

Logic日本譯之爲論理學中國舊譯辨學、侯官嚴氏以其近於戰國堅白異同之言譯爲名學、然此學實與戰國詭辨家言不同。故從日本譯）盖三句法者。不過語言文字之法耳。既尋得眞理而叙述之。則大適於用。若欲由此以考察眞理之所存。未見其當也。然則倍根之所謂良法者如何。曰就實事以積經驗而已。

所謂實驗之法何。曰就凡事物諸現象中。分別其常現之象及偶現之象而求其所以然之故。是爲第一著手。是故人欲求得一眞理。當先即一物而頻頻觀察。反覆試驗作一所謂有無級度之表以記之。如初則有是事。次則無是事。初則達於甲之級度。次則達於乙之級度。凡是者皆一一考驗記載無所遺。積之既久。而一定理出焉矣。學者若將研究甲事。而下實驗之功。乃此事未發。而見他現象相繼而起。則當諦思此現象。以何因緣而生乎。或研究乙事。既已得之。而初時所豫料之現象。後乃不起。則當諦思彼現象。以何因緣而滅乎。又或所測之現象。正當發起之頃。而他之諸現象隨之而生。有時而增。有時而減。則當諦思此衆現象以何因緣而增。以何因緣而減乎。如是屢驗不已。參伍之。錯綜之。捨此取彼。因甲知乙。則必見有一現象。與他現象常相依而不可離者。

夫兩箇以上之現象常相依而不可離是即所謂定理者也故苟無甲之現象則乙之現象亦無自而生。如空氣動盪。爲聲之原因。苟無動力。則聲音終不可得傳。空中養氣。爲火之原因。苟無養氣。則火光終不可得熱。若是者。謂之物之定理。人苟能知物之定理。豈復有爲五官所蔽而陷於迷見者乎。

凡一現象之定理。既一旦求而得之。因推之以徧按其同類之現象必無差謬其有差謬者非定理也何也。事物之理。經萬古而無變者也。此等觀察實驗之功。非特可以研究外物之現象而已。即講求吾人心靈之現象。亦不外是矣。

綜論倍根窮理之方法。不外兩途。一曰物觀以格物。爲一切智慧之根原。凡對於天然界至尋常至粗淺之事物無一可以忽略。二曰心觀。當有自主的精神。不可如水母目蝦。倚賴前代經典傳說之語。先入爲主。以自蔽。然後能虛心平氣。以觀察事物。此倍根實驗派學說之大槪也。自此說出。一洗從前空想臆測之舊習。而格致實學。乃以驟興。如奈端因萍實墜地而悟吸力之理。瓦特因沸水蒸騰而悟汽機之理。如此類者。更僕難盡。一皆由用倍根之法。靜觀深思。遂能制器前民。驅役萬物使盡其用。以成今日文明輝爛之世界。倍氏之功。不亦偉乎。朱子之釋大學也。謂必使學者即凡天下之物。莫不因其已知之理而益窮之。以求致乎其極。至於用力之久。而一旦豁然貫通焉。則衆物之表裏精粗無不到。而吾心之全體大用無不明矣。其論精透圓滿。不讓倍根。但朱子雖能略言其理。而倍根乃能詳言其法。倍根自言之而自實行之。朱子則雖言之。而其所下工夫。仍是心性空談。倚於虛而不徵諸實。此所以格致新學。不興於中國。而興於歐西也。

倍根最不喜推測之學者也。其言曰。「吾之所謂格物學者。在求得衆現象之定理而已。若夫其現象之大本。則屬於庶物原理之學。非吾之所知也。庶物原理之學。所以講求造化主及靈魂之有無。與夫造化主與人類。靈魂與軀殼之關係。此其事太高妙。不可信據。於人事之實際。無裨益焉。置之可也。」倍根其重別理而輕原理。此其所以有遜色於康德斯賓塞諸賢也。雖然「羅馬非一日之羅馬」。作始者勞最鉅而事最難。不有倍根。安保後此之能有康德斯賓塞哉。

笛卡兒嘗語人曰。『實驗之法。倍根發之無餘蘊矣。雖然有一難焉。當其將下實驗之前。苟非略窺破一線之定理。懸以爲鵠。而漫然從事於實驗。吾恐其勞而無功也。』此言誠當。蓋人欲求得一現象之原因。不可不先懸一推測之說於胸中。而自審曰。此原因果如我之所推測。則必當有某種現象起焉。若其象果屢起而不誤。則我之所推測者是也。若其不相應。則更立他之推測以求之。朱子所謂因其已知之理而益窮之也。故實驗與推測。常相隨。棄其一而取其一。無有是處。吾知當倍根自從事於試驗之頃。固不能離懸測。但其不以此教人。則論理之缺點也。故原本數學以定物理之說。不能不有待於笛卡兒矣。

詩曰天生蒸民有物有則

子曰知之爲知之不知爲不知是知也

朱子曰蓋人生之靈莫不有知而天下之物莫不有理惟於理有未窮

故其知有不盡也

又曰能求得所以然之故是天下第一等學問

陸象山曰今人如何便解有志須先有知識始得

王陽明曰未能知說甚行

# 國聞短評

## 顧問大臣勉旃

回鑾後第一新政。即置顧問大臣是也。據日本報章所記。置顧問議長一人。副議長一人。顧問大臣十人。議長慶親王。副議長肅親王。大臣則榮祿也。王文韶也。袁世凱也。崑岡也。敬信也。崇禮也。鹿傳霖也。那桐也。瞿鴻禨也。孫家鼐也。凡滿員七人。漢員五人。西人所疑爲團匪元兇者三人。屢掌文衡者三人。曾任封疆者五人。他日中國所謂維新之政者。皆將於此是賴矣。袞袞諸公。其有以解宵旰厲精之憂。慰國民望治之心乎。

## 北京掠奪事件

聯軍之役。各國兵隊野蠻暴掠。無所不至。凡北來者皆能言之。其中俄兵最甚。法次之。日本兵紀律最嚴。此天下之公評也。乃近者日本各報。歷載當時其軍隊在北京掠奪情形。千口一詞。其中有萬朝報者言之尤詳。自兩月以前起。用小說章回體日載一回。至今已六十餘回。尚未完畢。其中所言皆鑿鑿有據。歷歷如繪。其牽引達官身上者亦甚多焉。聞將提出議院議其處分云。此中消息眞贋。外人雖未知其詳。然必非憑空結撰。有斷然者。果爾。則所謂文明。所謂紀律。亦安在耶。西哲常言兩不平等者相遇。無所謂道理。權力即道理也。日本人能不自諱其短。而羣起匡正之。猶不失爲國民。重之槪。若我國人倚賴甲國。崇拜乙國之癡想。斯亦不可以已乎。

奧國人種之爭

奧大利國以數種宗教不同語言不同之民族。聯結而成。其中最有力者。爲斯拉夫種。匈牙利種。波埃米亞種。德意志種之四者。是以其國內軋轢紛爭。既數十年。自匈牙利別立政府以後。風潮稍平。而德意志種波埃米亞種之爭。近年益甚。現當開議會時。兩種人各爭其國語之獨立。鬨閲殊甚。開議六禮拜。尚未移於第二議會。政府大臣焦慮萬狀云。十九世紀以後。民族主義磅礴于全世界。各民族之自求獨立。殆勢所必至。理有固然。奧國之前途。有識者頗爲寒心也。

（即奧國主權者）

富者好行其德

美國前旣將彼軍士在北京所掠奪之銀三百餘萬兩交還中國。近日復將賠款額內應得之一千八百萬美金(即三千六百萬元)一律豁免。或疑美政府前者何以要求如許之多。後此何以豁免如此之易。紐約某新聞紙曾辨明之云。吾美政府初時見列國所需索之軍費實溢出於其所損害之外。驚其不廉。當時我政府欲調停其間。使以二萬萬美金了結。然列國不肯讓。初索四萬萬美金。卒減至三萬萬二千五百萬。(即中國四萬萬五千萬兩)當時吾美持之無益。不如亦隨之橫索。然後以返之中國。以輕其負擔云云。美國之出此手段者。殆以國富之故。能有餘力以好行其德歟。抑亦有所大利於後。將欲取而必先與歟。雖然就事論事。則美國誠不愧爲東方君子國矣

## 勿反客爲主

中國今日欲行新政。而人才不足。則其始不得不借用客卿。此亦不得已之計也。近日袁世凱奏請於政務處置外國顧問員。吾亦無以易其說。獨可怪者。其建議於數强國中每國聘一人。此中方略。吾輩百思而不得其解者也。夫聘客卿之權操自我。我欲用某國某人。我之自由也。今而曰一國一人。然則所以聘之者。非因其人。因其國也。即其主動力者。非我國而彼國也。浸假將如聶士成軍中之洋操教習。非有俄皇之命。不能

易矣浸假將如税務司赫德由英國立約擔保永不許換他國人矣埃及前事可爲殷鑒將以此媚列强耶吾未見以主權媚人者也建議者其三思之

四　殆非以防家賊乎

中國欲實行內治莫要於設警察此議近時多能言之者前陳寶箴撫湘時黃遵憲首建此議行之於長沙名曰保衞局民甚便之後李鴻章督粵黃遵憲復陳此事爲弭盜第一義行之於廣州業未竟而鴻章去遂中輟自聯軍入京畫地分治布行民政於是都中人始覺警察之政法良意美慶親王乃議行之於全國聘請日本人川島浪速經理此事先開一警務學堂招學生五百人其學期則初等科三箇月中等科一箇月高等科兩箇月共半年卒業云其經費則每年六萬元也聞學生中旗人居大半云又兩月前由北京特派二十七人往日本東京學警察皆旗人也警察一端本爲最急之政務然苟用之不得其當亦常有擾民滋亂者十九世紀前期歐洲各國之革命半起於是今慶王既知此舉爲當務之急矣其專重旗人度亦不過舉爾所知之義非必有意於其間乎而日本報章已竊竊議之曰是防家賊手段吾望慶王一雪此言也

# 中國近事

◎**兩宮召見情形** 當兩宮回京時。太后自入正陽門便哭。直哭入大內。文武大小臣工以次召見。太后云。去歲之亂。皆因我誤聽人言。以致上危宗社。下害生靈。至于棄却爾等而去。非我本意也。言罷大放哭聲。殿上殿下同聲爲之一痛。悲止。又曰。我與汝等皆從憂患中更生。不容須臾忘也。此次歸來。要勵精圖治。但我年已衰頽。汝等相助爲理。當興者興。當革者革。破除一切情面。勿狃于往日之積習。而圖目前之苟安。戒之戒之。嗣後每召見臣工。必哭。臣工除痛哭外。無敢發一言進一策者。某日召見滿漢御史。言及去歲之亂。歸咎于端剛。忽有某御史率爾對曰。剛毅爲國而死。也算得大清忠臣。太后默然良久。曰。我年近古稀。精神大不及曩日。擬與中外臣工參酌應行事宜。俟政務稍見就緒。便退處深宮。聽皇帝自爲之矣。

◎**召見使臣** 十二月十二日。皇上召見各國使臣。各公使朝見時。均以國書呈遞。并依照和議大綱所定章程。在乾清宮覲見。各公使與參賀等。由大清門入紫禁城。乘坐大轎至午門而止。由午門再換肩輿。直至宮門。各公使夫人以二十三日召見。其時太后感極流涕。歔欷。皇后亦在座陪宴。太后并贈賜各公使夫人以珍寶等物。

◎太后知悔　太后在西安時。每對人言。或對皇上言。皆曰此事不必說。皆是吾二人之過也。比入京召見臣工。則曰此我　人之過。與在西安時不同。

◎會議俄約　十二月十二日。兩全權訪俄使開議俄約。王云。兩宮以此約宜從容商定。不可貽後日患。及啓各國之忌。俄使云。現在四款與前相李氏議減再四。一切皆從貴國之意。可即畫押。無須再行開議。王云。本大臣初到京師。李相會議之事。概未與聞。俄使云。中堂既在政府。李相所議。焉有不知之理。王云。李所議乃草約。不得據爲定議。本大臣即欲照此定約。其如朝旨及各國不允何。俄使謂此中俄兩國交涉之事。何與他國。中堂之意。果爲中國計乎。抑爲各國計乎。王云。此事雖中俄兩國交涉之事。然關係全局。各國自不能無辭。願貴公使從容商定。祇須毫無窒礙。本大臣決不固執。俄使乃謂慶王曰。王爺前允俟河南回京即定約。今爲時已久。何尚未定。慶曰。本王深盼即定。其如練兵交路款中附款殊多。妨碍國體。兩宮亦不謂然。臣下不敢遽定。刻下願將前約議删附欵。本王當與王中堂請旨酌定。言至此。俄使不悅。舉茶向慶王曰。請王爺與中堂會商旣定。再來會議可也。

◎奏請歸政　慶王嘗面奏太后。謂在京英日各公使極敬皇上。必欲一觀皇上親政。籲懇太后即行歸政。以順輿情。

◎懼防各國　京師自午門至天安門。袁世凱之軍五營分段駐紮。張勛爲總統。又分統四人。每日駕往太廟及各壇。此軍必隨之在豹尾班後。衆奏軍樂。必俟午門閉後。乃行收隊。又宋軍亦已調回京師。分屯城內。盖皆所以防各國也。太后畏各國之心可知矣。

◎大阿哥廢黜之由　大阿哥溥儁被廢。聞非太后之本意。係慶親王李鴻章袁世凱三人力請太后速行罷黜。三人者太后所最信任。是以不得不從其請。

◎公擬保奬　留京辦事王大臣。因去歲未出京各員。于兊鋒冒鏑之際。仍復極力從公。實屬勇于盡職。現在公同商酌。擬將初立辦事處時首先報到者。列爲優等。至柏靈寺當差各員。皆照異常勞績列叙。

◎設計除董　一日太后詰榮祿云。董福祥與端勾結。當何以處之。榮乃令某觀察先行設法去其兵而後圖之。某觀察者與董舊爲莫逆交也。往謁董。董疑其圖己也。勿之見。後因某營官先容。乃見董。曰去年之事。非我所主持。且端王屢嗾我反。我已屢却之。我實不負朝廷。朝廷但留我殘生。雖終身不用可也。某觀察曰。聖德如天。公毋他慮。但國債日增。爾果不負朝廷。何不自請裁去兵廿營。（董其時尙帶有二十八營）一則免人之疑。二則替國家節經費。朝廷必喜。且我可保公無事。董首肯。然兵裁後則必不免矣。

◎會奏誅董　袁世凱與劉張二督聯銜上摺請誅董福祥。袁署首名。摺上之後。袁復面奏武臣誤國。宜亟正典刑。以快人心。太后聞之不語。袁曰。爲太后皇上計。不可不誅董。爲宗廟社稷計。尤不可不誅董。現已有密旨令陝西巡撫崧蕃相機行事。

◎俄使行賄　俄使以榮祿不爲己援。用是賄囑李蓮英告以若能勸服太后仍照前全權大臣李鴻章所議定之滿洲條約批准。俄當贈銀一千萬兩以酬其勞。以後每年並當送銀一百萬兩以謝之。

◎榮祿權盛　軍機大臣向例有王爺爲領班。太后欲令禮親王爲之。榮祿阻之。又以慶王無肩任之才。故軍機領班。仍是榮祿。又榮祿之女。太后已指定與醇王爲妻。榮祿之權。比前更大矣。

◎請黜榮祿　英公使前請將榮祿罷黜。太后特密遣袁世凱婉告英使。以榮祿並無不良之舉。該使儘可勿慮。但英使堅持前議。擬俟召見之日。再行當面參劾

◎索辦罪員名單　近日各國駐京欽使照會中國政府。請將去年曾助端王附和義和團匪各員。嚴爲懲辦。各罪員銜名列下。一兵部侍郎貽穀。因僞傳上諭。致盛京都統晋昌與俄人開仗。一軍機處章京連文冲。因僞傳上諭。命華兵攻擊天津租界。並圍攻北京使館。一內閣學士蕭榮爵。曾助連文冲妄擬僞諭。一內閣學士高賡恩。與徐桐聯爲一氣。一候補知府黃鳴岐。曾充義和團老師。一吏部主事洪嘉與。曾勸端王登九五之位。及焚燒使館教堂。一刑部主事夏振武。曾助洪嘉與爲惡。一溥良。曾上摺請殺許景澄等。一內閣學士檀璣。曾助溥良爲惡。一湖北候補道黃嗣東。因請于蔭霖攻殺漢口之洋人。一內閣學士胡祖蔭俞鴻慶二人。曾帶領拳匪頭目二十餘名至湖南擬攻刦岳州租界。一刑部主事郭宗照。吏部主事葉德輝等。

曾助胡祖蔭爲惡。一候補道張祖同學士孔憲敎等曾助胡祖蔭爲惡。以上各員。以貽穀連文冲二人爲罪魁。

◎貽穀倖免　貽穀爲某中堂最得意之私人。一切陰謀皆彼主持。某日已擬定革職之諭。尙未交發。彼乃哀求某中堂。乃將其名抽出。易以彭靑藜代之。按彭雖係義和團然乃無名小輩各國所開名單未列其名某中堂將彼革職者以便告各國云政府秉公以斷雖各國未索之人亦照公法辦去足見朝廷公允之意　貽穀頃乃上摺請徃嘉峪關外蒙古地方開礦。按此礦前經胡苞生中丞奏開苗極旺嗣以辦理未善中止　摺中有云。臣子目擊時艱。自當竭盡駑力。以求富國之計等語。眞巧于避禍矣。

◎增練軍隊　袁世凱擬將陸軍增練十萬人。合作一軍。俾成勁旅。業已具摺入奏。俄德兩國均願派員代練該軍。袁則擬聘用日本武員。皇上亦以該議爲然。

◎整頓海軍　袁世凱奏請每年籌欵一百十萬兩。整頓北洋海軍。現葉軍門已奉命在烟台審度地方。以備其用。來春各兵艦即可會齊。

◎建立學堂　北京城內擬設立左右翼學堂。派那桐管理。又新設八旗工藝學堂。已派肅親王爲督辦。

◎派充要職　北方各處鐵路。頃簡派袁世凱爲督辦。胡燏棻爲幇辦。實則但歸胡一人經理。王文韶亦已奉派爲督辦路礦事務。副之者乃張翼也。

◎派充管學　張百熙派充爲管理京師大學堂。同文舘隸外務部已三十五年。其經費向由海關撥解。玆亦歸併大學堂。以期劃一。

◎簡派專使　政府本定簡肅王爲專使赴英賀英皇加冕之禮。嗣因不能分身。是以另派慶王世子溥振爲代。

◎藉慰忠魂　袁昶徐用儀許景澄立山聯元五人。因義和團事而被刑于菜市。去年曾有上諭昭雪其冤。并開復原官。玆復令王大臣查其子嗣將與恤典。且立專祠。並與謚法。蓋以掩各國人之耳目也。

◎諭令進京　頃有旨令劉坤一張之洞兩總督北上。劉坤一着其于白河解冰後起行。張之洞着其俟劉坤一歸任後起行。

◎擬逐東撫　山東巡撫張人駿。抵任之後。每與該省西人不甚愜洽。頃德人已電外務部不要彼在山東爲巡撫。

◎意使索地　頃意國公使到外務部與慶王會議。索租三門灣之地。

◎奏請派員　商務大臣盛宣懷頃因政躬不豫。不能躬親辦事。于日前電請政府。另派他員辦理商約事宜。

◎商約條目　盛宣懷氏與英使會議商約。已有數次。所議共有十四欵。（一）進口稅則。（二）出口稅則。（三）鐵路。（四）內地行船。（五）洋人長住內地查探商務。（六）開礦事宜。（七）裁釐金。（八）重訂新衙門章程。（九）鑄造銀錢以歸劃一。（十）各洋行內招華股東新章。（十一）增廣棧房以便多存貨物。（十二）已進口之貨重運出口章程。（十三）領回半稅新章。（十四）特設一局俾可了結洋商與海關辦駁情事。

◎電傳要諭　二十五日北京來電云。現發上諭許滿漢通婚。令婦人不纏足。又命宗室及各大員子弟出洋遊學。榮祿上表乞休。上諭言爲朝廷所親任。不允之。

# 海外彙報

## 去年泰西大事記 西曆一千九百一年

一月一日澳洲聯邦政府成。

十二日普國提出運河法案於議會。

十五日諸國提出結社法案於議院。

十八日普國舉行立國二百年祝典於伯林。

廿六日俄皇自黎威亞渣還幸聖彼得堡。

廿二日英女皇域多利亞崩。翌日太子即皇帝位。

二月六日意大利政府大臣沙拉哥等辭職。越六日新政府成。

七日荷蘭女王與日耳曼公爵亨利結婚。

十五日塞爾維亞前王穆郎卒。

同日英國議會開會。新皇臨幸。

同日俄國商船公司始通航于阿的沙與波斯灣之間

美國政府加抽俄國砂糖入口稅。每磅約一仙。俄國亦加抽美國入口之鋼鐵及各種機器。約增前率十之三以報之。

十六日德國大將威爾的應俄皇之招赴聖彼得堡。

三月二日英皇咽活第七歸英國。

六日德皇出游。有狂人以鐵片狙擊之。傷左頰。

四日美國大統領麥堅尼復任。舉行就任典禮於華盛頓。

八日英國提出擴充陸軍案於議會。

同日意大利議會討論外交問題於德奧意三國聯盟之局持久與否。爲歐洲政海所屬目。

十一日英國駐美公使行文外部。言美國改正之運河條約英國所以不能贊成之故。

十五日德國議會議東方用兵之軍費。首相祕羅氏聲言滿洲事件在英德協商

範圍外故德國對此問題確守中立不輕干預

十七日俄國學生暴動事起其原因由俄國正教會擯斥拖爾斯拖伯於是學生數千大憤激揭自由革命之赤幟發一檄文內皆掃除民賊自由萬歲等語勢極洶洶禁兵馬上警察兵等與學生大衝突學生之被逮者七百六十名是日紅十字會出隊救援儼然有戰場之觀

廿二日正教會之幹事長爲學生所狙擊司法大臣內務大臣陸軍大臣皆得學生威脅之檄事機益急俄皇乃開御前會議于宮中卒收回學生充軍之成命而議設法改定大學制度

四月英國議院准决砂糖入口煤炭出口收稅之案

二日德國宰相與意國宰相會於比羅拿驛站

九日法國政府議長盧梭游歷意大利訪其艦隊

十四日德國皇太子游奧京維也納官民皆熱心歡迎之

廿二日法國外務大臣往聖彼得堡

五月十六日英國議院准決增軍案。

十八日德皇觀兵於蔑訾以賀俄皇誕辰。俄使陪輦焉。法人有違言。謂俄法同盟。而俄皇乃遣使臣陪侍蒐兵於德國所割法地之區。兩國交誼。不無少傷。

廿二日法人借與俄國國債四萬二千四百萬佛郎。

廿五日奧大利外務大臣臨赴匈牙利之協會。演說東歐外交之方略。

六月四日德國宰相召集各聯邦之代表人於伯林議關稅事。

六日摩絡哥國使節入倫敦。

十四日意大利外務大臣在議院演說外交方針凡兩點餘鐘其言極緻密

十六日俾士麥石像成。德皇及皇后以至舉國貴官皆臨幸舉祝典宰相祕羅立於露天爲長演說以頌俾公功德。

七月三日法國政府將所有與中國交涉事件之黃皮書提出於議會。

六日德國前宰相阿肯羅卒。年八十二。

七日摩絡哥使節經法國入德國謁見德皇。

德國政府以改定稅則章程發布之於北德意志報

十日俄國公爵亞力山大率海軍艦隊以訪布加利亞國王於黑海海岸之離宮

十四日德國與意國定界約於紅海南口之地。

十七日英國自由黨前總理沙士勃雷致書於本黨謂其對於英杜戰爭辦理不善。

廿六日英國自由黨首領查理士格黎二氏在下議院詰問政府辦理中國交涉各條。攻擊其政策。

是月德國以優先權奪取西班牙屬之科埃能坡島島在亞非利加西岸與德屬卡迷之地相鄰。產椰子及珈琲。

八月英國啓彌兒將軍以南非總督之咨文布告波亞人。謂若逾九月十五日猶不降服。則將竄放其種落於他地永不得住于南非。

英國派遠征隊于亞丁附近地方。

五日德國皇太后崩。年六十一。

十二日意大利建國元勳格里士比卒年八十二國王發極懇摯之電文以弔之。

廿六日法國駐土公使下旗歸國因法人欲自以資本開設船澳公司於土耳其。兩國政府議論不合故也。

九月六日美國大統領麥堅尼臨於博覽會被無政府黨人所狙擊以十三日卒去副統領羅斯維繼爲大統領。

土耳其派陸兵三萬於巴梭拉欲據苛威英國調集兵船於波斯灣以防止之歐洲耳目大爲聳動。

英皇及皇后行幸丁抹。時俄皇及其后亦在焉屢以家人禮相會合。

十一日俄皇行幸丹極觀德國海操句留三日與德皇相會數次。

十七日華俄銀行開售蘆漢鐵路股份票於伯林。

十八日俄皇及皇后行幸德國法大統領出迎於宕卡港登岸後在市會議堂交相演說。遂同乘滊車以入康皮。

廿一日俄皇與法大統領觀兵於畢尼交相演說。散會後俄皇歸國。

廿八日阿富汗王亞布打拉們薨。太子嗣立。

十月廿四日英宰相沙士勃雷蒙召自阿喜士休沐地歸倫敦。盖英皇欲於加冕以前了結南非洲戰事。特召與商議云。

廿五日英國理藩大臣張伯倫氏在埃毡巴拉地方演說。引普法戰事前例以解釋英人在南非之野蠻舉動。德國輿論大爲不平。

德國新稅則頒行。列國反對之議囂囂。德相極爲狼狽。

十一月德國民間財政益困難。沙格梭尼之大鐵廠倒閉。

十一日土耳其皇帝將法國要挾各事一概允許。法土之交如初。

十五日美國各大鐵路公司聯合成。

十六日德國聯邦議會准決新稅則案。

廿四日德國駐英公使赫非兒卒。赫氏者德之老外交家也。

十二月四日美國新大統領下教書。聲言一遵前統領之政策。

七日美國與英國結立運河條約公布之

十日俄國聲言德國新稅則若施行。則俄國必有以報復。
同日澳洲聯邦議院准決限禁外國人入口之案。
二十三日智利與亞爾然丁因界約起釁。
美國戸部大臣倪智辭職。以施岳氏代之。

挽弓當挽強　用箭當用長
射人先射馬　禽賊先禽王
殺人亦有限　立國自有疆
苟能制侵凌　豈在多殺傷

# 歷史

中國之新民

## 新史學一

### 第一章　中國之舊史學

於今日泰西通行諸學科中。爲中國所固有者。惟史學。史學者。學問之最博大而最切要者也。國民之明鏡也。愛國心之源泉也。今日歐洲民族主義所以發達。列國所以日進文明。史學之功居其半焉。然則但患其國之無茲學耳。苟其有之。則國民安有不團結。羣治安有不進化者。雖然。我國茲學之盛如彼。而其現象如此。則又何也。

今請舉中國史學之派別。表示之而略論之。

第一　正史
（甲）官書　所謂二十四史是也
（乙）別史　如華嶠後漢書、習鑿齒蜀漢春秋、十六國春秋、華陽國志、元秘史等。其實皆正史體也、

史學

第二　編年　資治通鑑等是也。

第三　紀事本末（甲）通體　如通鑑紀事本末、繹史等是也。
（乙）別體　如平定某某方略、三案始末、等是也。

第四　政書（甲）通體　如通典、文獻通考、等是也。
（乙）別體　如唐開元禮、大清會典大清通禮等是也。
（丙）小紀　如漢官儀等是也。

第五　雜史（甲）綜記　如國語、戰國策、等是也。
（乙）瑣記　如世說新語、唐代叢書、明季稗史等是也。
（丙）詔令奏議　四庫另列一門。其實雜史耳。

第六　傳記（甲）通體　如滿漢名臣傳、國朝先正事略、等是也。
（乙）別體　如某帝實錄、某人年譜、等是也。

第七　地志（甲）通體　如各省通志、天下郡國利病書、等是也。
（乙）別體　如紀行等書是也。

第八 學史。如明儒學案、國朝漢學師承記、等是也。

第九 史論
(甲)理論 如史通、文史通義、等是也。
(乙)事論 如歷代史論、續通鑑論、等是也。
(丙)雜論 如廿二史劄記、十七史商榷、等是也。

第十 附庸
(甲)外史 如西域圖考、職方外紀、等是也。
(乙)考據 如禹貢圖考等是也。
(丙)注釋 如裴松之三國志注等是也。

都爲十種二十二類

試一繙四庫之書。其汗牛充棟浩如烟海者。非史學書居十六七乎。上自太史公班孟堅。下至畢秋帆趙甌北。以史家名者不下數百。玆學之發達。二千年於玆矣。然而陳陳相因。一邱之貉。未聞有能爲史界闢一新天地。而令玆學之功德普及於國民者。何也。

吾推其病源。有四端焉。

一曰知有朝廷而不知有國家。吾黨常言。二十四史非史也。二十四姓之家譜而已。

其言似稍過當然按之作史者之精神其實際固不誣也吾國史家以爲天下者君主一人之天下故其爲史也不過叙某朝以何而得之以何而治之以何而失之而已舍此則非所聞也昔人謂左傳爲相斫書豈惟左傳若二十四史眞可謂地球上空前絕後之大相斫書也雖以司馬溫公之賢其作通鑑亦不過以備君王之瀏覽（其論語無一非忠告君主者）蓋從來作史者皆爲朝廷上之君若臣而作曾無有一書爲國民而作者也其大蔽在不知朝廷與國家之分別以爲舍朝廷外無國家於是乎有所謂正統閏統之爭論有所謂鼎革前後之筆法如歐陽之新五代史朱子之通鑑綱目等今日盜賊明日聖神甲也天命乙也僭逆正如羣蛆啄矢爭其甘苦狙公飼狙辨其四三自欺欺人莫此爲甚吾中國國家思想至今不能興起者數千年之史家豈能辭其咎耶

二曰知有箇人而不知有羣體　歷史者英雄之舞臺也舍英雄幾無歷史雖泰西良史亦豈能不置重於人物哉雖然善爲史者以人物爲歷史之材料不聞以歷史爲人物之畫像以人物爲時代之代表不聞以時代爲人物之附屬中國之史則本紀列傳一篇一篇如海岸之石亂堆錯落質而言之則合無數之墓志銘而成者耳夫所貴乎

史者貴其能敘一群人相交涉相競爭相團結之道能述一群人所以休養生息同體進化之狀使後之讀者愛其群善其群之心油然生焉今史家多於鯽魚而未聞有一人之眼光能見及此者此我國民之羣力羣智羣德所以永不發生而羣體終不成立也。

三曰知有陳迹而不知有今務　凡著書貴宗旨作史者將爲若干之陳死人作紀念碑耶爲若干之過去事作歌舞劇耶殆非也將使今世之人鑑之裁之以爲經世之用也故泰西之史愈近世則記載愈詳中國不然非鼎革之後則一朝之史不能出現又不惟正史而已即各體莫不皆然故溫公通鑑亦起戰國而終五代果如是也使其朝自今以往永不易姓則史不其中絕乎使如日本之數千年一系豈不並史之爲物而無之乎太史公作史記直至今上本紀且其記述不少隱諱焉史家之天職然也後世專制政體日以進步民氣學風日以腐敗其末流遂極於今日推病根所從起實由認歷史爲朝廷所專有物舍朝廷外無可記載故也不然則雖有忌諱於朝廷而民間之事其可紀者不亦多多乎何並此而無也今日我輩欲研究二百六十八年以來之事

實竟無一書可憑藉非官牘鋪張循例之言則口碑影響疑似之說耳時或藉外國人之著述窺其片鱗殘甲然甲國人論乙國之事例固百不得一況吾國之向閉關不與人通者耶於是乎吾輩乃窮語曰知古而不知今謂之陸沈夫陸沈我國民之罪史家實尸之矣

四曰知有事實而不知有理想　人身者合四十餘種原質而成者也合眼耳鼻舌手足臟腑皮毛筋絡骨節血輪精管而成者也然使採集四十餘種原質作爲眼耳鼻舌手足臟腑皮毛筋絡骨節血輪精管無一不備若是者可謂之人乎必不可何則無其精神也史之精神維何曰理想是已大羣之中有小羣大時代之中有小時代而羣與羣之相際時代與時代之相續其間有消息焉有原理焉作史者苟能勘破之知其以若彼之因故生若此之果鑑既往之大例示將來之風潮然後其書乃有益於世界今中國之史但呆然曰某日有甲事某日有乙事至其事之何以生其遠因何在近因何在莫能言也其事之影響於他事或他日者若何當得善果當得惡果莫能言也故汗牛充棟之史書皆如蠟人院之偶像毫無生氣讀之徒費腦力是中國之史非益民智

之具而耗民智之具也。

以上四者實數千年史家學識之程度也。緣此四蔽復生二病。

其一能鋪敍而不能別裁 英儒斯賓塞曰。『或有告者曰。鄰家之貓昨日產一子。以云事實。誠事實也。然誰不知爲無用之事實乎。何也。以其與他事毫無關涉。於吾人生活上之行爲毫無影響也。然歷史上之事蹟。其類是者正多。能推此例以讀書觀萬物。則思過半矣。』此斯氏敎人以作史讀史之方也。泰西舊史家固不免之。而中國殆更甚焉。某日日食也。某日地震也。某日冊封皇子也。某日某大臣死也。某日有某詔書也。滿紙塡塞。皆此等鄰貓生子之事實。往往有讀盡一卷而無一語有入腦之價値者。就中如通鑑一書。屬稿十九年。別擇最稱精善。然今日以讀西史之眼讀之。覺其有用者亦不過十之二三耳。（通鑑載奏議最多蓋此書專爲格君而作也吾輩今日讀之實嫌其冗）其他更何論焉。至如新五代史之類。以別裁自命。實則將大事皆刪去。而惟存鄰貓生子等語。其可厭不更甚耶。故今日欲治中國史學。眞有無從下手之慨。二十四史也。九通也。通鑑續通鑑也。大淸會典大淸通禮也。十朝實錄十朝聖訓也。此等書皆萬不可不讀。不讀其一。則罣漏正多。然盡此數書而讀之日讀十卷已非三四十年不爲功矣況僅讀此數書而決不能足用勢不可不於前所列十種二十二類者一一涉獵之（雜史傳志劄記等所載常有有用過於正史者何則彼等常載民間風俗不似正史專爲帝王作家譜也）人壽幾何何以堪此故吾中國史學智識之不能普及皆由無一善別裁之良史故也

其二能因襲而不能創作　中國萬事皆取述而不作主義而史學其一端也細數二千年來史家其稍有創作之才者惟六人一曰太史公誠史界之造物主也其書亦常有國民思想如項羽而列諸本紀孔子陳涉而列諸世家儒林游俠刺客貨殖而爲之列傳皆有深意存焉其爲立傳者大率皆於時代極有關係之人也而後世之效顰者則胡爲也二曰杜君卿通典之作不紀事而紀制度制度於國民全體之關係有重於事焉者也前此所無而杜創之雖其完備不及通考然創作之功馬何敢望杜耶三曰鄭漁仲夾漈之史識卓絕千古而史才不足以稱之其通志二十略以論斷爲主以記述爲輔實爲中國史界放一光明也惜其爲太史公範圍所困以紀傳十之七八塡塞全書支牀疊屋爲大體玷四曰司馬溫公通鑑亦天地一大文也其結構之宏偉其取材之豐贍使後世有欲著通史者勢不能不據爲藍本而至今卒未有能逾之者焉溫

八

公亦偉人哉。五曰袁樞。今日西史大率皆紀事本末之體也。而此體在中國實惟袁樞創之。其功在史界者亦不少。但其著通鑑紀事本末也。非有見於事與事之相聯屬。而欲求其原因結果也。不過爲讀通鑑之方便法門。著此以代抄錄云爾。雖爲創作。實則無意識之創作。故其書不過爲通鑑之一附庸。不能使學者讀之有特別之益也。六曰黃梨洲。黃梨洲著明儒學案。史家未曾有之盛業也。中國數千年。惟有政治史。而其他一無所聞。梨洲乃創爲學史之格。使後人能師其意。則中國文學史可作也。中國種族史可作也。中國財富史可作也。中國宗教史可作也。諸類此者。其數何限。梨洲既成明儒學案。復爲宋元學案。未成而卒。使假以十年。或且有漢唐學案。周秦學案之宏著。未可料也。梨洲誠我國思想界之雄也。若夫此六君子以外。（袁樞實不能在此列）則皆所謂公等碌碌。因人成事。史記以後。而二十一部皆刻畫史記。通典以後。而八部皆摹仿通典。何其奴隸性至於此甚耶。若琴瑟之專壹。誰能聽之。以故每一讀輒惟恐臥。而思想所以不進也。

合此六弊。其所貽讀者之惡果。厥有三端。一曰難讀。浩如烟海。窮年莫殫。前既言之矣。二曰難別擇。即使有暇日。有耐性。徧讀應讀之書。而苟非有極敏之眼光。極高之學識。

不能別擇其某條有用某條無用徒枉費時日腦力。三曰無感觸。雖盡讀全史而曾無有足以激厲其愛國之心團結其合羣之力以應今日之時勢而立于萬國者。然則吾中國史學外貌雖極發達而不能如歐美各國民之實受其益也。職此之由。今日欲提倡民族主義使我四萬萬同胞強立於此優勝劣敗之世界乎。則本國史學一科實爲無老無幼無男無女無智無愚無賢無不肖所皆當從事視之如渴飲飢食一刻不容緩者也。然徧覽乙庫中數十萬卷之著錄其資格可以養吾所欲給吾所求者殆無一焉。嗚呼史界革命不起則吾國遂不可救。悠悠萬事惟此爲大。新史學之著。吾豈好異哉。吾不得已也。

余既滋蘭之九畹兮　又樹蕙之百畝　畦留夷與揭車兮
雜杜衡與芳芷　冀枝葉之峻茂兮　願俟時乎吾將刈
雖萎絕其亦何傷兮　哀衆芳之蕪穢

地理

# 地理與文明之關係

中國之新民

程子謂讀書爲玩物喪志此語在今日幾於爲世詬病矣雖然今之學者其能免於此四字之誚者幾人哉舊學之訓詁家金石家詞章家不必論矣即今所謂涉獵新學研究西書者亦大率取其形質遺其精神若是則雖博士多於鯽而於國民之進步無當也吾恐中學之八股家考據家去而西學之八股家考據家又將來矣是以本報敍論諸學恒取其於精神上有關係者欲讀者因之而悟讀書致用之法不至爲程子之所呵地理學者諸學科之基礎而學校所不可缺者也今集譯東西諸大家學說言地理與文明之關係者草爲是篇爲學僮之一助云爾

詩曰。天生蒸民有物有則。則者何因果之謂也。觀乙果可以知甲因觀乙因可以推丙果。苟持此法以研究天下事物。則能得其公例之所在。有通其一萬事畢之樂。不特此也。既知其果之所必至。又知其果之所從來。則常能造善因以補助之。使其結果日趨於至善。學術之有助於進化。其功在是。

世界文明之原因。其所由來甚複雜。固非可僅以一學科之理論而證明之者也。雖然、以地理學者之眼觀之。亦有可以見其一斑者。今略論如下。

均是土地也。均是人類也。而文明程度之高下發達之遲速莫或相等者何也。英儒洛克曰、地理與歷史之關係。一如肉體之與精神。有健全之肉體。然後活潑之精神生焉。有適宜之地理。然後文明之歷史出焉。寒帶熱帶之地。其人不能進化者何也。人之腦力體力爲天然力所束縛。而不能發達也。管子曰。倉廩實而知禮節。衣食足而知榮辱。亞里士多德曰。人必能自養其欲。自給其求。然後高尚之思想事業。乃起焉。極寒極熱之地。其人窮日之力以應付天然界之涔迫。猶且不給。以故文明之歷史。獨起於溫帶。

北半球之大陸三。曰亞細亞。曰歐羅巴。曰北亞美利加。南半球之大陸亦三。曰澳大利亞。曰阿非利加。曰南亞美利加。北三陸皆廣大。合計方三千二百五十萬英方里有奇。南三陸皆狹小。合計一千六百五十萬英方里有奇。北陸之地勢甚複雜。多港灣。多內海。（如地中海黑海等皆謂之內海）多半島。（半島者三面連於陸一面突出于海者也）多附屬之島嶼。其地面之複雜。亦與相應。有山脈。有高原。有平地。有河流。而三陸相互之位置。亦便於交通。南陸則不然。其地勢甚單純。灣港內海半島羣嶼皆極少。且位置各遠隔。交通不便。又北陸皆位於溫帶。南陸皆位於熱帶。使人類而與物類等也。則南陸之適宜。當過於北。何也。動植物往往自南北極而進於中帶。自中帶而進于熱帶。愈進而愈繁殖。故動植物全盛之世界在於南半球。實天演之公例也。惟人類則反於此公例。何也。人類所以進化者。不徒恃物質上之勢力而已。而並恃精神上之勢力。故物類之爭生存也。惟在熱度之强盛。營養之足用而已。人則不然。恒視其智識道德。以爲優劣勝敗之差。人物所循天演之軌道。各自不同。蓋以此也。夫酷熱之時。使人精神昏沈。欲與天然力相爭而不可得。嚴寒之時。使人精神顚頽。與天然力相抵太劇。而更無餘力以及他。熱帶之人。得衣食太易。而不思進取。寒帶之人。得衣食太難。而不能進取。惟居溫帶者。有四時之變遷。有寒暑之代謝。苟非勞力。則不足以自給。苟能勞力。亦必得其報酬。此文明之國民。所以起于北半球之大原也。

土地高低。亦與文明之發達有比例。區而分之。可爲三種。一曰高原。二曰平原。三曰海濱。

三

(一)高原　中亞細亞也。裏海黑海之間也。亞剌伯也。亞非利加之巴巴利沙漠也。南亞美利加之帕拉格維也。倭里那哥也。皆高原也。高原之特質。最適於畜牧。牧民逐水草而居。問其富。則數畜以對。而非數地以對也。雖行族長政治。頗近似於國家。然舍血族之外。更無他道以相團結。雖有如成吉思帖木兒等野蠻中之英雄。時出於其間。然終不能成一鞏固之國家。故文明無可言焉。

(二)平原　有河流則土地豐饒。中國之有黃河揚子江。印度之有恒河殑伽河。巴比倫之有夭弗里士河台格里士河。埃及之有尼羅河。皆其最著也。此等之地。始有農業。人皆土著。民自名田。有地主之權謂之名田漢人用語也　家族政治。一變爲封建政治。行國變爲居國。而鞏固之國體乃始立。中國印度埃及巴比倫。皆在數千年以前。厖然成一大國。文明爛然。蓋平原之地勢使然也。

(三)海濱　驟觀地圖。則河海者所以使土地閡隔。而華離也。然徵諸歷史上之事實。則人類交通往來之便。全恃河海。德儒黑革曰。水性使人通。山性使人塞。水勢使人合。山勢使人離。誠哉是言。歐洲人自十五世紀以來。與隔海之亞美利加及印度交通頻數。已非一日。而於陸地接壤之亞細亞及亞非利加內地。反閡塞而疏遜之。此其一證也。南北兩美洲之間。有巴拿馬地峽以爲之連。亞歐非三洲之間。有地中海以爲之隔。而世界文明之起原。反以地中海爲中心點。又其一證也。

海也者。能發人進取之雄心者也。陸居者以懷土之故。而種種之繫累生焉。試一觀海。忽覺超然萬累之表。而行爲思想。皆得無限自由。彼航海者。其所求固在利也。然求之之始。卻不可不先置利害於度外。以性命財產爲孤注。冒萬險而一擲之。故久於海上者。能使其精神日以勇猛。日以高尚。此古來瀕海之民。所以比於陸居者活氣較勝。進取較銳。雖同一種族。而能忽成獨立之國民也。腓尼西亞之於猶太。葡萄牙之於西班牙。荷蘭之於德意志。是其例也。同爲希臘種。而埃倭尼亞人與獨利安人之性質迥別。同爲黃種。而中國人與日本人風氣攸殊。皆海之爲之也。太古之文明。雖起于埃及與安息之間。而發揚之者實腓尼西亞與希臘人。曰瀕海之故。羅馬解紐以後。文明進步最速者。厥惟意大利。曰瀕海之故。美洲新大陸開闢以來。西歐諸國之沿海岸者駸駸日進。而俄國獨瞠乎後焉。曰瀕海不瀕海之故。

三大陸比較之。則亞非利加高原之地也。亞細亞高原平原交錯之地也。歐羅巴高原平原海濱三者調和適均之地也。以面積論則歐羅巴爲五洲之殿。以海岸線論則歐羅巴爲五洲之冠。此其於文明程度有大關係焉。今示其表如下。

| | 面積 | 海岸線 |
|---|---|---|
| 亞細亞 | 一七、〇二〇、〇〇〇英方里 | 三六、〇〇〇英里 |
| 亞非利加 | 一一、五〇〇、〇〇〇英方里 | 一七、〇〇〇英里 |
| 北亞美利加 | 九、〇〇〇、〇〇〇英方里 | 四三、〇〇〇英里 |
| 歐羅巴 | 三、八〇〇、〇〇〇英方里 | 一九、五〇〇英里 |

亞洲面積殆五倍歐洲。而其海岸線之長不能倍之。歐洲面積不及非洲三之一。而海線乃加乎其上。夫非洲人所以難進文明者何也。歐洲之陸地距海岸五百英里以外者殆不多見。非洲則大率皆在一千英里以外也。然使海岸線雖少。而內地能有河流可便舟楫。如亞細亞之夭弗里士河台格里士河黃河揚子江恒河殑伽河。南亞美利加之倭里挪哥河亞麻遜河拉布拉打河。北亞美利加之聖羅凌河勿士必河等大者輪船往來。可達三千英里。次者亦艨艟樓艦。可以通行。則亦能補海岸之不足。使其利

滋溥。亞非利加則不然。雖有尼羅河康哥河尼叉河潛比西河之四大流。而皆不適於交通。蓋其瀑多湍急。不許人泝流而上也。加以有大沙漠橫斷洲之南北。絕運輸之道。而全洲四分之三、屬於熱帶。其文明所以不克暢進者。實天然之缺陷使然也。

亞細亞之地理。雖似歐羅巴。然雪山之大。非亞爾布士之比。其印度半島略似意大利。然其幅員太大。幾爲大陸而非半島。其南雖有澳大利亞洲。然不如歐羅巴與亞美利加之接近。至於印度洋與地中海比較。尤相去懸絕。故亞洲東西南北各自成一小天地。而文明之競爭不起焉。波斯與印度之間。惟有一路可通。亞力山大以來。用兵所通行者是也。而卡布兒之高原。又使之與西亞細亞相隔絕。若夫中國與印度之間。更無一路。可適用於行軍通商者。雪山之峻險。常在千丈乃至千八百丈以上之高度。而帕米爾高原。盛夏積雪。故舍海路外無可以相通之道。坐是亞細亞雖有創生文明之力而無發揚文明之力蓋由各地孤立故生反對保守之惡風。抱惟我獨尊之妄見以地理不便故無交通無交通故無競爭無競爭故無進步亞洲所以弱於歐洲。其大原在是。

於亞細亞之西。歐羅巴之南。亞非利加之北。環瀦其中央者。有地中海焉。使三大陸互相接近。互相連屬。齎平原民族所孕育之文明。移之於海濱而發揮光大之。凡交通貿易殖民用兵。一切人羣競爭之事業。無不集樞於此地中海。故觀文明傳播之大勢。亞細亞其母也。因與他二大陸隔海相接之故。一超而傳諸希臘、意大利、及羅馬、併吞地中海諸國。復征服部羅羣地。乃再躍而散於歐洲之西端。及哥侖布尋得美洲。遂再奮而磅礴於南北亞美利加。其西漸之跡。歷歷可稽。豈非以地中海爲主動之原力耶。假此地中海而在東方。則文明必先東被而開闢新世界之偉業。必將成於亞洲人之手矣。由此觀之。地理之關係於文明。有更重大於人種者矣。以地勢言之。歐羅巴不過亞細亞附庸之一半島耳。然因其幅員不廣。故各地之聯絡交通易。而有高原。有平原。有海濱。山脈河流經界複雜。故能分立諸國。使諸種國民角起相競。雖然。其缺憾亦有一焉。則氣候嚴寒。不能自創文明是也。幸有大西洋之熱流。自墨西哥灣倒捲而向東北。使西歐諸國溫度增加。又亞非利加大沙漠。常以熱風播盪歐南。故歐羅巴氣候。比諸亞洲美洲之同緯度者。寒溫迥殊。要之其地勢與地氣。皆非能自造文明者。惟受之於他方而自播殖之。發揮之。光大之。是其所長耳。

蓋文明之初發生。必在得天獨厚之地。厚者何。即氣候溫暖。物產饒足。謀生便易。是也。故歷觀古今中外。從無文明起於寒地者。前章所述之埃及印度中國巴比倫諸地。其所以能爲文明祖國者。非徒地勢使然。亦地氣使然也。至如北美之墨西哥。南美之秘魯。亦爲文明先進之國。哥侖布未闢新洲以前。此二國既已斐然有文物矣。東半球文明祖國。皆居溫帶而沿河流。此兩國則無有大河。而亦能早達者。則全以氣候之故。墨西哥在北緯二十一度。秘魯在南緯二十一度半。皆熱帶與溫帶之交也。

古代初民。無有資本。必其地之天然力極豐饒。常足償其勞力而有餘者。然後文明生焉。此義前既屢言之矣。地何以豐饒。多溫氣。多熱氣。而兩者又相和合者。是也。反是則貧瘠也。兩美洲之大河。皆在東部。注于大西洋。其西部注於太平洋者。無一焉。由落機與安底斯兩山脈。皆偏在西部。故河流者。濕氣之所從出也。故西半球之濕氣。惟東部獨多。

若夫熱氣之所集。則南北美各不同。北美濕氣雖在東部。而熱氣卻在西部。東西兩海

十

岸。其溫度相差殊甚。此不獨美洲爲然耳。即東半球亦然。同一緯度也。而歐洲西岸與亞洲東岸大異。其故安在。盖由南北兩氷洋與赤道下之大洋。其潮水之溫度相反。而地軸之轉。自西而東。故太平洋之潮流。繞亞澳兩洲間之羣島。北轉而達臺灣掠日本。東北趨達美國之海岸。南轉而達卡里佛尼亞。復與赤道潮合流。大西洋之流亦然。流至墨西哥灣。爲大陸所遮。不能出與太平洋合。乃廻流沿福羅里打海岸北轉至赫的拉岬。與北海之寒潮接。東流而達歐羅巴西岸。其北流者則環蘇格蘭挪威使其寒氣大減焉。由是觀之。赤道下之熱流。其行於北半球者。常以大陸之東岸爲歸宿之地。此東西寒燠差異之原因也。而墨西哥正在熱流集注之區。溫度最盛。又美洲至北緯二十度以南。地勢忽縮小。爲巴拿馬峽。其形恰與埃及之卡兒的亞相彷彿。因此之故。東西兩海岸接近。全國之地味氣候。皆等於島嶼。故雖無大河而濕氣不乏。然則北亞美利加洲。濕熱兩氣最充盛最調和者。惟墨西哥。此所以能獨優于大陸。而在十六世紀以前。已有文明也。由此觀之。凡原因同者。其結果必同。雖土地遠隔。人種各殊。而天演之公例。不少異也。

南美之現狀。與北美異。所謂東岸寒而西岸燠者。惟北半球爲然耳。南半球則適與相反。盖南冰洋之寒潮繞南半球諸陸之西岸。而赤道熱流反在其東岸也。南美洲溫熱兩氣皆集於東方。故南美東部之土地。無論屬于熱帶溫帶寒帶者。皆極豐饒。然則文明不起於其間。又奚以故。曰溫熱之盛過度。動植物之繁殖不可思議。人力爲天然力所壓。而不能盡其性也。夫海底有寒熱兩潮流。空中有寒熱兩風圈。皆由地軸東轉簸盪而成。其理一也。自北緯二十八度至南緯二十八度之區。一年內凡爲東北風西南風者。各半。西人所謂貿易風也。此貿易風之經大西洋而達南美東岸也。所含大洋中水氣。遇冷而墜。大雨時行。而爲安底斯山所阻。不能越嶺而西。其雨皆灌溉於巴西之地。故巴西天然力之盛。甲於全球。雖然。以太盛之故。人力爲其所壓。惜哉。其幅員面積與歐羅全洲相埒。徒委爲蠻族之巢窟。自葡人覔得此土以來。垂四百年。非不屢欲運歐洲之文明以化被之。然其力只及于東岸。若其內地。依然四百年前之故我而已。森林深而農業不進。蟲害甚而收穫難期。山高而不可登。河大而無由渡。巴西所以不能孕育文明。曰惟此之故。

國於巴西之西者。有秘魯焉。同在一大陸。同在一緯度。而地勢有相逕庭者。巴西既位熱帶之溫度。而世界第二大河亞馬遜灌溉之。諸小河流灌溉之。貿易風之大雨灌溉之。豐沃過度。人力無權。秘魯之地。則跨有安底斯山東麓之高原。與太平洋邊之海岸。安底斯山之西。終歲無雨。又無樹木。至其東麓。亞馬遜河上流一帶。常降雨而不過度。森林亦生焉。南氷洋之寒潮。達其西岸。調和其氣候。使不過熱。故南美洲中。溫氣、熱氣、會合、適宜之地。惟一、秘魯。此所以文明早發。與墨西哥同也。(未完)

# 教育

## 論教育當定宗旨

中國之新民

人之所異於羣物者安在乎凡物之動力皆無意識人之動力則有意識無意識者何不知其然而然者是也亦謂之不能自主有意識者何有所爲而爲之者是也亦謂之能自主夫植物之生也其根有胃吸受膏液其葉有肺吐納空氣其所以自榮衛者不一端焉雖然不過生理上（人物體質生生之理日本人譯爲生理學）自然之數而已彼植物非能自知其必當如此不當如彼而立一目的以求之也其稍進者爲動物飢則求食飽則游焉息焉求而難得者則相爭其意識稍發達略知所謂當如此不當如彼者然必如何然後能如此如何然後不如彼非動物所能知也最下等之野蠻人其情狀殆亦爾爾要而論之則植物之動全恃內界自然之消息者也動物及下等野蠻之動則內界之消息與外界之刺激稍相和合者也皆不知其然而然者也若人則於此二界之外別有思想別有能力能自主以求達其所向之鵠若是者謂之宗旨

宗旨之或有或無或定或不定或大或小或強或弱恆為其人文野之比例差夫野蠻人之築室也左投一瓦焉右堆一石焉今日支一木焉明日畚一土焉及其形粗具曰是苟完矣因而居之若文明人則必先出其意匠畫其圖形豫算其材器未鳩工之始而室之規模先具於胸中矣野蠻人之治國也因仍習慣不經思索遇一新現象出則彷皇無措過一時算一時了一事算一事若文明人則必先定國體焉定憲法焉或採專制之政或採共治之政皆立一標準而一切舉措皆向此標準而行若是者所謂宗旨也未有無宗旨而能成完全之事業者也故夫負襏襫櫛風雨於畎隴者何為乎謀食之宗旨使然也涸口沫糜腦力於窓下者何為乎求學之宗旨使然也揮黑鐵流赤血於彊場者何為乎爭權利之宗旨使然也然則無宗旨則無所用其耕無宗旨則無所用其學無宗旨則無所用其戰百事莫不皆然而教育其一端也

文明人何以有宗旨宗旨生於希望希望生於將來必其人先自忖自語曰吾將來欲如是如是此宗旨之所由起也曰吾將來必如何然後可以如是如是此宗旨所由立也愈文明則將來之希望愈盛教育制度所以必起於文明之國而野蠻半開者無之

何歟教育者其收效純在於將來而現在必不可得見者也然則他事無宗旨猶可以苟且遷就教育無宗旨則寸毫不能有成何也宗旨者爲將來之核者也今日不播其核而欲他日之有根有芽有莖有榦有葉有果必不可期之數也

一國之教育與一人之教育其理相同父兄之敎子弟也將來欲使之爲士欲使之爲農爲工爲商必定其所嚮焉然後授之未有欲爲箕者而使之學冶欲爲矢者而使之學函也惟國亦然一國之有公教育也所以養成一種特色之國民使之結爲團體以自立競存於優勝劣敗之場也然欲達此目的決非可以東塗西抹今日學一種語言明日設一門學科苟且敷衍亂雜無章而遂可以收其功也故有志於教育之業者先不可不認淸教育二字之界說知其爲製造國民之具次不可不具經世之炯眼抱如傷之熱腸洞察五洲各國之趨勢熟考我國民族之特性然後以全力鼓鑄之由前之說則教育宗旨所由起也由後之說則教育宗旨所由立也

吾國自經甲午之難教育之論始萌蘗焉庚子再創一年以來而教育之聲遂徧滿於朝野上下此實漸進文明之一徵也雖然向彼之倡此論任此責者果能解教育之

定義乎。何所爲而爲之乎。果實有見於教育所得將來之結果乎。由何道以致之乎。叩其故。則曰外國皆有教育。吾不可以獨無之云爾。至外國何以有吾國何以無外國何以爲之而能有功。吾國何以爲之而久無效。此問題非彼等所能及也。英有英之教育法。有法之教育。德有德之教育。日有日之教育。則吾國亦應有吾國之教育。此問題更非彼等所能及也。其下焉者見朝廷銳意教育。我亦趁風潮。附炎熱。思博萬一之寵榮。其上焉者亦不過摭拾外論。瞥見歐美日本學制之一斑。震驚之。艷羨之。而思仿摹之耳。審如是也。是何異鸚鵡聞人笑語而亦學語。孩童見人飲食而亦思食也。審如是也。則今之所謂教育論者。全屬無意識之動。未嘗有自主之思想。自主之能力。定其所向之鵠。而求達之。與動物及下等野蠻之僅藉外界刺激之力以食焉息焉游焉爭焉者。曾無以異。以是而欲成就文明人所專有之教育事業。豈可得耶。豈可得耶。

雖然。吾驟責彼等以無宗旨。彼必不服。何也。彼固曰。吾將以培人才也。開民智也。若是者。安得謂非宗旨。然則吾於其宗旨之果能成爲宗旨與否。其宗旨之有用與否。無弊與否。其宗旨能合於今世文明國民所同向之宗旨與否。不可不置辯。夫培漢奸之才亦何嘗非人才、開奴隸之智。亦何嘗非民智。以此為宗旨。誰能謂其無宗旨者耶。彼等之宗旨。雖未必若是。然五十步與百步之間。非吾所敢言也。試一繙前者創辦京師同文館上海廣方言館之檔案。觀其奏摺中公牘中章程中所陳說者何如。此猶曰在內地者。試一游日本東京中國公使館中附立之學堂。有前使臣李經方所題一聯云。……斯堂培翻譯根基請自我始爾輩受朝廷教養先比人優……此二語實代表吾中國數十年來之教育精神者也。舍翻譯之外無學問。舍陞官發財外無思想。若此者吾亦豈能謂其非宗旨耶。以此之宗旨。生此之結果。吾中國有學堂三十餘年。而不免今日之腐敗。所謂種瓜得瓜種豆得豆。絲毫不容假借者也。今之教育者必曰吾之新教育不如是。吾將教之以格致物理。吾將教之以地理歷史。吾將教之以政治理財。若是者謂為學科之進步也可。至其宗旨之進步與否。非吾所敢言也。夫使一國增若干之學問智識。隨即增若干有學問有智識之漢奸奴隸。則有之不如其無也。今試問以培人才開民智為宗旨者。其所見果有以優於李經方聯語云云者幾何也。吾敢武斷之曰。此等宗旨。不成為宗旨。何也。教育之意義。在養成一種特色之國民。使結團體以自立競存於列國之間。不徒爲一人之才與智云也。深明此義者。可與語教育焉耳。

吾欲爲吾國民定一教育宗旨。請先臚列他國之成案。以待吾人參考而自擇焉。凡代表古代者三。曰雅典。曰斯巴達。曰耶蘇教。代表現世者三。曰英吉利。曰德意志。曰日本。

第一雅典　雅典者古希臘市府之國。而民政之鼻祖也。其市民皆有參預政事之權。故其教育之宗旨。務養成可以爲市民之資格。獎勵其自由之性。訓練其斷事之識。又雅典人所自負者。欲全希臘文化之中心點集於其國也。故務使國民有高尙之理想。有嚴重之品格。有賅博之科學。一切教育條理。皆由此兩大宗旨而生。故其國多私立學校。授種種羣學哲學等。其人重名譽輕金錢。有以學問爲謀生之具者。則共鄙棄之。不與齒。其結果也。立法行政之制度。在上古號稱最完善。至今爲各國所仿效。而大儒梭格拉底、柏拉圖、阿里士多德。皆生於其間。

第二斯巴達　斯巴達者。亦希臘一國。與雅典對峙。而貴族專制政體之名邦也。其教育制度。由彼中大立法家來喀瓦士所定。其宗旨在使斯巴達爲全希臘最強之國。故先使全國人爲軍國民。一國之子弟。一國所公有也。父母不得而私之。童子年七歲即入公立學校養之教之。皆政府責任。惟其以專制爲政體也。故務束縛之。養其服從長上之性。非至四十以上不能自由。惟其以尚武爲精神也。故專務操練軀體。使之强壯。每使之歷人生不能堪之苦工。有過失者。鞭撻楚毒于長老之前。紀律極嚴。一國如一軍。常以愛國大義討實而訓警之。故敵愾之心。無時或忘。斯巴達之教育。即由此專制尚武兩大宗旨而生者也。其結果也。使其國狎主夏盟。雄長諸侯。

第三耶穌教會　耶穌教之教育。非國民教育也。雖然其宗旨之堅忍而偉大。有深足法者。且中古一線之文明。賴之以延。近世無量之文明。因之以發。故不可不論及之。耶穌教無固有之教育法。無固有之學制。無固有之教授材料。語其特色。則以耶穌爲教育之理想。以耶穌爲教育家之模範也。其宗旨在嚴守律法。而各自尊其自由權。且互尊他人之自由權。以至誠起信爲體。以殺身成仁忍辱耐苦爲用。當中世之初。教會本無學校。而此宗旨所磅礴鬱積。愈光愈大。及今日而耶穌教之學堂。遂徧於大地。其結果也。能合無量數異國異種之人。結爲一千古未有之大團體。其權力常與國家相頡頏。

時或駕而上之。

第四英吉利　盎格魯撒遜種者。今日地球上最榮譽之民族也。其教育之宗旨。在養成活潑進步之國民。故貴自由。重獨立。薰陶高尚之德性。鍛鍊强武之體魄。盖兼雅典斯巴達之長而有之焉。英國之學校。特注重於德育體育。而智育居其末。若以學科之繁。程度之高論之。則英國之視諸國。瞠乎後也。而絕大之學者。絕大之政治家。絕大之國民出焉。何也。其教育之優點。不在形質而在精神。其父母之視子女也。不視爲己之附庸。而視爲國民之分子。其在家庭。其在學校。皆常有以啓發其權利義務之觀念。而使知自貴自重。其所教者常務實業。使其成年之後。可以自立。而斷絕其倚賴他人之心。自其幼時常使執事。使其有自治之力。雖離父兄去師長。而不至爲惡風潮之所漂蕩。故英美國民。皆各有常識。各有實力。非徒恃一二英雄豪傑以支柱國家者也。以故六洲五洋中。大而大陸。小而孤島。無不有盎格魯撒遜人種之足跡。而所至皆能自治獨立。戰勝他族。盖皆其教育宗旨所陶鑄。非偶然耳。（未完）

# 學術

## 論學術之勢力左右世界

中國之新民

亘萬古。袤九垓。自大地初闢以迄今日。凡我人類所棲息之世界。於其中而求一勢力之最廣被而最經久者。何物乎。將以威力乎。亞歷山大之獅吼於西方。成吉思汗之龍騰於東土。吾未見其流風餘烈。至今有存焉者也。將以權術乎。梅特涅執牛耳於奧大利。拿破侖第三弄政柄於法蘭西。當其盛也。炙手可熱。威震環瀛。一敗之後。其政策亦隨身名而滅矣。然則天地間獨一無二之大勢力。何在乎。曰智慧而已矣。學術而已矣。

今且勿論遠者。請以近世史中文明進化之跡。略舉而證明之。凡稍治史學者。度無不知近世文明先導之兩原因。即十字軍之東征。與希臘古學復興是也。夫十字軍之東征也。前後凡七役。亘二百年。（起一千〇九十六年訖一千二百七十年）卒無成功。乃其所獲者不在此而在彼。以此役之故。而歐人得與他種民族相接近。傳習其學藝。增長其智識。蓋數學天文學理化學動物學醫學地理學等。皆至是而始成立焉。而拉丁文學宗教裁判等。亦因之而起。此其遠因也。中世之末葉。羅馬教皇之權日盛。哲學區域。爲安士林 Anselm（羅馬教之神甫也）派所壟斷。及十字軍罷役以後。西歐與希臘、亞剌伯、諸邦來往日便。乃大從事於希臘語言文字之學。不用繙譯而能讀亞里士多德諸賢之書。思想大開。一時學者不復爲宗教迷信所束縛。卒有路得新教之起。全歐精神爲之一變。此其近因、也。其間因求得印書之法。而文明普徧之途開。求得航海之法。而世界環遊之業成。凡我等今日所衣所食所用所乘所聞所見。一切利用前民之事物。安有不自學術來者耶。此猶曰其普通者。請舉一二人之力左右世界者而條論之。

一曰歌白尼 Cpernicus（生于一四七三年卒于一五四三年）之天文學。泰西上古天文家言。亦如中國古代。謂天圓地方。天動地靜。羅馬教會主持是論。有倡異說者。輒以非聖無法罪之。當時哥侖布雖尋得美洲。然不知其爲西半球。謂不過亞細亞東岸之一海島而已。及歌白尼地圓之學說出。然後瑪志侖 Magellan（以一五一九年始航太平洋一周）始尋得太平洋航海線。而新世界始開。今日之有亞美利加合衆國。燦然爲世界文明第一。而駸駸握全地球之霸權者歌白尼之爲之也不甯惟是天文學之旣興也從前宗教家種種憑空構造之謬論不復足以欺天下而種種格致實學從此而生雖謂天文學爲宗教改革之强援爲諸種格致學之鼻祖非過言也歌白尼之關係於世界何如也

二曰倍根笛卡兒（二人國籍及生卒年月見本號學說門）之哲學中世以前之學者惟尙空論啾啾然爭宗派爭名目口崇希臘古賢實則重誣之其心思爲種種舊習所縛而曾不克自拔及倍根出專倡格物之說謂言理必當驗諸事物而有徵者乃始信之及笛卡兒出又倡窮理之說謂論學必當反諸吾心而自信者乃始從之此二派行將數千年來學界之奴性犁庭掃穴靡有孑遺全歐思想之自由驟以發達日光日大而遂有今日之盛故哲學家恒言二賢者近世史之母也倍根笛卡兒之關係於世界何如也

三曰孟德斯鳩Montesquieu（法國人生於一六八九年卒於一七五五年）之著萬法精理十八世紀以前政法學之基礎甚薄一任之於君相之手聽其自腐敗自發達及孟德斯鳩出始分別三種政體論其得失使人知所趨向又發明立法行法司法三權鼎立之說後此各國靡然從之政界一新漸進以迄今日又極論聽訟之制謂當廢拷訊設陪審歐美法廷遂爲一

變。又謂販賣奴隸之業大悖人道攻之不遺餘力實爲後世美英俄諸國放奴善政之嚆矢。其他所發之論爲法蘭西及歐洲諸國所採用遂進文明者不一而足。孟德斯鳩實政法學之天使也。其關係於世界何如也。

四曰盧梭。Rousseau（法國人生於一七一二年卒於一七七八年）之倡天賦人權。歐洲古來有階級制度之習。一切政權教權皆爲貴族所握平民則視若奴隸焉。及盧梭出以爲人也者生而有平等之權卽生而當享自由之福此天之所以與我無貴賤也於是著民約論Social Contract大倡此義謂國家之所以成立乃由人民合羣結約以衆力而自保其生命財產者也。各從其意之自由自定約而自守之自立法而自遵之故一切平等若政府之首領及各種官吏不過衆人之奴僕而受託以治事者耳自此說一行。歐洲學界如旱地起一霹靂。如暗界放一光明。風馳雲捲僅十餘年。遂有法國大革命之事自茲以往歐洲列國之革命紛紛繼起。卒成今日之民權世界。民約論者法國大革命之原動力也。法國大革命十九世紀全世界之原動力也。盧梭之關係於世界何如也。

五曰富蘭克令Franklin（美國人生于一七〇六年卒於一七九〇年）之電學瓦特Watt（英人生于一七三六年卒于一八一九年）之汽

機學十九世紀所以異於前世紀者何也。十九世紀有縮地之方。前人以馬力行每日不能過百英里者。今則四千英里之程。行於海者十三日而可達。行於陸者三日而可達矣。則輪船鐵路之爲之也。昔日製帽製靴紡紗織布等之工。以若干時而能製成一枚者。今則同此時刻。能製至萬枚以上矣。倫敦一報館一年所用之紙。視十五世紀至十八世紀四百年間所用者有加多焉。則製造機器之爲之也。美國大統領下一敎書。僅一時許而可以傳達於支那。上午在印度買貨。下午可以在倫敦銀行支銀。則電報之爲之也。凡此數者。能使全世界之政治商務軍事。乃至學問道德。全然一新其面目。而造此世界者。乃在一煮沸水之瓦特（瓦特因沸水而悟汽機之理）與一放紙鳶之富蘭克令（富氏嘗放紙鳶以驗電學之理）二賢之關係於世界何如也。

六曰亞丹斯密 Adam Smith （英國人生于一七二三年卒於一七九〇年）之理財學。泰西論者每謂理財學之誕生日何日乎。即一千七百七十六年是也。何以故。蓋以亞丹斯密氏之原富"Inquiry into the Nature and Causes of the Wealth of Nations"（此書侯官嚴氏近譯未成）出版於是年也。此書之出。不徒學問界爲之變動而已。其及於人羣之交際及於國家之政治者。不一而足。而一八四六年以後。英國決行自由貿易政策。Free Trade 盡免關稅。以致今日商務之繁盛者。斯密氏原富之論爲之也。近世所謂人羣主義。Socialism 專務保護勞力者。使同享樂利。其方策漸爲自今以後之第一大問題。亦自斯密氏發其端。而其徒馬爾沙士大倡之。亞丹斯密之關係於世界何如也。

七曰伯倫知理。Bluntschli（德國人生于一八〇八年卒于一八八一年）之國家學。伯倫知理之學說。與盧梭正相反對者也。雖然盧氏立於十八世紀而爲十九世紀之母。伯氏立於十九世紀而爲二十世紀之母。自伯氏出。然後定國家之界說。知國家之性質精神作用爲何物。於是國家主義乃大興於世。前之所謂國家爲人民而生者。今則轉而云人民爲國家而生焉。使國民皆以愛國爲第一之義務。而盛強之國乃立。十九世紀末世界之政治則是也。而自今以往。此義愈益爲各國之原力。無可疑也。伯倫知理之關係於世界何如也。

八曰達爾文。Chales Darwin（英國人生于一八〇九年卒於一八八二年）之進化論。前人以爲黃金世界在於昔時。而末世日以墮落。自達爾文出。然後知地球人類乃至一切事物皆循進化之公理。日赴於文明。前人以爲天賦人權。人生而皆有自然應得之權利。及達爾文出。然後知物競天擇優勝劣敗非圖自强則決不足以自立達爾文者實舉十九世紀以後之思想徹底而一新之者也是故凡人類智識所能見之現象無一不可以進化之大理貫通之政治法制之變遷進化也宗教道德之發達進化也風俗習慣之移易進化也數千年之歷史進化之歷史數萬里之世界進化之世界也故進化論出而前者宗門迷信之論盡失所據教會中人惡達氏滋甚謂有一魔鬼住於其腦云非無因也此義一明於是人人不敢不自勉爲强者爲優者然後可以立於此物競天擇之界無論爲一人爲一國家皆向此鵠以進此近世民族帝國主義 National Imperialism（民族自增植其勢力於國外謂之民族帝國主義）所由起也此主義今始萌芽他日且將磅礴充塞於本世紀而未有已也雖謂達爾文以前爲一天地達爾文以後爲一天地可也其關係於世界何如也

以上所列十賢不過舉其犖犖大者至如奈端 Newton（英人生于一六四二年卒于一七二七年）之創重學嘉列 Guericke（德國人生于一六〇二年卒于一六八六年）杯黎 Boyle（英人生于一六二六年卒于一六九一年）之製排氣器連挪士 Linnaeus（瑞典人生于一七〇七年卒于一七七八年）之開植物學康德 Kant（德國人生于一七二四年卒於一八〇四年）之開純全哲學皮里士利 Priestley（英人生于一七三三年卒於一八〇四年）之化學邊沁 Bentham（英人生于一七四七年卒於一八三二年）之功利主義

七

八

黑拔Herbart（生于一七七六年卒于一八四一年）之教育學。仙士門St. Simon（法人）喀謨德Comte（法人生于一七九八年卒于一八五七年）之倡人羣主義及羣學。約翰彌勒John Stuart Mill（英人生于一八〇六年卒于一八七三年）之論理學政治學女權論。斯賓塞Spencer（英人生于一八二〇年今猶生存）之羣學等。皆出其博學深思之所獨得。審諸今後時勢之應用。非如前代學者以學術爲世界外遁跡之事業。如程子所云玩物喪志也。以故其說一出。類能聳動一世。餉遺後人。嗚呼。今日光明燦爛如荼如錦之世界。何自來乎。實則諸賢之腦髓之心血之口沫之筆鋒所組織之而莊嚴之者也。

亦有不必自出新說。而以其誠懇之氣。清高之思。美妙之文。能運他國文明新思想。移植於本國。以造福於其同胞。此其勢力亦復有偉大而不可思議者。如法國之福祿特爾Voltaire（生於一六九四年卒於一七七八年）日本之福澤諭吉（去年卒）俄國之托爾斯泰Tolstoi（今尚生存）諸賢是也。福祿特爾當路易第十四全盛之時。慨然憂法國前途。乃以其極流麗之筆。寫極偉大之思。寓諸詩歌院本小說等。引英國之政治。以譏諷時政。被錮被逐。幾瀕於死者屢焉。卒乃爲法國革新之先鋒。與孟德斯鳩盧梭齊名。蓋其有造於法國民者。功不在兩人下也。福澤諭吉當明治維新以前無所師授。自學英文。嘗手抄華英字典一過。又以獨力創一學校。名曰慶應義塾。創一報館。名曰時事新報。至今爲日本私立學校報館之巨擘焉。著書數十種。專以輸入泰西文明思想爲主義。日本人之知有西學自福澤始也。其維新改革之事業。亦顧問于福澤者十而六七也。托爾斯泰生於地球第一專制之國。而大倡人類同胞兼愛平等主義。其所論盖別有心得。非盡憑藉東歐諸賢之說者焉。其所著書。大率皆小說。思想高徹。文筆豪宕。故俄國全國之學界爲之一變。近年以來。各地學生咸不滿於專制之政。屢屢結集。有所要求。政府捕之錮之放之逐之。而不能禁。皆托爾斯泰之精神所鼓鑄者也。由此觀之。福祿特爾之在法蘭西。福澤諭吉之在日本。托爾斯泰之在俄羅斯。皆必不可少之人也。苟無此人。則其國或不得進步。即進步亦未必如是其驟也。然則如此等人者。其於世界之關係何如也。

吾欲敬告我國學者曰。公等皆有左右世界之力。而不用之何也。公等即不能爲倍根。笛卡兒。達爾文。豈不能爲福祿特爾。福澤諭吉。托爾斯泰。即不能左右世界。豈不能左右一國。苟能左右我國者。是所以使我國左右世界也。吁嗟山兮。穆如高兮。吁嗟水兮。

浩如長兮吾聞足音之跫然兮吾欲溯洄而從之兮吾欲馨香而祝之兮

十

獻身甘作萬矢的　著論求爲百世師
誓起民權移舊俗　更研哲理牖新知
十年以後當思我　舉國猶狂欲語誰
世界無窮願無盡　海天寥廓立多時

# 兵事

## 軍國民篇

奮翮生

甲午一役以後。中國人士。不欲爲亡國之民者。羣起以呼嘯叫號。發鼓擊鉦。聲撼大地。或主張變法自强之議。或吹煽開智之説。或立危詞。以警國民之心。或故自尊大。以鼓舞國民之志。未幾而薄海內外。風靡響應。皆懼爲亡國之民。皆恥爲喪家之狗。未幾有戊戌變法自强之舉。此振興之自上者也。踰年有長江一帶之騷動。此奮起之自下者也。同時有北方諸省之亂。此受外族之憑陵。忍之無可忍。乃轟然而爆發者也。文字之力。不亦大且速哉。昔中國罹麻木不仁之病。羣醫投以劇藥。朽骨枯肉。乃獲再甦。四肢五內之知覺力。逐日增加。然元氣凋零。體血焦涸。力不支軀。行佇起臥。顫戰欲仆。扁和目之曰。疾在筋骨。非投以補劑。佐以體操。則終必至厥痿而死矣。人當昏憒於睡夢之中。毒蛇猛獸。大盜小竊。環而伺之。懼其不醒也。大聲以呼之。大力以搖之。既醒矣。而筋骨窳弱。膂力不支。雖欲慷慨激昂。以與毒蛇猛獸大盜小竊爭一日之存亡。豈可得哉。中國之病。昔在神經昏迷罔知痛癢。今日之病。在國力孱弱生氣銷沈扶之不能止其顚。肩之不能止其墜奮翮生曰居今日而不以軍國民主義普及四萬萬則中國其眞亡矣。

軍國民主義。昔濫觴于希臘之斯巴達。汪洋于近世諸大强國。歐西人士。即婦孺之腦質中。亦莫不深受此義。蓋其國家以此爲全國國民之普通教育。國民以奉斯主義爲終身莫大之義務。帝國主義。實由軍國民主義胎化而出者也。蓋內力既充。自不得不盈溢而外奔耳。

日人有言曰軍者國民之負債也軍人之智識軍人之精神軍人之本領不獨限之從戎者凡全國國民皆宜具有之嗚呼此日本之所以獨獲爲亞洲之獨立國也歟日本之國制。昔爲封建。戰爭之風。世世相承。剛武不屈之氣。瀰滿三島。蓄蘊既久。乃鑄成一種天性。雖其國之兒童走卒。亦莫不以大和魂三字自矜。大和魂者。日本尚武精神之謂也。區區三島。其面積與人口。遙不及我四川一省。而國內山嶽縱橫。無大川長河。故交通之道絕。舉全國財力。僅及百二十萬萬。其民之貧乏無狀。可以概見。然而能出精兵五十萬。擁艦隊二十五萬噸。得以睥睨東洋者。蓋由其國人之腦質中含有一種特別之天性而已。

漢族之馴良懦弱。冠絕他族。伈伈俔俔。俯首帖耳。呻吟于異族之下。奴顏隸面。恬不爲恥。周之於西戎。漢之於匈奴。晉之於五胡。唐之於突厥。宋之於金遼。明之於今淸。今之於俄於英。於法於德。於日本。於意奧。於美利堅。二千餘年以來。鮮不爲異族所踐踏。鐵蹄遍中原。而中原爲墟。羶風所及。如瓦之解。如氷之泮。黃河以北之地。儼爲蠻族一大遊牧場。嗚呼、舉國皆如嗜鴉片之學究。若罹癲病之老婦。而與獷猂無前之壯夫相鬭。亦無怪其敗矣。尾崎行雄於甲午之歲。著支那處分案。中有一段。最能探漢族致弱之病根。其言曰

國民之戰鬥力。保國之大經也。一國之內地。有文武之差。民有勇怯之別。如九州之壯武。中國（日本之地名）之文弱是也。天下之大。種族之多。國民有勇怯文武之差異。固亦理勢之當然已。

自歷史上之陳迹徵之。支那人係尚文之民。而非尚武之民。係好利之民。而非好

戰之民。今日支那之連戰連敗者。其近因雖多。而其遠因實在支那人之性情也。

又曰、清兵之戰也。莫不携有旌旗兩具鑼鼓提燈等件。驟見之實堪駭異。苟知戰者。其不携此無用之長物必矣。

又曰。余嘗注釋支那之所謂戰字。謂爲旗鼓競爭會。支那文人叙兩軍對峙之形勢。每曰「旗鼓相當」可知支那之所謂勝敗。不過曰旌旗多而鼓聲壯則勝。否則敗而已矣。

又下斷言五項。謂中國永無雄飛之望。今復摘譯之於下。

A支那民族之性情習慣。尚文好利。非尚武好戰。

B以尚文好利之民。雖積節制訓練之功。亦不能匹敵尚武民族。

C支那人乏道義心。上下交欺。恬不可怪。畢竟不能擧節制訓練之實。

D支那無固有之軍器。其所謂軍器者。非殺人器而嚇人器也。

E既無軍器。故無戰爭之理。支那人之所謂戰者。不過旗鼓競爭會而已耳。

要而論之。支那人之戰鬥力。自今以往。其必沈淪於水平線以下矣。如斯民族處今日戰爭最劇之世界而欲保全其獨立也能乎不能。

尾崎者日本前文部大臣而今政友會之領袖也彼當日之爲此言也雖曰爲鼓舞其國民之敵愾心而發然按之實際則毫髮不易撫心自問能無慙然夫流之濁也非其本質之濁必有致濁之由木之朽也非其本質之腐必有致腐之因漢族之墮落腐壞不堪以致於此極者抑亦由於有多少無形之原因所致耳謂予不信請槪舉其例。

一原因於教育者

教育者國家之基礎社會之精神也人種之强弱世界風潮之變遷流動皆於是生焉東西各强國莫不以教育爲旋幹全國國民之樞紐教育機關之要津在學校故兒童達期不入校者罰其父兄既入學也其所踐之課程皆足發揚其雄武活潑之氣鑄成其獨立不羈之精神焉美國者世界所稱爲太平共和固守「們羅」主義之國也然其小學學童所歌之詞皆激烈雄大之軍歌也吾嘗檢讀日本小學讀本全藉多蓄愛國尊皇之義而於中日海陸戰爭之事蹟尤加詳焉其用意所在蓋欲養成其軍人性質於不知不覺之中耳夫圖畫一課末藝也而有戰艦砲彈槍礮等幅其用心之微固非

野蠻諸邦國所得而知之矣。日本尙如此。而况歐美諸强國哉。

中國敎育界之情形。綜錯不一。故雖一律槪之。然小學時代之爲學狀態。雖萬里以外。猶出一轍也。夫自孩提以至成人之間。此中十年之頃。爲體魄與腦筋發達之時代。俗師鄕儒。乃授以仁義禮智三綱五常之高義。强以龜行鼇步之禮節。或讀以靡靡無謂之詞章。不數年遂使英穎之青年。化爲八十老翁。形同槁木。心如死灰。受病最深者。愈爲世所推崇。乃復將其類我之技。遺毒來者。代代相承。無有已時。嗚呼、西人謂中國爲老大帝國。夫中國旣無青年之人。烏復有青年之國家哉。歐美諸邦之敎育在陶鑄青年之才力。使之將來足備一軍國民之資格。中國之敎育在摧殘青年之才力。使之將來足備一奴隸之資格。以腐壞不堪之奴隸。戰彼勇悍不羈之國民。烏見其不敗耶。烏見其不敗耶。

二原因於學派者

宗敎之移人也亦甚矣哉。奉摩哈默德敎之民。則有輕死好戰之風。奉耶穌敎之民。則有博愛堅强之風。奉佛敎之民。則有勘破生死屛絕利慾之風。此惟指日本而言若中國若印度若暹羅則迥然無足觀矣蓋所奉者非佛也。以上諸教皆與軍國民有絕大之影響故尚奉以上諸教之邦其國民之性質未有不弘毅尚武得以淩制他族者焉中國無宗教而有學派代之故一國之風尚皆學派之薰染力所造也中國學派可析之爲二大宗派一曰孔派一曰老派孔派主動老派主靜孔派主進取老派主保守孔派主剛老派主柔孔派主魂老派主魄孔派主實老派主虛孔派主責任老派主放棄孔派主羣老派主分孔派主爭競老派主退讓孔派主博愛老派主自私要而論之孔派含尚武之精神老派含賤武之精神是也此孔老二派最相冰炭之處也二千餘年以來學界內之戰雲爭雨此二派實互爲楚漢勝敗之機迄今尚未決也而自俗眼視之素王之道經劉孔韓周朱程之闡發大義加以歷朝民賊獨夫之推崇赫赫炎炎如紅日之麗中天如流水之出三峽電馳風發磅礴中原舉國之大莫不入其彀中李耳之派則黯然寡色無復有生氣矣然核其實則有大謬不然者焉夫劉孔韓周朱程之徒名爲孔派之功臣實則孔派之蟊賊此種蟊賊謂之老派可也故蟊賊之力愈大則孔派之精神愈泯老派勢力遂得以汎濫天下流毒萬代根深蒂固牢不可破民賊獨夫復從而鼓浪揚波巧立推行之方法務使老氏精神普及人間。則世世子孫。可以永有其產業而無所虞。於是學界中之亡鹿。遂爲老派所獨擒矣。雖有陸王顏習之黃黎洲之嶄然傑出。亦不能挽彼頹波于旣潰之秋。可慨矣夫。嗚呼。中國之孔派。非孔派也。張孔派之旗鼓。而爲敵派之內應耳。學派者。國民思潮之母。中國思潮之㪤陋。至今日而達極點。非一洗數千年之舊思潮而更新之。則中國國民。其永就沈淪之途已。安得一路德其人。推翻僞孔。而使眞孔重覩天日哉。

三原因於文學者

讀出師表。則忠義之心。油然以生。讀哀江南。則起亡國之悲痛。披岳武穆文文山等傳。則慷慨激昂。覽山海經搜神記等籍。則游心異域人之情已。獨怪夫中國之詞人。莫不撰寫從軍之苦。與戰爭之慘。從未有謂從軍樂者。蓋詞人多處亂世。因亂世而後有詞章之材料。窮鑿鬼工。悲神泣鬼。動魄驚心。使讀者悲惻愴凉。肝膽俱碎。雖烈士壯夫。苟遊目一過。亦將垂首喪氣。黯然銷魂。求所謂如「不斬樓蘭終不還」之句。則如麟角鳳毛之不可多得。若是則國民之氣。獨得不餒且潰耶。而文學之中。最具感化力者。莫如小說然。中國之小說非佳人則才子。非狐則妖。非鬼則神。或離奇怪誕。或淫褻鄙俚。要而論之。其思想皆不出野蠻時代之範圍。然而中上以下之社會。莫不為其魔力所攝引。此中國廉恥之所以掃地。而聰明才力所以不能進步也。

四原因于風俗者

諺曰「好漢不當兵。好鐵不打釘。」此語也。雖窮鄉僻野之愚夫愚婦。亦常道之。而長者每持此以為警勵後生之格言。嗚呼。兵者國家之干城。國民之犧牲。天下之可尊可敬可馨香而祝者。莫兵若也。捐死生。絕利欲。棄人生之所樂。而就人生之所苦。斷一人之私。而濟一國之公。仁有孰大於茲者。而乃以賤丈夫目之。不亦奇乎。余未親歷歐美。于歐美之風俗。絕無所接觸。而日本社會上之于軍人也。敬之禮之。惟恐不及。其入營也。親族鄰里。醵資以饋之。交樹長幟以祝之。厚宴以饗之。贈言以勵之。子弟之從軍也。父母以為榮。兄長以為樂。遊幸登臨之地。軍人可半額而入之。飲食衣服之肆。於軍人則稍廉其值。其行軍於野也。則鄉人曲意優待之如賓。苟臨戰而遁逃避匿。或作非行。以損全軍之名譽。一經屏斥。則父母兄弟。鄰里親族。引為深恥奇辱。生者有生之辱。無死之榮。是以從軍者有從軍之樂。而有玷名辱國之畏。故當出鄉之日。訣別于其親曰。此身已非父母有矣。嗚呼、以吾國之賤丈夫而與彼勁悍無前之國民兵戰。是猶以投卵于石。熱雪於爐而已。（未完）

十

俾士麥曰 天下可恃者非公法 惟赤血耳 黑鐵耳

# 名家談叢

## 飲冰室自由書

### 輿論之母與輿論之僕

凡欲爲國民有所盡力者苟反抗於輿論必不足以成事雖然輿論之所在未必爲公益之所在輿論者尋常人所見及者也而世界貴有豪傑貴其能見尋常人所不及見行尋常人所不敢行也然則豪傑與輿論常不相容若是豪傑不其殆乎然古今爾許之豪傑能爛然留功名於歷史上者踵相接則何以故

赫胥黎嘗論格蘭斯頓曰格公誠歐洲最大智力之人雖然公不過從國民多數之意見利用輿論以展其智力而已約翰摩禮（英國自由黨名士格公生平第一親交也）駁之曰不然格公者非輿論之僕而輿論之母也格公常言大政治家不可不洞察時勢之眞相喚起應時之輿論而指導之以實行我政策此實格公一生立功成業之不二法門也蓋格公每欲建一策行一事必先造輿論其事事假借輿論之力固不誣也但其所假之輿論即其所

創造者而已。

飲氷子曰謂格公爲輿論之母也可謂格公爲輿論之僕也亦可彼其造輿論也非有所私利也爲國民而已苟非以此心爲鵠則輿論必不能造成彼母之所以能母其子者以其有母之眞愛存也母之眞愛其子也恒願以身爲子之僕惟其盡爲僕之義務故能享爲母之利權二者相應不容假借豪傑之成功豈有僥倖耶。

古來之豪傑有二種其一以己身爲犧牲以圖人民之利益者其二以人民爲芻狗以遂一己之功名者雖然乙種之豪傑非豪傑而民賊也二十世紀以後此種虎皮蒙馬之豪傑行將絕跡於天壤故世界愈文明則豪傑與輿論愈不能相離然則欲爲豪傑者如之何曰、其始也當爲輿論之敵其繼也當爲輿論之母其終也當爲輿論之僕敵輿論者破壞時代之事業也母輿論者過渡時代之事業也僕輿論者成立時代之事業也非大勇不能爲敵非大智不能爲母非大仁不能爲僕具此三德斯爲完人。

## 文明與英雄之比例

世界果藉英雄而始成立乎信也吾讀數千年中外之歷史不過以數百十英雄之傳

記磅礴充塞之使除出此百數十之英雄。則歷史殆黯然無色也。雖然、使其信也。則當十九世紀之末葉。舊英雄已去。新英雄未來。其毋乃二十世紀之文明。將隨十九世紀之英雄以墜於地。此中消息。有智慧者欲一參之。

試觀英國。格蘭斯頓去矣。自由黨名士中可以繼起代興者誰乎。康拔乎。班拿曼乎。羅士勃雷乎。殆非能也。試觀德國。俾士麥去矣。能步其武者。今宰相祕羅乎。抑阿肯羅乎。抑亞那特乎。殆非能也。試觀俄國。峨查仮去矣。能與比肩者。謨拉比埃乎。謨拉士德乎。殆非能也。然則今日歐洲之政界。殆冷淸淸地。求如數十年前之大雄英者。渺不可覩。而各國之外交愈敏活。兵制愈整練。財政愈充溢。國勢愈進步。則何以故。

吾敢下一轉語曰。英雄者不祥之物也。人羣未開化之時代。則有之。文明愈開。則英雄將絕跡於天壤。故愈在上古。則英雄愈不出世。而愈見重於時。上古之人之視英雄。如天如神。崇之拜之。以爲終非人類之所能及（中國此風亦不少如關羽岳飛之類皆是）若此者謂之英雄專制時代。即世界者英雄所專有物而已。降及近世。此風稍熄。英雄固亦猶人。人能知之。雖然常秀出於萬人之上。鳳毛麟角。爲世所珍。夫其所以見珍者。亦豈有僥倖耶。萬人愚而一人智萬人不肖而一人賢夫安得不珍之後世讀史者嘖嘖於一英雄之豐功偉烈殊才奇識而不知其沈埋於蚩蚩蠕蠕渾濁黑暗之世界者不知幾何人也

廿世紀以後將無英雄何以故人人皆英雄故英雄云者常人所以奉於非常人之徽號也疇昔所謂非常者今則常人皆能之於是乎彼此皆英雄彼此互消而英雄之名詞遂可以不出現夫今之常人所以能爲昔之非常人而昔之非常人只能爲今之常人者何也其一由於教育之普及昔者教法不整其所教者不足以盡高才人腦筋之用故往往逸去奔軼絕塵今則諸學大備智慧日平等平等之英雄多而獨秀之英雄自少其二由於分業之精繁昔者一人而兼任數事兼治數學中才之人力有不及不得不讓能者以獨步焉今則無論藝術無論學問無論政治皆分勞赴功其分之日細則專之者自各出其長而兼之者自有所不逮而古來全知全能之英雄自不可復見若是乎世界之無英雄實世界進步之徵驗也一切衆生皆成佛則無謂所佛一切常人皆爲英雄則無所謂英雄古之天下所以一治一亂如循環者何也恃英雄也其人存則其政舉其人亡則其政息即世界藉英雄而始成立之說也故必到人民不倚賴

英雄之境界然後爲眞文明然後以之立國而國可立以之平天下而天下可平。

雖然、此在歐美則然耳。若今日之中國則其思想發達文物開化之度。不過與四百年前之歐洲相等。不有非常人起。橫大刀濶斧。以闢榛莽而開新天地。吾恐其終古如長夜也。英雄乎。英雄乎。吾夙昔夢之。吾頂禮祝之。

## 憂國與愛國

有憂國者。有愛國者。愛國者語憂國者曰。汝曷爲好言國民之所短。曰吾惟憂之之故。憂國者語愛國者曰。汝曷爲好言國民之所長。曰吾惟愛之之故。憂國之言使人作憤激之氣。愛國之言使人厲進取之心。此其所長也。憂國之言使人墮頹放之志。愛國之言使人生保守之思。此其所短也。朱子曰。教學者如扶醉人。扶得東來西又倒。用之不得其當。雖善言亦足以誤天下。爲報館主筆者。于此中消息。不可不留意焉。

今天下之可憂者。莫中國若。天下之可愛者。亦莫中國若。吾愈益憂之。則愈益愛之。愈益愛之。則愈益憂之。既欲哭之。又欲歌之。吾哭矣。誰歟踊者。吾歌矣。誰歟和者。

日本青年有問飲冰子曰。支那人皆視歐人如蛇蝎。雖有識之士。亦不免。雖公亦不免。

何也。飲冰子曰。視歐人如蛇蝎者。惟昔爲然耳。今則反是。視歐人如神明。崇之拜之。獻媚之乞憐之。若是者比比皆然。而號稱有識之士者益甚。昔惟人人以爲蛇蝎。吾故不敢不言其可愛。今惟人人以爲神明。吾故不敢不言其可嫉。若語其實。則歐人非神明。非蛇蝎。亦神明。亦蛇蝎。即神明。即蛇蝎。雖然。此不過就客觀的言之耳。若自主觀的言之。則我中國苟能自立也。神明將奈何。蛇蝎又將奈何。苟不能自立也。非神明將奈何。非蛇蝎又將奈何。

# 輿論一斑

## 論李鴻章

全權大臣直隸總督李鴻章以辛丑九月廿七日逝世。古人云蓋棺論定。而距今三月。天下之論之者多矣。但其生平毀譽參半。功過相埒。論史者于此覘卓識焉。爰節取各報之論列之者彙錄于下。雖事經數月。或來明日黃花之誚。惟本報適以今日始行出世。而李鴻章又爲我國近數十年最有關係之人。故雖時過事遷。有所不計也。上海同文滬報曰

溯傅相自咸同以來。以詞臣出襄戎事。洊歷道員。起任封疆。其間平髮平捻。大功卓著。膺五等之封。爲中興名臣。赫然負天下重望。與曾文正左文襄諸公媲美。既而調任北洋。遙領首輔。與東西各國講通商。訂條約。總外交之權者三十餘年。名播環球。而外人亦且以第一流人物相待矣。惟至甲午中東之役起。戰既大敗。海軍盡殲。奉命議和。割地賠欵。天下始羣起相訾。(中畧)自去歲團匪肇亂。得罪各國。聯師攻陷

京城。兩宮西幸。公復奉命爲全權大臣。與各國議和。磋磨久之。卒定和局。與各國言歸于好。雖有不滿于政府之意。然天下知去歲之亂甚鉅。所開罪各國甚大。公之所處甚難。又未嘗不羣相諒。公惟東三省密約一事。僉謂爲公主持前約。以朝命不允簽押。雖爲中止。而後約復訂。雖較前約爲稍愈。喪失權利。仍復不少。（中略）嗟乎、公今沒矣。古之論人者不以一眚掩大德。亦不以晚節概生平。甲午以前。公之功固多。甲午以後。公之過亦甚著。論公者當分其前後功過而言。而未可彼此相掩沒也。

上海新聞報曰

縱觀公之一生。亦非常之人矣。平大難。定大計。持大體。及公者幾人。大江表裡。黃河南北。食公之福者十餘省。及公者又幾人。中外數十國服公之德。艷公之名。公之扶危定傾。息紛修好。爲東西各國貼服。及公者又幾人。故公之功烈不朽。中外無間。惟責備賢者。文正多用經。公多用權。文正多用道。公多用術。賢者之過。無所用其諱。殆學術之不副經濟乎。

星架坡天南新報曰

嗟乎世變維艱。人才難得。昔胡致堂論史。千古幾無完人。其持論之太刻。識者譏之。以李爲今世所推之人傑。一旦蓋棺論定。愛之者固讚揚太息。大書特書。卽惜之者亦惟惜其經手交涉之事件猶多。而遽爾溘逝。責之者亦惟責其變行新政之不早。而難免譏彈。而反諸執筆人之心。則有大相刺謬者。且其生平有虧大節與貽誤事機。管見所及。確有恕之無可恕。而並非過從刻論。以愛憎爲褒貶。而蹈致堂胡氏之覆轍者。故發議卽以李鴻章爲時世所造之英雄。其寬于期許也極矣。不然。其勳名以髮捻之匪而成。其身世反因拳匪而終。能平髮逆而不能平拳匪。以此歎李鴻章實一碌碌庸材。卽時世所造之英雄。亦絕非其生平所能副。可知平定髮逆之功。仍屬因人成事。尙論及此。吾轉爲李之部將程學啓及英將戈登等衆呼寃矣。唐史載天生李晟。爲社稷也。吾謂天不早死李鴻章。爲亡中國也。死無他恨。惜公遲一語。正可爲沒世之贈矣。吾豈好爲刻論哉。

**檀香山新中國報曰**

李鴻章之爲人。論之者詳矣。或以爲中國之秦檜李林甫。或以爲德國之卑士麥。法國之爹亞。意國之富彌侯。要而論之。實中國之民賊。爲愛親覺羅氏一姓一家之人。且爲那拉西后一人一己之人。其功之在人耳目者有如此也。實民賊之下愚。爲李氏一身一家之人。且李氏爲子孫一日一時之人。其罪之在人耳目者有如此也。李起家翰林、與駱曾左胡諸公相周旋。皆建大業以耀世。而要不外殄滅同類。剝喪民權。謂爲韃靼之功臣則有之。謂爲中國之功臣則未也。（中略）去年團匪之亂。事前則有沈鵬陳鼎之阻諫。事起則有袁昶許景澄之阻諫。而李以數朝元老。于端王之廢皇上也不之諫。于剛毅之籌拳餉也不之諫。爲那拉所最信任之人。手立兩君。躬輔幼主。先事而求外官。避地督粵。坐視國危。甘于獎奸。閉口結舌。雖講和不無微勞。然功不補過矣。嗚呼、李實一巧于趨避之小人。其行事無足取。其立心誠不可問矣。

香港中國日報曰

自古無才不足以濟奸。前人論之詳矣。如西漢之王莽。東漢之曹操。唐之李林甫盧杞。南宋之秦檜。此皆有過人之才。以竊取高位。而清朝李鴻章則更駕而上焉。（中略）古來權奸勢燄。若觸其怒。每爲一網打盡之謀。必至臭遺萬年。名汚青史。李鴻章有鑒于此。遂一變計焉。笑罵任他笑罵。高官我自爲之。且恃西后之奧援。任彈莫奈。又何必身爲怨府。蒙千載不韙之名哉。此乃李鴻章一生隱微無人道破有識者當自知之。

「又一論曰」嗟乎、老大帝國之老大權臣李鴻章伯。以一身關支那之安危。問其內治外交。亦赫奕環球。然僅能爲滿淸朝廷保其私產。而不能爲支那國民擴其利益也。(中略)李以才大心細之誤。愈忍辱而愈見陵。初見于琉球。次見于臺灣。三見于越南。四見于暹羅。五見於緬甸。六見于西藏。至甲午朝鮮之役。而天下咎之者多。然猶未及中俄密約兩次之大害也。夫滿洲者淸室之祖地。亞洲大陸之奧區也。李以聯俄主義。拱手而贈之俄人。破壞宇內之平和。從前外交諸事。論者猶爲李諒。而于中俄密約。則不能爲李恕矣。嗚呼、成敗論人。蓋棺論定。吾不惜李之無才無功無地無時。而獨惜李之內治外交。僅能爲滿淸朝廷保其私產。而不能爲支那國民擴其利益也。

綜觀以上各論。其于李鴻章之爲人。可知其大概矣。夫李鴻章之在中國。爲近數十年最有關係之人。無可疑也。跡其生平行事。其所表著者。類皆顯赫之功。其所致敗者。亦非等閑之著。其成其敗。均非尋常人之所能及。則夫世之論之也。譽之歟。毀之歟。抑盡得其眞相歟。請還以質諸知人論世者。

## 雜俎

# 新智識之雜貨店

▲人壽進化　衛生學日明政治風俗日美則人壽自漸增加西人近以統計學算之十七世紀歐洲人平均得壽十三歲十八世紀平均得壽二十歲十九世紀驟增至平均三十六歲然則二十世紀果何如東方各國又果何如

▲腦精代謝　人之腦含有三萬萬箇細胞此細胞新陳代謝約六十日而全易即一日換五百萬箇一點鐘換二十萬箇一分鐘換三千五百箇佛說我身非我有信然

▲空氣與水　凡人在無空氣之地五分內即死在無水之地一禮拜即死不得睡眠十日內即死

▲魚之睡眠　魚常睡而不熟睡但當其睡時班紋之色常變比於醒時尤爲美觀亦有一種魚睡時全變其色者

▲牡蠣之力　世界動物中最強有力者以牡蠣爲弟一人若有能力比牡蠣者則可

以擔荷二百九十七萬六千磅之重云。

▲蝸牛之頭　將蝸牛之頭切去置之於多濕氣而冷之處不惟可以不死且不久將另生出第二之頭云

▲印度猛獸　英屬印度近年猛獸之害漸減據其地政府昨年之報告本年人之被害者不過一萬一千人家畜之被害者不過九萬頭

▲阿剌伯馬　阿剌伯產最良之馬於夏日能以二十四點鐘於冬日能以四十八點鐘不飲不食而行沙漠中

▲蠻人食品　阿非利加及南洋土人以咖蛛及各種蟲類爲最美之食品。

▲接物時刻　歐人之新夫婦結婚前後數年間接吻最多之時期也大約每日男接於女女接於男者最少各一百回合計共二百回則五年間共三十六萬五千回一回約費時十秒則五年內爲接吻之事竟枉費去四十二日零六點鐘此亦文明人種之所以爲文明耶一笑。

▲男女毛髮　男女毛髮有區別以顯微鏡視之可得。

▲古代貨幣　前代發行之貨幣每月許多奇式。千七百八十七年。美國所鑄之幣。其文曰 Mind your own Business 譯言用心於汝自己之事務也。印度之銀幣有文曰 Do not steal me 譯言勿偷我也。

▲世界貨幣　現通行於世界之貨幣總數。凡金幣七十一萬萬零六千五百二十一萬圓。凡銀幣八十萬萬零八千五百四十萬圓。凡銅幣三十二萬萬零一千萬圓。此三年前英國統計學者所查得也。

▲德皇治事　德國皇帝近來每日接到之書信約六百封云。

▲製造香梘　英國每一禮拜所製出之香梘四萬五千噸。其中四千噸製自倫敦。

▲植物種類　歐羅巴全洲植物種類不過一萬。印度一國乃有一萬五千。

▲國旗滅亡　四十四年前即一千八百五十八年。倫敦之泰晤士週報附錄世界國旗爲數凡三十五種。今日已減去十一種。

▲地球之重　地球之重率。以噸數起算。則於　位之下加二十一箇0是也。

▲最小之市　西人 City 之名。或譯爲市。蓋大都會之意也。現世界中有冒大都會之

名。而市內僅有三間屋者。則美國之士傒雪地 Seward City 是也。其三間屋則一市長衙門。二副市長衙門。三市會議長之家也。四

天下莫大於秋毫之末　而泰山爲小
莫壽於殤子　而彭祖爲夭

## 小說

# 劫灰夢傳奇

楔子一齣　獨嘯

生巾積倚劍囊書上

【繞地游】浮雲西下來去無牽挂別有奇愁難卸欲哭還歌是眞和假念悠悠天地有淚如痲。

國破山河在城春草木深感時花濺淚恨別鳥驚心。小生姓杜名撰。表字如晦。浙江江山縣人也。早登翰苑旅食京華半生困高頭講章。十載飽軟紅塵味。自從甲午以後。驚心時局、大夢初醒。便已絕意仕進。僦屋於城西棗花寺傍讀書自樂。不料去歲。義和攜釁。弄兵召戎獎羣盜爲義民。尸鄰使於朝市。卒使乘輿播蕩。神京陸沈天壇爲芻牧之塲。曹署充屯營之帳、咳。小生那時親在京師。目覩兩宮倉皇出走之形。羣僚狼狽逃命之狀。以及外兵之野蠻暴掠。民間之狼藉顚連。至今思之。歷歷在目。自念眇軀。無關輕重。遂乃棄官南下。浪跡江湖。今値大難已平。回鑾已達。滿目熙熙融融。又是一番新氣象了。咳看官啊。你看如今情形。果算得箇新氣象麼。【嘯介】今日獨居岑寂。觸緒傷懷。不免嘯歌一回。聊自消遣則箇。

【梁州序】蒼天無語。江山如畫。一片殘陽西挂。舊時王謝。燕歸何處人家。陰山鐵騎。斗米黃巾。謄付漁樵話。神京有地。騁戎馬。中原無處。起龍蛇。泱泱風。安在也。

【嘯介】想起中國現在情形。眞乃不勝今昔之感。看官啊。你道甲午庚子兩役。就算是中國第一大刼麼。只怕後來還有更甚的哩。你看那列强啊。

【前腔】廻風砕擊。怒潮傾瀉。萬斛艨艟東下。誰家臥榻。儘伊鼾睡紛挐。優勝劣敗。競立爭存。斯事嘻憐。借百年龍戰。歐和亞。夢覺黃粱。日已斜。英雄淚。向誰洒。

【白語介】自古道。物恥可以振之。國恥可以雪之。若使我中國自今以後。上下一心。發憤爲强。則塞翁失馬。安知非福呢。【長嘯介】咳。你看今日的人心啊。

【皂羅袍】依然是歌舞太平。如昨叶乍到今兒便記不起昨日的雨橫風斜。游魚在釜。戲菱花。處堂燕雀。安頹廈。黃金暮夜。侯門路賒。靑燈帖括。廉船鬢華。望天兒更打落幾箇。

糊塗卦。

這算是那一種守舊的咯別有那叫做通洋務的呢。

【前調】更有那婢膝奴顏流亞趁風潮便找定他的飯椀根芽官房繙譯大名家洋行通事龍門價領約卡拉（Collar）口啣雪茄兒（Cigar）鬼唱喏對人磨牙笑罵來則索性由他罵

咳你看整日價熙熙攘攘就只是這兩種類的人想起中國前途怎生是了。【嘯介】你這般的人啊就是不想到日後難道便不記得從前不成。

【北江梅令】俺曾見素衣豆粥陪鑾駕俺曾見腥風血雨冬和夏俺曾見列國屯營分占住官衙俺曾見天壇滿豢著西來馬卿也無家我也無家擔糞土命官似狗掠胭脂。童女如麻這莫是泥犁雲現的吉祥花這莫是國民償負的文明價哭偏天涯偏哭天涯苦衷難話這也算去年今日爛錦年華

【南泣顏回】擔多少童號婦嗟受多少魂驚夢怕到如今欲變作風流畫過得些些樂得些些不管他堂前燕子入誰家只顧我流水落花春去也【嘯介】咳教我一腔熱血

從何灑又是想他又是恨他則索披髮長號撫髀長吟聲和淚斜陽下

【自語介】我想歌也無益哭也無益笑也無益罵也無益你看從前法國路易第十四的時候那人心風俗不是和中國今日一樣嗎幸虧有一箇文人叫做福祿特爾做了許多小說戲本竟把一國的人從睡夢中喚起來了想俺一介書生無權無勇又無學問可以著書傳世不如把俺眼中所看着那幾樁事情俺心中所想着那幾片道理編成一部小小傳奇等那大人先生兒童走卒茶前酒後作一消遣總比讀那西廂記牡丹亭强得些些這就算盡我自己面分的國民責任罷了

【尾聲】天荒地老情無那上聲只贏得憂患餘生兩鬢華抖擻着閑情唱出興亡話

長嘯下

未濟終焉心縹緲　百事翻從缺陷好

吟到夕陽山外山　古今誰免餘情繞

# 文苑

## 詩界潮音集

### 二十世紀太平洋歌

任公

亞洲大陸有一士自名任公其姓梁盡瘁國事不得志斷髮胡服走扶桑扶桑之居讀書尙友既一載耳目神氣頗發皇少年懸弧四方志未敢久戀蓬萊鄉誓將適彼世界共和政體之祖國問政求學觀其光乃於西歷一千八百九十九年臘月晦日之夜半扁舟橫渡太平洋其時人靜月黑夜悄悄怒波碎打寒星芒海底蛟龍睡初起欲噓未噓欲舞未舞深潛藏其時彼士兀然坐澄心攝慮游窅茫正住華嚴法界第三觀帝網深處無數鏡影涵其旁驀然忽想今夕何夕地何地乃是新舊二世紀之界線東西兩半球之中央不自我先不我後置身世界第一關鍵之津梁胸中萬千塊壘突兀起斗酒傾盡盪氣迴中腸獨飲獨語苦無賴曼聲浩歌歌我二十世紀太平洋」巨靈擘地鑱鴻荒飛鼉碎影神螺僵上有摶土頑蒼蒼下有積水橫泱泱摶土爲六積水五位置

落錯如參商爾來千刧千紀又千歲倮蟲緣蟲爲其鄉此蟲他蟲相閱天演界中復幾刧優勝劣敗吾莫強主宰造物役物物莊嚴此土無盡藏」初爲據亂次小康四土先達爰濫觴支那印度邈以隔埃及安息（侯官嚴氏考定小亞細亞即漢之安息今從之）鄰相望（地球上古文明祖國有四中國印度埃及小亞細亞是也）厥名河流文明時代第一紀始脫行國成建邦衣食衎衎鄭白沃貿遷僕僕浮茶梁恆河鬱壯身毒長揚子水碧黃河黃尼羅（埃及河名）一歲一汎溉姚臺（姚弗里士河台格里士河皆安息大河名）蜿蜿雙龍翔水哉水哉厥利乃爾溥浸灌暗黑揚晶光」此後四千數百載羣族內力遂擴張乘風每駕一葦渡搏浪乃持三歲糧（漢書西域傳言渡西海不得風或三歲乃達西海即地中海也）就中北辰星拱地中海葱葱鬱鬱騰光鋩岸環大小都會數百計積氣淼淼盤中央自餘各土亦爾爾海若凱奏河伯降波羅的與亞剌伯（二海名）西域兩極遙相望亞東黃渤（謂黃海渤海）壯以闊蚩西尾閭身毒洋（謂印度洋）斯名內海文明時代第二紀五洲寥邈殊未央」蟄雷一聲百靈忙翼輪降空神鳥翔（哥侖布初到美洲土人以爲天神見其船之帆謂爲翼也）咄哉世界之外復有新世界造化乃爾神祕藏閣龍（日本譯哥侖布以此二字）歸去舉國狂帝者挾幟民贏糧談瀛海客多於鯽莽土倏變華嚴場揭來大洋文明時代始萌蘖亘五世紀堂哉皇其時西洋（謂大西洋）權力漸奪西海（謂地中海用漢名也）

席兩岸新市星羅碁布氣燄長虹長。世界風潮至此忽大變。天地異色神鬼瞠。輪船鐵路電綫瞬千里。縮地疑有鴻祕方。四大自由（謂思想自由言論自由行爲自由出版自由）塞宙合。奴性銷爲日月光。懸崖轉石欲止不得止。愈競愈劇愈接愈厲。卒使五洲同一堂。流血我敬伋頓曲（覓得檀香山澳大利亞洲者後爲檀嶋土民所殺）衝鋒我愛麥寨郎（以千五百十九年始繞地球一周者）鼎鼎數子隻手挈大地。電光一掣劍氣磅礴太平洋。太平洋太平洋。大風泱泱大潮滂滂。張肺歙地地出沒。噴沫衝天天低昂。氣吞歐墨者八九。況乃區區列國誰界疆。異哉似此大物隱匿萬千載。禹經亥步無能詳。毋乃吾曹軀殼太小君太大。棄我不屑齊較量。君兮今落我族手。游刃當盡君所長。吁嗟乎。今日民族帝國主義正跋扈。俎肉者弱食者強。英獅俄鷲東西帝。兩虎不鬥羣獸殃。後起人種日耳曼。國有餘口無餘糧。欲求尾閭今未得。拚命大索殊皇皇。今有門羅主義北美合衆國。潛龍起蟄神采揚。西縣古巴東菲島。中有夏威八黙烟微茫。太平洋變裏湖水。遂取武庫廉奚傷。蕞爾日本亦出定。座容卿否費商量。我尋風潮所自起。有主之者吾弗詳。物競天擇勢必至。不優則劣兮不興則亡。水銀鑽地孔乃入。物不自腐蟲焉藏。爾來環球九萬里。上一砂一草皆有主。旗鼓相匹彊權強。惟餘東亞老大帝國一塊肉可取不取毋乃殃五更肅肅天雨霜鼾聲如雷臥榻傍詩靈罷歌鬼罷哭問天不語徒蒼蒼」噫嚱吁太平洋太平洋君之面兮錦繡壤君之背兮修羅場海電兮既沒艦隊兮愈張西伯利亞兮鐵路卒業巴拿馬峽兮運河通航爾時太平洋中二十世紀之天地悲劇喜劇壯劇慘劇齊鞈鞺吾曹生此豈非福飽看世界一度兩度爲滄桑滄桑兮滄桑轉綠兮廻黃我有同胞兮四萬五千萬豈其束手兮待僵招國魂兮何方大風泱泱兮大潮滂滂吾聞海國民族思想高尚以活潑吾欲我同胞兮御風以翔吾欲我同胞兮破浪以颺」海雲極目何茫茫濤聲徹耳逾激昂鼉腥龍血玄以黃天黑水黑長夜長滿船沈睡我徬徨濁酒一斗神飛揚漁陽三疊魂憯傷欲語不語懷故鄉緯度東指天盡處一線微紅出扶桑酒罷詩罷但見寥天一鳥鳴朝陽

## 吹皺一池春水　干卿甚事

# 紹介新著

**原富** 英國斯密亞丹著 侯官嚴復譯 上海南洋公學印 定價八毫

原書以西曆一千七百七十六年即乾隆三十六年出版。原名 Inquiry into the Nature and Causes of the Wealth of Nations。譯言考究國民之富之天然及原因也。嚴氏定爲今名。斯密亞丹爲政術理財學（英文 Political Economy 中國未有此名詞。日本人譯爲經濟學。實屬不安。嚴氏欲譯爲計學。然亦未賅括。姑就原文政治與計算兩意。擬爲此名。以質大雅。）之鼻祖。西人推崇之者。至謂此書出版之日。即爲此學出世之日。雖其言未免過當。要之使此學確然成一完全獨立之學科者。實斯密氏之功也。此書印行後。迄今百有餘年。其間學說之變遷。不下數十派。愈辨愈精。愈出愈新。至今此書幾如夏鼎商彝。視爲陳迹。然後起諸家之說。總不外引申此書。是正此書之兩途。雖謂不能出斯密氏之範圍可也。然則欲治此學者。固萬不可不讀此書。嚴氏首譯之。誠得其本矣。全書凡分五編。前二編總釋政術理財學之界說。第一編考國富之實。與其所以富之由。而論勞力之貴巧貴疾。及其食報殊等之原因結果。第二編論資本之性質。及資本與勞力之關係。第三編論各國理財政術之歷史。而窮其理勢之所由致。第四編評隲前此理財家之學說。而論重農重末兩派之異同得失。第五編論國家財政之事。其賦稅之種類性格如何。賦稅之方法如何。又近代國債之原起利病。論全書之體段。於部分之得宜。篇章之完整。不無缺憾。要之能綜合種種繁賾之事物。而以一貫之學理。鎔鑄之。其心力可謂宏偉矣。雖其中自相矛盾之處亦不少。但創始者難爲功。非我輩憑藉先業者所宜妄加菲薄也。嚴譯僅第一第二編。其後三篇尚未成。但全書綱領。在首二編。學者苟能熟讀而心得之。則斯學之根礎已立。他日讀諸家之說。自不至茫無津涯矣。嚴氏於翻譯之外。常自加案語甚多。大率以最新之學理。補正斯密所不逮也。其啓發學者之思想力別擇力所益實非淺鮮。至其審定各種名詞。按諸古義。達諸今理。往往精當不易。後有續譯斯學之書者。皆不可不遵而用之也。嚴氏於西學中學。皆爲我國第一流人物。此書復經數年之心力。屢易其稿。然後出世。其精善更何待言。

但吾輩所猶有憾者。其文筆太務淵雅。刻意摹倣先秦文體。非多讀古書之人。一繙殆難索解。夫文界之宜革命久矣。歐美日本諸國文體之變化。常與其文明程度成比例。況此等學理邃賾之書。非以流暢銳達之筆行之。安能使學僮受其益乎。著譯之業。將以播文明思想於國民也。非為藏山不朽之名譽也。文人結習。吾不能為賢者諱矣。又吾輩所欲要求於嚴氏者有兩事。一曰將所譯之各名詞。列一華英對照表。使讀者可因以參照原書。而後之踵譯者。亦得按圖索驥。率而遵之。免參差以混耳目也。一曰著敘論一卷。略述此學之沿革。斯密氏以前之流派若何。斯密氏以後之流派若何。斯密氏在此學中位置功德若何。綜其概而論之。以餉後學。今此書曾無譯者自序。乃至斯密亞丹為何時人。原富為何時出版。亦未言及。不得不謂一缺點也。吾聞譯者嘗言。吾於此學。欲譯最古者一書。最新者一書。吾深佩其言。豈惟此學。諸科之書。亦當如是矣。斯編則其所謂最古者也。吾欲代我學界同志要索斯編之速卒業。吾欲代我學界同志要索其所謂最新者之一書。吾更欲代我學界同志要索他諸學科中最古最新者各一書。願嚴子有以語我來。

## 仁學

故瀏陽譚嗣同遺著　橫濱清議報館印　東京國民報社再印　定價五毫

此書爲瀏陽譚氏丙申丁酉間在金陵所著。分上下二篇。前有界說。後有自序。蓋精心結撰之作也。著者在吾國政治界學術界思想界。皆爲開山劈石之原動力。其人物之偉大。稍有識者皆能知之。無待贅言。此書以佛學格致學二者爲根礎。合一爐而冶之。而歸之於實用。故其中有魂學。有倫理學。有政治學。有理財學。尋常人所視爲各不相屬之學科。殽雜並陳。而以一大理貫之。蓋著者之眼中。見天下事物。無精無粗。無大無小。皆一切平等故也。其思想出乎天天。入乎人人。殆有非鈍根衆生所能夢見者。著成後。恐駭流俗。故僅以示一二同志。祕未出世。及其爲民流血。功成身退。同人乃謀弘布之。吾國人於形質上精神上。有種種奴隸根性。積之數千年。非有獅子吼之說法。不足以震蕩之而滌除之。若仁學者。眞宜家置一編。日讀一過。以自解釋而自警策者也。或病其言太厖雜。忽彼忽此。未能首尾完具。成一家純全之哲學。斯固然也。然著者未通歐美一國之語言文字。未嘗一讀他國之書。毫無憑藉。而能發此無上之思想。此豈略覽一二家學說。摭人牙慧以自炫者。所能雌黃哉。著者至誠之人也。誠積於心而形諸言。此書非徒教授學者以理論而感化學者以精神也。讀其書。當學其爲人。則瀏陽死而未死矣。

## 李鴻章

飲冰室主人著　橫濱淸議報館印　新民叢報社發售　定價六毫

此書以泰西傳記新體。敘述李鴻章一生經歷而論斷之。其體例實創中國前此所未有。著者之文章。常見於淸議報中。世間早有定評。此編非徒爲李鴻章作行狀。蓋以李鴻章時代之歷史。實爲中國數千年來未有之變局。而一國之事。幾無不與李有關係。故此書又名四十年來大事記云。其論李也。於常人所共非謗者而訟直之。於常人所共不察者而責備之。處處皆有特識。而於數千年來羣治之積習。及數十年來朝政之失宜。所以造成今日之結果者。尤三致意焉。思想偉大。而筆力足以達之。誠近今之鴻著也。惜著者與李鴻章相處不深。不能多識其性行事實。又越在海外。所據之書籍不多。或不免有遺漏舛誤之處。然此書既非爲李鴻章一人而作。則讀者但求其精神可耳。九方皋之相馬。不必惟牡牝驪黃之是問也。

（他書次編編登）

## 廣告

本報志在傳播文明故於海內通人新著新譯各書欲一一介紹之於我學界惜僻在海外聞見淺陋雖極力搜羅然內地所出書日新月盛終恐遺漏若大雅君子鑒此微忱凡自著自譯自印之鴻編每出版必惠寄一本俾得提要論次以廣其傳不勝大幸書價若干寄到時必以奉酬　壬寅元旦本報社同人謹啓

# 第貳號

光緒二十八年正月十五日
明治三十五年二月廿三日

●本號要目



每月二回朔望發行

新會梁任父先生著

# 飲冰室文集

香山何天柱編

飲冰室主人爲我國文界革命軍之健將其文章之價値世間既有定評無待喋喋此編乃由其高足弟子何君所編凡**著者數年來之文字搜集無遺**編年分纂凡爲八集曰丙申集丁酉集戊戌集己亥集庚子集辛丑集壬寅集而以**韻文集**附於末焉其中文字爲**各報所未載者**亦復不少煌煌數百萬言無一字非有用之文雖謂中國集部空前之作殆無不可卷首復冠以著者所作**三十自述**一篇及**照像三幅**一爲時務報時代造像二爲淸議報時代造像三爲新民叢報時代造像海內外君子有表同情於飲冰室主人者乎得此亦足代嚶鳴求友之樂也**現已付印**不日出書

**發行所** 上海英界南京路同樂里 **廣智書局**

# 新民叢報第二號目錄

光緒二十八年正月十五日



一

售報價目表 二

| 全年廿四冊 | 半年十二冊 | 每冊 |
|---|---|---|
| 五元 | 二元六毫 | 二毫五仙 |

美洲澳洲南洋海參威各埠全年六元半年三元
二毫零售每冊三毫正
郵稅每冊壹仙外埠六仙

廣告價目表

| 一頁 | 半頁 | 一行 四號十七字起碼 |
|---|---|---|
| 七元 | 四元 | 二毫 |

凡欲惠登告白者須于本報定期發刊之前五日交到價須先惠欲登長年半年者價當面議從減

編輯兼發行者 馮紫珊
印刷者 西脇末吉
發行所 橫濱山下町百五十二番館 新民叢報社 信箱二百五十五番
印刷所 橫濱山下町百五十二番館 新民叢報社活版部

美國前大統領華盛頓

英國前相格蘭斯頓

# 論說

## 新民說二

中國之新民

### 第四節　就優勝劣敗之理以證新民之結果而論及取法之所宜

在民族主義立國之今日。民弱者國弱。民强者國强。殆如影之隨形。響之應聲。有絲毫不容假借者。今請將地球民族之大勢。列爲一表。而論其所以迭代消長之由。

- 民族
  - (一)黑色民族
  - (二)紅色民族
  - (三)棕色民族
  - (四)黃色民族
  - (五)白色民族……
    - (甲)拉丁民族(Latin Nations)法葡班諸國
    - (乙)斯拉夫民族(Slavonic Nations)俄奧諸國
    - (丙)條頓民族(Tenonic Nations)英德荷諸國……
      - (子)日耳曼民族　德國
      - (丑)盎格魯撒遜民族(Anglosaxon)英美兩國

凡地球民族之大別五。問其最有勢力於今世者誰乎。白色種人是也。白色民族之重要者三。（白種不止此三派條頓亦不止彼二派此不過舉其要者耳此文非考據種族不必總總也）其最有勢力於今世者誰乎。條頓人是也。條頓民族之重要者二。其最有勢力於今世者誰乎。盎格魯撒遜人是也。當其始溝分而居。不相雜廁也。則無論若何之民族。皆可以休養生息於其部分之內。然天演物競之公例。既驅人類使不得不接觸。不交通不爭競。一旦接觸交通爭競。而一起一仆之數乃立見。不觀於鬬蟀者乎。百蟀各處一籠。各自雄也。并而一之。一日而死十六七。兩日而死十八九。三日而所餘者僅一二焉矣。所餘之一二。必其最强者也。然則稍不强者。殆而已矣。黑紅棕之人與白人相遇。如湯沃雪。瞬即消滅。夫人而知矣。今黃人與之遇。又著著失敗矣。若夫觀白人之自競也。彼斯拉夫民族。常爲阿士曼、黎之專制政府與盧馬納及哈普士卜之條頓人王家所羈縛。至今罕能自伸。拉丁民族。雖當中世時代。曾臻全盛。及其與條頓人相遇。遂不可支。自羅馬解紐以來。今日歐洲之建國。無一不自條頓人之手而成。如皮士噶人之於西班牙。士埃威人之于葡萄牙。耶拔人之於意大利。佛蘭克人之於法蘭西比利時。盎格魯撒遜人之於英吉利。士康的拿比亞人之于丹麥瑞典那威。日耳曼人之於德意志荷蘭瑞士奧大利。凡此皆現代各國之主動力也。而一皆自條頓人發之成之。是條頓人不啻全世界動力之主人翁也。而條頓人之中又以盎格魯撒遜人爲主中之主。強中之強。今日球地陸地四分之一以上被其占領。人類四分之一以上受其統制。而勢力範圍之布於五洲各地者。且日進而未有已焉。今試就百年來各國用語之人數變遷列爲一表。而知盎格魯民族之進步有令人驚絕者。

| 一八〇一年 | 用各國語人數（千） | 百分比較 | 一八九〇年 | 用各國語人數（千） | 百分比較 |
|---|---|---|---|---|---|
| 法語 | 三一、四五〇 | 一九、四 | 英語 | 一一一、一〇〇 | 二七、七 |
| 俄語 | 三〇、七七〇 | 一九、〇 | 德語 | 七五、二〇〇 | 一八、八 |
| 德語 | 三〇、三二〇 | 一八、七 | 俄語 | 七五、〇九〇 | 一八、七 |
| 西班語 | 二六、一九〇 | 一六、二 | 法語 | 五一、二〇〇 | 一二、七 |
| 英語 | 二〇、五二〇 | 一二、七 | 西班語 | 四二、八〇〇 | 一〇、七 |
| 意語 | 一五、〇七〇 | 九、三 | 意語 | 三三、四〇〇 | 八、三 |
| 葡語 | 七、四八〇 | 四、七 | 葡語 | 一三、〇〇〇 | 三、二 |

由兩表比較之。則此九十年間。英語之位置。由第五躍至第一。由二千〇五十二萬。躍至一萬一千一百萬。由百分之十二有奇。躍至百分之二十七有奇。駸駸然遂有吞全球括四海之勢。盎格魯撒遜人之氣燄。誰能禦之。由此觀之。則今日世界上最優勝之民族可以知矣。五色人相比較。白人最優。以白人相比較。條頓人最優。以條頓人相比較。盎格魯撒遜人最優。此非吾趨勢利之言也。天演界無可逃避之公例。實如是也。使日耳曼人能自新以優勝于盎格魯撒遜。則他日能代之以興。亦未可知。使斯拉夫人拉丁人能自新以優勝於條頓人。使黃人能自新以優勝於白人。則其他日之結果亦然。要之現在之地位。則其優劣之數。實如上所云云矣。然則吾所謂博考民族所以自立之道。彙擇其長而取之。以補我所未及者。援取法乎上之例。不可不求諸白人。不可不求諸白人中之條頓人。不可不求諸條頓人中之盎格魯撒遜人。

白人之優於他種人者何也。他種人好靜。白種人好動。他種人狃於和平。白種人不辭競爭。他種人保守。白種人進取。以故他種人只能發生文明。白種人則能傳播文明。發生文明者。恃天然也。傳播文明者。恃人事也。試觀泰西文明動力之中心點。由安息埃及而希臘。由希臘而羅馬。由羅馬而大西洋沿岸諸國。而偏於大陸。而飛渡磅礴於亞美利加。今則回顧而報本於東方焉。其機未嘗一日停。其勇猛果敢活潑宏偉之氣。比諸印度人何如。比諸中國人何如。其他小國更不必論矣。然則白種人所以雄飛于全球者。非天幸也。其民族之優勝使然也。

條頓人之優於他白人者何也。條頓人政治能力甚强。非他族所能及也。如彼希臘人及斯拉夫人。雖能立地方自治之制。而不能擴充之。其能力全集注於此最小之公共團體。而位於此團體之上者有國家之機關。位於此團體之下者有箇人之權利。皆非彼等所能及也。以故其所生之結果有三缺點。人民之權利不完。一也。團體與團體之間不相聯屬。二也。無防禦外敵之力。三也。故希臘人一軛于羅馬。再軛于土耳其。三軛於條頓人。數千年不見天日。而斯拉夫人今猶呻吟於專制恣暴政體之下而未有已也。至如迦特民族。（羅馬一統前之郜兒人及今之愛爾蘭人與蘇格蘭之高地人皆屬於此族）雖其勇敢之氣冠絕一時。而政治思想更薄弱。故惟知崇拜一二膂力之英雄。而國民不能獨立團結。雖能建無數之小軍國。而無統一之之道。能創大宗教而不能成大國家。至於拉丁人。則遠優於彼等矣。能建偉大之羅馬帝國。統一歐陸。能製完備之羅馬民法。垂型千年。雖然、其思想太大而不能實施。動欲統制宇內。而地方自治之制被破壞焉。箇人權利被蹂躪焉。務張國力。而不養人格。故及羅馬之末葉。而拉丁之腐敗卑劣聞天下。雖及今日而其沿襲之舊質猶不能除。好虛榮少沈實。時則傾于保守抱陳腐而不肯稍變。時則馳于急激變之不以次第。若法蘭西人其代表也。百年之內變政體者六。易憲法者十四。至今名爲民主而地方自治與箇人權利毫不能擴充。此拉丁人所以日蹙於天演之劇場也。若夫條頓人則其始在日耳曼森林中。爲一種蠻族時。其箇人强立自由之氣概。傳諸子孫而不失。而又經羅馬文化之薰習鍛鍊。兩者和合。遂能成一特性之民族。而組織民族的國家。National state 創代議制度。使人民皆得參預政權。集人民之意以爲公意。合人民之權以爲國權。又能定團體與個人之權限。定中央政府與地方自治之權限。各不相侵。民族全體得應於時變以滋長發達。故條頓人今遂優於天下。非天幸也。其民族之優勝使然也。

盎格魯撒遜人之尤優于他條頓人者何也。其獨立自助之風最盛。自其幼年在家庭在學校父母師長皆不以附庸待之使其練習世務稍長而可以自立不倚賴他人其守紀律循秩序之念最厚其常識 Common Sense 最富常不肯爲無謀之躁妄舉動其權利之思想最強視權利爲第二之生命絲毫不肯放過其體力最壯能冒萬險其性質最堅忍百折不回其人以實業爲主不倚虛榮人皆務有職業不問高下而坐食之官吏政客常不爲世所重其保守之性質亦最多而常能因時勢鑒外羣以發揮光大其固有之本性。以此之故。故能以區區北極三孤島而孳殖其種於北亞美利加澳大利亞兩大陸。揚其國旗於日所出入處。掔其權力於五洲四海衝要咽喉之地。而天下莫之能敵也。盎格魯撒遜人所以定霸於十九世紀。非天幸也。其民族之優勝使然也。

然則吾之所當取法者可知已。觀彼族之所以衰所以弱。此族之所以興所以強。而一一自省焉。吾國民之性質。其與彼召衰召弱者異同若何。與此致興致強者異同若何。其大體之缺陷在何處。其細故之薄弱在何處。一一勘之。一一鑒之。一一改之。一一補之。於是乎新國民可以成。今請舉吾國民所當自新之大綱小目。條分縷析。於次節詳論之。

菩薩蠻

鬱孤臺下清江水　中間多少行人淚　西北是長安　可憐無數山　青山遮不住　畢竟東流去　日晚正愁余　深山聞鷓鴣

## 學說

# 近世文明初祖二大家之學說

中國之新民

### 下篇　笛卡兒（Descartes）懷疑派之學說（亦名窮理派）

笛卡兒，法國人，生於一千五百九十六年（明萬曆二十四年）。幼受學於教會所立之學校。久之不滿志於其功課。慨然曰：吾與其埋頭於此迂腐陳編。不如自探造化之典籍。乃辭黌舍。爲義勇兵。有年。復棄去。游歷歐洲諸國。自言天下事一劇臺耳。吾自登場爲傀儡。何如置身場外。靜觀自得哉。乃屏居荷蘭二十餘年。以爲宗教政治之自由。惟此國爲最也。以千六百五十年（順治七年）卒。

笛卡兒以前。宗教之燄極張。凡宗教皆以起信爲基者也。路得之創新教。大破舊教積功德之說。以爲惟以信獲救。於是斯義益深入人心。古學復興以來。學者視希臘先賢言論。如金科玉律。莫敢出其範圍。此皆束縛思想自由之原因也。笛卡兒起。謂凡學當以懷疑爲首。以一掃前者之舊論。然後別出其所見。謂於疑中求信。其信乃眞。此實爲數千年學界當頭棒喝。而放一大光明以待來哲者也。

笛卡兒以爲古今人人之所見。其相殊如此。其甚也。五官之所感受智慧之所觀察。其失眞如此其頻數也。我儕人類之生。常昏昏茫茫。如在醉夢。得無其精神中有一種妄想之原因不能自拔者耶。抑世界中有一二妖魔魅吾人之腦而障其慧眼耶。於是乎以人之智慧爲不可恃。而必須別求可恃之道以自鑑。

笛卡兒以爲斷事理者意識之事也。見事理者智識之事也。意無涯而智有涯。智識之爲物猶鏡也。鏡之受物象也。苟明現於其前者。固能受之。固能照之。但其未現來者或現而不甚分明者。則鏡之用窮矣。然則智識之區域本甚狹。而有所限制。其致迷謬也亦寡。若夫意識則區域甚博。且甚自由而無限者也。於是有智鏡所未照或照而未分明者。而我之意識常躁進而輒下判斷。是其所是。非其所非。若此者是謂意識之權溢出於智識之域外。而一切迷謬緣之而起。

於是乎所以救之者有一術。曰不自恃智識。不濫用意識而已。當一事物之觸照於吾智鏡也。常自審曰。吾智識之所受。果能合於外物之眞相乎。吾自以爲不謬誤者。保無更有謬誤之點存於其間乎。笛卡兒以爲學者苟能常以此自疑。則於此疑團之中。自含有可以破疑之種子。蓋人但能知吾智慧之易生迷妄。則此自知之功。正爲對治迷想之第一良藥。何也。既自知之。既自疑之。則凡遇事物。自不敢輒下判斷。而大謬乃可以不生。

由是觀之。則當吾智識接於外物之時。吾精神中別有自由者存。則判斷之一事是也。判斷之事。固吾所得自肆。亦吾所得自制。苟不下判斷。則無可以致謬之理。蓋迷謬二字之訓詁。惟指判斷之不合理者云爾。

夫此自審自疑不遽下斷者。非智識之事。而意識之事也。以是之故。我得保其自由。立於外物感觸絡繹之中。隨其來而順應之。此則吾儕人類之精神。雖云微弱。然其中猶有盛強之力存焉。人之所以異於萬物而能窮天下之理者。恃此耳。苟能善用此力。以防外物之侵入牽引。則彼迷妄之魔想。何由詿誤我乎。此實思想界之護身符也。

難者曰。遇外物而不下判斷。所以防誤謬之患者則得矣。雖然、眞理亦無自而發明也。

笛卡兒曰。是固然也。然所謂不下判斷者。謂不遽下而已。非長此以終古也。譬之戰事。

未交綏以前。厚其陣。固其營。先爲不可勝以待敵之可勝。所謂將軍欲以巧勝人。盤馬彎弓故不發。此實笛卡兒窮理學之第一步也。故世人名笛氏之懷疑。爲故意之懷疑。亦名方法之懷疑。

然則所恃以破疑之術奈何。曰凡遇物皆疑之。而其中必有不容疑之一物存。曰我。是也。當其懷疑也。而心口相商曰。「我疑之。」疑之者誰。我也。知我之疑者誰。亦我也。疑也者。思想之一端也。我自知我之思想。而當我思想之之時。即我自知我思想之時。我與思想爲一體。此天下之最可信憑而爲萬理儔者也。

笛卡兒乃立一案曰。「我能思故是故有我」Cogito ergo Sum 以是爲一切眞理之基礎。此事存於我精神中。與外物毫無所預。我愈益疑。我之思想。是我愈益思想也。是我愈益知我之思想也。夫我之斷此事而信之。實我之自由也。我自知有我而不敢誣我。則何復有謬誤之患乎。（此段析理頗晦澀。是譯者不能文之咎也。讀下文自解其意）

笛卡兒之意以爲吾人之遇事物也。當自察吾智慧之能力。其程度若何。而運吾之精神以自取捨之。雖然。故就於凡所受物相。一一加檢點。其所見分明者取之。不然者舍之可疑者疑之不知者闕之如是者皆我之所有權而非外物所得而强也事固有難有易有單簡有錯雜有時宜之差別有爲他人所詿誤彼五官之智識一一受之樊然殽亂不能悉衷於理有固然者非智識之罪也若夫意識固可以自主者意識一無所事而惟隨智識所受爲轉移是我自棄其所以爲我之具也是我自降其尊以徇外物也笛氏此論可謂博深切明孟子所謂「耳目之官不思而蔽於物物交物則引之而已心之官則思思則得之不思則不得也此天之所以與我者先立乎其大者則其小者不能奪也」正是此意

笛卡兒又曰夫遇事物而妄下判斷者非徒自欺耳而又欺人此學者所當大戒也我未知是事而不能斷之非我之罪也未知是事而妄謂知之以誤他人是我之罪也然則惟以至誠無僞之心行我之自由自信得過乃可以信於天下矣

苟用此法不特可以爲求得眞理之具而已又使我之智慧能獨立不倚而保其自由者也何以言之苟此理釐然有當於吾心乎雖外境界如何拂我我必取之苟此理惄然不慊於吾心乎雖外境界如何煽我我必棄之以故雖復亞里士多德之所傳說耶

穌基督之所垂訓乃至合古今中外賢哲所同稱道爲一世之人所信據之理苟反之於吾心而有所未安則棄之如敝屣可也出吾之所自信以與古今中外賢哲挑戰決鬬可也我之所倚賴者惟有一我而已噫嘻是豈所謂中立而不倚强哉矯者耶

笛卡兒以爲學者苟各各自有其所信之眞理自堅持之以成一家言其有相異若不相容者則對壘相攻擊往復相辨難久之而完全之眞理行將出乎其間矣何也智慧雖有高下大小之差而其本性則相同而眞理之爲物又純一而無雜者也夫以同一本性之智慧求純一無雜之眞理苟黽勉從事安有不殊塗同歸者耶故其始雖或人人異論而必有相視而笑莫逆於心之一日但其最要者曰至誠無自欺而已故笛卡兒書中常言曰公等誠求之誠求之非見之極明者勿下斷語如是則公等之於眞理庶乎近矣

笛卡兒之沒距今既二百餘年其所謂「非見之極明者勿下斷語」一言自今日視之幾陳腐不足道矣而所以能開出近今二百餘年之新學界者實自此一語啓之蓋自中世以來學者惟依傍前人莫能自出機杼前哲所可彼亦可之所否彼亦否之不復

間事理之如何附和而雷同之所謂學界之奴隸也及笛卡兒興始一洗奴性而使人內返本心復其固有之自由笛氏之功不在禹下也

綜覽近世學風有愈使人佩笛氏之言而不能諼者不見乎二百年來學者自騰所見大聲疾呼無所瞻顧其有異同互相攻難不遺餘力紛紛焉若相仇視者然雖然皆以爭眞理爲歸宿故苟有一眞理之出現則相牽歸之如水就下莫或迷其舊以自欺誠哉其相異相爭者正所以爲相合相服之前驅也何也思想之自由眞理之所從出也且猶有一左證於此古今諸學術中其進化最速者必其思想辨論恢恢乎有自由之餘地者也是故數學之進步最速而最完格致學次之何也彼學者苟有所見可以任意發明之辯詰之無所顧忌無所束縛也若政治學宗教學倫理學其進步最遲而至今不完者大率爲古來聖賢經典所束縛爲現今政術風俗所牽掣或信古人而不敢疑之或有所見而不敢傳述之是猶不免笛卡兒所謂自欺者而意識之自由未能盡其用也觀於是而益嘆笛卡兒倜乎遠矣

以上所言自由之性無自欺之心笛卡兒窮理學之第一義也若其用之之方法則分

爲三段。一曰剖析。二曰綜合。三曰計數。剖析者。謂凡遇一事物。務用心剖析之。以觀其內之包容何物是也。綜合者。遇諸種之思想及事物。次第逐一綜合之。使前後整齊是也。計數者。凡所觀察所思想之事物。一一計算之。而不使遺忘是也。其方法甚簡易而甚詳盡。而持論尤精者。實在綜合之法。

笛卡兒以爲世界庶物。如此其蕃。雖然。其間必有一大理之貫注。而凡百之理。皆歸結於是。故學者當於衆理之中。求出其孰爲統領者。孰爲附屬者。所謂通其一萬事畢也。然則其道何由。曰當講求事物之時。或於其各部相聯屬之故。不能知其所以然。則當先推測一理。懸以爲鵠。然後以實驗之法。考其結果之符合與否。若其否也。則更懸他鵠以求之。如是求之不已。必能知各事物所以相聯屬之故。而大理躍如矣。故笛卡兒嘗設一譬曰。智慧猶太陽也。其所照之物雖多。而太陽則一也。智慧所講求之學術雖多。而其所以用智慧者則常同。故吾人苟於一理見得透。則於講求他理。自事半功倍。何以故。凡百之理。皆相聯屬故。又曰。惟天下之理皆相聯屬。故學者之窮理。不可局於一科。必當涉獵羣學。而究其相合之所由。此笛卡兒綜合法之梗概也。

此外笛卡兒所言良智之說。靈魂之說。造化之說。世界庶物之說。皆精深博大。巍然成一家言。首尾相應。盛水不漏。以其義太閎遠。不適於吾國人今日之研究。故暫闕如。以待來者。要之笛卡兒之學派。實一掃中世拘攣之風。驟開近世光明之幕。歐美五尺童子。所莫不欽誦。而吾國人所當深求其故者也。

## 合論

倍根與笛卡兒兩派。自其外形論之。實兩反對派也。甲倚於物。乙倚於心。甲以智識爲外界經驗之所得。乙以智識爲精神本來之所有。甲以學術由感覺而生。乙以學術由思想而成。兩派對峙相爭。殆百餘年。其間祖述之者。各有鉅子。試略舉其重要者如下。

| 格物派（英吉利） | 窮理派（大陸） |
|---|---|
| 倍根 | 笛卡兒 |
| 霍布士 Hobbes（一五八八—一六七五） | 斯賓挪莎 Spinoza（一六三二—一六七七） |
| 陸克 Locke（一六三二—一七〇四） | 黎菩尼士 Leibuiz（一六四六—一七一六） |
| 謙謨 Hume（一七一一—一七七六） | 倭兒弗 Wolff（一六七九—一七五四） |

以上諸家各明一義。議論愈剖而愈精。眞理愈辨而愈明。至十八世紀之末。德國大儒康德(Kant 一七二四—一八〇四)者出。遂和合兩派。成一純完全備之哲學。而近世達爾文 Darwin 斯賓塞 Spencer 諸賢。出庶物原理之學。益光大矣。而要之推原功首。則二百年來。侁侁衿纓之子。不得不膜拜於倍根笛卡兒二老之下。永無諼焉。二老誠近世之偉人哉。

倍氏笛氏之學派雖殊。至其所以有大功於世界者。則惟一而已。曰破學界之奴性是也。學者之大患。莫甚於不自有其耳目。而以古人之耳目爲耳目。不自有其心思而以古人之心思爲心思。審如是也。則吾之在世界。不成贅疣乎。審如是也。則天但生古人可矣。而復生此百千萬億無耳目無心思之人。以蠕緣蠹蝕此世界。將安取之。故倍氏之意。以爲無論大聖鴻哲。誰某之所說。苟非驗諸實物而有徵者。吾弗屑從也。笛氏之意。以爲無論大聖鴻哲。誰某之所說。苟非反諸本心而悉安者。吾不敢信也。其氣魄之沈雄也如彼。其主義之切實也如此。此所以能擢陷千古之迷夢。卓然爲一世宗也。雖謂近世文明。爲二賢之精神所貫注所創造。非過言也。我中國數千年來。學術莫盛於戰國無他學界之奴性未成也及至漢武罷黜百家思想自由之大義漸以窒蔽宋元以來正學異端之辨益嚴而學風之衰益甚若本朝考据家之疲舌戰於字句之異同鈎心角於年月之比較更卑卑不足道矣爾來士大夫亦知此學之無用而思所以易之不知中國學風之壞不徒在其形式而在其精神使有其精神也則今日之西人何嘗不好古金石古文字何嘗不談心性談有無而其與吾之所謂漢學宋學者自殊科矣使無其精神也則雖日日手西書口西語其奴性自若也所謂精神者何也即常有一種自由獨立不傍門戶不拾唾餘之氣概而已今士大夫莫不震慴於西人政治學術進步之速而不知其所以進步者有一大原在彼其奔軼絕塵亦不過此二百餘年事耳我苟得其大原而善用之何多讓焉苟不爾則日日臨淵而羨之終無濟也嗚呼有聞倍根笛卡兒之風而興者乎第一勿爲中國舊學之奴隸第二勿爲西人新學之奴隸我有耳目我物我格我有心思我理我窮車驪之車驪之何渠不若漢

岱宗夫何如　齊魯青未了
造化鍾神秀　陰陽割昏曉
盪胸生層雲　決眥入飛鳥
會當凌絕頂　一覽衆山小

教育

# 論教育當定宗旨（續第一號）

中國之新民

第五德意志　德國新造之雄國也。其教育宗旨。可分兩大段。一曰前宰相俾士麥所倡者。一曰今皇維廉第三所倡者。前者民族主義之宗旨也。後者民族帝國主義之宗旨也。當十九世紀之前半。日耳曼民族。封建並立。無所統一。大政家士達因大文家益特等倡之。俾士麥承之。專發揮祖國之義。喚起普騰澳漫之人心。使爲一體。其時普國學制之善。甲歐陸。大將毛奇嘗指小學校生徒而言曰。「師丹之役。非我等能勝法人。而此輩之能勝法人也」可謂至言。而小學校生徒何以有如許勢力。非徒以其功課之完密而已。實其愛祖國愛同胞之精神爲之也。及今皇即位。常勃勃欲龍跳虎擲於大地。而首注意於教育宗旨。彼嘗自撰勅語數千言。論改革學風之事。曰我普通學校。我大學校。有共當努力者一事。曰教養一國之少年。使其資格可以輔朕爲全世界之主人翁是也。此其氣象何等雄偉。其眼光何等遠大。而今日德意志民族所以駸駸然幾與荅格魯撒遜代興者。則皆此二大宗旨之成績也。

第六日本　日本自距今三十年前爲封建之國者殆八百年。故有一種所謂武士道者。日人自稱之爲大和魂。即尙武之精神是也。又日本帝統自開國以來一綫相承。未嘗易姓。故其人以尊王愛國合爲一事。尙武尊王二者。實日本敎育宗旨之大原也。故國家思想發達甚驟。自主獨立之氣。磅礴於國中。能吸取歐西文明食而化之。而不至爲文明之奴隸。智育體育。皆日進步。其結果也。能戰勝四百兆民族之中國。三島屹立東海。爲亞洲文明之魁。

由此觀之。安有無宗旨而可以成完備之敎育者耶。安有無完備之敎育。而可以結完備之團體。造完備之國民者耶。夫無團體無國民。則將不可一日立於大地。有志敎育者。可無儆歟。可無勗歟。

以上六種。舉其宗旨之長者。以示標準。請更論次其短者。其在雅典。偏於哲理。溺於文學。强武之氣稍缺。其所養成者。只能爲市府的民族。不能爲國家的民族。故雅典亡而其文學亦與之俱亡。是可爲人民恃國家而存立之明證也。其在斯巴達。專制暴威太甚侵箇人之自由權其民不能離政府之外而自成一活潑強立之國民故其末路諸市叛之失盟主之地位而遂不能復興其在法蘭西自拿破侖稱帝以來中央政府之權力過大其所設學校皆務養成官吏以供己之指揮迄今垂百年雖政體屢更而此風迄不能改故法國學校之學生惟以試驗及第爲第一要件其國民以得一官一職爲第一寵榮虛文盛而實業微形質多而精神少故法人與英人德人相馳逐於世界而決不足以相及其在奧大利前宰相梅特涅以十九世紀第一奸雄把持其政局者四十年其宗旨務在壓制民權柔和民氣教以極陳腐之耶穌聖詩極煩縟之羅馬文學卒亦枉作小人民權之氣終不可遏而奧國國民受毒既久元氣難復至今猶不能與列強並也其在俄羅斯爲今世專制第一雄國其教育事務受監督於宗教大臣之下所謂希臘正教總監者也俄以專制政治立國自不得不行專制教育然以一政府抗世界之大逆流恐不免舉鼎絕臏之慘近者學生騷動之風潮日盛一日去春之事俄皇固不能不讓步焉矣其在日本自三十年來震於歐西文明專求新智識之輸入而於德育未嘗留意既已舉千年來所受儒教之精神破壞一空而西人倫理道德之

精華。亦不能有所得。青黃不接。故風俗日壞。德心日衰。至今朝野上下。咸孜孜研究德育問題。而大勢滔滔。竟如抱束薪以塞瓠子。毫無所濟。有心者咸憂之焉。以上數端。亦近世教育界得失之林也。

朱子曰。教學者如扶醉人。扶得東來西又倒。教一人如是。教一國殆更甚焉。宗旨一偏。其流弊中於人心。往往有數十年數百年而不能拯其失者。觀於法蘭西與大利日本之前事。可爲長太息焉矣。夫偏猶不可。何况於誤。誤猶不可。何况於無。試問吾中國今日所謂教育家者。爲有宗旨乎。爲無宗旨乎。曰無也。謂彼以教漢奸育奴隸爲宗旨。其論未免太苛。吾信衮衮諸公之必不然也。然舍此以外。竟未聞有一人提出一宗旨以表示於國民者何也。聞甲之言曰英文要也。則教英文。乙之言曰日本文要也。則教日本文。丙之言曰歷史地理要也。則教歷史地理。丁之言曰師範要也。則教師範。戊之言曰體操要也。則教體操。己之言曰小學校最急也。則稱道小學校。庚之言曰教科書最先也。則爭編教科書。如蠅之鑽紙。任意觸撞。如猴之跳戲。隨人低昂。如航海而無羅針。如撫琴而無腔調。雖欲以成一小小結搆。猶且不可。况乃爲四萬萬龎大國民之嚮導。

者耶。且前者人人心目中無所謂教育者。則亦已耳。今既有之。則發軔之始。實爲南蠻北轍。所關播核之初。永定苦李甘瓜之種。莊子所謂其作始也簡。其將畢也必巨。今乃以亂彈之曲。魚目之珠。盲人瞎馬。夜半臨池。天下可悲可懼之事。安有過此者耶。安有過此者耶。

然則爲今之計奈何。曰第一當知宗旨。使欲造成文學優美品格高尚之國民也。則宜法雅典。使欲造成服從紀律強悍耐苦之國民也。則宜法斯巴達。使欲造成至誠博愛迷信奉法之國民也。則宜法耶穌教會。使欲造成自由獨立活潑進取之國民也。則宜法英吉利。使欲造成團結强立自負不凡之國民也。則宜法德意志。使欲造成君國一體同仇敵愾之國民也。則宜法日本。苟不能者。則雖學法國之拿破侖可也。學奧國之梅特湼可也。學俄國之皮里加辣陀（現任宗教大臣）可也。彼其宗旨雖謬。然彼固有所爲而爲之。猶勝於無意識之動力。僅感受外界之刺激。突奔亂撞。與動物野蠻無別也。故必先知宗旨之不可以已。然後吾敢以更端進也。

第二當擇宗旨。今欲爲我四萬萬同胞國民求一適當至善之教育宗旨。果何所適從乎。雅典斯巴達前劫之骨董也。其精神可採。其形質萬不可師。耶穌教於歐洲文明甚有關係焉。然今亦已成退院之僧。於國家主義時代。頗不適用。且其經累枝節。與吾民族幾冰炭不相容。其不可行無待言也。或曰俄羅斯與中國政體相近。宜學之。然俄人於內治方且不能抗大勢而思變計。吾何爲蹈其覆轍焉。或曰法蘭西久爲歐洲文明之中心點。又爲十九世紀全球之原動力。盍試效之。然法民好動。吾民好靜。其性之相反太甚。且按之歷史地理之位置。無一彷彿者。烏從而追之。近年以來吾國民崇拜日本之心極盛。事無大細。動輒曰法日本。雖然日本非吾之所宜學也。彼島國吾大陸。一也。彼數千年一姓相承。我數千年禪篡征奪。二也。彼久爲封建。民習強悍。我久成一統。民溺懦柔。三也。無已。則惟最雄偉之英吉利與德意志兩民族乎。英人性喜保守。而改革以漸。此我所能學者也。德人昔本散渙。而今乃團結。此我所宜學者也。雖然彼英德民族者。亦皆各有其固有之特性。積之千餘歲。養之百十年。乃始有今日。又非我空言疾呼曰學之而遂能幾者也。

第三。當定宗旨。然則我國國民教育之宗旨。究何在乎。曰今日之世界。民族主義之世界也凡一國之能立於天地必有其固有之特性感之於地理受之於歷史胎之於思想播之於風俗此等特性有良者焉有否者焉良者務保存之不徒保存之而已而必採他人之可以補助我者吸爲已有而增殖之否者務刮去之不徒刮去之而已而必求他人之可以匡救我者勇猛自克而代易之以故今日各國之教育宗旨無或有學人者亦無或有不學人者不學人然後國乃立學人然後國乃強要之使其民備有人格（謂成爲人之資格也品行智識體力皆包於是）享有人權能自動而非木偶能自主而非傀儡能自治而非土蠻能自立而非附庸爲本國之民而非他國之民爲現今之民而非陳古之民爲世界之民而非陬谷之民此則普天下文明國教育宗旨之所同而吾國亦無以易之者也試問今日所謂教育家者曾有見於此焉否也試問彼輩所用之教育方法其結果能致此焉否也。

兩宗旨或數宗旨對抗并行可乎曰可世界之進化也恒由保守進取兩大勢力衝突調和而後成有衝突必有調和或先衝突後調和或即衝突即調和譬若甲之見以爲專制政體適於中國者。則用全力以造專制之國民可也。乙之見以爲立憲政體丙之見以爲共和政體適於中國者。則用全力以造立憲共和之國民可也。但使其出於公心。出於熱誠。不背乎前所謂普天下文明國共通之宗旨。則雖爲斯巴達可也。雖爲俄羅斯可也。雖爲美利堅法蘭西可也。而必須有貫徹數十年之眼力。擧全國民之氣概。而不可如動物蠻之受外界刺激。而爲無意識之動。教育云教育云。如是如是。

或曰。如子所云。不可不待諸政府當道之有大力者。曰是不然。吾非不以望諸政府。然不能專諉諸政府。勿論遠者。請言日本。日本之福澤諭吉。非窮鄉一布衣乎。終身未嘗受爵於朝。然語日本教育界之主動者。千口一舌。千手一指。曰福翁福翁。何以故。有宗旨故。耗矣哀哉。吾中國至今無一福澤諭吉其人也。

(完)

辛苦最憐天上月　一昔如環　昔昔都成缺
若似月輪終皎潔　不辭冰雪爲卿熱
無那塵緣容易絕　燕子依然　苦踏簾鈎說
唱罷秋墳愁未歇　春叢認取雙飛蝶

## 時局

# 論民族競爭之大勢

中國之新民

本論宗旨在綜覽現今世界各國之大勢推原其政略所從出及其所以集勢於中國之由而講求吾國民應變自立之道篇中取材多本於美人靈綬氏所著「十九世紀末世界之政治」潔丁士氏所著「平民主義與帝國主義」日本浮田和民氏所著「日本帝國主義」「帝國主義之理想」等書而參以己見引伸發明之不敢掠美附識數言　著者識

天下勢力之最宏大最雄厚最劇烈者。必其出於事理之不得不然者也。自中古以前。羅馬解紐以前歐洲之政治家。常視其國爲天下。所謂世界的國家 Worldly State 是也。以誤用此理想故。故愛國心不盛。而眞正強固之國家不能立焉。（按吾中國人愛國心之弱其病源大半坐是而歐人前此亦所不能免也）近四百年來。民族主義日漸發生。日漸強達。遂至磅礴鬱積。爲近世史之中心點。順茲者興。逆茲者亡。所號稱英君哲相。如法王路易第十一、顯理第四、英女王意里查白、英相格林威爾、渣沁、意相嘉富洱。德相俾士麥、皆乘此潮流。因勢而利導之。故能建造民族的國家。聲施爛然。苟反抗此大勢者。雖有殊才異能。卒歸敗衄。法帝拿破侖是也。拿破侖所以取敗者。由欲強合無數異種異言異敎異習之民族。而成一絕大之帝國。其道與近世史之現象大相反。其不能成也固宜。

夫此民族主義。所以有大力者何也。在昔封建之世。（羅馬以前歐洲之封建時代也）分土分民。或同民族而異邦。或同邦而異民族。胡漢吳越。雜處無猜。及封建之弊。極於墜地。民求自立。而先自團於是種族之界始生。同族則相吸集。異族則相反撥。苟爲他族所箝制壓抑者。雖粉身碎骨。以圖恢復。亦所不辭。若德意志若意大利。皆以同民族相吸而建新邦。若匈牙利。以異民族而分離于奧大利。皆其最著者也。民族主義者。實製造近世國家之原動力也。

此主義既行。於是各民族咸汲汲然務養其特性。發揮而光大之。自風俗習慣法律文學美術。皆自尊其本族所固有。而與他族相競爭。如羣虎互睨。莫肯相下。範圍既日推日廣。界線亦日接日近。漸有地小不足以回旋之概。夫內力既充。而不得不思伸於外。

此、事、理之必然者也。於是由民族主義一變而爲民族帝國主義遂成十九世紀末一新之天地。

民族帝國主義有兩種。其發生皆不自今日。今則合一爐以冶之而已。甲種者優强民族自移殖於劣弱民族所居之地。紾其臂而奪之。若英國是也。英人自中古以來與羅馬帝政不相容。去而自立。實爲民族國家發生之嚆矢。故其民族帝國主義。亦著先鞭。得善處屬地之法。遂能控馭全球。凡日所出入處。皆見其國旗焉。乙種者優强民族能以同化力（能化人使之同於我謂之同化力）呑納劣弱民族。而抹煞其界限。若美國是也。美國百餘年來由大西洋之十三省。逐漸擴充。奄有太平洋岸全陸之地。自三百萬人增至八千萬人。固由吸集同族之效。亦未始不因買受併呑他國之屬土而同化其民之所致也。今日之美國。尙能容納德意志愛爾蘭之移民。綽有餘裕。皆其同化力强盛使然也。

近世諸儒之學說。其於孕育民族帝國主義與有力者不一家。而以瑪兒梭士 Malthu（英人生於一七六六年卒於一八三四年）達爾文（見第一冊）二氏爲最。瑪氏嘗著人口論一書。謂人類日漸繁殖。其增加之率。常與食物之增加不能相當。食物之增加。算術級數也。（即由二而四而八而十六是也）人口之增加。幾何級數也。即由二而四而十六而三十二是也苟無術以豫防之。則人滿之患。必不能免。而戰爭疾疫自殺之風將日盛。此論一出。大聳動全歐之耳目。而政治家之思想幾爲之一變。按瑪氏謂人口之增加以幾何級數實屬杜撰後儒駁正之者已不少其所論豫防之法亦不可行要其立論之大體則實爲近世政策之一轉捩也故當瑪氏以前。歐洲列國。尚以獎厲產子爲急務。千七百九十六年英國著令云凡民能生多子以富國家者可有權要求政府使教育其子千八百六年著令云英人有兩子以上者可享免稅之特權及於今日。則除法蘭西一國外。殆無不以人滿爲憂者矣。法國人口增加最少詳見下表以此之故千八百八十五年法人著令云貧家有子七八者以公費教之養之又今年議員俾阿氏提案於議院謂民有及歲而不婚者則課以重稅今試舉近百年來歐美各國人口增進之大概。列表如下。

| | 一八〇〇年人口 | 一八八〇年人口 |
|---|---|---|
| 英 | 一五、五七〇、〇〇〇 | 三四、六五〇、〇〇〇 |
| 法 | 二七、七二〇、〇〇〇 | 三七、四三〇、〇〇〇 |
| 德 | 二三、三三〇、〇〇〇 | 四五、二六〇、〇〇〇 |
| 奧 | 二一、二三〇、〇〇〇 | 三七、八三〇、〇〇〇 |
| 意 | 一三、三八〇、〇〇〇 | 二八、九一〇、〇〇〇 |

| | | |
|---|---|---|
| 班 | 一〇、四四〇、〇〇〇 | 一六、二九〇、〇〇〇 |
| 合計 | 一七二、二六〇、〇〇〇 | 三一二、九九〇、〇〇〇 |

此八十年前增進之大略也。其中速率最著者。尤以德俄美三國爲甚。德國當千八百五十年。只有三千五百二十萬人。至千九百年。則有五千六百三十四萬人。俄國當千八百五十年。只有六千八百萬人。至千九百年。則有一萬二千九百萬人。美國當千八百五十年。只有五百三十萬人。至千九百年。驟增至七千六百三十五萬人。（美國人口由外國移民入籍者居多）以此之故。歐洲區區之地。斷不能容此孳生蕃衍之民族。使之各得其所。勢固不得不求新政策以調劑之。此事理之易見者也。於是乎殖民政略。遂爲維持內治之第一要著。此近世帝國主義發生之原因也。

前代學者。大率倡天賦人權之說。以爲人也者。生而有平等之權利。此天之所以與我。非他人所能奪者也。及達爾文出。發明物競天擇優勝劣敗之理。謂天下惟有强權（惟强者有權利謂之强權）更無平權。權也者。由人自求之自得之。非天賦也。於是全球之議論爲一變。各務自爲强者。自爲優者。一人如是。一國亦然。苟能自强自優。則雖翦滅劣者弱者。而不能謂爲無道何也天演之公例則然也我雖不翦滅之而彼劣者弱者終亦不能自存也以故力征侵略之事前者視爲蠻暴之舉動今則以爲文明之常規歐美人常揚言曰全世界三分之二爲無智無能之民族所掌握不能發宣其天然之富力以供全球人類之用此方人滿爲憂彼乃貨棄於地故優等民族不可不以勢力壓服劣等者取天地之利而均享之其甚者以爲世界者優等民族世襲之產業也優等人斥逐劣等人而奪其利猶人之斥逐禽獸實天演强權之最適當而無慙德者也玆義盛行而弱肉强食之惡風變爲天經地義之公德此近世帝國主義成立之原因也

由此觀之則近世列强之政策由世界主義而變爲民族主義由民族主義而變爲民族帝國主義皆迫於事理之不得不然非一二人之力所能爲亦非一二人之力所能抗者也今請就諸國中擇其有代表帝國主義之資格者而論之得四國焉

其一英吉利　英國本境之人口不滿四千萬而其謀生於海外者殆倍之人口日日增多而三島之面積不加廣物產不足以給民用故英國若一旦失其屬地不特富源立涸而已而國威民力皆隨而衰頽國民之品性且將漸滅勢必與古代之雅典羅馬

同列于亡國之籍故英人之帝國主義非直爲進取計不得不然即爲保守計亦不得不然也英國今日之盛强半由煤礦之豐富據千八百七十一年政府所報告謂本國之煤尚足供三百年之用然爾來英人用煤之率日增月加曾靡底止故其勢不久必須仰給煤炭於本境以外或者謂英煤涸竭之時即英國衰亡之日非過言也況其製造之品消售於屬地者常視他國有加焉彼英屬地之依賴母國不如其母國之依賴屬地爲尤重大也故英人之政策務使其母國與屬地永不相離不惟保守其版圖而已又使其海陸通航之路交通利便以是爲第一要義以故海軍之關繫日益重焉海軍既重故屯泊貯煤之灣港亦隨之而重英國所行於東洋及亞非利加之政略皆以此爲根據者也彼其保護土耳其占據賽布拉士島皆所以防俄國之蠶食保地中海之航路使英國與印度交通之鎖鑰不至授人也其市恩於意大利助其獨立用術於埃及握其國權亦皆爲地中海蘇彛士河之運航權也近者與杜蘭斯哇之戰不惜糜重帑嗇人命擲獅子搏兎之全力所以保好望角之權利也彼波亞民族日新月盛駸駸有爲南非全境主人翁之勢英人非挫摧之則其在非洲之權力將墜於地也故英

國北自君士但丁奴不。（土耳其京城）南至好望角。其所行之政策。皆自保護航路而生者也。保護航路。即使母國與屬地永不相離之第一著也。

英人之所汲汲者。又不徒在海權而已。於大陸交通機關。亦絲毫不肯讓人。近以俄人西伯利亞鐵路將成。思所以抵制之。乃擬築一大鐵路。自亞歷山大利亞、經波斯灣沿岸、橫貫印度、接緬甸、由瀘州出揚子江、以通上海。一以鞏勢力於印度。二以張威權於波斯灣沿岸諸國。三以通血脉于支那。而現時印度境內已成之鐵路二千餘英里。實利用之以爲此路之一部。其規模之宏遠。實有使人驚歎而不能措者。

英國工商之國也。無商利是無英國也。近年以來。德國美國之商業驟進。駸駸乎有駕英而上之勢。疇昔英人於加拿大澳洲印度埃及及其餘屬國保護國。皆專握商權。近則國民之競爭愈劇。新屬地之貿易容易不肯爲母國之附庸。故今者英國商務。除澳洲印度外。皆日見減色。於加拿大古巴爲美國所奪。於亞爾焦利亞爲法國所奪。於南美爲德國所奪。其在澳洲能保其舊位者。不過其地之民。與母國同嗜好同習慣。故日用飲食之品物。多取給於母國云爾。然則英國今日之政策如何。英國自二十年來。產業之發達。既臻絕頂。昔爲世界工業之中心點者。今則變爲世界資本之中心點焉。自美國行保護稅則。（免出入口稅者謂之自由稅則重抽入口稅者謂之保護稅則）拒英國之貨物。英人乃以資本代貨物。美國各省所有大製造大公司。英人皆投資本而分其利。於非洲南美等處亦然。於亞洲亦然。故今日全球到處。幾無不有英人資本之安置。而其此後進取之政策。惟以擴充其工業資本兩者之勢力範圍爲務。此亦不得不然之數也。因此之故。其所最切要者在使世界各地皆平和秩序。若夫政治樞機不完不備之地。其政府之能力薄弱。難保秩序。或官吏腐敗。苛法紛紜。則放置資本於此間最爲危險。工商之業末由繁榮。乃不得不干預其內政。代組織一强固而有責任之政府。於是經濟上（日本人謂凡關係於財富者爲經濟）之勢力範圍。遂寖變爲政治上之勢力範圍。此其政略不獨英國行之。而英國其尤著者也。

其二德意志　歐洲列國中。其最能發揮世帝國主義之特性。代表近來世界歷史之趨向者。莫德國若也。德人行帝國主義之政策。不過近十年事耳。當俾士麥時代。德政府專以統一國民爲急務。若夫勤遠略以馳域外之觀。鐵血宰相所未遑及也。彼非不熱心以獎厲殖民。但其殖民事業。不過爲擴充商務起見。於政治毫無關係。及千八百九十年以後。而德之政略一變。盖經俾公三十年之經營慘淡。國權既已整頓。國力既已充實。精華內積。而不得不溢於外。俾公之商業政策。既已使德國工商雄飛於世界。而商業競爭之劇烈。其影響自及於政治。而政府不得不以權力保護之。然則由俾士麥之國民主義。以引起今皇維廉第二之帝國主義。亦事勢之不得不然者也。德國雖稱雄於歐洲中原。然以無屬地故。其溢出之人口。皆移住於美國。旋同化於美人。德人徒失其國民。而於國力不能有絲毫之增益。今美國人口三分之一。皆吸收德意志民族者也。德之愛國者。慭焉憂之。漸知殖民政略之不可以已。前伯林大學教授脫來焦氏之政治學講義有云「今日國際歷史日以發達。勢將壓迫第二流以下之國家。使失其獨立。我德人徒局眼光于歐洲之天地。而未嘗放觀歐洲以外之天地。今者蕩蕩全球。幾爲英俄兩國所瓜分。其尙有容我德人之一席否耶。此可爲浩歎者也」又云「白種人必握世界之全權。無可疑也。但白種中之諸民族。果誰能捷足以得此權利乎。吾得以一言決之曰。苟無屬地於海外者。必不足以入於强國之林也」云云。由此觀之。德民族近來之思想。可以槪見矣。德人病美國之坐奪其民也。汲汲然設法以維持僑民與母國之關係。故首注力於亞非利加及小亞細亞。而浸及于南美洲及東亞大陸。自一八九〇年。與英國定非洲界約以來。君臣上下。同心戮力以實行帝國主義。或用鐵路政略。或用殖民政略。或用商業政略。殊塗同歸。集於一鵠。僅閱十稔。而聲勢隆隆。震五洲之耳目矣。

試觀其經略小亞細亞彼米士坡坦麻 Mesopotamia 與叙利亞 Syria 之兩地。古代文明之祖國。而今則蠻族之棄壤也。顧德人用全力以行殖民政略于此。何也。此地雖不及中國之豐腴。然物產甚富。適於農工諸業。其山多礦。其位置亦便于通商。且人口寥寥。土民之壓力不強。移民於此。無被其同化之患。自水陸形勝觀之。適當亞歐非三洲交通之孔道。有山河之險。爲兵畧之一要區。得之者於他日世界政略。占優勝焉。德人今雖以保護殖民商業爲名。一有機會。則攫而納諸懷必矣。他日亞洲大陸鐵路成。自卡羅（埃及京城）經波斯印度以達北京之大道既通。則帕黎斯毡爲三洲鐵路之中心點。握商務之樞權。此德人所夢寐見之者也。（此鐵路即英國所經營者見前節）德皇自即位之始。即注意於小亞細亞。故務買土耳其政府之歡心。當亞米尼亞虐殺事件之起。籍東其國內輿論毋使傷土國之感情。當土希之戰。密援土以破希臘。皆所以爲經營安息(即小亞細亞)之地步而已。今者實行鐵路政略於此間。自君士但丁至波斯之巴俄打一大路。其築路權及運輸權。皆爲德意志銀行所得。以九十九年爲期。此外附近枝路之權利。亦皆歸德國焉。小亞細亞既已爲德人囊中物矣。

更觀其經略南美。近十年間。於南美大陸之地。德國之產業及殖民。殆爲突飛之進步。雖其商務出入口之總額。尚稍遜英國。至其投資本之多。與商業發達之速。終有非他國之所能及者。即以巴西一國論之。德人所投之資本。已在三萬萬圓以上。此資本或築鐵路。或濬運河。或修橋梁。或設銀行。或興公司。運全巴西于股掌之上者。德人也。委內瑞辣之大鐵路。德人之資本也。智利之農業。德人之營產也。亞爾然丁之土地。半皆德人之所名田也。今日德人在南美之勢力。雖不過產業殖民。而其政治之勢力。必隨之而來。此吾所敢豫言也。德皇嘗揚言云。「凡德國臣民所到之地。無論何處。政府必擴張其權力以保護之。」將來南美全洲。必爲德意志帝國之運動場。無可疑也。

要而論之。德人之帝國主義。由俾士麥之商業政策一轉而成。其目的在以國民主義爲基礎。而建一工商業帝國於其上。使充盈橫溢之民力。得尾閭以蓄洩之也。故於政治之爭。可避者則勉避之。既與俄親。又與法和。復與英聯務調和國際之關係。使得用全力以從事工商殖民之業。此德廷君相之微意也。

惟時與勢。驅列國以入于二十世紀商戰之場。而彼德國者。爲英美俄列強捷足先登。頗有四面楚歌之感。故竭其全力以訓練從事商戰之兵士。及其器械。而其作戰之準備。莫急於連絡世界各地之市塲。故德人向此鵠以進行。首以獎厲航業振興海軍爲務。德國之航業。二十年來。徐徐增加。至近數年間。忽有一飛沖天之勢。當一八七一年。其大輪船僅有百五十艘。合八萬噸。至一九〇〇年。驟增至千三百艘。百十五萬噸。其增率之速。自美國外。未見其比也。又不惟商船之噸數增加而已。其航業政略。亦進步甚速。疇昔英人在大西洋獨占航權者。今則德國與之代興。駸駸乎有奪席之勢矣。

德國本陸軍國也。但昔者惟爭强弱於歐洲以內。故以陸軍而自雄。今則將決雌雄于歐洲以外。故以海軍爲急務。蓋德國此後之運命。非徒在俄法境上。以鎗丸馬足而決勝負者也。其必在支那之海。非洲之洋。南美之港灣。鼓輪衝風。實力乃見。故德皇以如荼如火之熱心。思擴張海軍。雖國民初未喻旨。不肯聽從。而其大臣每因各事變以游說其民。皇復親自演說。於各地苦訴海權微弱。爲德國之憾事。卒能以一八九八年之議會議決海軍案。以十萬萬圓之豫算。以經營之。及此案既成。英俄亦相繼增海軍力。美國亦破西班牙而振威海上。德人復以前案爲未足。乃於一九〇〇年。（即前年）更議決新案。依此案所經畫。則十四年後。（一九一六年）除英國外。德國遂爲世界第一大海軍國矣。嗚呼。德意志自建國以來。不過三十年。而其進步之速如此。觀此可以見民族主義之勢力。最强最厚。苟得其道而利導之。斯磅礴鬱積。沛然莫之能禦矣。

（未完）

## 政治

# 論立法權

中國之新民

立法行法司法。諸權分立。在歐美日本。既成陳言。婦孺盡解矣。然吾中國立國數千年。於此等政學原理。尚未有發明之者。故今以粗淺平易之文。略詮演之。以期政治思想。普及國民。篇中雖間祖述泰西學說。然所論者大率皆西人不待論而明之理。自稍通此學者觀之。殆如遼東之豕。宋人之曝。祗覺詞費耳。然我四萬萬同胞中。並此等至粗極淺之義而不解者。殆十而八九焉。吾又安敢避詞費而默然也。學者苟因此以益求其精焉深焉者。則菅蒯之棄。固所願矣。　著者識

### 第一節　論立法部之不可缺

國家者人格也。（有人之資格謂之人格）凡人必有意志然後有行為。無意志而有行為者必瘋疾之人也。否則其夢囈時也。國家之行為何。行政是已。國家之意志何。立法是已。泰西政治之優於中國者不一端。而求其本原。則立法部早發達。實為最要著矣。泰西

自上古希臘。即有所謂長者議會。Yerontes 由君主召集貴族。制定法律。頒之於民。又有所謂國民議會。An assembly of the Contes 凡君主貴族所定法律。必報告於此會。使民各出其意以可否之。然後施行。其後雅典之梭倫斯巴達之來喀格士。皆以大立法家。爲國之楨。羅馬亦然。其始有所謂百人會議者。Comitia Centuriata 以軍人組織之。每有大事。皆由其議決。及王統中絕之際。有所謂羅馬元老院。The Senate 羅馬平民議會 Concilia Plebis 者。角立對峙。爭立法權。久之卒相調和。合爲國民評議會。Comitia Tributa 故後雖變爲帝政。而羅馬法之發達。獨稱完備。至今各國。宗之。及條頓人與羅馬代興。即有所謂人民總會者。Tolkmoot 有所謂賢人會議者。Witenagemote 皆集合人民。而國王監督之。以行立法之事。逐漸進化。遂成爲今日之國會。所謂巴力門 Parliament 者是也。十八世紀以來。各國互相仿效。愈臻完密。立法之業。益爲政治上第一關鍵。覘國家之盛衰强弱者。皆於此焉。雖其立法權之所屬。及其範圍之廣狹。各國不同。而要之上自君相。下及國民。皆知此事爲立國之大本大原。則一也。

耗矣哀哉。吾中國建國數千年。而立法之業。曾無一人留意者也。周官一書。頗有立法之意。蕆正懸法象魏。使民讀之。雖非制之自民。猶有與民同之之意焉。漢興。蕭何制律。雖其書今佚。不知所制者爲何如。然即漢制之散見於羣書者觀之。其爲因沿秦舊無大損益。可斷言也。魏明帝時。會議大集朝臣。審定法制。亦不果行。北周宇文時。蘇綽得君。斐然有制度考文之意。而所務惟在皮毛。不切實用。蓋自周公迄今三千餘年。惟王荆公創設制置條例三司。能別立法於行政。自爲一部。實爲吾中國立法權現影一瞥之時代。惜其所用非人。而頑固虛憍之徒。又羣焉掣其肘。故斯業一墜千年。無復過問者。嗚呼。荀卿有治人無治法一言。誤盡天下。遂使吾中華數千年國爲無法之國。民爲無法之民。並立法部而無之。而其權之何屬。更靡論也。並法而無之。而法之善不善。更靡論也。

夫立法者。國家之意志也。就一人論之。昨日之意志。與今日之意志。今日之意志。與明日之意志。常不能相同。何也。或內界之識想變遷焉。或外界之境遇殊別焉。人之不能以數年前或數十年前之意志。以束縛今日。甚明也。惟國亦然。故必須常置立法部。因事勢。從民欲。而立制改度。以利國民。各國之有議會也。或年年開之。或間年開之。誠以事勢日日不同。故法度亦屢屢修改也。乃吾中國。則今日之法。沿明之法也。明之法。沿唐宋之法也。唐宋之法。沿漢之法也。漢之法。沿秦之法也。秦之距今。二千年矣。而法則猶是。是何異三十壯年。而被之以錦綳之服。導之以象勺之舞也。此其敝皆生於無立法部。君相既因循苟且。憚於改措。復見識隘陋。不能遠圖。民間則不在其位。莫敢代謀。如塗附塗。日復一日。此眞中國特有之現象。而腐敗之根原所從出也。

彼祖述荀卿之說者曰。但得其人可矣。何必斷斷於立法。不知一人之時代甚短。而法則甚長。一人之範圍甚狹。而法則甚廣。恃人而不恃法者。其人亡則其政息焉。法之能立。賢智者固能神明於法。以增公益。愚不肖者亦束縛於法。以無大尤。靡論吾中國之乏才也。即使多才。而二十餘省之地。一切民生國計之政務。非百數十萬人。不能分任也。安所得百數十萬之賢智而藁治之。既無人焉。又無法焉。而欲事之舉。安可得也。夫人之將營一室也。猶必先繪其圖。估其材。然後從事焉。曾是一國之政。而顧一室之不若乎。近年以來。吾中國變法之議。屢興而效不覩者。無立法部故也。及今不此之務。吾知更閱數年數十年。而效之不可覩。仍如故也。今日上一奏。明日下一諭。無識者歡欣鼓舞。以爲維新之治。可以立見。而不知皆紙上空文。羌無故實。不脩惟是條理錯亂。張脉僨興。宜存者革。宜革者存。宜急者緩。宜緩者急。未見其利。先受其敝。無他。徒觀夫西人政治之美。而不知其所以成其美者。有本原在也。本原維何。曰立法部而已。

## 第二節　論立法行政分權之理

立法行政分權之事。泰西早已行之。及法儒孟德斯鳩。益闡明其理。確定其範圍。各國政治。乃益進化焉。二者之宜分不宜合。其事本甚易明。人之有心魂。以司意志。有官肢以司行爲。兩各有職。而不能混者也。彼人格之國家。何獨不然。雖然、其利害所存。猶不止此。孟德斯鳩曰。「苟欲得善良政治者。必政府中之各部。不越其職。然後可。然居其職者。往往越職。此亦人之常情。而古今之通弊也。故設官分職。各司其事。必當使互相牽制。不至互相侵越。」又曰。「立法行法二權。若同歸於一人。或同歸於一部。則國人必不能保其自由權。何則。兩權相合。則或藉立法之權。以設苛法。又藉其行法之權。以施此苛法。其弊何可勝言。如政府中一部。有行法之權者。而欲奪國人財產。乃先賴立法之權。豫定法律。命各人財產。皆可歸之政府。再藉其行法之權以奪之。則國人雖欲起而與爭。亦力不能敵。無可奈何而已』云云。此孟氏分權說之大概也。

孟氏此論。實能得立政之本原。吾中國之官制。亦最講牽制防弊之法。然皆同其職而掣肘之。非能釐其職而均平之。如一部而有七堂官。一省而有督有撫有兩司有諸道。皆以防侵越相牽制也。而不知徒相掣肘相推諉。一事不舉。而弊亦卒不可防。西人不然。凡行政之事。每一職必專任一人。授以全權。使盡其才以治其事。功罪悉以屬之。夫是謂有責任之政府。若其所以防之者。則以立法司法兩權相爲犄角。（司法權別論之）立法部議定之法律。經元首裁可。然後下諸所司之行政官。使率循之。行政官若欲有所興作。必陳其意見於立法部。得其決議。乃能施行。其有於未定之法而任意恣行者。是謂侵職。侵職罪也。其有於已定之法而奉行不力者。是謂溺職。溺職亦罪也。但使立法之權確定。所立之法善良。則行政官斷無可以病國厲民之理。所謂其源潔者其流必澄。何必一一而防之。故兩者分權。實爲制治最要之原也。

吾中國本並立法之事而無之。則其無分權。更何待言。然古者猶有言。坐而論道。謂之三公。作而行之。謂之有司。亦似稍知兩權之界限者。然漢制有議郎。有博士。專司討議。

但其秩抑末其權抑微矣夫所謂分立者必彼此之權互相均平行政者不能强立法者以從我若宋之制置條例三司雖可謂之有立法部而未可謂之有立法權也何也其立法部不過政府之所設爲行政官之附庸而分權對峙之態度一無所存也唐代之給事中常有封還詔書之權其所以對抗於行政官使不得專其威柄者善矣美矣然所司者非立法權僅能摭拾一二小故救其末流而不能善其本也若近世遇有大事亦常下大學士六部九卿翰詹科道督撫將軍會議然各皆有權各皆無權既非立法又非行政名實混淆不可思議故今日欲興新治非劃淸立法之權而注重之不能爲功也。

第三節　論立法權之所屬

立法權之不可不分既聞命矣然則此權當誰屬乎屬於一人乎屬於衆人乎屬於吏乎屬於民乎屬於多數乎屬於少數乎此等問題當以政治學之理論說明之。

英儒邊沁之論政治也謂當以求國民最多數之最大幸福爲正鵠此論近世之言政學者多宗之夫立法則政治之本原也故國民之能得幸福與否得之者爲多數人與

否皆不可不於立法決定之。夫利己者人之性也。故操有立法權者。必務立其有利於己之法。此理勢所不能免者也。然則使一人操其權。則所立之法必利一人。使衆人操其權。則所立之法必利衆人。吏之與民亦然。少數之與多數亦然。此事固非可以公私論善惡也。一人之自利固私。衆人之自利亦何嘗非私。然而善惡判焉者。循所謂最多數最大幸福之正鵠。則衆人之利重於一人。民之利重於吏。多數之利重於少數。昭昭明甚也。夫誹謗偶語者棄市。謀逆者夷三族。此不問而知爲專制君主所立之法也。婦人可有七出。一夫可有數妻。此不問而知爲男子所立之法也。奴隸不入公民。農傭隨田而鬻。（俄國舊制如此）此不問而知爲貴族所立之法也。信教不許自由。祭司別有權利。此不問而知爲教會所立之法也。以今日文明之眼視之。其爲惡法。固無待言。雖然亦不過立法者之自顧其利益而已。若今世所稱文明之法。如人民參政權、服官權、言論、結集、出版、遷移、信教、各種之自由權等。亦何嘗非由立法人自顧其利益而來。而一文一野。判若天淵者。以前者之私利。與政治正鵠相反。而後者之私利。與政治正鵠相合耳。故今日各文明國。皆以立法權屬於多數之國民。

然則雖以一二人操立法權。亦豈必無賢君哲相。忘私利而求國民之公益者。曰斯固然也。然論事者語其常不語其變。恃此千載一遇之賢君哲相。其不如民之自恃也明矣。且記不云乎。代大匠斵者必傷其手。即使有賢君哲相以代民爲謀。其必不能如民之自謀之尤周密而詳善。有斷然也。且立法權屬於民。非徒爲國民個人之利益而已。而實爲國家本體之利益。何則。國也者積民而成。國民之幸福。即國家之幸福也。國多貧民。必爲貧國。國多富民。必爲富國。推之百事。莫不皆然。美儒斯達因曰。『國家發達之程度。依於一箇人之發達而定者也。』故多數人共謀其私。而大公出焉矣。合多數人私利之法。而公益之法存焉矣。

立法者之家之意志也。昔以國家爲君主所私有。則君主之意志。即爲國家之意志。其立法權專屬於君主固宜。今則政學大明。知國家爲一國人之公產矣。且內外時勢寖逼寖劇。自今以往。彼一人私有之國家。終不可以立於優勝劣敗之世界。然則今日而求國家意志之所在。舍國民奚屬哉。況以立法權畀國民。其實於君主之尊嚴。非有所損也。英國日本是其明證也。君主依國家之尊嚴而得尊嚴。國家依國民之幸福而得幸福故今日之君主不特爲公益計當畀國民以立法權即爲私利計亦當爾爾也苟不畀之而民終必有知此權爲彼所應有之一日及其自知之而自求之則法王路易第十六之覆轍可爲寒心矣此歐洲日本之哲后所以汲汲焉此之爲務也

十

## 地理

# 地理與文明之關係

（續第一號）

中國之新民

以上所舉。專就物質的文明而論之。若夫精神的文明與地理關係者。亦不少。凡天然之景物過於偉大者。使人生恐怖之念。想像力過敏。而理性因以減縮。其防礙人心之發達。阻文明之進步者。實多。苟天然景物得其中和。則人類不被天然所壓服。而自信力乃生。非直不怖之。反愛其美。而爲種種之試驗。思制天然力以爲人利用。以此說推之。則五大洲之中。亞非美三洲。其可怖之景物較歐洲爲多。不特山川河嶽沙漠等終古不變之物爲然耳。如地震颶風疫癘等不時之現象。歐洲亦較少于他洲。故安息時代之文明。大率帶恐怖天象之意。宗教之發達。速於科學。（成一科之學者謂之科學如格致諸學是也）迷信之勢力强于道理。彼埃及人所拜之偶像。皆不作人形。秘魯亦然。墨西哥亦然。印度亦然。及希臘之文明起。其所塑繪之羣神。始爲優美人類之形貌。其宗教始發于愛心。而非發于畏心。此事雖小。然亦可見安息埃及之文明。使人與神之距離遠。希臘之文明。使人與神之距離近也。而希臘所以能爲世界中科學之祖國者。實由於是。即就歐洲內論之。亦有可以證明此例者。歐洲中火山地震等可怖之景。惟南部兩半島最多。即伊大利與西班牙葡萄牙是也。而在今日之歐洲。其人民迷信最深。教會之勢力最强者。惟此三國。且三國中雖美術家最多。而大科學家不能出焉。此亦天然之景物與想像理性之開發有關係一明證也。

要而論之。歐羅巴以前之文明。謂文明未入歐洲以前即埃及安息時代是也全恃天然界之恩惠。其得之也。非以人力。故雖能發生。而不能進步。歐洲則適相反。其天然界不能生文明。故自外輸入之文明。不可不以人力維持之。兢兢焉懃懃焉。而此兢兢懃懃之人力。即進步之最大原因也。

雖然無亞細亞之文明。則歐羅巴之文明終不可得現。歐人忘其本而漫然譏訕亞人。非所宜也。歐人動曰。亞細亞者。神權政治之巢穴。專制主義之地獄也。以此相詆。未免失當。記不云乎。物有本末。事有終始。知所先後。則近道矣。凡人羣之初起也。必有一種野蠻的自由。政治之第一級。在使人脫離此等蠻性蠻習。故彼時之國家。不可不首立政府。定法律。以維持一羣之平和秩序。不可不鞏固主權。以禦外侮而弭內亂。然則非用强力行威權。安能致此。夫惡法律雖不及善法律。然猶愈于無法律。惡政府雖不及善政府。然猶愈于無政府。故當人羣進化之第一期。但求有法律有政府而已。至其善惡優劣。暫可不問。此古今中外之所同也。歐人豈得獨非笑之。

且亞細亞之神權。其裨益于世界者。固不少。彼其神權治下之文明。即今日歐美文明所從出也。歐美文明淵源于羅馬。羅馬淵源于希臘。希臘淵源于亞細亞。（歷史家以埃及亦屬于亞細亞之範圍）又不惟古代之淵源而已。即近世之文明。亦莫不然。近世文明之所自出有四。一曰耶穌教。二曰羅馬法。三曰希臘之文學哲學。四曰中國隋唐之文明。其第一件本爲亞洲猶太之土產。經羅馬人之手而傳諸全歐者也。其第三第四兩件。自中世以來。經阿剌伯人之手而傳入者也。於近世歐洲文明進步。最有大功者。曰羅盤針。藉以航海覓地。曰火器。藉以强兵衛國。曰印書術。藉以流通思想。開廣民智。而此三者。皆非歐洲人所能自發明。彼實學之于阿剌伯。而阿剌伯人又學之於我中國者也。今日歐人雖演造種種技術。還以授諸東方。亦不過報恩反哺之義。加利息以償前負耳。歐人固可輕蔑我耶。雖然、今日受其報與否。又我國人所自擇矣。

人羣進化之第一期。必以專制政治爲文明之母。此不獨亞洲爲然。即歐洲亦莫不然也。歐人脫神權專制之軛。行人民自由之治。亦不過在十八世紀之末。十九世紀之初。距今百年間耳。亞細亞歷史之缺點。不在其昔代之行專制。而在今日之猶安于專制。不知何年何代。乃脫其樊耳。夫所謂進化第一期必要專制者。其事固自有程度。其時固自有限制。苟逾其程其限而猶用之。則不爲羣益。反爲羣害。勢所必然也。蓋專制之效力。在使內部人民愛平和重秩序。養成其服從法律之風也。既平和矣。既秩序矣。自治之習慣既成立矣。於此時也。則政府當減縮其干涉之區域。以存人民自由之範圍。人文愈開。則此範圍愈當擴充。於是政府與人民之權限。不可不確定焉。非特禁人民之互侵自由而已。而政府亦不得自侵之。蓋人羣進化之第二期。所重者不在秩序。而在進步。而欲使人民進步。必以法律保護各人之權利。使其固有之勢力。得以發達。實爲第一要義。善乎斯賓塞之言也。曰「天下事有泛言之見爲惡。對言之則爲善者。亦有泛言之見爲善。對言之則爲惡者。如專制與自由是也。專制至惡也。而在人羣進化之第一期、不可不謂之善。自由至善也、而在人羣進化之第一期、不可不謂之惡」亞細亞之所短。在徒抱文明之基礎而不能入于進化之第二期也。而其原因由於天然之境遇。所得過厚。其精神爲天然力所制也。歐羅巴之所長。在經過第一期即入于第二期。語其事實。則自美國獨立法國革命以來百餘年間之現象。是其明效大驗也。

地理與文明關係之徵驗既若是矣。然則歐洲竟非吾亞洲所能及乎。是又不然。盡人力則足以制天然也。彼歐洲本爲文明難發生之地。而竟發生之。則吾亞洲雖爲文明難進步之地。曷爲不可以進步之。近來學術日明。人智日新。乃者亞細亞全洲鐵路徧布。電線如織。雖喜馬拉耶之崇山。不能阻中國與印度之交通。雖比兒西亞之高原。不能塞印度內地與東西兩洋之往來。亞細亞亦將爲文明競爭之舞臺矣。人事遷移。向上未艾。或者亞非利加之沙漠。南北極之氷原。且有爛花繁錦。與各大陸國民相輝映者。未可知也。嗚呼。萬事悠悠。羣牛莽莽。雖曰天命。豈非人事耶。吾友因明子之詩曰。丈夫當此湧血性。茫茫大地覽河山。不覺英雄壯志生。世之覽者。亦將有感于斯文。

（完）

## 宗教

# 保教非所以尊孔論

中國之新民

此篇與著者數年前之論正相反對。所謂我操我矛以伐我者也。今是昨非。不敢自默。其爲思想之進步乎。抑退步乎。吾欲以讀者思想之進退決之。　著者識

## 緒論

近十年來。憂世之士。往往揭三色旗幟以疾走號呼於國中。曰保國。曰保種。曰保教。其陳義不可謂不高。其用心不可謂不苦。若不佞者。亦此旗下之一小卒徒也。雖然。以今日之腦力眼力觀察大局。竊以爲我輩自今以往。所當努力者。惟保國而已。若種與教。非所亟亟也。何則。彼所云保種者。保黃種乎。保華種乎。其界限頗不分明。若云保黃種也。彼日本亦黃種。今且浡然興矣。豈其待我保之。若云保華種也。吾華四萬萬人。居全球人數三分之一。即爲奴隸。爲牛馬。亦未見其能滅絕也。國能保則種自莫强。國不存則雖保此奴隸牛馬。使孳生十倍於今日。亦奚益也。故保種之事。即納入於保國之範

圍中不能別立名號者也。至倡保教之議者。其所蔽有數端。一曰不知孔子之眞相。二曰不知宗教之界說。三曰不知今後宗教勢力之遷移。四曰不知列國政治與宗教之關係。今試一一條論之。

## 第一　論教非人力所能保

教與國不同。國者積民而成。舍民之外更無國。故國必恃人力以保之。教則不然。教也者保人而非保於人者也。以優勝劣敗之公例推之。使其教而良也。其必能戰勝外道。愈磨而愈瑩。愈壓而愈伸。愈束而愈遠。蓋其中自有所謂一種烟士披里純 Inspiration 者以噓吸人之腦識。使之不得不從我。豈其俟人保之。使其否也。則如波斯之火教。印度之婆羅門教。阿剌伯之回回教。雖一時藉人力以達於極盛。其終不能存於此文明世界。無可疑也。此不必保之說也。

抑保之云者。必其保之者之智慧能力。遠過於其所保者。若慈父母之保赤子。專制英主之保民是也。（保國不在此數。國者無意識者也。保國實人人之自保耳。）彼教主者。不世出之聖賢豪傑。而人類之導師也。吾輩自問其智慧能力。視教主何如。而漫曰保之保之。何其狂妄耶。毋乃自信力太大。而褻教主耶。此不當保之說也。然則所謂保教者。其名號先不合於論理。其不能成立也固宜。

## 第二　論孔教之性質與群教不同

今之持保教論者。聞西人之言曰。支那無宗教。輒怫然怒形於色。以爲是誣我也。是侮我也。此由不知宗教之爲何物也。西人所謂宗教者。專指迷信宗仰而言。其權力範圍乃在軀殼界之外。以魂靈爲根據。以禮拜爲儀式。以脫離塵世爲目的。以涅槃大國爲究竟。以來世禍福爲法門。諸教雖有精粗大小之不同。而其概則一也。故奉其教者。莫要於起信。（耶教受洗時必誦所謂十信經者即信耶穌種種奇蹟是也佛教有起信論）莫急於伏魔。起信者禁人之懷疑。窒人思想自由也。伏魔者持門戶以排外也。故宗教者非使人進步之具也。於人群進化之第一期。雖有大功德。其第二期以後。則或不足以償其弊也。孔子則不然。其所教者專在世界國家之事。倫理道德之原。無迷信。無禮拜。不禁懷疑。不仇外道。孔教所以特異於群教者在是。質而言之。孔子者哲學家經世家教育家。而非宗教家也。西人常以孔子與梭格拉底並稱。而不以之與釋迦耶穌摩訶末並稱。誠得其眞也。夫不爲宗教家何損。

於孔子。孔子曰未能事人焉能事鬼。未知生焉知死。子不語怪力亂神。蓋孔子立教之根柢。全與西方教主不同。吾非必欲抑群教以揚孔子。但孔教雖不能有他教之勢力而亦不至有他教之流弊也。然則以吾中國人物論之。若張道陵（即今所謂張天師之初祖也）可謂之宗教家。若袁了凡（專提倡太上感應篇文昌帝君陰騭文者）可謂之宗教家。（宗教有大小有善惡埃及之拜物教波斯之拜火教可謂之宗教則張袁不可不謂之宗教）而孔子則不可謂之宗教家。宗教之性質。如是如是。

持保教論者。輒欲設教會立教堂定禮拜之儀式著信仰之規條。事事摹仿佛耶。惟恐不肖。此靡論其不能成也。即使能之。而誣孔子不已甚耶。孔子未嘗如耶穌之自號化身帝子。孔子未嘗如佛之自稱統屬天龍。孔子未嘗使人於吾言之外皆不可信。於吾教之外皆不可從。孔子人也。先聖也。先師也。非天也。非鬼也。非神也。強孔子以學佛耶以云是保。則所保者必非孔教矣。無他。誤解宗教之界說。而豔羨人以忘我本來也。

第三　論今後宗教勢力衰頹之徵

保教之論何自起乎。懼耶教之侵入。而思所以抵制之也。吾以爲此之爲慮。亦已過矣。彼宗教者。與人群進化第二期之文明。不能相容者也。科學之力日盛。則迷信之力日衰自由之界日張則神權之界日縮今日耶穌教勢力之在歐洲其視數百年前不過十之一二耳昔者各國君主皆仰教皇之加冕以爲尊榮今則帝制自爲也昔者教皇擁羅馬之天府指揮全歐今則作寓公於意大利也昔者牧師神父皆有特權今則不許參與政治也此其在政界既有然矣其在學界昔者教育之事全權屬于教會今則改歸國家也歌白尼等之天文學興而教會多一敵國達爾文等進化論興而教會又多一敵國雖竭全力以擠排之終不可得而至今不得不遷就其說變其面目以彌縫一時也若是乎耶穌教之前途可以知矣彼其取精多用物宏誠有所謂百足之蟲至死不僵者以千數百年之勢力必非遽消磨于一旦固無待言但自今以往耶穌教即能保其餘燼而亦必非數百年前之面目可斷言也而我今日乃欲摹其就衰之儀式爲效顰學步之下策其毋乃可不必乎

或曰彼教雖寖衰於歐洲而寖盛于中國吾安可以不抵制之是亦不然耶教之入中國也有兩目的一曰眞傳教者二曰各國政府利用之以侵我權利者中國人之入耶教也亦有兩種類一曰眞信教者二曰利用外國教士以抗官吏武斷鄉曲者彼其眞

傳敎眞信教者則何害於中國耶教之所長又安可誣也吾中國汪汪若千頃之波佛敎納之回敎納之乃至張道陵袁了凡之敎亦納之而豈其有靳於一耶穌且耶敎之入我國數百年矣而上流人士從之者稀其力之必不足以易我國明矣而畏之如虎何爲者也至各國政府與鄉里莠民之利用此敎以侵我主權撓我政治此又必非開孔子會倡言保敎之遂能抵抗也但使政事修明國能自立則學格蘭斯頓之予愛蘭敎會以平權可也學俾斯麥嘉富爾之予山外敎徒以限制亦可也主權在我誰能侵之故彼之持保敎抵制之説者吾見其進退無據也

第四　論法律上信教自由之理

彼持保敎論者自謂所見加流俗人一等而不知與近世文明法律之精神適相刺謬也今此論固不過一空言耳且使其論日盛而論者握一國之主權安保其不實行所懷抱而設立所謂國敎以强民使從者果爾則吾國將自此多事矣彼歐洲以宗教門戸之故戰爭數百年流血數十萬至今讀史猶使人毛悚股栗焉幾經討論幾經遷就始以信敎自由之條著諸國憲至於今日各國莫不然而爭敎之禍亦幾熄矣夫信敎

自由之理。一以使國民品性趨於高尚。（若特立國教，非奉此者不能享完全之權利。則國民或有心信他教。而爲事勢所迫。强自欺以相從者。是國家導民以棄其信德也。信教自由之理論。此爲最要。）一以使國家團體歸於統一。（昔者信教自由之法未立。國中有兩教門以上者。恒相水火。）而其尤要者。在畫定政治與宗教之權限。使不相侵越也。政治屬世間法。宗教屬出世法。教會不能以其權侵政府。固無論矣。而政府亦不能濫用其權以干預國民之心魂也。（自由之理。凡一人之言論行事思想。不至有害于他人之自由權者。則政府不得干涉之。我欲信何教。其利害皆我自受之。無損于人者也。故他人與政府皆不得干預。）故此法行而治化大進焉。吾中國歷史有獨優於他國者一事。即數千年無爭教之禍是也。彼歐洲數百年之政治家。其心血手段。半耗費於調和宗教恢復政權之一事。其陳跡之在近世史者。班班可考也。吾中國幸而無此轇轕。是即孔子所以貽吾儕以天幸也。而今更欲循泰西之覆轍以造此界限何也。今之持保教論者。其力固不能使自今以往耶教不入中國。昔猶孔自孔。耶自耶。各行其自由。耦俱而無猜。無端而畫鴻溝焉。樹門牆焉。兩者日相水火。而教爭乃起。而政爭亦將隨之而起。是爲吾國民分裂之厲階也。言保教者不可不深長思也。

第五 論保教之說束縛國民思想

文明之所以進。其原因不一端。而思想自由。其總因也。歐洲之所以有今日。當由十四五世紀之時古學復興脫教會之樊籬一洗思想界之奴性其進步乃沛乎莫能禦此稍治史學者所能知矣我中國學界之光明人物之偉大莫盛於戰國蓋思想自由之明效也及秦始皇焚百家之語坑方術之士而思想一窒及漢武帝表章六藝罷黜百家凡不在六藝之科者絕勿進而思想又一窒自漢以來號稱行孔子教者二千餘年於茲矣而皆持所謂表章某某罷黜某某者以爲一貫之精神故正學異端有爭今學古學有爭言考據則爭師法言性理則爭道統各自以爲孔教而排斥他人以爲非孔教于是孔教之範圍益日縮日小寖假而孔子變爲董江都何邵公矣寖假而孔子變爲馬季長鄭康成矣寖假而孔子變爲韓昌黎歐陽永叔矣寖假而孔子變爲程伊川朱晦菴矣寖假而孔子變爲陸象山王陽明矣寖假而孔子變爲紀曉嵐阮芸臺矣皆由思想束縛於一點不能自開生面如羣猨得一果跳擲以相攫如羣嫗得一錢詬罵以相奪其情狀抑何可憐哉夫天地大矣學界廣矣誰亦能限公等之所至而公等果何爲者無他暖暖姝姝守一先生之言其有稍在此範圍外者非惟不敢言之抑亦不敢思之此二千年來保教黨所成就之結果也曾是孔子而乃如是乎孔子作春秋進退三代是正百王乃至非常異義可怪之論闌溢於編中孔子之所以爲孔子正以其思想之自由也而自命爲孔子徒者乃反其精神而用之此豈孔子之罪也嗚呼居今日諸學日新思潮橫溢之時代而猶以保教爲尊孔子斯亦不可以已乎

抑今日之言保教者其道亦稍異於昔彼欲廣孔教之範圍也於是取近世之新學新理以緣附之曰某某者孔子所已知也某某者孔子所曾言也其一片苦心吾亦敬之而惜其重誣孔子而益阻人思想自由之路也夫孔子生於二千年以前其不能盡知二千年以後之事理學說何足以爲孔子損梭格拉底未嘗坐輪船而造輪船者不得不尊梭格拉底阿里士多德未嘗用電線而創電線者不敢菲薄阿里士多德此理勢所當然也以孔子之聖智其所見與今日新學新理相暗合者必多多此奚待言若必一一而比附之納入之然則非以此新學新理釐然有當於吾心而從之也不過以其暗合于我孔子而從之耳是所愛者仍在孔子非在眞理也萬一徧索之於四書六經而終無可比附者則將明知爲鐵案不易之眞理而亦不敢從矣萬一吾所比附者有

人從而剔之曰孔子不如是斯亦不敢不棄之矣若是乎眞理之終不能餉遺我國民也故吾最惡乎舞文賤儒動以西學緣附中學者以其名爲開新實則保守煽思想界之奴性而滋益之也我有耳目我有心思生今日文明燦爛之世界羅列中外古今之學術坐於堂上而判其曲直可者取之否者棄之斯寧非丈夫第一快意事耶必以古人爲蝦而自爲其水母而公等果胡爲者然則以此術保教者非誣則愚要之決無益於國民可斷言也。

第六 論保教之說有妨外交

保教妨思想自由。是本論之最大目的也。其次焉者曰有妨外交。中國今當積弱之時。又値外人利用教會之際。而國民又夙有仇教之性質。故自天津教案以迄義和團。數十年中。種種外交上至艱極險之問題。起于民教相爭者殆十七八焉。雖然皆不過無知小民之起釁焉耳。今也博學多識之士大夫。高樹其幟曰保教保教。則其所著論所演說。皆不可不昌言何以必要保教之故。則其痛詆耶教必矣。夫相爭必多溢惡之言。保無有抑揚其詞。文致其說。以聳聽者。是恐小民仇教之不力。而更揭其波也。吾之爲此言吾非勸國民以媚外人也。但舉一事必計其有利無利有害無害。並其利害之輕重而權衡之。今孔教之存與不存。非一保所能致也耶教之入與不入。非一保所能拒也。其利之不可憑也如此。而萬一以我之叫囂。引起他人之叫囂。他日更有如天津之案。以一教堂而索知府知縣之頭。如膠州之案。以兩教士而失百里之地喪一省之權。如義和之案。以數十西人之命而動十一國之兵償五萬萬之幣者。則爲國家憂正復何如。嗚呼。天下事作始也簡。將畢也鉅。持保教論者。勿以我爲杞人也。

第七　論孔教無可亡之理

雖然。保教黨之用心。吾固深諒之而深敬之。彼其愛孔教也甚。愈愛之則愈憂之。懼其遂將亡也。故不復權利害。不復揣力量。而欲出移山塡海之精神以保之。顧吾以爲抱此隱憂者。乃眞杞人也。孔教者懸日月塞天地而萬古不能滅者也。他教惟以儀式爲重也。故民智昌而儀式亡。惟以迷信爲歸也。故眞理明而迷信替。其與將來之文明決不相容。天演之公例則然也。孔教乃異是。其所教者人之何以爲人也。人羣之何以爲羣也。國家之何以爲國也。凡此者文明愈進。則其研究之也愈要。近世大教育家。

多倡人格教育之論人格教育者何。考求人之所以爲人之資格。而教育少年使之備有此格也。東西古今之聖哲。其所言合于人格者不一。而最多者莫如孔子。孔子實於將來世界德育之林。占一最重要之位置。此吾所敢豫言也。夫孔子所望于我輩者。非欲我輩呼之爲救主禮之爲世尊也。今以他人有救主世尊之名號。而我無之。遂相驚以孔教之將亡。是烏得爲知孔子矣乎。夫梭格拉底、亞里士多德、之不逮孔子也亦遠矣。而梭氏亞氏之教。猶愈久而愈章。曾是孔子而顧懼是乎。吾敢斷言曰。世界若無政治無教育無哲學。則孔教亡。苟有此三者。孔教之光大。正未艾也。持保教論者。盍高枕而臥矣。

第八　論當採羣教之所長以光大孔教

吾之所以忠於孔教者。則別有在矣。曰毋立一我教之界限。而闢其門而恢其域。揖羣教而入之。以增長榮衛我孔子是也。彼佛教耶教回教。乃至古今各種之宗教。皆無可以容納他教教義之量。何也。彼其以起信爲本。以伏魔爲用。從之者殆如婦人之不得事二夫焉。故佛曰天上地下。惟我獨尊。耶曰獨一無二。上帝眞子。其範圍皆有一定。而不能增減者也。孔子則不然。鄙夫可以竭兩端。三人可以得我師。蓋孔教之精神。非專制的。而自由的也。我輩誠尊孔子。則宜直接其精神。毋拘墟其形跡。孔子之立教。對二千年前之人而言者也。對一統閉關之中國人而言之也。其通義之萬世不易者固多。其別義之與時推移者亦不少。孟子不云乎。孔子聖之時者也。使孔子而生於今日。吾知其教義之必更有所損益也。今我國民非能爲春秋戰國時代之人也。而已爲二十世紀之人。非徒爲一鄉一國之人。而將爲世界之人。則所以師孔子之意。而受孔子之賜者。必有在矣。

故如佛教之博愛也。大無畏也。勘破生死也。普度衆生也。耶教之平等也。視敵如友也。殺身爲民也。此其義雖孔教固有之。吾採其尤博深切明者。以相發明。其或未有者。吾急取而盡懷之。不敢廉也。其或相反而彼爲優者。吾舍己以從之。不必吝也。又不惟於諸宗教爲然耳。即古代希臘近世歐美諸哲之學說。何一不可以兼容而幷包之者。若是於孔教爲益乎。爲損乎。不待知者而決也。夫孔子特自異於狹隘之羣教。而爲我輩遵孔教者開此法門。我輩所當自喜而不可辜此天幸者也。大哉孔子。大哉孔子。海濶。

從魚躍天空任鳥飛以是尊孔而孔之眞乃見以是演孔而孔之統乃長又何必緦緦然猥自貶損樹一門劃一溝而曰保教保教爲也

結論

嗟乎嗟乎區區小子昔也爲保教黨之驍將今也爲保教黨之大敵嗟我先輩嗟我故人得毋有惡其反覆誚其模稜而以爲區區罪者雖然吾愛孔子吾尤愛眞理吾愛先輩吾尤愛國家吾愛故人吾尤愛自由吾又知孔子之愛眞理先輩故人之愛國家愛自由更有甚於吾者也吾以是自信吾以是懺悔爲二千年來翻案吾所不惜與四萬萬人挑戰吾所不懼吾以是報孔子之恩我吾以是報羣教主之恩我吾以是報我國民之恩我

# 國聞短評

## 不纏足會萬歲

中國婦女纏足之風。盡人知其弊。而千數百年莫能革之。乙未丙申間。民間有志之士憂焉。創設不纏足會於上海。冀以挽其末流。一時從風者頗盛。雖然。捧土以塞孟津。其事勢而其效抑末矣。今者奉明詔。特禁漢人婦女纏足。此事於吾中國將來女學之興。頗有關係。惜諭文猶不甚嚴切。未著明纏足不得受誥封之文。雖然。得此一禁。因勢利導。此風當亦漸熄矣。不禁額手相告曰。不纏足會萬歲。

## 似此遂足以破種界乎

本朝起遼瀋入主中夏。故於滿漢交涉抵抗調和之事實。爲二百餘年第一大問題。當攝政睿親王初入關也。甫一月。即下敎國中使滿漢互通婚姻。其規模實爲宏遠。使能行之。則種界今早破滅矣。雖然。當時滿人乘勝驕橫之氣。與其初來嫉妒之心。必不能從者也。當時漢人排外自尊之念。與其含憤積怨之餘。亦必不能從者也。故此制卒未嘗一行。而後反懸爲禁。二百年來。雖漢軍旗人。亦未嘗與漢人一通婚。無論滿人也。今則外憂日迫。民智日開。政府竊竊然憂漢滿水火。終釀大患。頗思所以調和之策。頃乃以懿旨詔互相通婚。其用心良善。雖然。婚姻者人各有自由權者也。滿漢之溝絕數百年矣。其俗不相習。其性不相同。雖日下一詔以敦迫之。吾知其不過一紙空文耳。古文云。應天以實不以文。豈惟應天。應人亦然。政府若眞欲除漢滿之界也。則當自大本大原之地。行之以實利實益示之。雖無通婚。必相安焉矣。不然。雖通何益。歐洲各國王室皆互有葭莩。然其猜忌自若也。況民間之一二家乎。子曰。禮云禮云。玉帛云乎哉。樂云樂云。鐘鼓云乎哉。

## 英日同盟論

日本自甲午戰勝以後。赫然列于世界大國之林。近年以來。全球之競爭點。皆集於中國。而日本之位置。乃益重要。前歲義和團之役。英國首電請其就近發師。是其證也。英人久執五洲之牛耳。而於東方利害所關尤重。故今不得不求友助於遠東。亦勢使之然也。英人百年以來。以名譽的獨立自誇。未嘗一與他國聯盟。其間如德奧意之合縱。

如俄法之連橫。震動一世。而英國常翛然立於兩造之外。其所恃者厚也。今乃忽然納交于不同洲不同種不同文之日本。日人之榮亦極矣。陽曆二月十二日日本政府大臣布其密約之文于兩議院。舉國歡聲雷動。幾於若狂。頻日以來。紛紛開祝宴志慶賀。殆視得臺灣時之氣象。猶有加焉。嗚呼、吾國人之僑居此土者。旁觀冷眼。感慨何如。

其同盟約章凡六款。大率以保全中國高麗之獨立主權及其土地。而英日兩國相提携以謀工商業之利益是也。其用意亦良不惡。非惟不惡。於中國目前之局面。或多賴焉。約成之次日。其外交官照會中國朝鮮兩政府。皆感激涕零云。嗚呼。不惟政府。吾恐兩國人民之所感。亦當如是。以爲吾今者乃幸得託餘生於歐亞兩強國肘翼之下。吾高枕無憂矣。嗚呼。吾非謂英日兩國之不當有此約。吾固信此約之基於公法。合於人道。爲全球各國所無異議。顧吾特不願聞我國人之歌此約舞此約崇拜此約也。

飲冰室自由書有一條。題曰保全支那者。其言曰。「歐人日本人動曰保全支那。吾生平最不喜聞此言。支那而須藉他人之保全也。則必不能保全。支那而可以保全也。則必不藉他人之保全。言保全人者。是謂侵人自由。望人之保全我者。是謂放棄自由。

彼歌舞英日同盟者盍一思之。

此約發布後數日日本之時事新報繪一畫圖爲英日兩女神之像。倚輪持戟。而保護中韓兩孩童於其膝下。嗚呼、吾國人見此圖者。當有如何之感慨乎。吾遂爲英日膝下一弄兒以自足乎。

俄國之旅順口大連灣

日本郵船會社社長某氏游歷東北一帶。歸而述所見曰。營口金州旅順大連間之鐵路。非得俄羅斯都統衙門之許可。則外國人不能乘載也。此鐵路一切執事之人。英語法語日本語乃至中國語。無一通者。蓋通他國語之人。彼決不用也。自驛長驛丁以至守護車站之兵。純然爲俄羅斯軍隊。使人恍如置身俄國內地。現時所行之鐵路。不過暫設者耳。其正路則穿山踰河。架飛橋。掘洞穴。其工程非常浩大。大連灣車站之壯麗。殆如王侯府第。游其市街。溝渠完整。廛宇宏敞。有醫院。有公園。其海岸一帶。有大碼頭。有船澳。有船廠。其工務局郵政局。皆用俄製之煉石搆成。壯偉不可思議。嗚呼、以二十五年之借租地。而其所經營所布畫者如此。其二百五十年乎。其二千五百年乎。吾烏得而知之。是誠何心。

日本人天野爲之於東洋經濟新報屢著論說。謂必當與中國定版權。凡日本人所著之書。不許中國人任意翻譯。未幾此議動政府。日前聞其外交官有致電我外部商立版權同盟之事。其約之成否未可知。然吾不得不驚日本人之器小。而慮我當局者之瞶瞶也。吾國當務之急。莫如開民智。開民智莫如譯書。譯書莫如日本文之便捷。人人共知。此本國人應爲之事。非他人所能越俎代謀。本國人爲之。而他人助理之則可。若他人爲之。而又設爲限制。本國人反不得自由經營。則於吾國開民智之事。必大受阻礙。今許以版權同盟。則日本新著之書。必由日本人自譯之而自售之於吾國。吾國不得任意翻譯。即日本注意此事。歲有成書。然其如少數何。又如他人代謀之事不能皆適吾用何。假令各國起而效尤。要求同盟。則吾國譯書之事可廢。而吾國開民智之權。大半操諸他人之手。受害將無窮矣。故版權同盟。雖文明國應有之舉。然在發達幼稚之國。則無寧稍後。日本前數年從德意志之請。入萬國版權同盟會。蓋當時有他事交涉不得已而爲之近時識者論及此事尙深歎其不便以日本維新三十餘年能通西書者幾遍通國而尙以此事爲不便何況吾國且日本者日日言保全支那開發支那夫保全開發則孰有要于輸入文明思想者耶以堂堂一戰勝國而與華人爭此故紙堆中之蠅利所得幾何彼日本人之能善漢文譯佳書以助我開智者國中能幾人哉雖定此約而日本著譯出版之書亦豈能多入中國徒束縛我國民思想之進步使之同歸于盡而已彼日本三十年前之文明一點一滴何莫非自中國來數千年曾無代價以翻刻我國之書籍食其利至今日遂乃忘反哺之義挾所嚼歐西之餘唾以驕人吾乃知保全云開發云者之皆屬虛言也彼中一二達識之士常歎其國人之不脫島民根性若此等事眞島民根性之代表也嗚呼我國民其自勉矣無信人之言人實誑汝豈惟版權他事亦如是而已豈惟日本他國亦如是而已丈夫不自立而恃他人之爲援安所往而可哉

# 名家談叢

## 讀史隨記

中西牛郎

英人吉朋氏所著羅馬帝國衰亡史一書。體大思精。閎博識透。誠泰西史作中傑出者也。法國有一碩學。嘗論斯書曰。併呑世界大小邦國。盡破壞之。而立於其上之絕大帝國。土崩瓦解。而幾多大小邦國。乃復新生焉。古代宗教之滅絕在此間也耶。回二教之興隆在此間也。舊世界之老死在此間也。近世列國之幼穉在此間也。其發程之景象在此間也。世界人心之一大轉機在此間也。吉朋氏乃以獨力網羅之。以製鉅篇。不朽盛事。實在斯焉。予頃讀斯書。隨讀隨記。豈敢云示同好之士。聊附古人秉燭志得之義。以備遺忘云。

羅馬國初以來。征服四方。開拓疆宇者七百年。而墺古太士帝出焉。及帝始有偃甲罷戰與民偕樂太平之意。而羅馬一統地球之雄圖。至此止矣。是惟皇帝自己天性和平之所使然。蓋亦有以灼見斯時大勢。有事則危。無事則安。戰則難勝。和則易守耳。

讀史氏曰。漢高用劉敬之策。與匈奴和親。我德川氏不用賴宣之議。謝絕明之乞援。國之由創業入守成。由撥亂入昇平者。大抵皆然也。

羅馬在民政時代。其募兵士非公民不敢用。其意蓋謂非擔國家不可不愛財產不可不護。法律不可不設之責者。斷不可授以國家干城之任。此其所以必用公民也。後及、戰勝愈多。公民愈減。則戰漸成一種技術。而兵亦成一種職業矣。然其招募。仍嚴體力、年齒、身長之資格。大率不取之南部而取之北部。不取之都會而取之山野。不取之商賈儇巧紛靡之習。而取之工匠漁獵樸實勇健之氣。其已不以財產爲資格也。則不免至卑賤者亦在其中。然至將吏。必擢用自公民有教育者。此仍所以不失重兵之意也。

讀史氏曰。羅馬之世。戰爭已成一種技術矣。則其在今日。成一種專門技術也。亦不足怪。惟夫所謂兵亦成一種職業者。乃與今代不同矣。

羅馬民政時代之所謂愛國心者。乃從保全其自由政體。而欲其昌盛長久之熱望來者也。有此愛國心。而民政時代之軍隊。無敵于天下矣。降至帝政時代之傭兵。則此愛國心漸既薄弱。而更有二種精神代之。一則名譽的精神。一則宗教的精神是也。二種精神合成一大精神。而益加强焉。凡農工卑賤之徒。一旦應募入營爲兵。輒謂吾如臨陣退縮。則不獨壞一身之名。亦必貽辱全隊。於是相戒以養勇氣爲第一義。即其入營之初。獻盟誓曰。必不離軍旗而逃走。必以一死報於皇帝。必遵奉將軍號令。是以士卒望見黃金鷲旗（羅馬國旗也）之閃乎軍頭。則中心莊肅。忽生敬虔之心。蓋一種宗教感情也。羅馬軍隊賞罰尤嚴。百夫長則有鞭撻兵士之權。將軍則有生殺兵士之權。羅馬關於訓練之格言曰。凡不畏其將過於畏敵者。即非良兵也。

讀史氏曰。所貴乎軍隊者精神也。有精神而勇氣生焉。名譽一種精神也。宗教一種精神也。愛國一種精神也。羅馬有此三種精神。迭相消長。可以知其兵之勇氣也。可以知時勢之變遷也。

方羅馬帝國之盛也。國民心目。炫乎其版圖之大。常勝之威。帝王之澤。遂侈然謂羅馬即天下也。羅馬以外無復有天下也。而不知當時羅馬以外。猶有幾多自主之邦國星羅棊布也。今據地圖查厥疆域。東西約三千英里。南北約二千英里。其地多在北緯二十四度與五十六度之間。而位於溫帶中矣。此亦天下至美至大之國也。

讀史氏曰。羅馬最盛之時。顧當中國兩漢之際。意者斯時中國君民。亦必謂中國即天下也。而不知其實天下至美至大之國對立東西。而交通未開。乃如今日英俄德美各邦。其富其强其大或過漢與羅馬遠矣。而相對立焉。而相交通焉而相爭競焉。嗚呼、是宇內何等局面。生爲男兒者。豈空老且死乎哉。

(未完)

# 輿論一班

## 論俄約

俄約之事。將亘一年。至今迄未定奪。雖經當軸者幾費磋磨。而俄人之强固如故也。彼其挾代我平亂爲名。東三省昔旣歸其掌握。豈其今一無所獲。而遂能默爾而息徒手而去哉。雖然、土地者我之土地。權利者我之權利。若我不自放棄。彼雖强橫。豈能奪而取之。此事關係全局利害顯著。稍有識者皆能辨之。而報館其全國之代表也。爰節取各報論之關于此事者彙錄之。以告我國人。上海新聞報曰

夫俄約豈難訂哉。道不在遠。以北京天津爲衡而已。北京天津爲各國之事。東三省爲俄人一國之事。和約俄約兩事。一例也。一理也。今擬辦法。一宜核算東三省俄人所失人民產業及商務數目。應查考者須查考。應辨論者須辨論。不能任俄人一味開銷。二宜允照核准之數。允還俄人。但須照北京和約之例只付賠欵。不讓利權。三宜照請各公使按公理代爲照會俄人。謂北京和約無不還地之說。無就地索礦務

鐵路之說。此不能兩歧。四應償俄人賠欵通融之法。亦可以東三省稅務捐務作抵。惟須照海關例。由總稅司派員監督。於俄人無異也。六宜全權大臣速照會各國將天津交還。英國則速將京榆鐵路讓退。而後中國便有一定之理。以與俄國辯論。而後中國便可照北京和約之例。與俄國訂約矣。夫北京和約。爲一定之比例。舍此而他求。愈走愈遠。愈辦愈難。迨其後仗英者東三省爲英俄之地矣。仗各國者東三省爲各國之地矣。而中國自有之理。反消歸無有。其所失則眞可惜矣。

上海同文滬報曰

初俄人之方用兵于東三省也。即先自聲明而告諸各國曰。此舉祇爲中國平亂耳。非欲佔踞其土地也。嗣既佔踞東三省。又自聲明曰。中國北京已破。政府已覆。故暫爲此代守之計。俟中國有政府復立。行當交還也。迨和局既開。俄人與故全權李文忠爲東三省事特別訂議。自命之爲交收之約。而誣各國之阻止之者。爲欲阻止其交還東三省之地與中國。且其原約之中第一條。即曰將其地交還中國。一切皆歸中國自主云云。竊以謂中國辦理該約。即可据以爲准。彼俄人既有非欲佔踞土地之言在先。而自言在東三省實暫爲代守之計。今中國兩宮回鑾北京。政府復立。東三省當交還中國。更無疑義。且其約旣以交收名。而約中第一條。又首著交還中國。歸中國自主之語。則今玆所訂。自應顧名思義。俾其地眞歸中國自主。無復有所牽掣。而實成爲一交收之約而後可。至若限制鐵路兵額武備及一切要索特別權利。凡有礙於中國主權者。必概從删改焉。即曰曾代平亂守地。不可無所酬。亦償以平亂代守所費斯可矣。終不得佔踞土地也。

上海商務日報曰

拳匪禍起。大局岌岌。俄人乃藉平亂爲名。率兵佔據東三省要害之地。徧設政廳。大徵租稅。頗有久假不歸之勢。各國之聯軍撤矣。而俄兵依然盤踞。各國之和約定矣。而俄約未得要領。雖經江鄂二督奏請朝廷萬勿允許。直督袁慰帥亦竭力阻止。然俄人已視東三省爲囊中物。不允其請。則必攖俄人之怒。中國勢弱至此。豈能再開兵釁。若曲從其志。則自撤藩籬。險要盡失。發祥之地。烏得仍爲滿蒙有耶。且地勢居上游。本有高屋建瓴之勢。東三省一入俄人掌握。則不啻爲虎傅翼。其勢力當更大于前。一旦相機而動。縱横四出。誰能阻之。俄之强各國之弱也。今中國既不與之力抗。各國豈可袖手旁觀。一任其雄霸亞東。自遺養虎之患耶。(中略)合英美日三國之力以拒俄人。如曩者土國一役。歐洲各國合縱拒俄。則俄人雖狡詐强悍。豈敢遽逞東封之志。昔戰國之初。六國合力以擯秦。而秦卒閉關不出者數年。及至約縱既散。秦乃一出其師以撓山東諸侯。而天下遂莫能支矣。今俄之機勢大與秦類。波蘭既遭其慘虐。高麗又入其牢籠。覬厥雄心。不至席捲亞洲不止。使不早遏其燄。則俄人得寸則寸。蠶食靡已。各國亦豈能一日高枕而臥哉。

「又一論曰」然則既不敢開衅于俄。復不敢開衅于各國。各國既不能保拒俄而使其不發難。俄又不能保拒各國而使其臠割。是我政府處兩難之勢。而萬無兩全之策也。雖然。兩利相形取其重。兩害相形取其輕。能于利害之間。熟籌審察。即毅然行之。無庸遲疑。無庸餒怯。其理直。其氣壯。即無各國之從中協助。諒俄人亦不敢冒犯清議。迫脅全權。畫押致蹈野蠻之無禮舉動。否則滿洲既入其掌握。欲佔則竟佔之。欲奪則竟奪之。其所以斷斷于簽約不簽約者。猶有所顧忌。而不敢專尙勢力可知也。故欲悉俄約之究竟。端視乎政府之能識利害情形與否。欲悉政府之能識情形與否之究竟。則試設身處地。孰籌此中之孰從孰違。如何可以謝俄。如何可以謝各國之妥善辦法。而後不難揣測政府之意向。(中略)然則俄約有當廢之勢。有可廢之機。有應廢之理。廢之而俄人甘于退讓。則各國斂威而退。不惟滿洲可以保津沽可以還。即向所注意之地。亦礙于無例可援。而不能有所染指。廢之而俄人不甘退讓。勢必以干戈相見。中國雖無勝俄之力量。而實有勝俄之理勢。當布告天下以開釁情由。使天下知曲在彼而直在我。不惟天下自有公憤可用。即各國亦自有公斷可憑。雖敗猶榮。况乎其未必戰。戰亦未必敗。而何爲其遲回却顧也。

上海中外日報曰

俄人之于東三省。雖美其名曰以土地歸中國。以主權還中國。究其實則管理地方及屯兵造路開礦。均事事爲其牽掣。無一能自由者。未知全權大臣何策以磋磨盡善耳。况夫外兵之屯天津者。均視俄約爲進退。假如一一照允。吾恐列邦必援利益均沾之語。別生枝節。是一波未平。一波又起。後患之長。不可思議。詩曰。誰生厲階。至今爲梗。吾于是不得不太息痛恨首事諸臣之輕開邊釁。而貽我國以無窮之禍也。和約之外而有俄約。固爲一棘手事件哉、雖然和約猶迫于列國之公義。雖喪失利權。賠償欵項。不得不從。若俄約則直肆其呑噬兼併之手段。不特爲列國所不容。即我國雖創巨痛深。强弱互異。而公理所在。固猶可以相抗、公憤所存。且更不能默爾。觀各報論而可知矣。各論有主廢約者。有主賠欵以酧爲報酧者。有主請列國出爲干預者。但俄約自始至今。經已屢變。據近日消息則又有另提新約之說、（見本號中國近事）故各國論或有著錄在前。而未能按切今日者。而要皆可以見其一斑歟。

# 雜俎

## 泰西格言　一語千金

▲質朴者英雄之本色也。瑪哥黎

▲盍以偉大之思想養汝精神乎。欲爲英雄。即能爲英雄之階梯也。比康士菲特

▲政府者人民之政府也。依於人民而成立者也。爲人民而設者也。林肯

▲英哲之士。常多敵亦常多友。敵與友皆其所自造者也。埃彌遜

▲自由者吾之主義也。進步者吾之法律也。理想者吾之模型也。亨俄

▲名譽愈高者蜚謗愈多。蜚謗者名士所納於世界之租稅也。無名氏

▲束縛人之思想者。自上帝之眼視之。其罪比於食人肉尤大。多黎帕

▲人民必非好亂者。人民若有暴行。是其過失耳。非其罪惡也。波兒克

▲一人之利益。與一國之利益相一致。一國之利益與萬國之利益相一致。科布丁

▲行星之運動。與苹果之墜地。雖大小迥殊。然其支配之者一理而已。道德之支配人

間世亦然。無論箇人。無論社會。皆可以一原理貫之。查理士沁那

▲思想與思想相通。精神與精神相感。列頓

▲英國人之愛自由。如愛其髮妻。法國人之愛自由。如愛其情婦。德國人之愛自由。如愛其老祖母。哈尼

▲欲阻維新事業者。欺天者也。猶欲激水而使上山。欲以繩而淘砂也。埃彌遜

▲國家之成立。動須千百年之力。而不崇朝土崩而瓦解之者。比比然也。擺侖

▲人之處世。如航海然。道理其羅盤針也。情欲其大風也。坡菩

▲同時逐兩兎。必不能得其一。比士溫

▲人惟處獨之時最誠實。若見于人前者皆虛僞粉飾耳。埃彌遜

▲嗚呼、汝憂悶耶。何不觀他人之境遇。其困苦艱難有十倍于汝者耶。和禮士

▲愛錢癖與錢成比例。錢愈多。癖愈增。支辟拿里士

▲人之判斷事理。如觀時辰表。各各不同。而皆自謂己之所見者爲正。坡菩

▲克己者。眞勝利者也。(自勝之謂强)比士溫

▲天下事如不倒翁。任轉之於何處。終必復其正位。埃瑪孫

▲欲制勝者須常警惕。格文的里亞

▲治事之最大者。莫如自治。些尼卡

▲資財之幸福。幸福之最下品也。身體康強之幸福次之。最上之幸福維何。曰心之快樂而已。裕士陵

▲誹謗者名譽之伴侶也。雖一刻不能相離。梭士

▲宇宙之大原理。皆同向於一鵠而行。但其所由之路。各各不同。(同歸而殊途一致而百慮) 坡菩

▲非愛友如己者。決不能長保友誼。士昔羅

▲天助自助者。

▲羅馬國因其本身太強大而倒去。和禮士

▲不遇艱難者。不知己之力。品約翰遜

▲主宰人類者何物乎。思想而已矣。拿破侖第一

▲誤謬之爲物猶藁也。常浮於水面。欲求眞珠者。不可不入海底。特黎丁

▲問政體何種最善。曰能使吾人自治者爲最善。峩士

▲愚者避一惡。卻奔於他之極端。和禮士

▲凡欺人者。其原因由於以爲人之智皆莫如我也。羅士弗科

# 小說

## 十五小豪傑

法國焦士威爾奴原著
少年中國之少年重譯

### 第一回　茫茫大地上一葉孤舟　滾滾怒濤中幾箇童子

調寄摸魚兒

莽重洋驚濤橫雨。一葉破帆飄渡。入死出生人十五。都是髫齡乳稚。逢生處。更墮向天涯絕島無歸路。停辛竚苦。但抖擻精神。斬除荆棘。容我兩年住。　英雄業。豈有天公能妒。殖民儼闢新土。赫赫國旗輝南極。好箇共和制度。天不負。看馬角烏頭奏凱同歸去。我非妄語。勸年少同胞。聽雞起舞。休把此生誤。

看官。你道這首詞講的是甚麼典故呢。話說距今四十二年前。正是西曆一千八百六十年三月初九日。那晚上滿天黑雲低飛。壓海濛濛。闇闇咫尺不相見。忽然有一隻小船。好像飛一般。奔向東南去。僅在那電光一閃中。瞥見這船的影兒。這船容積不滿百嚬。船名叫做背羅。曾有一塊橫板在船尾寫著的。但現在已經剝落去。連名也尋不著了。那船所在的地方。夜是很短的。不到五點。天便亮了。但雖係天亮又怎麼呢。風是越發緊的。浪是越發大的。那船面上就只有三箇小孩子。一箇十五歲。那兩個都是同庚的十四歲。還有一箇黑人小孩子。十三歲。這幾箇人。正在拚命似的把著那舵輪。忽然砰訇一聲響起來。只見一堆狂濤。好像座大山一般。打將過來。那舵輪把持不住。陡地扯轉。將四箇孩子都擲向數步以外了。內中一箇連忙開口問道。武安這船身不要緊嗎。武安慢慢的翻起身回答道。不要緊哩。俄敦連纔又向那一箇說道。杜番啊。我們不要灰心哇。我們須知到還身子以外還有比身子更重大的哩。隨又看那黑孩子一眼。問道。莫科呀。你不悔恨跟錯我們來嗎。黑孩子回答道。不。主公武安。這四箇人正在船面。話未說完。那船艙樓梯口的窓戶突然推開。先有兩箇孩子探頭出來。跟著又有一隻狗。蹲出半截身子。那狗三聲兩聲的亂吠。那兩孩子裏頭有一箇年長的約有十歲左右。急忙忙大聲問道。武安武安。甚麼事呀。武安道。沒有甚麼。伊播孫啊。快回去罷。甚麼事都沒有。那年小的又說道。雖然如此。但我們怕得很呵。武安道。別要怕。趕緊回去。

坐在牀上、閉著兩隻眼睛。這就甚麼都不怕了。那兩孩子兀自不肯下去。只聽得莫科忽喊起來道、好晦氣。又一箇大浪來了。話猶未了。那浪又沒命的自船尾轟進來。險些都從窗口灌入船艙裏去了。那俄敦高聲喝道、兩位快回去呀。你們不聽我們的話嗎。這兩孩子方纔沒趣的去了。却又有一箇探頭出來叫道、武安呀、你們要我們來幫幫力嗎。武安答道、不。巴士他呀、你們好好的在裏面保護著那年紀小的罷。這裏有我們四箇人足彀了。……看官、你想這个船在恁麼大一箇太平洋上、更兼暴風怒濤之中。難道就只是這幾箇小小的孩子嗎。別的大人、一个都沒有不成。這胥羅船既然有一百多噸。總該有一箇船主。一箇副船主。五六箇水手。難道單有一箇細崽莫科就算了嗎。又這船到底爲著甚事。想往甚麼地方呢。怪可憐的撞著這場惡風浪。爲何緣故呢。看官、若使那時候有別隻船在這洋上經過。遇著這胥羅船。那船主頭一件定要根問這个緣由。這些孩子們自然會告訴過明白。但可惜不凑巧。那時這洋面上、前後左右幾百里、連箇船的影兒都沒有呢。……閑話休提。卻說日過一日。風勢越大。竟變成了一箇大颶風。胥羅船好像被波浪吞了一般。那後檣既於兩日以前被風吹折。僅賸四尺多長一根木桿。幸虧前檣還在。但風勢越急。這孩子們的氣力短小。想把風篷捲下來。也做不到。那篷就不起這種大風。只見這檣夾不停的搖動。若使連前檣都沒了呢。那時這船可不成了箇沒自由權的奴隸任由風濤怎麼簸弄嗎。這孩子們可不是除了束手待斃之外。更沒別的法兒嗎。他們都睜著兩隻眼。狠狠的望前望後。卻都是濛濛闇闇地。一寸陸影兒一點火光兒。都看不見。看看又捱到晚上一點多鐘。忽然轟的一聲。趁著那風聲濤聲響起來。只聽得杜番疾喊道。前檣倒了。莫科接口道。不是。卻是把風篷吹斷了。武安向俄敦道。既是這麼著。我們要把這斷篷割去。你同杜番二人守著舵輪。莫科呀。來這裏幇我……看官須知莫科係船上細崽。自然該有些航海的閱歷。武安曾從歐洲來到澳洲。經過太西洋太平洋兩條大海。因此亦學得些少船上的事體。這孩子們自然是彀這兩个做胆不消說哩……你看他們兩箇的本領怎麼樣呢。他們來到前檣底下。細心查看。只見那篷上邊的索吹斷了。搖曳空中。幸虧下邊未斷。他們先把上邊的索都割去。僅留靠下四五尺。隨將這篷上面兩角板下來。用繩綑在船面。這樣著。那船倒反安穩起來了。武安莫科兩個。不停的走上走下。好幾回險些被那大浪裹將去。足有半點多鐘之久。方纔回到舵輪旁邊。這身子便如雨淋雞一般濕透了。正要略歇一息。驀地那樓梯的窓门又推開。只見武安的兄弟名字叫做佐克的。探頭出來。武安便問道。佐克干甚麼。佐克道。快來快來。海水漏入船艙了。武安道。當眞嗎。隨即起身走進艙內。只見一箇挂燈懸在當中。那十個孩子七横八豎倒在牀上和睡几上。還有那八歲九歲大的。怕到無可奈何。你偎我我抱你的攬成一團。武安道。別要害怕。我們快就到岸了。一面點起洋蠟。周圍張看。艙內卻是有些海水。隨着船勢左右盪來盪去。但偏找找不出那漏縫兒。這水究竟從那裡來呢。隨後看出。卻是因樓梯窓門關不緊。那船面的。浪從甲板上流進來的。武安回到艙內。說明緣故。慰安孩子們一番。重復回到船面來。已經是兩點鐘打過了。那天越發好像墨一般。風勢一點不減。但要不要聽見一聲兩聲從空中戛然過去。却是海燕的聲音。這海燕是從不飛到岸邊的。常年在大洋的中心翱翔漂蕩。這樣看來。這船去陸地越發遠了。又過一點多鐘。忽聞轟的一聲。好像大砲發於空中。不好了。前檣斷了兩截。那布篷撕成一片一片。飛向海心去。就和一羣白鷗似的。杜番道。我們沒了風篷。怎麼好。武安道。怕甚麼。這船趁着浪。不是一樣的走嗎。莫科道。好在浪是順風的。在船尾送着來。但浪太緊了。我們要將身子用繩綑着在舵輪旁邊。免致被浪裹去。說時遲那時疾、、、莫科話猶未了。只見一堆奔濤。足有四五十丈高。從船尾猛奔來。鐺鐺爆爆。聲音亂響。崩落船面甲板。兩隻救生船。一隻舢板。一個羅盤箱臺。都掉下來。那餘勢還撞到船邊。將左便的船欄板都碎裂了。還虧着碎了欄板。這水能彀流出去。不然。這船受不起這種大壓力。是要沈定了。武安杜番俄敦三箇。被這浪一刮。擲出數丈以外。直到樓梯口方才把捉得住。却是、、、不見了莫科。評曰刮落救生船舢板羅盤針衝破欄板將武安等三人擲向數丈以外同是此一刹那間事武安嗳呀一聲道。不好不好。隨即高聲大呼道。莫科莫科。杜番道。難道掉落海了不成。俄敦忙向船邊探頭四望。卻影兒也不見。聲兒也不聞。武安道。我們不可以不救他。急放下救生水泡。投下繩索罷。隨又連聲高喊道。莫科莫科。只聽得微微聲音答應道。救命呀。救命呀。俄敦道。他沒有掉下海。這聲音是從船頭來的。武安道。等我去救他。趕緊從船尾走到船頭。跌了好幾交。方才走到。便又高聲叫道。Boy莫科莫科。My Boy。却不聽見答應。復連叫許多聲。只聽見微微的答應呀呀的兩聲。那聲更沈下去了。武安手中又沒燈火。只得跟着聲音。闇中摸索。

撲到船頭那絞車盤和舳艫中間。有一箇孩子的身橫倒在那裡。卻是已經悶倒。不能出聲了。看官你說莫科因何跑在這裡。原來剛纔那一陣大浪。一直刮送過來。撞着那風篷的繩索。將喉頸勒住。越發掙扎越發勒緊。如今呼吸都絕了。武安趕緊從袋子裏掏出小刀來。把繩割斷。好一歇。那莫科才回過氣來。便向武安千恩萬謝的謝他救命之恩。攜着手回到舵輪之下。但船既沒了風篷。速力驟減。浪不能送船快行。船卻陷在浪裏。如盤渦一般。這孩子們想找別樣的東西代着風篷。也是找不出來。只得聽天由命罷了。這孩子們如今別的都無可望。只盼著天亮之後。風威略減。或者老天可憐見的。望著個陸地的影兒。除非這兩樣能彀有一。這便九死中還有一生之望哩。捱到四點半鐘。已見一帶白光。從地平線上起來。漸漸射到天心。只是烟霧依然深鎖重洋。望不見十丈以外。那雲好像電光一樣。快滾滾的飛向東方。風勢有增無減的咯。這四個孩子眼巴巴的望著狂瀾怒濤。不發一語。都如獃子一般各發各的心事。又過了半點多鐘。猛然聽得莫科一聲狂叫起來道。陸！陸！正是

山窮水盡。　憐我憐卿。　腸斷眼穿。　是眞是夢。

七

究竟莫科所見到底是陸地不是。且聽下回分解。

此書爲法國人焦士威爾奴所著。原名「兩年間學校暑假」。英人某譯爲英文。日本大文家森田思軒。又由英文譯爲日本文。名曰「十五少年」。此編由日本文重譯者也。

英譯自序云。用英人體裁。譯意不譯詞。惟自信於原文無毫釐之誤。日本森田氏自序亦云。易以日本格調。然絲毫不失原意。今吾此譯。又純以中國說部體段代之。然自信不負森田。果爾則此編雖令焦士威爾奴覆讀之。當不謂其唐突西子耶。

森田譯本共分十五回。此編因登錄報中。每次一回。故割裂回數。約倍原譯。然按之中國說部體製。覺割裂停逗處。似更優於原文也。

此書寄思深微。結搆宏偉。讀者觀全豹後。自信余言之不妄。觀其一起之突兀。使人墮五里霧中。茫不知其來由。此亦可見西文字氣魄雄厚處。

武安爲全書主人翁。觀其告杜番云。我們須知這身子以外。還有比身子更大的哩。又觀其不見莫科。即云我們不可以不救他。即此可見爲有道之士。

# 文苑

## 棒喝集

張茂先厲志詩崔子玉座右銘蕭選錄之取諷勸爲今師其意譯錄中外哲人愛國之歌進德之篇俾國民諷之如晨鐘暮鼓發深省焉名曰棒喝集但其所裒集者或由重譯或採語錄其詞句或毗于拙樸焉買珠者不必惟其櫝也

### 日耳曼祖國歌

德國格拿活

德意志未建國以前諸邦散漫無所統一爲强鄰所淩蹴於是愛國之士特提倡日耳曼祖國以激厲其民當時文豪以此意被之詩歌者最多此亦其一篇也

吁嗟美哉神聖國萊江西横東海碧葡萄滿原鬱相殖有實如金爛其色糾結恰是同氣脉日耳曼兮我祖國

吁嗟美哉神聖國。萊江西橫東海碧。小川悅流不肯逆。大川似驕勢淵渟。大川小川爭相懌。日耳曼兮我祖國。

吁嗟美哉神聖國。萊江西橫東海碧。愛此山林氣秀特。岩爲城兮鐵爲壁。雄風凜凜敵可嚇。日耳曼兮我祖國。

吁嗟美哉神聖國。萊江西橫東海碧。孤鷲翔空垂雲翼。被覆州郡幾十百。天家徽章視歷歷。日耳曼兮我祖國。

吁嗟美哉神聖國。萊江西橫東海碧。鷲翼鳴處下天敕。同胞額手歌且拍。忠愛相結永弗斁。日耳曼兮我祖國。

## 題進步圖

日本中村正直

中村正直字敬宇日本維新大儒也嘗譯西國立志編其他著述甚多皆以激厲國民進取之氣堅忍不拔之志者也今錄此篇見其一斑

兩山夾帶路偪仄。如往而回轉折百。忽見老牛駕車來。運輸米粟載充積。進步難兮進步遲。終不退兮終不息。不問千里更萬里。能自極南達極北。人生進步亦如此。任重道

遠耐艱阨有時快馬行平地常恐中途或顚踣不如轂觫任脚行得寸則寸尺則尺君不見泰西開化非速成累世勤苦臻此域

## 日本少年歌

日本志賀重昂

志賀氏爲日本地理學大家政客中之錚錚者也此篇殆其少作不免有叫囂之語然亦可爲發揚志氣之一助也故錄之

君不見地底火力億萬斤勃乎爆發海之隅北半球之大陸四潰裂東方剏造別寰區」高者秀爲富士嶽屹然出海如斧斵」低者沒爲琵琶湖合沓中州乘斗樞」東西南北三千里河維流兮山維峙天公一擊斯山河賦與日本快男子」六氣和調五穀蕃家給人足如桃源桃源春深厭喧囂一睡避世二千年」天雨粟大鬼小鬼相踵哭蒸氣吐烟電氣激開明大勢日逼促」霹靂墜地忽一聲桃源之人夢魂驚瞢騰睡眼百磨擦初認西方有光明」須臾光明如霞雹燭天蔽空眼欲眩驚也迸來東洋天焚盡日本全局面」老人狼狽望影奔少年抵掌咲欣欣天荒破得舊天地鮮血染出新乾坤」新日本新日本滔滔大勢如決堰新日本來兮舊日本去少年起兮老人遯」吁嗟少

年風雲正逢遭活天活地屬吾曹歌成昂然仰天望富士山頭旭日高。

德國男兒歌　隔句互韻用原詩體　日本內田周平譯

膂力强兮心志雄。阿爹盍賜一口劍。誰言乳臭不奏功滿腔已蓄丈夫念。」丈夫偉業進取可。寧與小兒事細娛。榮光吾亦如阿爹。誓爲祖國効此軀。」少小志念自不羣。生平所弄唯介冑。昨夜夢中赴敵軍身負大傷益奮鬭。」咄喊枕上自驚覺。正自南土戰場來。此朝試技又不惡。打拳擬仇叫快哉。「近日國軍廻此鄉各隊威風何整暇。就中輕騎意氣揚疾驅如飛過我舍。」當時羣童凝望久。一行無不伸雙眉。吾獨幽鬱君知否。斯膂未得揮霍期。」膂力强兮心志雄。阿爹盍賜一口劍。誰言乳臭不奏功滿腔已蓄丈夫念。

# 中國近事

◎滿洲新約　駐華俄使近又另擬新約稿底交與兩全權大臣。按約中大意。不論何時。如中國欲在滿洲振興商務工藝所用之欵。須由道勝銀行出借。他國不得干預。并云。此舉實與中俄二國商務有益。而與他國利權無碍。且如能從此新約。則前者所言欲得滿洲礦路利權一節。即可作爲罷論。一年內并可將滿洲駐兵撤退。英公使聞之。向人云。俄人雖改約章。依然有名無實。如竟照辦。一則中國土地。必不能完全無缺。二則與他國在滿洲貿易利權。大有關碍。故現在英公使力行抗拒。并勸兩全權大臣云。如中政府允俄之請。則英國所要索者。必較俄爲大。美日兩國公使意見相同。故亦力拒。劉張兩總督亦聯名直奏政府云。如允俄請。則中國必將從此瓜分。不可挽救矣。凡有關涉約章之事。無論鉅細。應與英美日三公使商議後。方可定奪云云。

◎密函照錄　俄公使頃致密函與兩全權云。北洋練兵事宜。前大臣與前全權大臣李訂有成約。不准他國干預。茲聞貴國政府現有聘請日本兵官代練北洋新軍之事。

本大臣不勝詫異。查前項成約。敝國政府爲貴國保護自主。不使他國侵佔起見。今此事如果屬實。有背前議。本大臣斷難默爾而息。即使果無其事。何以中西各報言之鑿鑿。本大臣于中俄兩國交涉事宜。苟可委曲設法。無不推誠盡力。以期愼固邦交。近觀貴大臣所爲。實有未能滿意者。此事關係全局。是否確實。即希切實照覆。萬勿延遲云云。兩全權覆函云。接誦來牘。承詢及北洋聘日員教練新軍一節。敝政府並無其事。實係各報誤採風聞無據之談。率行登載。殊不足信。至北洋練軍。係爲拱衛畿疆彈壓拳匪餘黨起見。並無他故。貴大臣幸勿輕信謠言。致啓猜疑。本大臣等遇有兩國交涉事件。深感貴大臣和衷商辦。委曲周旋。實敦睦誼。惟本大臣等一片苦心。似亦應爲貴大臣所深諒。所謂近今各事。實有不能滿意者。果何所據而云然耶。尙希貴大臣始終如一。勿爲流言所搖。不勝感盼云云。

◎**條陳新政**　直督袁世凱。近上條陳洋洋千餘言。其大旨如下。(一)政務處應聘六國碩學士爲顧問官。(二)外務部須用曾出洋與外省辦理洋務之幹員。(三)用人不拘官階資格。以實心辦事。即爲合格。(四)裁京內外冗員。(五)派王公大臣出洋。并招回出洋學生之得有文憑者量才錄用。一面另行咨遣有志之士出洋學習。聞此條陳會送至政務處大臣。以爲玆事重大。非一人所敢擅奏。袁遂親遞于太后皇上。前太后皇上深以爲然。即諭政務處大臣詳議辦法。

◎籌欵興學　某京卿條陳各省創建學堂。爲造就人才之地。他欵皆可緩籌。此次則宜速籌。籌欵既不易。尤當實事求是。不可徒負虛名。其附片有云。造就人才。必自教習始。所有各督撫保薦教習。皆須令送部引見。經朝廷甄別。以定其高下。該教習既不敢存詭遇之心。該督撫亦必懼罹濫保之咎也。

◎擬辦房捐　聞五城御史日來會議。以國債每歲一償。籌欵爲難。擬具公摺請援廣東江蘇兩省房鋪捐例。通行京師以至各省。惟此事必先清查一過。清查之人。須慎簡才具明敏。操守廉潔者。方可免中飽之弊。所有創設捐局及委員薪俸。另行籌欵。不得動捐項分文。果能實事求是。涓滴歸公。行之一次。便可將國債清還。滿漢御史意見相同。摺稿已定。日內即上聞矣。

◎阻止進京　俄使以朝旨命江鄂兩督進京。恐于東三省之約。或有不利。乃言於英美各使曰。中朝召江鄂二督來京者。實因去歲揚子江互保之舉。中朝深恨之。欲誘令入京。重治其罪也。英美兩使大爲所動。亟向袁世凱聲言。若召劉張入京。恐於南方不利。請即罷此論。倘不允。則天津必不交還。鐵路亦不歸諸中國。袁言于朝廷。遂寢其事。

◎交路近信　英人掌管京津鐵路。本擬西正月間交還中國。現聞英人不願交還之故。仍執俄人先交關外鐵路。然後定議。並有由俄交英由英交華之說。

◎允還天津　交還天津一事。各使已允西四月初。然屆時此說有無變更。尚未可料。

◎召見翰林　客臘皇上召見翰林院諸人。時太后即先引過自責。旋即勉厲諸翰林當讀中西有用之書。皇上亦言中西之學。必求其通。太后並言去年若非拘泥不化。何至釀成如此大禍。今後切不可泥古不化。總以通達時變爲第一要義云云。

◎擬裁官吏　聞九卿衙門議裁。所有大小九卿統歸六部。仿外務部例行之。大者視左右丞。小者視左右參議。國子監改爲文部。翰林院改爲學部。漕督亦在將裁之列。又聞擬將通政司詹事府大理寺太僕寺四署先行裁汰。

◎條陳再誌　直督袁世凱近又具奏朝廷。謂逢每年新正。宜召各督撫入京。俾得與皇上面商一切應行各要政。且常年聚會一次。各督撫漸見親密。可免畛域之分。

◎董軍可慮　陝甘總督電稱董福祥所部之兵各懷新式軍械。在甘省北方一帶肆意刧掠。殊屬不測。大爲可慮。

◎俄習滿文　俄人現在滿洲各處開設學堂。學習滿洲語言文字。玆已到處聘訪精于滿文之人。以備聘充各該堂敎習之用。

◎巡撫更迭　山東巡撫張人駿。前因該省鑛務與德人有所交涉。德政府致電外務部要求不准其在山東。玆聞有張人駿轉任山西巡撫。岑春暄轉任山東巡撫之說。

◎酌提捐欵　順直秦晉實官捐欵。所收不下一千餘萬兩。今戶部因庫欵支絀。無濟要需。擬于順直秦晉捐欵。酌提二成實銀解部。至官紳獨力報効鉅欵。亦一併全數匯解。聞已奏准。飭各省辦捐處照辦。

◎再興捐納　政務處有人言。目下欵項支絀。籌措爲艱。捐納實官之例。今年仍當再行。極遲亦在一二年之內。

◎誌工藝局　陳璧已遵旨在京城設工藝局。聞辦理已有端倪。又聞擬在北城設一速成師範學堂。以備將來各州縣開設小學時可延充教習之任。

◎擬辦彩票　雲南督糧道前遞條陳于慶邸。請辦彩票。兩宮歸京。慶邸即爲面奏。太后已俯如所請。聞滙豐某英商力任其事。已托香港總督轉電英政府爲之主持其間。

◎條陳兩誌　侍郎那桐近上條陳。言戶部應聘他國人之深于理財學者爲顧問官。以專管度支。胡燏棻亦上條陳。請在北京設立工巡局。已派員向上海調查工部局章程。如法辦理。

◎要求商約　聞英人與袁督辦商約三事。必三事定而後鐵路可交還中國。(一)駐紮鐵路之英兵。須派妥實委員竭力保護。遇有英商往來。亦須加意接待。(二)滙豐所存欵及將來存每月進欵。或應清結。或另訂章程。皆宜于此時言明。(三)貨棧歸英人管理。中國不得把持。帳目英人主之。中國亦無庸另設帳房。

◎阻止使臣　致賀英皇加冕使臣自簡定慶邸世子載振後。聞即得英外部來文。以載振年輕資淺。不肯接待。須另派王大臣前往。

◎奏參赫德　劉張兩總督近致電外務部奏參總稅務司赫德。其大意謂赫德不應管理內地郵政。以及常關。并指斥其種種攬權等事。

# 海外彙報

## 一月大事記（西歷一千九百二年）

一日倫敦電。聞德政府照會威尼蘇拉國。言所索賠欵二百萬元。如無物抵押。即須開戰。

二日路透電。去歲一年內杜軍爲英軍殺傷及投降者共一萬四千八百八十七名。

同日電。英京各報館近得杜京勃利多亞訪事人函。均主添兵之說。以備與杜人久戰。

同日電。古巴近已公舉巴爾蒙爲總統。此爲古巴自脫西班牙羈勒後第一總統也。

同日電。英海部現已諭令本國某船廠增造戰艦兩艘。所配砲械極臻快利。天下無匹。另又倣此建造一等鐵甲艦五艘。護巡艦兩艘。

三日伯林電。德國派駐威尼蘇拉國公使。近照會該國總統。告知德國所索各欵。并云此項照會。並非哀的美敦書。并聞威尼蘇拉總統刻已將亂事平定。惟亂黨首領佛乃棣提督則已全軍覆沒矣。

四日路透電巴拿馬運河公司已將所有產業售與美國政府計得金洋四千萬圓

同日電英國現又籌備軍械一萬二千件運往南非洲開普殖民地預備項擊敵人之用。

同日電英國製備寶星三等給水陸兩軍將士上年在華曾立戰功者一奪大沽砲臺二保各國使署三救援京城之圍。

同日電南美洲亞爾然丁並智利兩國前因爭界幾致決裂旋經調停妥協定約言和茲因簽押該約之故又起爭端勢殊岌岌。

五日路透電南非洲杜軍達威脫提督飭波亞各將官力阻英軍建築砲臺工程不日必有大戰。

六日路透電英軍一小隊日前在卜郎克斯脫爲敵人伏兵所襲兵勇戰斃六人受傷十三人兩軍相持兩點鐘之久杜兵旋即退去。

同日電四日英軍在柯連治與杜人接戰除殺斃旗長一名外又獲旗長二人兵勇

三十三人。

七日路透電英團練兵自告奮勇願往南非洲助戰者其數日衆。又有澳大利亞民兵三千人。亦將往助戰。此一禮拜内英軍所擒之杜兵。計有三百七十八人之多。

同日電日相伊藤侯已蒙英皇贈送寶星一面。

八日路透電德相褒洛爭云。意法兩國今雖另立專約然德法意三國聯盟之事並無變動。

同日電德戶部大臣在議院聲稱。近因商務衰落以致稅項大形減色。爲歷年所無。

同日電。三四兩日英副將壁蘭爾與杜將寶薩戰于挨麥斯甫脫地方。杜兵終被擊退。壁副將所部之兵。惟某步隊受創獨甚。除某都司並其兵士十九人戰沒于陣外。又受傷三十三人。

同日電。據某報派駐美京華盛頓訪事信稱。美總統羅斯維。茲已降諭令于非律賓島沙畢格處創爲水師軍港以備各美艦聚會之所。

九日路透電。英皇諭令法京巴黎英公使。將皇所贈日相伊藤侯寶星一面。賫赴日使署代呈伊藤侯收納。

十日路透電。英兵部業已諭令義勇軍步隊整備戎裝。以便遣赴南非洲。更換期滿之軍回英。

同日電。德相在議院痛責某員不該詆譭英藩部大臣張伯倫。以及誹議英國陸軍各情。並謂德宜與英敦睦和好。惟望後此兩國永無間言庶無傷交誼

十一日路透電。德皇前在美國紐約船廠定製御艇。以應賽船之用。茲該艇將次竣工。皇擬遣派亨利親王前往美國監收。

同日電。杜將底威特帶同所部千餘人。擬越鐵路而至考耶斯德北境。旋被英軍擊向東方而退。現英將衣里阿率兵追之。

十三日路透電。英副將亨密敦所部之軍。近十日內在某處殺斃杜兵百零五人。

同日電。據一杜軍醫稱前四日杜將竇薩帶隊與英軍鏖戰之日杜兵死有五十二人。負傷者七十三人。

同日電。美國因聞德皇將遣亨利親王赴美接收在美定造之御艇。政府茲已籌辦

一切供張。以備迎迓。

同日電。德奧兩國近在德京分向民間籌借國債。均以三釐行息。奧借九百二十五萬磅。德借五百七十五萬磅。以補度支之缺。

十四日路透電。德國提督拜畢蘭賚送德皇親筆手書一封赴英呈遞英皇英泰晤士報論其事曰。前者德皇寄書英故后維多利亞時。亦係拜提督賚往。其時英德兩國因有猜嫌以致德皇發電奉賀杜總統此事人所共聞也

同日電。据伯林信稱。拜提督此次賚信赴英。與政事並無關涉。

同日電。德皇擬遣禧武里克親王赴英奉賀英皇加冕。

同日伯林電。希臘京城有狂夫謀弒希王。惟事未成而計已破。誠幸事也。

十五日路透電。英皇已准凡在英皇屬芝卜洛塔並壓塔埃及各處戍防團兵。遇有戰事。亦當一體賞獎軍牌。其帶亦照獎給南非洲兵士軍牌之式。衛隊一千三百人經英皇親臨校閱後。即行附輪前往南非洲。

十六日路透電。倫敦會務會宴請駐英日公使到會。籌議英日兩國商務。時日使在席

間嘗稱英之製造各業。于日本商務場中已臻極盛。

同日電。英皇本日至議院演說。間多論及英太子及其元妃游歷各屬並南非洲各軍忠勇之處。又謂各國現在會議糖稅一事。惟望其可以邀免也。

同日電。意大利國王業已接見日相伊藤侯。並以一等寶星贈送。

十七日路透電。英外務大臣芝斯敦。謂現在南非洲英軍共二十萬人。國中並無空餘兵房以容此軍也。

同日電。英兵部大臣近在下議院宣言。外部大臣芝斯敦前嘗向駐英德公使剖白理藩院張伯倫所言各節。並非譏議德國陸軍。

十八日紐約電。美國議院近擬設一新律不准華人旅居非律賓。

十九日路透電。英軍日前在好望角進攻某處杜營。都司一員並勇四人均經戰沒。又有受傷五人。

二十日路透電。泰晤士報派駐南非洲訪事電稱。杜蘭斯哇東部一帶杜兵。因被英兵俘獲。茲已全軍紊亂。

同日電。英海部近已飭製滅雷船十艘。每點鐘速率。但需二十五海里。勿庸過快。惟船身當配造堅固煤艙。並可多容煤炭。

同日電。英理藩院大臣在下議院宣言所云杜已派員求和一節。係屬謠傳不確。

二十一日路透電。英政府茲已告知澳大利亞並新西蘭兩英屬。令再各遣軍一千人前赴南非洲助戰。

同日電。法外部大臣謂荷蘭弭兵會若干預杜國之事。則必致戰禍繁興。故該大臣爲忠勇所逼。不得不出爲禁阻也。

同日電。英戶部大臣宣言所云糖片免稅一節。本大臣並無建議及此云。

二十二日路透電。上年英國共計派兵八萬一千人。馬十二萬九千四。前赴南非洲。

同日電。被俘之杜兵在北瑪達者。近有三百人聯名具稟英政府。懇請釋放回藉。並謂該兵等願設誓回國之後。不預戰事。並當極力勸令杜人早日言和。

二十三日路透電。英外部大臣科連邦在下議院宣言。政府無論如何。斷不能將在波斯海及波斯南部各處應得之權利。悉行棄去。

同日電基將軍稟稱日前梅士恩統領率同所部與杜兵接仗。且戰且走。至八英里之遙。終在某處奪獲軍車一輛。兵二十四名。貨車九十一乘。牲畜驢馬二千餘匹。

同日電英統領亨密敦俘獲杜將竇薩部下之兵二十七人。

二十四日路透電。英某議員在下議院宣言。杜國並無遣員求和之舉。政府亦並未得有此信。

同日電日相伊藤侯已附德國公司輪船名膠州者。由歐洲遄返日本。

同日電。丁抹國將美洲西印度所屬之各島。售與美國。業經彼此簽押。妥為交割。

同日電。英外部大臣科連邦在下議院宣言。倘各國若在波斯國沿海一帶佔領埠頭。則是與我英對波之政策適相反對。

二十六日路透電。英威利親王赴德慶賀德王萬壽。行抵伯林時。德國官民接待威王禮極優渥。

同日電英基將軍已飭部下之杜統領比洛尼招募杜兵一千五百人。以助英軍。蓋欲以杜人攻杜人也。

同日電。杜將畢樂莊近在霖登勃左近。已被英軍捉獲。據基將軍電稱。畢樂莊得以拘獲。北方一帶杜兵。必當有所戒懼也。

二十七日路透電。德皇加封英太子威利爲德國某陸軍元帥。

同日電。杜將聯麥進攻佛蘭福附近英副將威樂生營處。終被英軍擊退。傷亡兵士十人。

同日電。英統領壁蘭麥于正月二十日率隊遠行。卒至斯登德士敦之東北境擒獲杜兵三十六人。

同日電。英哨兵一隊在某處被杜兵多人圍攻。計死傷十三人。就擒四十一人。

同日電。英某大臣在下議院宣言。近得丹廷來文議及杜國之事。政府現在籌商如何作覆。一俟定議。即當佈告在院諸君知之。

二十九日路透電。英政府擬籌欵五百萬磅。備抵軍需費用。至本年三月三十一日止。當于下禮拜五日。送交議院會議。

同日電。荷蘭並無代杜國向英議和。不過一試調停其事。冀英杜兩國得以早日息戰至于言和之舉必俟杜人決計罷兵而後再議。

三十日路透電杜將底威持所部之兵。在阿連扶利之東北方。經英軍輙往搦戰。勿使休息。盖防其屬集一處也。

同日電據基將軍禀稱考飛芳廳之戰。我軍陣亡副將一人。兵勇八人。外又受傷七人。

同日電英國致荷蘭政府之覆文。明日可到弭兵會。然必俟下禮拜方能宣示。

三十一日路透電考飛芳廳之戰。英軍中陣亡副將一人。兵勇八人。是役杜兵乘夜進攻。經英軍竭力抵禦。彼此猛戰多時。杜兵終至敗退。

同日電英兵部大臣在下議院出所擬估計南非洲軍需額外備用之欵。並謂一月一日以後。英軍在南非洲者。計有二十三萬七千人。目下尚有敵軍三大隊。未經征服。即底威持竇薩並底拉利等所統之兵是也。故必續籌糧食。以資接濟。至所需若干。宜備足以供驢馬二十萬八千匹。俘虜之杜兵二萬七千人。並杜民戶口十五萬家。方可敷用。並云刻下南非洲兵費較前月已減少一百萬磅。

# 第參號

光緒二十八年二月一日
明治三十五年三月十日

◉本號要目
域多利像　維廉第一像
論公德（新民說第五節）
天演學初祖達爾文學說
論民族競爭之大勢（續）
論政府與人民之權限
中國新教育案
論中國學術思想變遷之大勢
史學之界說（新史學第二章）
軍國民篇（續第一號）
道聽塗說
詩界潮音集
自本號以後分史傳門為歷史傳記二門

每月二回朔望發行

新會梁任父先生著

# 飲冰室文集

香山何天柱編

飲冰室主人爲我國文界革命軍之健將其文章之價値世間既有定評無待喋喋此編乃由其高足弟子何君所編凡**著者數年來之文字搜集無遺**編年分纂凡爲八集曰丙申集丁酉集戊戌集已亥集庚子集辛丑集壬寅集而以**韻文集**附於末焉其中文字爲**各報所未載者**亦復不少煌煌數百萬言無一字非有用之文雖謂中國集部空前之作殆無不可卷首復冠以著者所作**三十自述**一篇及**照像三幅**一爲時宇報時代造像二爲清議報時代造像三爲新民叢報時代務像海內外君子有表同情於飲冰室主人者乎得此亦足代嚶鳴求友之樂也**現已付印**不日出書

**發行所** 上海英界南京路同樂里 **廣智書局**

# 新民叢報第參號目錄

光緒二十八年二月一日

售報價目表 二

| 全年廿四冊 | 半年十二冊 | 每冊 |
|---|---|---|
| 五元 | 二元六毫 | 二毫五仙 |

美洲澳洲南洋海參威各埠全年六元半年三元
二毫零售每冊三毫正
郵稅每冊壹仙外埠六仙

廣告價目表

| 一頁 | 半頁 | 一行 四號十七字起碼 |
|---|---|---|
| 七元 | 四元 | 二毫 |

凡欲惠登告白者須于本報定期發刊之前五日交到價須先惠欲登長年半年者價當面議從減

編輯兼發行者 馮紫珊
印刷者 西脇末吉
發行所 横濱山下町百五十二番館 新民叢報社 信箱二百五十五番
印刷所 横濱山下町百五十二番館 新民叢報活版部

英國前女皇域多利亞

德前皇維廉第一

# 論說

中國之新民

## 新民說三

### 第五節　論公德

我國民所最缺者公德其一端也。公德者何。人羣之所以爲羣。國家之所以爲國。賴此德焉以成立者也。人也者。善羣之動物也。（此西儒亞里士多德之言）人而不羣。禽獸奚擇。而非徒空言高論曰羣之羣之而遂能有功者也。必有一物焉貫注而聯絡之。然後羣之實乃舉。若此者謂之公德。

道德之本體一而已。但其發表於外。則公私之名立焉。人人獨善其身者。謂之私德。人人相善其羣者。謂之公德。二者皆人生所不可缺之具也。無私德則不能立。合無量數卑污虛僞殘忍愚懦之人。無以爲國也。無公德則不能團。雖有無量數束身自好廉謹良愿之人。仍無以爲國也。吾中國道德之發達。不可謂不早。雖然。偏於私德。而公德殆闕如。試觀論語孟子諸書。吾國民之木鐸。而道德所從出者也。其中所教。私德居十之九。而公德不及其一焉。如臯陶謨之九德。洪範之三德。論語所謂溫良恭儉讓。所謂克己復禮。所謂忠信篤敬。所謂寡尤寡悔。所謂剛毅木訥。所謂知命知言。大學所謂知止慎獨。戒欺求慊。中庸所謂好學力行知恥。所謂戒慎恐懼。所謂致曲。孟子所謂存心養性。所謂反身强恕。凡此之類。關於私德者。發揮幾無餘蘊。於養成私人私人者對於公人而言。謂一箇人不與他人交涉之時也。之資格。庶乎備矣。雖然。僅有私人之資格。遂足爲完全人格乎。是固不能。今試以中國舊倫理與泰西新倫理相比較。舊倫理之分類。曰君臣。曰父子。曰兄弟。曰夫婦。曰朋友。新倫理之分類。曰家族倫理。曰社會即人群倫理。曰國家倫理。舊倫理所重者。則一私人對於一私人之事也。一私人之獨善其身。固屬於私德之範圍。即一私人與他私人交涉之道義。仍屬於私德之範圍也。此可以法律上公法私法之範圍證明之。新倫理所重者。則一私人對於一團體之事也。以新倫理之分類。歸納舊倫理。則關於家族倫理者三。父子也。兄弟也。夫婦也。關於社會倫理者一。朋友也。關於國家倫理者一。君臣也。然朋友一倫。決不足以盡社會倫理。君臣一倫。尤不足以盡國家倫理。何也。凡人對於社會之義務。決不徒在相知之朋友而已。即絕跡不與人交者。仍於社會上有不可不盡之責任。至國家者。尤非君臣所能專有。若僅言君臣之義。則使以禮事以忠。全屬兩箇私人感恩効力之事耳。於大體無關也。將所謂逸民不事王侯者。豈不在此倫範圍之外乎。夫人必備此三倫理之義務。然後人格乃成。若中國之五倫。則惟於家族倫理。稍爲完整。至社會國家倫理。不備滋多。此缺憾之必當補者也。皆由重私德輕公德所生之結果也。夫一私人之所以自處。與一私人之對於他私人。其間必貴有道德者存。此奚待言。雖然。此道德之一

分而非其全體也全體者合公私而兼善之者也

私德公德本並行不悖者也然提倡之者既有所偏其末流或遂至相妨若微生畝譏孔子以爲佞公孫丑疑孟子以好辨此外道淺學之徒其不知公德不待言矣而大聖達哲亦往往不免吾今固不欲摭拾古人片言隻語有爲而發者擿之以相訴病要之吾中國數千年來束身寡過主義實爲德育之中心點範圍既日縮日小其間有言論行事出此範圍外欲爲本羣本國之公利公益有所盡力者彼曲士賤儒動輒援不在其位不謀其政等偏義以非笑之擠排之謬種流傳習非勝是而國民益不復知公德爲何物今夫人之生息於一羣也安享其本羣之權利即有當盡於其本羣之義務苟不爾者則直爲羣之蠹而已彼持束身寡過主義者以爲吾雖無益於羣亦無害於羣庸詎知無益之即爲害乎何則羣有以益我而我無以益羣是我逋羣之負而不償也夫一私人與他私人交涉而逋其所應償之負於私德必爲罪矣謂其害之將及于他人也而逋羣負者乃反得冒善人之名何也使一羣之人皆相率而逋焉彼一羣之血本能有幾何而此無窮之債客日夜蠹蝕之而瓜分之有消耗無增補何可長也然則

其羣必爲逋負者所拽倒與私人之受累者同一結果此理勢之所必然矣今吾中國所以日即衰落者豈有他哉束身寡過之善士太多享權利而不盡義務人人視其所負於羣者如無有焉人雖多曾不能爲羣之利而反爲羣之累夫安得不日蹙也

父母之於子也生之育之保之教之故爲子者有報父母恩之義務人人盡此義務則子愈多者父母愈順家族愈昌反是則爲家之索矣故子而逋父母之負者謂之不孝。此私德上第一大義。盡人能知者也羣之於人也國家之於國民也其恩與父母同蓋無羣無國則吾性命財產無所託智慧能力無所附而此身將不可以一日立於天地故報羣報國之義務有血氣者所同具也苟放棄此責任者無論其私德上爲善人爲惡人而皆爲羣與國之蟊賊譬諸家有十子或披剃出家或博奕飲酒雖一則求道一則無賴其善惡之性質迥殊要之不顧父母之養爲名教罪人則一也明乎此義則凡獨善其身以自足者實與不孝同科案公德以審判之雖謂其對於本羣而犯大逆不道之罪亦不爲過

某說部寓言有官吏死而冥王案治其罪者。其魂曰。吾無罪。吾作官甚廉。冥王曰。立木

偶於庭。並水不飲。不更勝君乎。於廉之外一無所聞。是即君之罪也。遂炮烙之。欲以束身寡過爲獨一無二之善德者。不自知其已陷於此律而不容赦也。近世官箴最膾炙人口者三字。曰清愼勤。夫清愼勤。豈非私德之高尙者耶。雖然彼官吏者受一羣之委託而治事者也。既有本身對于羣之義務。復有對於委託者之義務。曾是清愼勤三字遂足以塞此兩重責任乎。此皆由知有私德不知有公德。故政治之不進。國華之日替。皆此之由。彼官吏之立於公人地位者且然。而民間一私人更無論也。我國民中無一人視國事如己事者。皆公德之大義未有發明故也。

且論者亦知道德所由起乎。道德之立。所以利羣也。故因其羣文野之差等。而其所適宜之道德。亦往往不同。而要之以能固其羣。善其羣。進其羣者爲歸。夫英國憲法以侵犯君主者爲大逆不道。各君主國皆然。法國憲法以謀立君主者爲大逆不道。美國憲法乃至以妄立貴爵名號者爲大逆不道。凡違憲者皆大逆不道也。其道德之外形相反如此。至其精神則一也。一者何。曰爲一羣之公益而已。乃至古代野蠻之人。或以婦女公有爲道德。一羣中之婦女。爲一羣中之男子所公有物。無婚姻之制也。古代斯巴達。尙不脫此風。或以奴隸非人爲道德。視奴隸不以人類。古賢柏拉圖阿里士多德。皆不以爲非。南北美戰爭以前。歐美人尚不以此事爲惡德也。而今世哲學家猶不能謂其非道德。蓋以彼當時之情狀所以利羣者。惟此爲宜也。然則道德之精神未有不自一羣之利益而生者。苟反於此精神雖至善者時或變爲至惡矣。如自由之制。在今日爲至美。然移之於野蠻未開之羣。則爲至惡。專制之治。在古代爲至美。然移之于文明開化之羣。則爲至惡。是其例證也是故公德者諸德之源也。有益於羣者爲善。無益於羣者爲惡。無益而有害者爲大惡。無害亦無益者爲小惡。此理放諸四海而準。俟諸百世而不惑者也。至其道德之外形。則隨其羣之進步以爲比例差。羣之文野不同。則其所以爲利益者不同。而其所以爲道德者亦自不同。德也者非一成而不變者也。吾此非頗駭俗。但所言者德之條理。非德之本原。其本原固亘萬古而無變者也。讀者幸勿誤會。本原惟何。亦曰利羣而已。非數千年前之古人所能立一定格式以範圍天下萬世者也。私德之條目變遷較少。公德之條目變遷尤多。然則吾輩生於此羣生於此羣之今日。宜縱觀宇內之大勢。靜察吾族之所宜。而發明一種新道德。以求所以固吾羣善吾羣進吾羣之道。未可以前王先哲所罕言者。遂以自畫而不敢進也。知有公德。而新道德出焉矣。而新民出焉矣。今世士夫談維新者。諸事皆敢言新。惟不敢言新道德。此由學界之奴性未去。愛羣愛國愛眞理之心未誠也。蓋以爲道德者。日月經天。江河行地。自無始以來。不增不減。先聖昔賢。盡揭其奧。以詔後人。安有所謂新焉舊焉者。殊不知道德之爲物。由於天然者半。由於人事者亦半。有發達。有進步。一循天演之大例。前哲不生於今日。安能制定悉合今日之道德。使孔孟復起。其不能不有所損益也亦明矣。今日正當過渡時代。青黃不接。前哲深微之義。或湮沒而未彰。而流俗相傳簡單之道德。勢不足以範國今後之人心。且將有厭其陳腐。而一切吐棄之者。吐棄陳腐。猶可言也。若並道德而吐棄。則橫流之禍。曷其有極。今此禍已見端矣。老師宿儒。或憂之。劬劬焉欲持宋元之餘論以遏其流。豈知優勝劣敗。固無可逃。捧抔土以塞孟津。沃杯水以救薪火。雖竭吾才。豈有當焉。苟不及今急急斟酌古今中外。發明一種新道德者而提倡之。吾恐今後智育愈盛。則德育愈衰。泰西物質文明盡輸入中國。而四萬萬人。且相率而爲禽獸也。嗚呼。道德革命之論。吾知必爲舉國之所詬病。顧吾特恨吾才之不逮耳。若夫與一世之流俗人挑戰決鬥。吾所不懼。吾所不辭。世有以熱誠之心愛群愛國愛眞理者乎。吾願爲之執鞭。以研究此問題也。

公德之大目的。既在利群。而萬千條理。即由是生焉。本論以後各子目。殆皆可以利群二字爲綱。以一貫之者也。故本節但論公德之急務。而實行此公德之方法。則別著於下方。

一事平生無齮齕　但開風氣不爲師

## 學說

# 天演學初祖達爾文之學說及其略傳

中國之新民

近四十年來無論政治界學術界宗教界思想界人事界皆生一絕大之變遷。視前此數千年若別有天地者然。競爭也。進化也。務爲優强勿爲劣弱也。凡此諸論。下自小學校之生徒。上至各國之大政治家。莫不口習之而心營之。其影響所及也。於國與國之關係而帝國政策出焉。於學與學之關係而綜合哲學出焉。他日二十世紀之世界將爲此政策此哲學所磅礴充塞。而人類之進步將不可思議。此之風潮此之消息何自起耶。曰起於一千八百五十九年（即咸豐九年）何以故。以達爾文之種源論（Origin of SPecies）出版於是年故。

達爾文名查理士羅拔（Charles, Robert, Darwin）英國人也。生於一千八百〇九年。（嘉慶十四年）與美國前大統領林肯英國前大宰相格蘭斯頓同歲生。論者稱其年爲人道之福星云。其祖父埃拉士瑪士。（Erasmus Darwin）以醫學及博物學有名於時。於植物變遷之跡。頗有所考究。父名羅拔。世其醫學。達爾文九歲喪母。其幼年在小學校也。才智無以逾人。校中功課。常出其妹之下。惟好搜集昆蟲草木金石魚介等以爲樂。蓋其博物學大家之資格。天授然也。十六歲入蘇格蘭之埃毡保羅大學。後更入琴布列大學。爲教師亨士羅所器重。受其薰陶。慨然有立偉功於學界之志。千八百三十一年。卒業於大學。時英國政府獎厲學術。將特派一探險船于海外。周航世界以資實驗。達爾文得亨士羅之保薦。遂得附所派之壁克兒船以行。時年僅二十二。是歲十二月二十一日。船發濟物浦。直航南亞美利加。復徧歷澳大利亞洲等處。環繞地球。五年而還。此五年內實爲其一生學問之基礎。一切實驗智識。皆得於是。歸國之後。首著「壁克兒航海日記」一書。以公於世。聲價藉甚。不數月而諸國翻譯殆徧。復陸續著「壁克兒航海之地質學」「珊瑚島之搆造及分布」等書。於是博物之名大噪。被舉爲國學會院名譽會員。千八百四十二年。遂去倫敦。卜居於京特省附近之一村落。屏絕塵俗。潛心滌慮。將航海五年內所蒐之材料所悟之新說。整齊之。鍛鍊之。益其精心毅力。務求眞理之極則。不敢自欺。不肯急功近名。以取譽於世。殆欲積二三十年之力。成一滿志躊躇之大著述。或至身後乃始布之。其眼光之偉大有如此者。

不圖事與心違。千八百五十八年。達氏之知友和理士。忽自南美洲寄一稿於達氏。請其商於先輩碩學黎埃兒氏而刊布之。達氏一讀其文。恰與己十年來所苦思力索蓄而未發之新說。一一暗合。若在器量蹞小者流。或不免爭名譽。起嫉忌。而思有以壓抑之。湮沒之。亦未可知。乃達氏胸中皎皎若秋月。曾無半點妖雲。直携其原稿以示黎埃兒、富伽兩前輩。此二人者。皆達氏之親交。而深知其平生所研究所懷抱者也。乃共勸達氏使急叙次其新著。一並布行。達氏乃自撮其新論之大略。與和理士氏之書。同宣布之於倫敦林娜學士會。實一八五八年七月一日也。此兩論一出。全國學者耳目爲之聳動。或嘆爲精新。或斥爲誕妄。評論沸騰。不知底止。達氏乃益蒐其材料。緯其理論。叙次成編。所謂種源論者。遂以一八五九年十一月出於世。

此書之未出也。世人皆以種爲一成不變者。物物皆由上帝特別創造之。自受造以來以迄今日。未嘗或變。今日之犬。即太古之犬也。今日之猴。即太古之猴也。今日之苔之松。即太古之苔之松也。以爲秉生以來。即釐然而不可易。若夫下等動植物之次第進化。以至變成今日之高等人類。此等怪誕之說。更無有人敢著想者。可無論矣。達爾文以前。雖有一二博物學者。稍有見于物類蕃變之現象。如拉麥氏於千八百一年所著書。曾微發其端倪。而達氏之祖父埃拉士瑪士所著。Joonia 一書。亦嘗大倡其說。雖然彼等雖知其變遷進化之跡。而不知其變遷進化之所以然。及種源論出。積多年之實驗。而以一大學理網羅貫通之。然後人物生生之理。乃顯于世界。今述其要畧如下。

達爾文以爲生物變遷之原因。皆由生存競爭優勝劣敗之公例而來。而勝敗之機。有由於自然者。有由于人爲者。由于自然者謂之自然淘汰。由於人爲者謂之人事淘汰。淘汰不已。而種乃日進焉。何謂人事淘汰。凡動物之豢飼者。植物之樹藝者。因其豢之培之之境遇不同。而無量數之變種起焉。譬之家兎常飼以某物。而其毛可以變色。常豢以某法。而其耳可以加長。如是者使之變百數十種不難焉。其實則皆自同種之野兎來耳。以是例之。乃至養鳩者。（達爾文最留心查鳩之變種。當時英國養鳩之風甚盛。達氏爲養鳩會會員。細心查之。有數百種變法云。）養金魚者。栽菊者。栽蘭者。其理莫不如是。皆本由一箇單同類之種。而人工能使之變。至數十數百而未有已也。

此等變種之生非突如其來者乃由極微極小之點漸漸而遷其始甚細其末甚鉅試觀之犬有獵犬有鬥犬有守羊羣之牧犬有衞宅門之家犬有牽挽車之御犬皆各具其特別之智能性質以適人之嗜好而供人之指揮非其祖種之生而即然也人類積多年之力馴之練之專濬發其機能之一部分是以及此

此不徒於物爲然也即人類亦有之古希臘之斯巴達人常用此法以淘汰其民凡子女之初生也驗其體格若有尫弱殘廢者輒棄之殺之無俾傳種惟留壯健者使長子孫以故斯巴達之人以强武名於時至今歷史上猶可見其遺跡焉此皆所謂人事淘汰之功也

自達爾文此說昌明各國敎育事業大有影響蓋今日文明世界雖斷斷無用斯巴達野蠻殘酷手段之理然知人之精神與體魄皆能因所習而有非常之變化以故近日學校益注意于德育體育兩途昔惟重敎授者今則尤重訓練可以懸一至善之目的而使一國人使世界人共向之以進積日漸久而必可以致之此亦達爾文之學說與有力焉者也

所謂天然淘汰者何也此義達爾文初不敢武斷其後苦思力索旁徵博較然後尋出物競天擇之公理此物與彼物同在一地而枯菀殊科者必其物有特別之點與天然界之境遇相適則能自存焉能傳種焉譬之砂漠有各種色之蟲孳生其間其所以受生者本相等也但青紅紫黑諸色等易於辨認故飛禽蜥蜴諸物輒搏而啄之日漸減少其種遂歸滅亡所存者則與沙漠同色而難辨認者也至飛禽蜥蜴諸物亦然其有青紅紫黑諸色者易於瞥見蟲類一觀而知爲其敵所在避之故常不得食以死日漸減少其種亦歸滅亡所存者則與沙漠同色而難瞥見者也以此之故凡沙漠中惟有黃色白色之蟲黃色灰色之鳥無他彼惟最適於其所在之境遇而已

達爾文推物競之起原以爲地上所產出之物數比諸其所以營養之之物質常不能相稱其超過之率殆不可思議若使有生而無滅則一雌一雄所產之子孫轉瞬間可占盡全球之面積而有餘即如人類生殖最遲者也二十五年而增加一倍以此比例則一夫婦之子孫經千年後已屏足而立于地球矣況乎動植物之孳生速率遠非人類所能比者乎動物生產最遲者莫如象自三十歲至九十歲可以產子計最少數一

牝牡產六子。經七百五十年。則當得象一千九百萬頭矣。自餘百物。皆可類推。以此之故。於有限之面積中。而容無限之品類。其勢固不可以不競爭。競爭之結果如何。即前節所述適者生存之公例是也。

達爾文以爲此天然淘汰之力。無有間斷。無有已時。比諸人事淘汰之力。其宏大過之萬萬。猶天產物與人造物之比例也。且其影響。不特在同種之物而已。各物與各物之間。往往互有關係。其繁賾至不可思議。試舉其例。嘗有人移植英國產之一種蘭花於紐西崙之原野。屢植而不能孳生。惟村落附近則叢茂焉。推原其故。蓋蘭花之孳殖。常藉蜜蜂互遞其花粉於雄莖雌蕊之間。然後搆精而傳種焉。而紐西崙之地多野鼠。野鼠喜食蜜蜂。蜜蜂不生而蘭自不得長。村落附近所以反是者何也。則以其有貓。有貓故無野鼠。無野鼠故有蜜蜂。有蜜蜂故有蘭。夫孰知蘭之生產與彼風馬牛不相及之貓有若此之大關係乎。達爾文引此等證据甚多。使人知事物與事物相關聯之間。其原因極繁賾。達氏之眼光可謂偉大矣。

萬物同競爭。而異類之競爭。不如同類之尤激烈。蓋各自求食。而異類者各有所適之食彼此不甚相妨虎之與牛也狼之與羊也鳥之與蛇也其競爭不如虎之與虎狼之與狼蛇之與蛇也大抵愈相近則其爭愈劇人之與魚鳥爭不如其與獸爭之甚也歐洲人與他洲之士蠻爭不如歐洲各國自爭之甚也而其爭愈劇則其所謂最適者愈出焉

夫所謂適者生存非徒其本體之生存而已必以己所以優所以勝之智若力傳之於其子子又傳諸其孫如是久而久之其所特有之奇材異能益爲他物之所不能及於是其當初偶然所得之能力遂變而爲一定之根性馴致別爲一種族而後已焉此種之變遷所由起也

苟明此理則知現今庶物之樊然殺列者其先必皆有所承襲而來若深究其本質必有彼此相同之痕跡可以尋得者其最始必同本於一元而現今之生物界不過循過去數十萬年自然淘汰之大例由單純以趨於繁賾而已即吾人類亦屬生物之一種不能逃此公例之外故達爾文據地質學家所考究地下層石內之古生物察其變遷進化之順序以著所謂人祖論（The Descent of Man）者於一千八百七十一年出版

以明人類亦從下等動物漸次進化而來。

達爾文自種源論出版以後猶日日蒐集研究至老不衰其後陸續著行之書二十餘種以一千八百八十二年（光緒八年）卒年七十有四其訃音登於報紙中知與不知莫不嗟悼卒由國會决議以國葬之禮瘞其遺蛻於名儒奈端氏之墓傍俄美德法意大利西班牙各國皆派員會葬諸國之大學諸學會之代表員來會者千數云。

爾達文之著書二十七種不下千數百萬言其學理之精深證據之繁博今世無量數之鴻儒碩學竭畢生之力以研究之尚不能盡其端倪況余之新學小生欲以區區數葉之論文揭其綱領烏能有當但今所以草此篇之意欲吾國民知近世思想變遷之根由又知此種學術不能但視爲博物家一科之學而所謂天然淘汰優勝劣敗之理實普行於一切邦國種族宗教學術人事之中無大無小而一皆爲此天演大例之所範圍不優則劣不存則亡其機間不容髮凡含生負氣之倫皆不可不戰兢惕厲而求所以適存於今日之道云爾。

達爾文新說之出於世也耶蘇教徒視之如讐如數百年前反對地動說之故事出全

力以抗之。蓋以其論與舊約創世記所謂上帝以七日造成人物之說不相容。也雖然。眞理者最後之戰勝。彼等至今已加反舌之無聲矣。

# 時局

## 論民族競爭之大勢

（續第二號）

中國之新民

其三俄羅斯　俄羅斯之帝國主義由來最久其初起也雖緣君主之野心其大成也實緣民族之暗潮其外形雖爲侵略之蠻行其內相實由膨脹之實力試細論之俄國之發達可分爲三段第一段君士但丁奴不也第二段阿富汗斯坦也第三段支那也俄人之欲建大帝國也起於突厥未據君堡（即君士但丁奴不之省稱下仿此）以前第十世紀時烏拉秩米第一受洗於君堡娶東羅馬帝之女實爲俄人與君堡交涉之始者後爲蒙古所侵害雄圖一挫至十五世紀後半伊凡第三又娶羅馬帝之姪始稱尊號曰沙 Csar 用東羅馬雙鷲徽章隱然以承襲羅馬帝統自命然彼時突厥之勢正强君堡遂爲所陷（一四五三年）俄人志不得逞至十六世紀伊凡第四盆鞏勢力於墨斯科（俄舊都）號爲第三羅馬遂越烏拉山進入鮮卑（即西伯利亞）實大彼得以前百年間事也十七世紀之下半彼得即位銳意侵略但其手段雖在侵略其用志全在半和以開化國民爲最大之目的彼不

徒變俄國之兵制與俄國之海軍而已。以萬乘之尊。親赴荷蘭。雜伍傭作。學種種文明技術。傳之於本國。大彼得之主義方針。即俄國二百年來之主義方針也。大彼得之品性。本在半文半野之間。俄國（指人格之俄國）亦然。雖然彼常以平和為競爭之手段。以開發內國為對外競爭之本原。其欲出君堡也。欲出極東之遼東半島也。皆繼大彼得之遺志。藉此以開化歐俄（俄地之在歐洲者）及鮮卑也。大彼得常言吾之所欲者非陸而海也。故既突進於波羅的海。復略格里迷亞。汲汲然欲出於黑海。其目的實在繁殖內地。而以君堡為世界商務之中心點也。

抑俄國之漲進。不在工商業而在農業。俄人土著之民也。非有地面。則不能擴其勢力。其工業近年雖大發達。出入口皆頗增加。雖然大率益假手於外國人。而其本國所營者至有限也。俄人雖取保護稅政策。排斥外國商品。然其國內新工業仍不能起。惟舊式產業愈益繁昌耳。然則俄國之帝國主義。必非如外國之欲求市場於他地也。彼雖求得市場。而亦無製造品以充牣之利用之也。故俄人之經略世界。不用飛越遠攫之法。而用就近蠶食之法。無以譬之。譬諸火山。其噴口愈衝愈力。鎔石之汁。蔓延四方。而

二

不知所終極者。俄國之情狀也。

俄人有一種貴族。在其國中最有勢力。所謂軍中門閥是也。彼等素懷野心。欲行侵略主義於亞細亞。其政府之政策。大率爲此輩所鞭策。而進取之方針益强。此輩大率謀略優長。手段活潑。且與國同休戚。一國之實權。皆在其手。彼其數世紀以前蠶食中亞細亞及土耳其也。皆非由政府之命令。不過軍人功名心盛。毅然以一身負責任。服征土民。移植俄族。先以一私人之資格。剏此大業。然後政府以政略隨其後耳。近世黑龍江畔之侵略。亦由讃拉威夫等私人之事業以爲之前驅。然則謂俄人帝國主義全由君主之雄心而發者。尙非能知其眞相也。彼其民族膨脹之力。有非偶然者也。英人之滅印度也。亦由一公司以私人之資格。篳路藍縷以啓山林。百戰功成。主權斯得。然後以奉諸政府。其事與俄人在中亞細亞在黑龍江畔所行者正同一轍。但英國商國也。故商人開之。俄國軍國也。故軍人開之。其起於私人一也。其爲民族主義一也。即我中國亦固有之矣。星加坡檳榔嶼之地。皆由廣東嘉應州葉姓者一族。與土蠻力戰三次。前後亘十餘年。乃開闢之者也。顧彼則一私人創之而政府爲其後援。故大業克成。而同族皆受其益。我則有私人而無政府。故葉族既闢星檳。不能自治。不得不拱手以讓諸英人。嗚呼。我民族非劣於他國。而有壓之使不得漲進者焉。此可爲浩歎也。

由此觀之。俄人之帝國主義。其主動力有三。一曰君主之雄圖。二曰民族之漲性。農業之盛大人口之漸增三曰軍人之野心。合此三者。並爲一途。此必非如暴風疾雨可以崇朝而息者也要而論之則俄羅斯者實代表斯拉夫民族之特性者也斯拉夫爲世界各民族中後起之秀其前途泱泱如春潮勃勃如坼甲隱然有蹴踏拉丁凌駕條頓之勢當今勢力之最可怖者孰有過於俄者乎

俄人於所征服之地其馭之最有方厚遇其酋長授以官位結其歡心寬待其士民多興工業使食其利因其性不易其俗隨其教不易其宜務使之知俄族之可親以生其喁喁向內之心故當其侵略之始恒用絕大蠻力當頭一棒使畏俄國之威其既得之後則用噢咻煦嫗寬大羈縻使懷俄國之德故俄人在亞洲所得屬地能使其士民忽與俄同化固由俄族本爲半歐半亞之種與亞人易於混同亦由其深察亞人之性質習慣得其道以馭之也以視英人德人等之自尊大自表異而屢憎於人者其手段之强弱優劣殆相去萬萬也故歐人謂俄國爲殖民事業成功最多之國非虛言也

其四美利堅　距今二百年前歐人有以愛平等愛自由愛進步愛活動爲目的者相率而遷於新世界（歐人常稱西半球爲新世界）其子孫日漸滋殖日漸漲進一戰而建造獨立自治之國家者華盛頓時代也再戰而實行平等博愛之理想者林肯時代也三戰而掌握世

界平準（日本所謂經濟今擬易以此二字）之大權者麥堅尼時代也美國之地理之人民之歷史皆有其不得不然之結果昔以農業國得名者此後二十世紀中忽變爲工業國商業國質而言之則美國者實將來平準界中獨一無二之大帝國也

麥堅尼之帝國主義非麥堅尼一人所能爲也美國民族之大勢有使之不得不然者也平準學大家波流氏曰「美國昔以其食品苦我歐洲之農業界者今其製造品且將以滔天洪水之勢淹沒倫歐之產業使無餘地矣」蓋美人商業進此之速實爲古來所未有一八九九年與一九〇〇年比較一年之中其出口貨之增實四萬萬零六百萬圓其製鐵事業之壯大足以寒歐工之胆自近世托辣士托（各公司聯合資本之義）之制行平準界之組織一變世界之貨幣盡吸集於美國紐約芝加哥諸大市遂爲全地球金融（謂金銀行情也日本人譯此兩字今未有以易之）之中心點而平準大權竟由歐而移于美今日對美政策實全歐公共之最大問題也又不惟歐洲而已其在東方美國之物品亦日增月盛入中國者入滿洲者入西伯利者入日本者其率皆驟進如煤油烟草之在日本開礦機器鐵路材料等之在滿洲其尤著者也彼其勢力之在東西兩洋者如此兩洋之人驚駭之而

妒嫉之者又如彼。然則美國人之自視果何如。昔猶未能自知其力之如此雄且鉅也。今則其國民之多數。皆以財界牛耳自任。元老院議員洛知氏嘗言。「吾美今與歐洲商戰。方始交綏。諸國出死力以敵我。吾之準備。一刻不容稍懈。非使全世界各國之民皆服從於我國財力之下。則不可止也」云云。雖其言不無太過。然亦可以見美人之意嚮焉矣。（未完）

## 政治

# 論政府與人民之權限

中國之新民

天下未有無人民而可稱之爲國家者。亦未有無政府而可稱之爲國家者。政府與人民。皆搆造國家之要具也。故謂政府爲人民所有也不可。謂人民爲政府所有也尤不可。蓋政府人民之上。別有所謂人格（人格之義屢見前冊）之國家者。以團之統之。國家握獨一最高之主權。而政府人民皆生息於其下者也。重視人民者。謂國家不過人民之結集體。國家之主權即在箇人（謂一箇一箇人也）其說之極端。使人民權無限。其弊也陷於無政府黨。率國民而復歸於野蠻。重視政府者。謂政府者國家之代表也。活用國家之意志而使現諸實者也。故國家之主權即在政府。其說之極端。使政府之權無限。其弊也陷於專制主義。困國民永不得進於文明。故欲搆成一完全至善之國家。必以明政府人民之權限爲第一義。

因人民之權無限以害及國家者。泰西近世間或有之。如十八世紀末德國革命之初期是也。雖然、此其事甚罕見。而縱觀數千年之史乘。大率由政府濫用權限侵越其民。以致衰致亂者。殆十而八九焉。若中國又其尤甚者也。故本論之宗旨。以政府對人民之權限爲主眼。以人民對政府之權限爲附庸。

政府之所以成立。其原理何在乎。曰、在民約。民約之義。法國碩儒盧梭倡之。近儒每駁其誤。但謂此義爲反於國家起原之歷史則可。謂其謬於國家成立之原理則不可。雖憎盧梭者。亦無以難也。人非羣則不能使內界發達。人非羣則不能與外界競爭。故一面爲獨立自營之箇人。一面爲通力合作之羣體。或言由獨立自營。進爲通力合作。此語於論理上有缺點。蓋人者能羣之動物。自最初即有羣性。非待國羣成立之後而始通合也。既通合之後。仍常有獨立自營者存。其獨性不消滅也。故隨獨隨羣。即羣即獨。人之所以貴於萬物也。此天演之公例。不得然者也。既爲羣矣。則一羣之務。不可不共任其責。固也。雖然、人人皆費其時與力於羣務。則其自營之道。必有所不及。民乃相語曰。吾方爲農。吾方爲工。吾方爲商。吾方爲學。無暇日無餘力以治羣事也。吾無寧於吾羣中公選若干人而一以託之焉。斯則政府之義也。政府者。代民以任羣治者也。故欲求政府所當盡之義務。與其所應得之權利。皆不可不以此原理爲斷。

然則政府之正鵠何在乎。曰在公益。公益之道不一。要以能發達於內界而競爭於外。

界爲歸故事有一人之力所不能爲者則政府任之有一人之舉動妨及他人者則政府彈壓之政府之義務雖千端萬緒要可括以兩言一曰助人民自營力所不逮二曰防人民自由權之被侵而已率由是而綱維是此政府之所以可貴也苟不爾爾則有政府如無政府又其甚者非惟不能助民自營力而反窒之非惟不能保民自由權而又自侵之則有政府或不如其無政府數千年來民生之所以多艱而政府所以不能與天地長久者皆此之由

政府之正鵠不變者也至其權限則隨民族文野之差而變變而務適合於其時之正鵠譬諸父兄之於子弟以導之使成完人爲正鵠當其孩幼也父兄之權限極大一言一動一飲一食皆干涉之蓋非是則不能使之成長也子弟之智德才力隨年而加則父兄之干涉範圍隨年而減使當弱冠强仕之年而父母猶待以乳哺孩抱時之資格一一干涉之則於其子弟成立之前途必有大害夫人而知矣國民亦然當人群幼稚時代其民之力未能自營非有以督之則散漫無紀而利用厚生之道不興也其民之德未能自治非有以箝之則互相侵越而欺凌殺奪之禍無窮也當其時也政府之權

限不可不强且大。及其由撥亂而進升平也民既能自營矣自治矣而猶欲以野蠻時代政府之權以待之則其俗强武者必將憤激思亂使政府岌岌不可終日其俗柔懦者必將消縮萎敗毫無生氣而他羣且乘之而權其權地其地奴其民而政府亦隨以成灰燼故政府之權限與人民之進化成反比例此日張則彼日縮而其縮之乃正所以張之也何也政府依人民之富以爲富依人民之强以爲强依人民之利以爲利依人民之權以爲權彼文明國政府對於其本國人民之權雖日有讓步然與野蠻國之政府比較其尊嚴榮光則過之萬萬也

今地球中除棕黑紅三蠻種外大率皆開化之民矣。然則其政府之權限當如何。曰凡人民之行事有侵他人之自由權者則政府干涉之苟非爾者則一任民之自由政府宜勿過問也所謂侵人自由者有兩種一曰侵一人之自由者二曰侵公衆之自由者侵一人自由者以私法制裁之侵公衆自由者以公法制裁之私法公法皆以一國之主權而制定者也主權或在君。或在民。或君民皆同有。以其國體之所屬而生差別。而率行之者則政府也最文明之國民。能自立法而自守之。其侵人自由者益希。故政府制裁之事。用力更少。史稱堯舜無爲

四　三〇二

而治。若今日立憲國之政府眞所謂無爲而治也。不然者。政府方日禁人民之互侵。自由而政府先自侵人民之自由。是政府自己蹈天下第一大罪惡（西哲常言天下罪惡之大未有過於侵人自由權者）而欲以令於民。何可得也。且人民之互相侵也。有裁制之者。而政府之侵民也。無裁制之者。是人民之罪惡可望日減。而政府之罪惡且將日增也。故定政府之權限。非徒爲人民之利益。而實爲政府之利益也。

英儒約翰彌兒所著自由原理 John Stuart Mill's On Liberty 有云。

縱觀往古希臘羅馬英國之史册。人民常與政府爭權。其君主或由世襲。或由征服。據政府之權勢。其所施行。不特不從人民所好而已。且壓抑之蹂躪之。民不堪命。於是愛國之義士出。以謂人民之不甯。由於君權之無限。然後自由之義乃昌。人民所以保其自由者。不出二法。一曰限定宰治之權。與君主約而得其承諾。此後君主若背棄之。則爲違約失職。人民出其力以相抵抗。不得目爲叛逆是也。二曰人民得各出己意。表之於言論。著之於律令。以保障全體之利益是也。此第一法歐洲各國久已行之。第二法則近今始發達。亦漸有披靡全地之勢矣。

或者曰。在昔專制政行。君主知有己不知有民。則限制其權。誠非得已。今者民政漸昌。一國之元首。（元首者。兼君主國之君主民主國之大統領而言）殆皆由人民公選而推戴之者。可以使之欲民所欲而利民所利。暴虐之事。當可不起。然則雖不爲限制亦可乎。曰是不然。雖民政之國。苟其政府權限不定。則人民終不得自由。何也。民政之國。雖云人皆自治。而非治於人。其實決不然。一國之中。非能人人皆有行政權。必有治者與被治者之分。其所施政令。雖云從民所欲。然所謂民欲者。非能謂全國人所同欲也。實則其多數者之所欲而已。（按民政國必有政黨。其黨能在議院占多數者。即握政府之權。故政治者。實從國民多數之所欲也。往昔政學家謂政治當以求國民全體之幸福爲正鵠。至碩儒邊沁。始改稱以最大多數之最大幸福爲正鵠。蓋其事勢之究竟。僅能如是也。）苟無限制。則多數之一半。必壓抑少數之一半。彼少數勢弱之人民。行將失其自由。而此多數之專制。比於君主之專制。其害時有更甚者。故政府與人民之權限。無論何種政體之國。皆不可不明辨者也。

由此觀之。雖在民權極盛之國。而權限之不容已。猶且若是。况於民治未開者耶。記不云乎。「天生民而立之君。使司牧之。豈其使一人肆於民上也。」故文明之國家。無一人可以肆焉者。民也如是。君也如是。少數也如是。多數也如是。何也。人各有權。權各有限。

也。權限云者。所以限人不使濫用其自由也。濫用其自由。必侵人自由。是謂野蠻之自由。無一人能濫用其自由。則人人皆得全其自由。是謂文明之自由。非得文明之自由。則家國未有能成立者也。

中國先哲言仁政。泰西近儒倡自由。此兩者其形質同而精神迥異。其精神異而正鵠仍同。何也。言仁政必言保民。必言牧民。牧之保之云者。其權無限也。故言仁政者只能論其當如是。而無術以使之必如是。雖以孔孟之至聖大賢。曉音瘏口以道之。而不能禁二千年來暴君賊臣之繼出踵起。魚肉我民。何也。治人者有權。而治於人者無權。其施仁也。常有鞭長莫及。有名無實之憂。且不移時而熄焉。其行暴也。則窮凶極惡。無從限制。流毒及全國。亘百年而未有艾也。聖君賢相。既已千載不一遇。故治日常少而亂日常多。若夫貴自由定權限者。一國之事。其責任不專在一二人。分功而事易舉。其有善政。莫不徧及。欲行暴者。隨時隨事。皆有所牽制。非惟不敢。抑亦不能。以故一治而不復亂也。是故言政府與人民之權限者。謂政府與人民立於平等之地位。相約而定其界也。非謂政府畀民以權也。凡人必自有此物。然後可以畀人。民權者非政府所自有也。何從畀之。孟子曰。天子不能以天下與人。亦以天下非天子所能有故也。

趙孟之所貴趙孟能賤之政府若能畀民權則亦能奪民權吾所謂形質同而精神逈異者此也然則吾先聖昔賢所垂訓竟不及泰西之餘唾乎是又不然彼其時不同也吾固言政府之權限因其人民文野之程度以爲比例差當二千年前正人羣進化第一期如負牀之童事事皆須藉父兄之顧復故孔孟以仁政爲獨一無二之大義彼其時政府所應有之權與其所應盡之責任固當如是也政治之正鵠在公益而已今以自由爲公益之本昔以仁政爲公益之門所謂精神異而正鵠仍同者此也但我輩既生於今日經二千年之涵濡進步儼然棄童心而爲成人脫蠻俗以進文界矣豈可不求自養自治之道而猶學呱呱小兒仰哺於保姆耶抑有政府之權者又豈可終以我民爲弄兒也權限乎權限乎建國之本太平之原舍是曷由哉

# 教育

## 中國新教育案

警心

### 發端

一國盛衰興亡之故。其主因要不外數端。曰吏治、武備、財政、邦交、教育而已。今試觀中國之此數者。其現象何如。百度無紀。漫漶蒙暗。舉國之民。視政治爲官家之私物。舉國之官。又不知政治爲何事。則吏治、然也。外則天險之雄。藩悉委敵兵。內則列强之鐵道。布滿大地。苟無知不逞之徒。乘間騷動。則防家賊之重衛。適足爲導敵騎之先驅。則武備、然也。查光緒二十五年。歲入僅八千八百二十萬兩。而歲出超過千二百九十萬餘兩。惟賴羅雀掘鼠。敲骨剝膚。以塡補彌縫之。今又益以四億五千萬之償欵矣。況推行新政。需費甚繁。而改訂通商條約以後。外人之吸取尤甚。積蓄旣盡于平時。生發難期于俄頃。官窮于上。民困于下。則財政、又然也。至于邦交。則更可無論矣。日受人之迫壓。日削已之權勢。言分割則與非洲同列。論保全則與朝鮮幷擧。夫兼弱攻昧。取亂侮亡。

天則也。強者應享之權利也。已則不振。何尤于人。故居今日而不急以飭吏治與武備理財政愼邦交爲急務。無是理也。雖然即今日而竭慮盡智以飭之與之理之愼之其效能即現于目前乎。不惟目前也。即使待之于數年十數年之後。其所謂吏治武備財政邦交數者。其進步果何若。其成功果何若。雖有辯者。亦豈能解答此問題哉。吾敢斷言之曰。能以吏治武備財政邦交爲務者。其見不可謂不卓。其心不可謂不苦。而推其功效之極點。亦僅足以救亡而必不足以致強。僅足以延舊國之殘喘於一時而必不能立新國之基礎於百世。強之新之舍教育末由。

天下事未有中立者也。夫使雖不強而仍可以不亡。新國雖不立而舊國尚可以永保。則吾儕亦娛嬉以安焉無如今日物競天擇至劇至烈之世界。勢必壓抑第二等以下之國而使之不能立於天地。而我中國者又慢藏誨盜而爲今世界萬矢之的者也。故居今日而僅求不亡。則未有能自存者。以圖強之心救亡。則莫能亡我。而強亦必自致。此不獨中國爲然。而今日之中國尤亟亟者也。凡國之在世界也。往往有玄黃交代之奇遇。有天人洊迫之劇勢。當此運。處此勢。亡也恒於斯。強也恒於斯。彼德意志與日本其前事矣今中國之遭此奇遇而乘此劇勢也爲禍歟爲福歟間不容髮而一聽我國之自擇要之不宜以僅足救亡之吏治武備財政邦交自足而必當注全力於可以致强之教育昭昭然也疇昔中國人不信教育之如是其重要也近覩外人之重之也則亦隨聲附和樊然叫囂于國中曰教育教育雖然吾國今日之教育有異于他國而其重要亦什佰仟萬于他國者殆猶非其所能知也何也他國以昔日之教育致今日之盛强今則規模大定政學之力趨于平均故教育一事亦若僅得與吏治武備財政邦交并列齊舉而可無軒輊也顧我國則何如矣今之任吏治任武備任財政任邦交者豈嘗有深固專一之教育爲其根柢而漫曰飭之振之理之愼之充其量不過修飾枝葉而已無有根本何有枝葉以此言之則雖謂今日中國且不言吏治武備財政邦交而專言教育亦無不可蓋必有教育而後此數者始有所自出也教育者所以成全此奇遇利用此劇勢而勿辜負之者也

所謂此奇遇劇勢可以成全利用而其功必歸於教育者何也一曰實力之久蘊而將發也厖然大獅熟睡于無邊砂漠中者萬數千歲泰山枕欹黃河席坼曾不足以破其

三

頑夢今則激五洋之風潮以相蕩飛入國之彈砲以爲警而彼沈迷于黑甜鄉者乃始猛然返魂霍然張目行將昂首獨步問鼎羣雄是長吼一聲百獸震恐我國之寔力誰能量之二曰靈光之固有而獨優也我國爲東洋開化之鼻祖學材富贍甲於天下特以湮塞既久失其本來今假新智識之鑰靈啓無盡藏之鴻祕文明以相接而益昌學界齎倍利而報本泰西文明本受諸東方今以其新文明餉我亦反哺之義應然耳曙光復起於東陸願力將普于大千人類之福利益增前途之希望何限三曰取法之繁備而有藉也歐美今日富強之結果非得之一旦亦非得之一途也其探索甚久其組織極繁其所嘗之艱辛苦痛父終而子繼甲仆而乙起乃得次第尋其頭緒發其蘊奧而收其明效大驗無論官焉士焉兵焉農焉工焉商焉者之所業莫不皆然而我今乃得截長補短取善棄惡使并歸我用而不我疵瑕天下幸事孰有過此四曰民族之優尙而善受也我國人性質聰慧勤勉堅貞敏捷徒以泥于思古而不悟萬物進化之眞理局于一隅而不知全球活動之大勢今乃得抽換其陳腐之空氣引導于活潑之舞臺則誰有垂天之翼而不欲圖南誰無愛國之心而不勉自立是生存競爭之機愈烈而我民族之膨脹力必愈益發揚光大

也五曰外界之刺激而助力也敗恥屢積之餘而今又新敗成法不變之後而今又重變摩蕩之熱力天地一爐感憤之同情新舊無界自茲以往則交涉日密而激刺亦日加當外交之要衝則冠帶之顏色如灰乘戰勝之餘威則强暴之魚肉更甚是皆非天之寵其驕子以虐吾國也天正欲玉成吾國使祛隔閡之魔力泯猜忌之私心故昔昔提撕之在在警戒之必使上下相固死生不渝以出于發憤自强之一途也綜此五者則奇遇實爲幸遇劇勢實爲優勢天乎人乎千載一時哉夫以天然力之優美也如此歷史上之榮光也如此外界機會之便利也如此國于此者何憂于亡何憂于不强然今日猶未能決定此問題者則以救亡致强之道不徒在天然而在人爲不徒在歷史而在現狀不徒在外界之應機而在內界之本領審如是也非胥國民而教育之果何由而成哉

文明諸國之盛也人無不學學無不成學成無不益于國而推其所以致此之故厥有三因曰有精神以鼓舞之有方法以便利之有制度以範圍之三者具于是官以督民師以策弟綜一國之教育事業血脈流通元氣充溢形成一有機體無偏歧無採雜自

暢其滋生榮發以遂其長成故充其量遂能使全國彊土皆爲教育界之領地全國人材皆爲教育家之產物今試徵我國教育之現況果若何留學于外者以日本爲最多今二百七十人中而有志師範者乃僅六人是四十五人始得一言教育者也然學政法武備工藝諸科者亦即受政法武備工藝諸科之教育則統名之曰是皆爲中國開教育之基者亦無不可然以中國如是之大日本如是之近而來學者如是之寡可不謂之寂寥矣乎至內地各省學堂則率皆以舊有書院改名更張因陋就簡而成形體且不完課目且不備更望其居講席者能知教人之責任執弟子禮者能知爲學之目的噫嘻直如鳳毛麟角之難遇矣夫泛巨艦于大洋乘長風衝怒濤其恃以達彼岸者則艦首之方針而已出大軍于戰地臨強敵鞭快馬其恃以決勝敗者則陣前之將令而已國譬則舟也國民譬則兵也而其所恃爲方針爲將令之教育其力乃若是之薄弱其進步乃如是之遲滯嗚呼中國之前途吁其危哉

精神也方法也制度也必與其本國民族之特性及其地理之關係歷史之關係與夫外界所遇之時勢相應相劑然後生焉此各國所固有而他國不能假借者也故今日

中國不知教育之爲重要則亦已耳既已知之則必當求爲中國之教育而勿爲外國之教育求爲中國現在未來之教育而非中國過去之教育何者爲中國今日必要之精神何者爲中國今日應用之方法何者爲中國今日可行之制度此必非如一知半解之輩摭拾二千年前之往訓侈然以持正教本自命而遂可以圖功亦非如吠聲逐影者流抄襲外國百數十條之學校規則生吞活剝斷鳧續鶴而遂可以致效噫此吾『中國新教育案』之所爲作也。

抑吾更有一言精神方法制度三者固相須而始完然有精神然後有方法有精神方法然後有制度是精神又主中之主原中之原也且制度者必藉國權然後立焉方法者必待其人然後行焉若精神者則一國之教育須之一校之教育須之一私人之教育亦須之有一國之權者發揮精神於全國可也有一校之權者發揮精神於全校可也即無權焉而抱持此精神以自教育亦可以使我躬成一完全國民之資格而爲强國之一分子夫人人而自教育焉人人成一完全國民之資格焉則所以利用此奇遇此劇勢者於是乎在故方法與制度有待焉者也若精神則無待焉者也讀此篇者於

精神上三致意焉。則作者之志也。

# 學術

## 論中國學術思想變遷之大勢

中國之新民



### 第一章　總論

學術思想之在一國。猶人之有精神也。而政事法律風俗及歷史上種種之現象。則其形質也。故欲覘其國文野强弱之程度如何。必於學術思想焉求之。

立於五洲中之最大洲而爲其洲中之最大國者誰乎。我中華也。人口居全地球三分之一者誰乎。我中華也。四千餘年之歷史未嘗一中斷者誰乎。我中華也。我中華有四百兆人公用之語言文字。世界莫能及。（據一千九百年之統計。歐洲各國語之通用。以英爲最廣。猶不過一百十二兆人耳。較吾華文。僅有四分之一也。印度人雖多。而其語言文字。糅雜殊甚。中國雖南北閩粵。其語異殊。至其大致則一也。此事爲將來一大問題。別有文論之。）我中華有三十世紀前傳來之古書世界莫能及。（墳典索邱。其書不傳。姑勿論。即如尚書。已起于三千七八百年以前夏代史官所記載。約距今三千五百年。婆羅門之四韋陀論。亦然。希臘和馬耳之詩歌。約在二千八九百年前。門梭之埃及史。約在二千三百年前。皆無能及尚書者。若夫二千五百年以上之書。則我中國今傳者尚十餘種、歐洲乃無一也。此眞我國民可以自豪者。）西人稱世界文明之祖國有五。曰中華曰印度曰安息曰埃及曰墨西哥。然彼四地者。其國亡。其文明與之俱亡。今試一游其墟。但有摩訶末遺裔鐵騎蹂躪之跡。與高加索強族金粉歌舞之塲耳。而我中華者。屹然獨立。繼繼繩繩。增長光大。以迄今日。此後且將匯萬流而劑之。合一爐而冶之。於戲美哉我國。於戲偉大哉我國民。吾當草此論之始。吾不得不三薰三沐。仰天百拜。謝其生我於此至美之國。而爲此偉大國民之一分子也。

深山大澤而龍蛇生焉。取精多用物宏而魂魄強焉。此至美之國。至偉大之國民。其學術思想所磅礴鬱積。又豈彼崎嶇山谷中之獷族。生息彈丸上之島夷。所能夢見者。故合世界史通觀之。上世史時代之學術思想。我中華第一也。（泰西雖有希臘梭格拉底亞里士多德諸賢。然安能及我先秦諸子。）中世史時代之學術思想。我中華第一也。（中世史時代。我國之學術思想雖稍衰。然歐洲更甚。歐洲所得者。惟基督教及羅馬法耳。自餘則暗無天日。歐洲以外。更不必論。）惟近世史時代。則相形之下。吾汗顏矣。雖然、近世史之前途。未有艾也。又安見此偉大國民不能恢復乃祖乃宗所處最高尚最榮譽之位置而更執牛耳於全世界之學術思想界者吾欲草此論吾之熱血如火如燄吾之希望如海如潮吾不自知吾氣燄之何以坌涌吾手足之何以舞蹈也於戲吾愛我祖國吾愛我同胞之國民生此國爲此民享此學術思想之恩澤則歌之舞之發揮之光大之繼長而增高之吾輩之責也而至今未聞有從事於此者何也凡天下事必比較然後見其眞無比較則非惟不能知己之所短並不能知己之所長前代無論矣今世所稱好學深思之士有兩蔽一則徒爲本國學術思想界所窘而於他國者未嘗一涉其樊也一則徒爲外國學術思想所眩而於本國者不屑一厝其意也夫我界既如此其博大而深賾也他界復如此其燦爛而蓬勃也非竭數十年之力於彼乎於此乎一一擷其實咀其華融會而貫通焉則雖欲歌舞之烏從而歌舞之區區小子於四庫著錄十未睹一於他國文字初問津焉爾夫何敢搖筆弄舌從事於先輩所不敢從事者雖然吾愛我國吾愛我國民吾不能自已吾姑就吾所見及之一二雜寫之以爲吾將來研究此學之息壤流布之以爲吾同志研究此學者之篳路藍縷天如假我數十年乎我同胞其有聯袂而

起者乎。佇看近世史中我中華學術思想之位置何如矣。

且吾有一言欲爲我青年同胞諸君告者。自今以往二十年中。吾不患外國學術思想之不輸入。吾惟患本國學術思想之不發明。夫二十年間之不發明。於我學術思想必非有損也。雖然。凡一國之立於天地。必有其所以立之特質。欲自善其國者。不可不於此特質焉淬厲之而增長之。今正當過渡時代蒼黃不接之餘。諸君如愛國也。欲喚起同胞之愛國心也。於此事必非可等閑視矣。不然。脫崇拜古人之奴隸性。而復生出一種崇拜外人蔑視本族之奴隸性。吾懼其得不償失也。且諸君皆以輸入文明自任者也。凡教人必當因其性所近而利導之。就其已知者而比較之。則事半功倍焉。不然。外國之博士鴻儒亦多矣。顧不能有裨於我國民者何也。相知不習而勢有所扞格也。若諸君而吐棄本國學問不屑從事也。則吾國雖多得百數十之達爾文、約翰彌勒、赫胥黎、斯賓塞。吾懼其於學界一無影響也。故吾草此論。非欲附益我國民妄自尊大之性。蓋區區微意。亦有不得已焉者爾。

今於造論之前。有當提表者數端。

吾欲畫分我數千年學術思想界爲七時代。一胚胎時代。春秋以前是也。二全盛時代。春秋末及戰國是也。三儒學統一時代。兩漢是也。四老學時代。魏晉是也。五佛學時代。南北朝唐是也。六儒佛混合時代。宋元明是也。七衰落時代。近二百五十年是也。八復興時代。今日是也。其間時代與時代之相嬗。界限常不能分明。非特學術思想有然。即政治史亦莫不然也。一時代中或含有過去時代之餘波與未來時代之萌蘗。則舉其重者也。其理由於下方詳說之。

吾國有特異於他國者一事。曰無宗教是也。淺識者或以是爲國之恥。而不知是榮也非辱也。宗教者於人群幼稚時代雖頗有效。及其既成長之後。則害多而利少焉。何也。以其阻學術思想之自由也。吾國民食先哲之福。不以宗教之臭味混濁我腦性。故學術思想之發達。常優勝焉。不見夫佛教之在印度在西藏在蒙古在緬甸暹羅。恒抱持其小乘之迷信。獨其入中國。則光大其大乘之理論乎。不見夫景教入中國數百年而上流人士從之者希乎。故吾今者但求吾學術之進步。思想之統一。（統一者謂全國民之精神非擯斥異端之謂也）不必更以宗教之末法自縛也。

生理學之公例凡兩異性相合者其所得結果必加良。種植家常以梨接杏。以李接桃。牧畜家常以亞美利加之牡馬。交歐亞之牝駒。皆利用此例也。男女同姓。其生不蕃。兩緯度不同之男女相配。所生子必較聰慧。皆緣此理。此例殆推諸各種事物而皆同者也大地文明祖國凡五各遼遠隔絕不相溝通惟埃及安息藉地中海之力兩文明相遇遂產出歐洲之文明光耀大地焉其後阿剌伯人西漸十字軍東征歐亞文明再交媾一度乃成近世震天鑠地之現象皆此公例之明驗也我中華當戰國之時南北兩文明初相接觸而古代之學術思想達于全盛及隋唐間與印度文明相接觸而中世之學術思想放大光明今則全球若比鄰矣埃及安息印度墨西哥四祖國其文明皆已滅故雖與歐人交而不能生新現象蓋大地今日只有兩文明一泰西文明歐美是也二泰東文明中華是也二十世紀則兩文明結婚之時代也吾欲我同胞張燈置酒迓輪俟門三揖三讓以行親迎之大典彼西方美人必能為我敎育甯馨兒以亢我宗也

## 第二章 胚胎時代

中國種族不一而其學術思想之源泉則皆自黃帝子孫（下文省稱黃族向用漢種二字今以漢乃後起一朝代不足冒我全族之名故改用此）來也黃族起于西北戰黃河流域之蠻族而勝之寖昌寖熾遂徧大陸太古之

事。搢紳先生難言焉。第弗深考。今畫春秋以前爲胚胎時代。而此時代中復畫爲小時代者四。其圖如下。

胚胎時代
- 第一黃帝時代
- 第二夏禹時代
- 第三周初時代
- 第四春秋時代

學術思想與歷史上之大勢其關係常密切。上古之歷史至黃帝而一變至夏禹而一變至周初而一變至春秋而一變。故文明精神之發達。亦緣之以爲界焉。黃帝之書。著錄於漢書藝文志者二十餘種。班氏既一一明揭其依託。今所存素問內經等。亦其一也。黃帝時代其文學之發達不能到此地位。固無待言。要其進步之信而有徵者四事。曰制文字曰定曆象曰作樂律曰興醫藥是也。黃帝四征八討。東至海南至江西至流沙北逐葷粥。蓋由經驗之廣。交通之繁。屢戰異種之民族而吸收之得智識交換之益。故能一洗混沌之陋。而爛然揚光華也。及洪水之興。下民顚頽。全國現象生一頓挫。禹抑洪水乘四載徧九州經驗益廣交通益繁玄圭告成帝國乃立故中華建國實始夏后古代稱黃族爲華夏爲諸夏皆紀念禹之功德而用其名以代表國民也其時政治思想哲學思想皆漸發生禹貢之制度洪範之理想（洪範雖箕子所述。其稱傳自神禹。必非盡誣。）皆爲三千年前精深博大之籍自禹以後垂千年黃族各部落並立休養生息逮於周初中央集權之勢益行菁華漸集於京師周公兼三王作官禮（近儒多攻周官爲僞書。周官雖或有後人竄附。然豈能一筆抹煞耶。攻之者蓋有二蔽。一由過崇敎主。視孔子以前之文明若無物焉。二由不通人羣進化之公例。見其中有許多制度不脫蠻野思想習俗者。便以爲古聖人豈當有此。皆有所眊而生迷因也。）文王繫易而詩書亦爛然大完古代學術思想之精神條理於是乎粗備洎及春秋兼并漸行列國盟會征伐交通益頻數南北兩思潮漸相混合磅礴鬱積將達極點於是孔子生而全盛時代來矣。

綜觀此時代之學術思想實爲我民族一切道德法律制度學藝之源泉約而論之蓋有三端一曰天道二曰人倫三曰天人相與之際是也而其所以能搆成此思想者亦有二因一曰由於天然者蓋其地理之現象空界（即天然界近於地文學範圍者）之狀態能使初民（此名詞從侯官嚴氏譯謂古代最初之民族也）對於上天而生出種種之觀念也二曰由於人爲者蓋哲王先覺利導民

族之特性因而以人事比附人事以爲群利也請一一論次之。

中國無宗教無迷信此就其學術發達以後之大體言之也中國非無宗教思想但其思想之起特早且常倚於切實故迷信之力不甚强而受益受敝皆少中國古代思想敬天畏天其第一著也其言天也與今日西教言造化主者頗近但其語圓通不似彼之拘墟迹象易滋人惑綜觀經傳所述以爲天者生人生物萬有之本原也（詩天生烝民 書惟天陰騭下民 禮記萬物本乎天）天者有全權有活力臨察下土者也（詩皇矣上帝臨下有赫監觀四方求民之瘼 又天監在下有命既集）天者有自然之法則以爲人事之規範道德之基本也（詩天生烝民有物有則 書天叙有典天秩有禮）故人之於天也敬而畏之。一切思想皆以此爲基焉。

各國之尊天者常崇之於萬有之外而中國則常納之於人事之中此吾中華所特長也中國文明起於北方其氣候嚴寒地味确瘠得天較薄故其人無餘裕以馳心廣遠游志幽微專就尋常日用之問題悉心研究是以思想獨倚於實際凡先哲所經營想像皆在人群國家之要務其尊天也目的不在天國而在世界受用不在未來而在現在是故人倫亦稱天倫人道亦稱天道記曰善言天者必有驗於人此所以雖近於宗

教。而與他國之宗教自殊科也。

人群進化第一期必經神權政治之一階級。此萬國之所同也。吾中國上古。雖亦爲神權時代。然與他國之神權。又自有異。他國之神權。以君主爲天帝之化身。中國之神權。以君主爲天帝之雇役。故尋常神權之國。君主一言一動。視之與天帝之自言自動等。中國不然。天也者。統君民而並治之也。所謂天秩天序天命天討。達於上下。無貴賤一焉。質而言之。則天道者。猶今世之憲法也。歐洲今世。君民同受治於法之下。中國古代君民同受治於天之下。不過法實而有功。天遠而無效耳。但在邃古之世。而有此精神。不得不謂文明想像力之獨優也。泰西皆言君主無責任。（古代神權之無責任。以爲其天帝之化身也。今世立憲之無責任。歸其責於大臣。使人民不必有所顧忌。得以課其功罪也。過渡時代不得不然也。）惟中國則君主有責任。責任者何。對於天而課其功罪也。日食彗見。水旱蝗螟。一切災異。君主實尸其咎。此等學說。以今日科學家之眼視之。可笑孰甚。而不知其有精義存焉也。其踐位也。薦天而受。其殂死也。稱天而謚。春秋所謂以天統君。蓋雖專制而有不能盡專制者存。此亦神權政體之所無也。不寧惟是天也者。非能諄諄然命之者也。於是乎有代表之者。厥惟我民。書曰。天聰明自我民聰明。天明畏自我民明畏。又曰天視自我民視。天聽自我民聽。又曰天矜下民。民之所欲。天必從之。於是無形之天。忽變爲有形之天。他國所謂天帝化身者君主也。而吾中國所謂天帝化身者人民也。然則所謂天之秩序命討者。實無異民之秩序命討也。立法權在民。而所謂君主對於天而負責任者。實無異對於民而負責任也。司法權在民也。然則中國古代思想。其形質則神權也。其精神則民權也。（雖其法不立。其效不覩。然安可以責諸古代。）當邃古之初而有此。非偉大之國民。其孰能與於斯。

古代各國皆行多神教。或有拜下等動物者。所在皆是。中國前古雖亦多神。然所拜者皆稍高尚而兼切於人事者也。天子祭天地。諸侯祭社稷。大夫祭五祀。天地之祭。幾於一神。尚矣。社稷者。切於農事者也。五祀者。門戶井竈中霤。皆關於日用飲食者也。吾國最初之文明。事事皆主實際。即此亦可以見之。且其中尤有最重特異者一事焉。曰尊先祖是也。吾國族制之發達最備。而保守之性質亦最強。故於祭天之外。祀祖爲重。所謂天神地祇人鬼。凡稱鬼者。皆謂先祖也。孔子謂夏道尊命。事鬼敬神而遠之。殷人尊神。率民而事神。先鬼而後禮。周人尊禮尚施。事鬼敬神而遠之。言三代思想之變遷於其事鬼神之間最注意焉初民之特質則然也尊祖之極常以之與天並重（墨子天鬼並稱最多）記曰萬物本乎天人本乎祖詩曰文王陟降在帝左右書曰乃祖乃父丕乃告我高后曰作丕刑於朕孫廸高后丕乃崇降不祥記曰郊祀后稷以配天宗祀文王於明堂以配上帝蓋常視其祖宗之權力幾與天並此亦中國人與外國特異之點也此等思想範圍數千年至今不衰

要而論之胚胎時代之文明以重實際為第一義重實際故重人事其敬天也皆取以為人倫之模範也重實際故重經驗其尊祖也皆取以為先例之典型也於是乎由思想發為學術其握學術之關鍵者有二職焉

一曰祝掌天事者也凡人羣初進之時政教不分主神事者其權最重（埃及之法老。猶太之祭司長 見於舊約全書者。皆司祝官也。印度有四族。婆羅門為首。剎利次之。剎利帝王之族也。婆羅門司祝之族也。乃至波斯安息。莫不皆然。今西藏有坐牀喇嘛。掌全國大政。仍是此制。歐洲自羅馬教皇興後。其權常駕各國君主而上之。而俄羅斯皇。今猶兼希臘教皇之徽號其教務大臣柄權最重。其實半開民族之通例也。）中國宗教之臭味不深雖無以教權侵越政權之事而學術思想亦常為祝之所掌焉祝之分職亦有二一曰司祀之祝主代表人民之思想以達之於天而祈福祉者也周官春官一篇皆此職之支與流裔也魯侯與曹劌論戰首稱犧牲玉帛之必信隨侯將戰楚首言牲牷肥腯粢盛豐備蓋以爲祭祀之事與國家之安危大有關係焉其他百事皆聽命於神不待言也二曰司曆之祝主揣摩天之思想以應用於人事者也三皇之時命南正重司天以屬神北正黎司地以屬民堯典乃命羲和欽若昊天曆象日月星辰敬授民時又曰在璿璣玉衡以齊七政蓋司歷之祝所主者凡三事一曰協時月正日以便民事也二曰推終始五德以定天命也（堯典天之曆數在爾躬。及後世言三代受命之符。皆推其本於曆學。後世言洪範五行。言讖緯。皆發源於此。）三曰占星象卜筮以決吉凶也（漢書藝文志。九流略有陰陽家。數術略有天文歷譜五行蓍龜雜占形法。古代之學術半屬此類。）降及春秋此術猶盛如裨竈梓愼之流皆以司祝之官爲一時君相之顧問而左傳一書言卜筮休咎占驗災祥者十居七八後人不知人羣初進時之形狀詫其支離誕妄因以疑左氏之僞託而不知胚胎時代實以此爲學術思想之中心點也讖緯亦然緯書之爲眞僞今無暇置辨要之必起於春秋戰國時代而爲古學術之代表無可疑也

二曰史掌人事者也吾中華既天祖並重而天志則祝司之祖法則史掌之史與祝同權實吾華獨有之特色也重實際故重經驗重經驗故重先例於是史職遂爲學術思想之所薈萃周禮有大史小史左史右史內史外史六經之中若詩（太史乘輶軒所采）若書若春

漢志稱左史記言右史記事事爲春秋言爲尙書皆史官之所職也若禮若樂亦史官之支裔也故欲求學者不可不於史官周之周任史佚也楚之左史倚相也老聃之爲柱下史也孔子適周而觀史記也就魯史而作春秋也蓋道術之源泉皆在於史史與祝皆世其官史之世官猶然至漢司馬談司馬遷其最著者也若別爲一族者然蓋當時竹帛不便學術之傳播甚難非專其業者不能盡其長也而史之職亦時有與祝之職相補助者蓋其言吉凶禍福之道祝本於天以推於人史鑒於祖以措於今故漢志謂道家出於史官而陰陽讖緯家言亦常有與史相通者要而論之則胚胎時代之學術思想全在天人相與之際而樞紐於兩者之間者則祝與史皆有力也今列其系統如下

學術思想 天人相與
- (一)祝官 天事
  - (甲)司祀之祝
  - (乙)司曆之祝
    - (子)曆象家(即天文學)
    - (丑)歷數學(即陰陽家)
    - (寅)占驗家(方術之言)
- (二)史官 人事
  - (甲)志事的史家(儒家之祖)
  - (乙)推理的史家(道家之祖)

此外尙有醫官樂官。亦於當時學術思想頗有關係。但所關者只在一部分。而非其全體也。故略之不別論。（古者之醫必兼巫。故古醫字作毉。黃帝內經有祝由科。然則醫實祝之附庸也。樂與詩同體。詩掌於太史。樂官亦稱瞽史。然則樂實史之附庸也）

吾於此章之末。欲更有一言。即當知此時代之學術思想。爲貴族所專有。而不能普及於民間是也。吾華階級制度。至戰國而始破。若春秋以前。常有如印度所謂喀私德。（Castes 印度分人爲四種最上者稱婆羅門其次爲剎利其次爲毘舍最下者爲首頭陀不許互通婚）中世歐羅巴所謂埃士忒德（Estates 歐人大率分僧侶貴族公民奴隸四種）者。蓋上流人士握一羣之實權。不獨政治界爲然。而學術思想界尤其要者也。加以文字未備。典籍難傳。交通未開。（指舟車來往等言）流布尤窒。故一切學術。非盡人可以自由研究之。者其權固不得不專歸於最少數之人。勢使然矣。而此少數之人。亦惟汲汲焉保持其舊。使勿失墜。既無餘裕以從事於新理想。復無人相與討論以補其短而發其榮。此所以歷世二千餘年。而發達之效不覩也。雖然。此後全盛時代之學術思想。其胚胎皆蘊於此時。如漢書藝文志諸子略（班志全本劉歆七略故今用其原名）所述。謂

儒家者流。出於司徒之官。

道家者流。出於史官。

陰陽家者流。出於羲和之官。

法家者流。出於理官。

名家者流。出於禮官。

墨家者流。出於清廟之守。

縱橫家者流。出於行人之官。

雜家者流。出於議官。

農家者流。出於農稷之官。

小說家者流。出於稗官。

雖其分類未能盡當。其推原所出。亦非盡有依据。要之古代世官之制行。學術之業專歸於國民中一部一族。非其族者不能與聞。（管子稱士有士之鄉農有農之鄉工商有工商之鄉不可使雜處又曰士之子恒爲士農之子恒爲農蓋古俗然也古者以官爲氏如祝氏史氏樂正氏倉氏庾氏等皆由世業之故）非在官者不獲從事。此不惟中國爲然。即各國古代亦莫不皆然者也。中世歐羅巴學術之權。皆在教會。迨十五世紀以後。教會失其專業。人人得自由講習。而新文明乃生。論者或以窒抑多數之民智。爲教會詬病。而不知當中世界暗時代苟無教會以延一線之光明恐其墮落更有甚者而後起之人益復無所憑藉也然則知人論世其功與過又豈可相掩耶觀胚胎時代之學術思想亦如是已矣

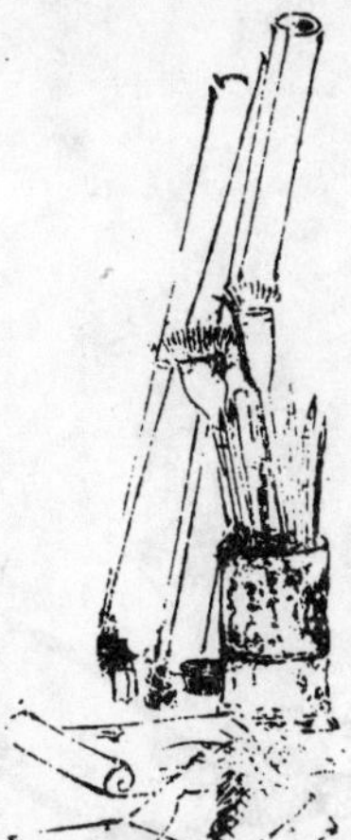

歷　史

中國之新民

# 新史學二

## 第二章　史學之界說

欲創新史學。不可不先明史學之界說。欲知史學之界說。不可不先明歷史之範圍。今請析其條理而論述之。

第一。歷史者。敍述進化之現象也。現象者何。事物之變化也。宇宙間之現象有二種。一曰爲循環之狀者。二曰爲進化之狀者。何謂循環。其進化有一定之時期。及期則周而復始。如四時之變遷。天體之運行是也。何謂進化。其變化有一定之次序。生長焉。發達焉。如生物界及人間世之現象是也。循環者。去而復來者也。止而不進者也。凡學問之屬於此類者。謂之天然學。進化者。往而不返者也。進而無極者也。凡學問之屬於此類者。謂之歷史學。天下萬事萬物。皆在空間。又在時間。（空間時間。佛典譯語。日本人沿用之。若依中國古義。則空間宇也。時間宙也。其語不盡。通行。故用譯語。）而天然界與歷史界。實分占兩者之範圍。天然學者。研究空間之現象者也歷史學者研究時間之現象者也就天然界以觀察宇宙則見其一成不變萬古不易故其體爲完全其象如一圓圈就歷史界以觀察宇宙則見其生長而不已進步而不知所終故其體爲不完全且其進步又非爲一直線或尺進而寸退或大漲而小落其象如一螺線明此理者可以知歷史之眞相矣。

由此觀之凡屬於歷史界之學。（凡政治學羣學生計學宗教學等。皆近政治界之範圍。）其研究常較難凡屬於天然界之學。（凡天文學地理學物質學化學等。皆天然界之範圍。）其研究常較易。何以故天然界已完全者也。來復頻繁。可以推算。狀態一定。可以試驗。歷史界未完全者也。今猶日在生長發達之中非逮宇宙之末刼則歷史不能終極。吾生有涯而此學無涯。此所以天然諸科學起源甚古今已斐然大成。而關於歷史之各學。其出現甚後而其完備難期也。

此界說既定。則知凡百事物有生長有發達有進步者則屬於歷史之範圍反是者則不能屬於歷史之範圍。又如於一定期中雖有生長發達而及其期之極點則又反其始。斯仍不得不以循環目之。如動植物。如人類。雖依一定之次第。以生以成。然或一年。或十年。或百年。而盈其限焉。而反其初焉。一生一死。實循環之現象也。故物理學身理學等皆天然科學之範圍非歷史學之範圍也。

孟子曰天下之生久矣一治一亂此誤會歷史眞相之言也苟治亂相嬗無已時則歷史之象當爲循環與天然等而歷史學將不能成立孟子此言盖爲螺線之狀所迷而誤以爲圓狀未嘗綜觀自有人類以來萬數千年之大勢而察其原力之所在徒觀一小時代之或進或退或漲或落遂以爲歷史之實狀如是云爾譬之江河東流以朝宗於海者其大勢也乃或所見局於一部偶見其有倒流處有曲流處因以爲江河之行一東一西一北一南是豈能知江河之性矣乎春秋家言。有三統。有三世。三統者。循環之象也。所謂三王之道若循環。周而復始。是也。三世者。進化之象也。所謂據亂升平太平。與世漸進。是也。三世則歷史之情狀也。三世之義。既治者則不能復亂。藉曰有小亂。而必非與前此之亂等也。苟其一治而復一亂。則所謂治者必非眞治也。故言史學者。當從孔子之義。不當從孟子之義。吾中國所以數千年無良史者以其於進化之現象見之未明也。

第二歷史者敘述人羣進化之現象也　進化之義既定矣雖然進化之公理不獨人類爲然即動植物乃至無機世界亦常有進化者存而通行歷史所紀述常限于人類者則何以故此不徒吾人之自私其類而已人也者進化之極則也其變化千形萬狀

而不窮者也故言歷史之廣義則非包萬有而幷載之不能完成至語其狹義則惟以人類爲之界雖然歷史之範圍可限於人類而人類之事實不能盡納諸歷史夫人類亦不過一種之動物耳其一生一死固不免於循環即其日用飲食言論行事亦不過大略相等而無進化之可言故欲求進化之跡必於人羣使人人析而獨立則進化終不可期而歷史終不可起蓋人類進化云者一羣之進也非一人之進也如以一人也則今人必無以遠過于古人語其體魄則四肢五官古猶今也質點血輪古猶今也語其性靈則古代周孔柏（柏拉圖）阿（阿里士多德）之智識能力必不讓於今人舉世所同認矣然往往有周孔柏阿所不能知之理不能行之事而今日乳臭小兒知之能之者何也無他食羣之福享羣之利藉群力之相接相較相爭相師相摩相盪相維相繫相傳相嬗而智慧進焉而才力進焉而道德進焉進也者人格之群（人格義見第一冊）非尋常之箇人也（人類天性之能力。能隨文明進化之運而漸次增長與否。此問題頗難決定。試以文明國之一小兒。不許受敎育。不許蒙社會之感化。沐文明之恩澤。則其長成。能有以異於野蠻國之小兒乎。恐不能也。蓋由動物進而爲人。已爲生理上進化之極點。由小兒進爲成人。已爲身理上進化之極點。然則一箇人。殆無進化也。進化者。別超出于箇人之上之一人格而已。即人羣是也。）然則歷史所最當致意者惟人群之事苟其事不關係人群者雖奇言異行而必不足以入歷史之範圍也疇昔史家。往往視歷史如人物傳者然。夫人物之關係於歷史固也。然所以關係者。亦謂其於一羣有影響云爾。所重者在一羣。非在一人也。而中國作史者。全反於此目的。動輒以立佳傳爲其人之光寵。馴至連篇累牘。臚列無關世運之人之言論行事。使讀者欲臥欲嘔。雖盡數千卷。猶不能於本群之大勢有所知焉。由不知史之界說限於群故也。

第三。歷史者。敘述人群進化之現象。而求得其公理公例者也。　凡學問必有客觀主觀二界。客觀者。謂所研究之事物也。主觀者。謂能研究此事物之心靈也。（亦名所界能界。能所二字。佛典譯語常用爲名詞。）和合二觀。然後學問出焉。史學之客體。則過去現在之事實是也。其主體則作史讀史者心識中所懷之哲理是也。有客觀而無主觀。則其史有魄而無魂。謂之非史焉可也。（偏於主觀而略于客觀者。則雖有佳書。亦不過爲一家言。不得謂之爲史。）是故善爲史者。必研究人群進化之現象。而求其公理公例之所在。於是有所謂歷史哲學者出焉。歷史與歷史哲學雖殊科。要之苟無哲學之理想者。必不能爲良史。有斷然也。雖然。求史學之公理公例。固非易易。如彼天然科學者。其材料完全。其範圍有涯。故此理例亦易得焉。如天文學。如物質學。如化學。

所已求得之公理公例不可磨滅者既已多端。而政治學羣學宗教學等則瞠乎其後。皆由現象之繁賾而未到終點也。但其事雖難。而治此學者不可不勉。大抵前者史家不能有得於是者。其蔽二端。一曰知有一局部之史而不知自有人類以來全體之史也。或局於一地。或局於一時代。如中國之史。其地位則僅敘述本國耳。於吾國外之現象。非所知也。（前者他國之史亦如是）其時代則上至書契以來。下至勝朝之末止矣。前乎此後乎此。非所聞也。夫欲求人羣進化之眞相。必當合人類全體而比較之。通古今文野之界而觀察之。內自鄉邑之法團（凡民間之結集而成一人格之團體者謂之法團亦謂之法人法人者法律上視之與一箇人無異也一州之州會一市之市會乃至一學校一會館與一公司皆統名為法團）外至五洲之全局。上自穹古之石史（地質學家從地底僵石中考求人物進化之跡號曰石史）下至昨今之新聞。何一而非客觀所當取材者。綜是焉以求其公理公例。雖未克完備。而所得必已多矣。問疇昔之史家。有能焉者否也。二曰徒知有史學。而不知史學與他學之關係也。夫地理學也。地質學也。人種學也。人類學也。言語學也。羣學也。政治學也。宗教學也。法律學也。生計學也。（即日本人所謂經濟學）皆與史學有直接之關係。其他如哲學範圍所屬之倫理學、心理學、論理學、文章學。及天然科學範圍所屬之天文學、物質學、化學、生理學。其理論亦常與史學有間接之關係何一而非主觀所當憑藉者取諸學之公理公例而參伍鈎距之雖未盡適用而所得又必多矣問疇昔之史家有能焉者否也。

夫所以必求其公理公例者非欲以爲理論之美觀而已將以施諸實用焉將以貽諸來者焉歷史者以過去之進化導未來之進化者也吾輩食今日文明之福是爲對於古人已得之權利而繼續此文明增長此文明孳殖此文明又對於後人而不可不盡之義務也而史家所以盡此義務之道即求得前此進化之公理公例而使後人循其理率其例以增幸福於無疆也史乎史乎其責任至重而其成就至難中國前此之無眞史家也又何怪焉而無眞史家亦即吾國進化遲緩之一原因也吾願與同胞國民篳路藍縷以闢此途也。

以上說界說竟作者初研究史學見地極淺自覺其界說尚有未盡未安者視吾學他日之進化乃補正之。 著者識

# 兵事

## 軍國民篇（續第一號）

奮翮生

五原因于體魄者

嚴子之原强。於國民德育智育體育三者之中。尤注重體育一端。當時讀之。不過謂爲新議奇章。及進而詳窺宇內大勢。靜究世界各國盛衰强弱之由。身歷其文明之地。而后知嚴子之眼光。之異于常人。而獨得歐美列强立國之大本也。野蠻者人所深惡之詞。然靈魂貴文明。而體魄則貴野蠻。以野蠻之體魄。復文明其靈魂。則文明種族必敗。羅馬人之不能禦日耳曼林中之蠻族。（條頓人族即現時英美德和等邦民族）漢種之常敗于蒙古。條頓拉丁二人種之難以抗斯拉夫。（俄羅斯民族）德軍之優于法日軍之優于歐美。皆職此之由也。

體魄之弱。至中國而極矣。人稱四萬萬。而身體不具之婦女居十之五。嗜鴉片者居十之一二。埋頭窓下。久事呻吟。龍鍾憊甚而若廢人者居十之一。其他如跛者聾者盲者啞者疾病零丁者以及老者少者合而計之。又居十分之二。綜而核之。其所謂完全無缺之人。不過十之一而已。此十分之一之中。復難保其人人孔武可恃。以此觀之。即歐美各强棄彈戰而取拳鬥。亦將悉爲所格殺矣。

斯巴達者。歐洲上古史中最强盛之國也。推彼致强之由。則其國法以國民之生命財產名譽。均不得不供之國家。故人之生也。不問男女。皆由國家鑑定其體魄之强弱優劣而去留之。苟羸瘠不堪。則棄之不顧也。强而優者。受家庭教育于膝下者七年。七歲而後。乃離家以受國家之公共教育。其教育則專置重于體育。從軍之期。至六十乃止。故遍國皆健男。是以雄霸希臘。永世不逮者。職此之故也。德皇維廉第二世曾演說于柏靈之小學校曰。「凡吾德國臣民。皆莫不宜注重體育。苟體育不振。則男子不能負當兵之義務。以捍衛國家。女子不能胎孕魁桀雄健之嬰兒。若是則有負國家云云」。陸師之雄。冠絕環球。得無故歟。昔斯巴達之雄霸希臘。羅馬之峙立歐洲。蒙古韃靼人之橫行東方。日耳曼蠻族之戰退羅馬人種。非有所謂絕倫之智慧者也。不過體力强悍。烈寒劇暑。風雨飢餓。皆足殺然。耐之而不覺其苦而已。蓋有堅壯不拔之體魄而後能有百折不屈之精神有百折不屈之精神而後能有鬼神莫測之智略故能負重荷遠而開拓世界也以歐洲之民族觀之拉丁（法西意屬之）不如條頓（英德美比荷屬之）條頓不如斯拉夫（俄羅斯人屬之）拉丁者將老之人種也條頓者既壯之人種也斯拉夫者青年之人種也拉丁似血氣既衰時代之人條頓似血氣方剛時代之人斯拉夫似血氣未定時代之人非僅國勢若是也即個人亦莫不然焉其尤可畏者殆斯拉夫人種之俄羅斯乎蓋其國民之野蠻力足以箝制他種而已近頃以降歐美民族日趨文明體質漸就孱弱江河日下靡有已時具眼之士竊然憂之於是進種改良之念生焉故體操一端各國莫不視爲衣服飲食之切要凡關係體育之事奬勵之方無微不至曰競漕曰擊劍曰競走曰擊球曰海泳曰打靶曰相撲曰競馬曰競射曰競輪（以足踏車競走也）優者爭以重資贈之或奬以寶星甚至顯職碩儒亦有逐隊競爭欲博此名譽者習染既久乃成爲風俗試觀西國之丈夫有僂其背龜其首氣息奄奄者乎無有也觀其婦女有鬼氣淫淫迎風欲墜者乎無有也歐人體育既盛復以醫學之昌明衛生之適宜無怪其魄力雄大足以氣吞五洲力壓他種而有餘也

日本自甲午戰勝中國以後。因擴張海陸軍備。益知國民之體力爲國力之基礎。强國民之體力爲强國民之基礎。於是熱心國事之儔。思以斯巴達之國。制陶鑄大八洲四千萬之民衆。斯巴達之國法。凡係强健男兒至七歲則離家受國家公共之教育。其教育專主體育。兵役義務之年限。至六十乃終。而婦女之教育與男子頗相彷彿。其主旨在勇壯活潑足以生育健兒云乃創體育會。而支會亦相繼林立。招國中青年而訓練之。僅歷二載。而各地學校之體操教習。殆皆取自該會。自茲以往。吾恐不及十載。體育會之勢力與其主義。必將浸淫三島矣。日本自布徵兵令以來。國民多目爲强徵血稅。繁言嘖嘖。每有斬竿揭旗之暴舉。而今日反謂從軍樂者。抑亦由于學校興而教育昌。教育昌而民智闢耳。積熱之士。復從而設推行之方。深與國民皆兵主義。以助力日人之興。其尚無涯矣乎。古之庠序學校。抑何嘗忘武事哉。壺勺之典。射御之教。皆所以練其筋骨。而强其體力者也。自一統以後。天下一家。外鮮强敵。內無凶寇。承平日久。乃文弱之氣。日深一日。洎乎中世。而婦女纏足之風起。迨本朝而鴉片之毒遍灑。中夏茫茫大地。幾无完人。二者之外。尚有八股試帖等之耗散精神。銷磨骨髓。以致病苦零丁。形如傀儡者。此又其次也。纏足之毒遍及女流。已及四百兆之半。鴉片之毒遍及全國。而以西南各省爲最盛。

綜而計之。嗜之者當不下二十兆。（據近年統計表。每歲進口之鴉片價額約在三千萬兩上下。然輸入之數。逐歲減少。蓋由內地自種之數增多故也。）而所謂讀書識字一流人物（即八股家等類）亦於二十兆內占去一大部分。由是而言。則堂堂中土。欲求一骯髒丈夫。如東西各强國之所謂國民兵者（東西各國。凡爲兵者須先撿查其體格體力目力耳力呼吸力等。）豈可得哉。生理學家謂父母羸弱。必不能生健兒。且疾病嗜癖。亦流傳悠遠。祖及其父。父及其子。子及其孫。孫及其玄孫。以及耳孫。代代相承。靡有已時。由是觀之。中國人口雖踰四萬萬。其無疾病嗜癖之人。必如鳳毛麟角之不可多得矣。遍觀當代。默究吾國人之體魄。其免爲病軀弱質者。實不數數覯也。天下滔滔。逝者如斯。不有以清其源而澄其流。則恐不待異種之摧挫逼迫。亦將頽然自滅矣。

六　原因于武器者

武器者。國民戰鬭力中之一大原質也。德何以勝於法。美何以勝于西。國初之八旗。何以勝于漢兵。中日之役。海陸二戰。何以皆勝于中國。此中勝敗之機。武器之良窳。未必絕無關係也。徒手搏虎。昔人所嗤。有謂張空拳足以轉戰致勝者。是激烈之輩故爲聳張之語以欺世。非確有所把握耳。中國武器。已發明于四千年前。然迄今日。猶不出斧鉞劍戟戈矛弓箭之類。洎乎慶次敗衄。始知從來之舊物爲不可恃。於是派人出洋學習之議起。未幾而製兵之局相繼林立。然而經營三十餘年。絕無成效可覩。據日本人所調查。則謂使製造局無西人。則不能造無煙火藥與其他精密之工程矣。夫日本之砲兵工廠。（東京一大阪一東京者鑄槍大阪者鑄砲）及海軍三鎭守府。其創辦之初。未始不藉力西人也。然迨及今日則幾無一人焉。中國之所以不克若是者。以官吏貪辦事之虛名。而不求實效。局內役員工役肥私囊。而不計其優劣利害耳。若是而欲武器之進步。豈可及耶。

尾崎行雄曾有言曰。『支那人原係尙文好利之民。故建國二千八百年之久。似未發明一以一擊而殺人之武器。觀歐陽修之倭刀謌與明末倭寇之紀事。足以徵之。後晉景延廣以「孫有十萬橫磨劍足以相待」等語自傲。此非劍戟以鏞敗爲常之一證乎。不然何故以磨字自誇耶。歐洲德國之博物館。雖間藏支那之武器。然均非以一擊足以殺人之物。而吾遊就館（陳列戰俘品之所）之所藏。如牙山平壤旅順之戰利品。亦莫不皆然。故吾可下斷言曰。支那無固有之武器。其所謂武器者。非殺人之具。而威嚇人之具也。既無武器。烏足言戰。其所謂戰。與日本歐美諸國懸絕。』云云。中國無尙武之精神。是以無可恃之武器無可恃之武器故尙武之精神爲之摧抑銷磨而不可振也悲夫。

## 七原因于鄭聲者

記曰聲音之道與政通矣。太史公曰。音樂者所以動盪血脈流通精神而和正心也。又曰王者制事立法。物度軌則。一稟於六律。六律爲萬事根本。其於兵械尤所重云。故曰「望敵知吉凶聞聲効勝負」音樂之感人大矣。故孔子所以深疾鄭聲之淫而懼其轉移齊民之心志也。昔隋開皇中制樂。用何妥之說。而擯萬寶常之議。及樂成。寶常聽之泫然曰。樂聲淫厲而哀。天下其將盡矣。時國勢全盛。聞者皆訝其妄。未幾乃驗。陳後主能自度曲。親執樂器。倚絃而歌。音韻窈窕。極于哀思。使胡兒閹官和之。曲終樂闋。莫不隕涕而卒以亡。自秦漢以至今日皆鄭聲也。靡靡之音。哀怨之氣。彌滿國內。烏得有剛毅沈雄之國民也哉。

劉越石被胡騎困圍數重。乃終夜奏胡笳。羣胡解圍而走。斯巴達敗于麥斯埒求援于雅典。雅典遣一善笛者應之。斯人軍氣爲之大振。卒獲勝而歸。軍人之於音樂。尤爲關切深鉅今中國則惟有拉叭金鼓以爲號令指揮之具。而無所謂軍樂兵卒之所歌唱不過俚曲淫詞而無所謂軍歌至海軍則尤爲可笑聞當休息暇閑之際則互搖胡琴。高唱以自娛此誠可爲噴飯者矣。

日本自維新以來。一切音樂皆摸法泰西。而唱歌則爲學校功課之一。然即非軍歌軍樂亦莫不含有愛國尚武之意聽聞之餘。自可奮發精神于不知不覺之中。而復有吟詠古詩而舞劍以繪其慷慨激昂之情者。故漢學家多主持保全詩議焉。

（未完）

# 國聞短評

## 將弁學堂緣起

湖北於去歲杪設立將弁學堂。欲仿日本士官學校之制。其用意不可謂不善。惟其緣起或有未能深知者。茲略記之。初湖北設武備學堂。其時與日本人之交涉尚淺也。故請德國人爲敎習。夫敎授與學校管理法。在敎育學中本爲分科。敎習之不能兼營校事。理勢然也。吾國當道向不知此。故一委諸德弁。其辦理不能有效。亦固其所。其後鄂督崇拜日本之心日盛。漸厭德弁。三年合同滿。即欲辭退之。夫辭退之權。操自我。本無所難也。而當道不敢。輒援田舍翁請學究之例。雖來年不欲送關聘。仍虛言挽留者。一面別聘日本尉官二三人。使居於學堂中。雖然德敎習未去。本無席位以容日敎習也。於是號稱爲請來譯兵書也者。夫使其目的在譯兵書。則武昌之地亦大矣。何至無舍館之所。豈必惟武備學堂之是擇者。蓋其意欲以風示德弁。若曰瓜代者將至。汝可見幾而作矣。無奈紅髯碧眼者流。不通人情。前弁合同雖滿。而德領事又薦新矣。外國之命重於天語。當道者豈敢不受。於是武備學堂之臯比。仍爲德人所擁。鄂督如舍利弗之天花著身。拂之不去也。乃大窘。而所聘拱候瓜代之日弁。不得不仍以譯書之名分贅疣於武漢者兩年有奇。去秋。日本參謀本部之有力者。曰福島安正。游歷至鄂。詰鄂督曰。君聘吾國將官來而無職以授之何也。此非我大日本帝國保全支那卵翼支那之本心也。宜速位置之。日本亦外國也。其命亦重於天語。又安敢不受。於是鄂督益窘無已。乃則設一將弁學堂。而訂日弁爲敎習。且全權皆屬之焉。今者湖北一省。武備將弁兩學堂。重規疊矩。相得益彰焉。噫嘻盛矣。 二

## 媚外奇聞

中國人最恭順者也。察勢力之所在而崇拜之。以固全己之勢力。中國人之特長也。自甲午一創。庚子再創。而崇拜日本之熱度驟漲。昔之以北京爲勢利要津者。今則移于東京矣。下自民間。上迄政府。莫不皆然。吾固無暇深怪。雖然。崇拜之則亦有術矣。能獻殷勤於其政府上也。否則參謀本部。亦其次也。等而下之。能通聲氣於其民間之大黨派。雖無大效。猶可得其言論之助力也。乃近所聞某疆吏之事。有足使人發一大噱者。

某疆吏以黨俄聞者也。述者不欲道其名。故無從知爲誰。何惟傳其因黨俄之故。懼爲日本所排。不得安其位。曲思解免。而無由自達。乃夤緣轉託日本最著名某女史者。爲善辭以達於日本皇后云。其意蓋以日后必能道其事於日皇。日皇必能行其權於日政府。日政府必能容其喙於中國政府。於是吾之位地可以高枕無憂矣。其用心可謂曲折周到。視太后召見各國公使夫人而並及其子女。其手段有過之無不及。惜立憲文明國無有如李大叔其人者耳。

## 黑哉所謂支那教育權者

吾嘗讀泰西各報紙。日日宣言曰。必如何如何乃能握支那之商務權。必如何如何乃能握支那之交通權（鐵路輪船等）練兵權。吾甚怪之甚厭聞之。吾近讀日本各報紙。日日宣言曰。必如何如何而後能握支那之教育權。吾愈益怪之。愈益厭聞之。

今日欲救中國。不可不首從事于教育。欲從事于教育。不可不取所長于最近最易之日本。此義人多能知之。吾亦稱謂然者也。雖然。當知今日世界爲國家主義之世界。則教育亦不可不爲國家主義之教育。國家主義之教育。非他國人所得而代也。日本欲

握我教育權者日本人之國家主義也夫何足怪可怪者我國人不自有其教育權不自有其國家主義也

日本各報之論此者多矣吾今擇譯其一以告我國民即教育時論第五百九十九號中有題「就于支那教育調查會」一篇其略曰

今日之支那渴望教育機運殆將發展我國先事而制此權是不可失之機也我國教育家苟趁此時容喙于支那教育問題握其實權則我他日之在支那爲教育上之主動者爲智識上之母國此種子一播確立地步則將來萬種之權皆由是起焉」不見泰西諸國乎彼自十五世紀以來即實行殖民政略務以扶植勢力于他國其狡猾之手段實有可驚者彼等垂涎于其地則不顧德義之如何先驅本國無賴之徒移住之不加以制裁任其掠奪欺騙此輩雖道德無成效而富有成效即富無成效而徒衆之孳殖有成效孳殖既多本國乃派才德兼備之人往名爲保護族民于是布法律施民政使該地之土民不知不覺慕本國（指泰西）之風遂于曖昧糢糊之中使其地隸屬于本國此等實例于印度見之于澳洲見之于南洋羣島見之今

于支那又將見之。

彼等于種種方面實行此政策。往往經營在數百年以前。結果在數百年以後。即教育之事。亦其一端也。彼等自殖民之始。即派傳教士以布耶穌教。冥冥之中。換其人民之腦筋。使同化于己。今英語之教育權。在支那者實有許多潛勢力。近者聯合軍之戰役既終。彼等于香港于長江一帶。大張此幟。欲興多少無關係之學校。彼其事事著先鞭。務實際。實有可爲吾日本人他山之石者。

各國之鷹隣虎視。既如此矣。今日我日本不可不競時制先。以教育爲扶植勢力之源。以支那爲可取也則速取之。以支那爲可教化也。則速教化之。既悟斯義。則刻不容緩。宜速遣教育家于支那。國家設法保護補助之。雖當帑藏窘絀之時。不可惜此小費。失此機會。以貽我等子孫無窮之悔也。噫、北清之野。漠漠千里。渴望日本人之來前。漸醒之清廷。呼將伯于東方。盡吐哺握髮之禮。似此時機。空前絕後。苟遲疑不決。曰姑待之姑待之。恐他日我欲有事于清國之時。不知今日之清國。尚有存焉否也。

五

嘻、此雖日本一報一人之言實不啻其一國之言也中國人之熱心于教育中國之福也日本之熱心助我教育尤中國之福也至其所謂教育權者日本果能得之否乎此屬于未定之問題要之吾國民若不自有之則無論何國皆可以得之法律之公例凡無主權之物人人皆得而取之也即人不取之而我亦終不能有然則于人何尤哉

# 名家談叢

## 讀史隨記（續第二號）

中西牛郎

羅馬之所以大者。非惟戰勝攻取。拓土開彊之迅速廣大也。今代俄國之版圖曠漠。占地球之大分。昔亞歷山帝以震撼宇宙之威。入亞細亞。連戰長驅。立戰勝之碑於印度境內。成吉思汗及其後嗣。不百年而建一大帝國。東窮支那海。西抵埃及日耳曼。戰勝攻取之迅速如是。拓土開彊之廣大如是。豈惟羅馬哉。而羅馬所以爲羅馬。則在其積數百年之智術。成鞏固之基礎。更復以法律紀綱之。以學藝修飭之。以賢明簡易利用三者。爲施政之本領而已。

讀史氏曰。宇宙事物之進步以漸者。自是一定不變之原則也。故人類社會之成也。必家族集而後成部落。部落集而後成小邦。小邦集而後成大國。人類社會之進也。亦必由野蠻入未開。由未開入半開。由半開入文明。此其原則也。羅馬帝國之於歐羅巴。其大國之始而又文明之始乎。比之中國。其立基之漸則猶周也。其一統之盛則猶秦也。其治强之實則猶漢也。知中國漢以後之世界源於周秦。則知歐洲今代之世界源於羅馬矣。苟據人類社會漸成漸進之原則。欲以究察歐洲今代之現大勢現關係現國家現政治現宗教現法律現事物者。其於羅馬史不致思焉可乎。

羅馬帝國。初待天下宗教平等。放任人民自由信奉。而不强抑之。故各種宗教不受阻礙。弘通國內。惟人民則以爲眞理而信之。哲學家則以爲虛妄而擯之。政治家則以爲有用而利之。

讀史氏曰。國家將宗教任諸人民自由信奉。而不干預之。固其宜也。若夫同一宗教。而人民信焉。哲學家擯焉。政治家利焉。則二千年前之羅馬。二千年後之今代。何其相似之甚也。然斯蓋就耶穌教未興之先而言之也。耶穌教既興之後。則信焉者固信焉。擯焉者利焉者。亦並信焉。而至今日則復於二千年前之故態矣。嗚呼、今後亦安得光明眞理圓滿完全之宗教。使世界億兆無賢愚聖凡之別。齊乘一乘。同證極果哉。

雅典斯巴達二國。自其祖先血族之保全起見。不敢容納外人爲公民。狹隘誠甚。而二國不免因之速就衰亡。羅馬則不然。苟有才德可取。則無論外人敵人奴隸野蠻。不吝分之以公民之特權。蓋其所欲不在虛名而在實力也。是以雅典民政全盛之時。有公民三萬人。驟減少至二萬一千人。羅馬則民政初代料民第一次之時。有公民八萬三千人。厥後增至四十六萬三千人之多。皆可執兵器以護國家者也。

讀史氏曰。苟有才德。則悉容納之。與共天職。而不問其類之同異。斯誠大國之度量也。其所以強國勢吞四鄰。以剏建絕大帝國者在此也。今洋之東西列國有此大國之度量者。惟美國庶幾之。然至其排黃色人種一事。則所以猶未免狹隘。而不及古之羅馬遠矣。

羅馬公民之特權。在其未普及全帝國以前。則伊大利與各省之間。割裂鴻溝。而殆有別國之觀矣。當此時伊大利者。乃帝國統一之樞紐。而帝國成立之基礎也。凡民生於伊大利者。即有不出租稅。不服武斷之特權。不生於伊大利者。則不得選爲皇帝爲元老議官。及後更以羅馬國都自治制度擴之伊大利全邦。則自阿耳布士之址至加喇伯里亞之瀋。無一民不公民矣。於是伊大利全邦語言風俗習慣制度悉歸大同。鑄成一大國民。而其重力可以匹敵全帝國之大也。

讀史氏曰。以重御輕。以中御外。非先有此。則不能保持大帝國之統一而傳之久遠也。是善應用漸成漸進之原則者也。

羅馬以兵力征服希臘。而希臘文學則爲其所極力講求。因致希臘語言文字盛行羅馬。而政事兵事則仍用己國言。斷不許用外國言。於是拉丁希臘二言並行。一曰一則爲文學之言。一則爲政事之言。故從政務兼修文學者。必通此二言矣。

讀史氏曰。蒙古以兵力征服中國。而中國之文物制度則不得不取。英國以兵力征服印度。而印度之宗教古文則不得不取。亦猶羅馬以兵力征服希臘而取其文學也。惟羅馬之取於希臘。將以裨其智德。高其理想也。英國之取於印度。將以博其聞見。資其研究也。蒙古之取於中國。將以保其國家。立其綱紀也。故三者之取同。而其所以取則異耳。

古代奴隸之盛。莫若羅馬。羅馬奴隸。多爲戰時所擒敵人歸以賣之者也。使役之道不一。或使之耕田。或使之工作。或用供使令。或用當僕婢之役。或有聰慧少年出乎其間。

則敎誨之以文學技藝。而價亦倍蓰焉。養奴隸之最多者。羅馬城內一宮殿。而常養四百人。埃及一寡婦家。亦常養四百人。如是則奴隸貨也非人也。然許婚姻相通以殖子孫。亦設法律以保護之。苦役虐遇。頗得以紓矣。

讀史氏曰。羅馬奴隸。後世識者以爲其致衰亡之一原因者也。蓋用奴隸之利在用其力。而患在自陷佚惰耳。抑今日人類一半名曰婦人者。猶未免在昔日奴隸之境遇。如彼貨人身以滅天理之論。則恐非所以施於羅馬時代也。

克老地士帝檢人口時。有公民六百九十四萬四千人。若據此數。併其婦女幼孩而計之。則應得二千萬也。若加各省男女老少而計之。則應得三倍之之數。即六千萬也。若合奴隸而計之。則應得與之相敵之數。即一億二千萬也。是知羅馬帝國者。乃包與近世全歐殆不相下之人口。而置諸一大政府之下者也。原注。窩耳的耳氏。於法國大革命前。著萬國史記。數當時歐洲各國人口曰。法蘭西二千萬。德意志二千二百萬。匈加利四百萬。伊大利及其附近諸島一千萬。英吉利八百萬。西班牙葡萄牙八百萬。俄羅斯在歐洲者一千二百萬。波蘭六百萬。希臘土耳其六百萬。瑞典四百萬。嗹馬挪威三百萬。自餘諸小國四百萬。是通全歐而合計之。則有一億五百萬。乃至七百萬。與吉朋氏所言大略相合。

試一對照羅馬帝國與亞細亞諸國。則知羅馬昇平之始。迥不可及也。是時亞細亞諸國。大抵淫虐之政行于內。而孔熾之寇逼于外。租稅之嚴催。科條之厲行。無一不假兵力。在國都則鴟梟食人。在地方則豺狼噬民。民咸翹足思亂。莫不有胥溺偕亡之嘆矣。獨至羅馬則民之服之。甘心樂從也。夫惟甘心樂從。是以國祚長久。自有可恃也。若夫前日兵力相爭之四鄰諸國。今則夷爲郡縣。其民熙熙洽洽。浴羅馬之澤。無復回復自主之望。而皇帝權力廣大。凡全帝國內雖在僻遠之地。亦皆無不懷其惠而畏其威也。至內銷不軌。外禦寇賊。則有强大軍隊焉。而如民政。則不毫藉其力以行也。是以君民協和。同享昇平。前代以來。未多見如此之治且安者也。

讀史氏曰。自古世無千年之國。亦無百年之治。故國不貴其常存無亡。而貴其能振興全世界人類之文明。不貴其無內憂外患。而貴其能利內憂外患以作興復進步之機。吾觀羅馬。於前者則有之。於後者則在民政時代有之。在帝政時代無之。夫民政時代之內憂外患。猶疾在壯者。內之强健。有以勝之。故無以害也。帝政時代之內憂外患。猶疾在老人。內之衰弱。無以勝之。故病則死矣。吉朋氏極口侈談羅馬昇平之治。比諸當時鄰邦如波斯諸國而言則可也。比諸民政時代而言。則未爲精到之論也。

（未完）

## 雜俎

### 道聽塗說

▲上海名優汪笑儂本拔貢出身。嘗爲安徽知縣。以事去官。今隱姓名爲優於上海。去歲自串一戲。名曰黨人碑。借蔡京事以影射時局。激昂慷慨。義憤動人。戲中有演說。絕似泰西大政黨首領口吻云。嗚呼若汪優者。可謂名士可謂豪傑。

▲沈虬齋由上海往星嘉坡時。旅況頗蕭索。名妓金小寶以其爲志士也。贈二百金以壯行色。嘻。此中亦有人在耶。

▲曾文正入京。常寓賢良寺。李文忠入京。亦常寓賢良寺。今次袁世凱迎鑾入京。亦寓賢良寺。慰帥自待不薄。

▲榮祿宅中客廳懸一楹聯云。到甚麼地步說甚麼話做一日和尚撞一日鐘其意云何。請居士下一轉語。

▲邱公恪夫人吳孟班。女中傑也。有大志。嫻文學。通西語。以去臘染時疫死。去年僅十

八。滬上聞者莫不嗟惋。教會中西婦開一追悼會。演說其學問志趣。共悼惜云。

▲聞孟班嘗有身自墜之公恪大駭。孟班曰。養此子須二十年後乃成一人才。若我則五年後可以成一人才。君何厚於二十年外之人才而薄於五年內之人才。且君與我皆非能盡父母之責任者。不如已也。公恪語塞。

▲張之洞之愛孫張厚焜由日本歸鄂。忽墜馬爲腰刀斫面立死。好事者點綴之曰。或見唐才常在後推落之云。此齊東野語不足信。唐才常有文明思想。非如頑固政府動輒逮捕家屬也。即使仇張之洞。何仇于其孫。

▲張厚焜所乘之馬。係從日本購歸者。戰馬之良也。厚焜死後。香帥命將此馬鎗擊七十八。斃之以殉云。馬有罪乎。無罪乎。冥界法廷。或有公斷。

▲粵中某生。年弱冠。卓犖有大志。庚子春夏間。新黨某聞其名。欲與共天下事。訪之於省寓。某生適歸鄉。不遇。及聞之。即往省欲訪所謂新黨者。其友聞之。告其母曰。子之子若此。禍且不測。其母急躡跡往省。欲尼之。某生爲母大談天下時局。發明捨身救國之理。其母點頭曰。此甚善。汝好爲之。吾將善爲辭以解於而父。其母歸告其父。父

曰有子若此吾大慰矣但欲任天下事不可不環游地球一周吾家產只有萬金不能充其游費奈何苦思一晝夜乃發願往賭博欲一擲得奇釆以供給之連博連負不數日而萬金罄至今環堵蕭然而父母子三人舍身救國之志益熱云

▲庚子之秋孫逸仙黨人史堅如謀以炸藥焚兩廣督署不成流血於羊城聞其妹之智慧氣魄尤過乃兄嘗在博濟醫院學西醫通西文云事後遁於香港俄國虛無黨女子之風行將見於中國矣

▲去年廣東科試某縣縣考文題爲縻爛其民而戰之有一卷之破題云愍不畏死爲民流血者也可謂咄咄怪文

▲廣東鄉試揭曉後諸新孝廉往謁座師正考官某一一語之曰爾等以後八股工夫仍不可荒廢一二年後必當再復云八股忠臣正復不少

▲粵人某嘗用八股體作一文以輓八股其破承題云夫子之文章何可廢也甚矣大之將喪斯文也以待來年王曰已人如之何則可

▲滬上有奇士自隱名爲西狩者嘗作六少年歌歌曰幾令吾前有六烈士後有六少

年。朝亦六少年暮亦六少年烈士若更生復爲六少年令吾令吾一十二少年君馬黃臣馬蒼臣馬齒已長不如溥儁少年錦袍深擁韡玉勒青絲鞭溥儁翩翩臣不敢與溥儁比肩　按幾令吾古樂府調名也

# 小說

## 十五小豪傑

法國焦士威爾奴原著
少年中國之少年重譯

### 第二回　逢生路撞著一洞天　爭問題儼成兩政黨

卻說這四個孩子正在絕望的時候。面面相覷。在那裡發獃。忽然空際烟霧微開。那黑兒莫科瞥見遠遠的一帶好像陸影兒。他便狂叫起來道。陸！陸‼ 但不知果眞是陸地。還是他的眼花呢。武安聞說便接口道。陸嗎？可是眞的嗎。莫科道。是前面是東方呀。杜番道。莫不是你錯嗎。怎麼我們都看不見。莫科道。等那烟霧再開。我們仔細看罷。話猶未了。烟霧早漸漸破開了。不到一刻左右前後幾邁遠都望見了。武安道。不錯不錯。當眞是陸哩。四人一同觀看東方地平線上有一帶陸影。大約五六邁長。按照現下胥羅船的速力。不過一點鐘。便可以到那裡了。颶越發大。船驀地向著一直線走將前去。漸次近岸。只見岸上有十餘丈高的石壁聳起。石壁前面有黃色的沙嘴。沙嘴右邊有一簇的喬木。武安叫他們三箇管著舵輪。自己獨到船頭細察岸邊光景。看那裡可以抛錨灣泊。誰知那岸不但沒有一個灣港。卻見那沙嘴外面有無數亂石。好像鋸一般利。現時被湖水浸著。從黑波面上隱約看出他的蜿蜒起伏痕跡。武安看淸楚。仔細一想。這是行船最險的所在。不如將艙裏這些孩子們都叫出來船面預備不虞纔好。於是回到樓梯口。揭開窓門叫道。大家都出來罷。頭一箇不消說。一定是那隻狗了。跟著便是十一箇孩子。一鬨都跑上來。那年幾頂小的呢。睜眼一看四面光景。怕得急得要哭起來。這却是爲甚麼呢。看官須知大凡近陸之處。海底漸漸淺了。波浪越發洶湧。俗話叫做埋沙浪的。比那洋心的光景更可怕哩。那時正是六點鐘左右。船已走到岸邊。武安早將外衣脫了。預備若有那一個掉落海去。自己便去救他。据武安的意思。這座船是十有九要撞在礁石上碎成虀粉的哩。不到一會。這船果然擱淺。幸虧擱的地方不是大石。船皮雖然損傷。那海水還未滲進來。歇一會兒。又一箇大濤來。飃著這船前進五六丈。在一沙礁上。連動也動不得了。這還算好。船算是不怕沈沒了。但離那沙嘴還有一里多遠呢。武安俄敎兩人仔細查看船內房艙底艙。都還不十分破壞。那心安穩了許多。兩人回到船面。告訴大衆道。不要害怕。船身是未有壞的。況且眼見著到岸了。我們等一會商量上岸的方法罷。杜番道。甚麼又要等呢。內中有個十三歲的孩子叫做韋格的。亦跟著道。是呀。等甚麼呢。杜番說得是。我們偏不要等哩。武安道。你看這浪還怎麼利害。我們若想凫過去。恐怕淘在石礁上。連骨都要碎了呀。又有一個叫做乙菩的。年幾約同韋格一般。便道。整整等著。萬一這船碰石粉碎了。又怎的。武安道。這卻不怕。歇一會這潮定然退些。我們的船是穩當了……看官。你說這兩箇道理。那邊長呢。其實武安的話。一點不錯。這太平洋的潮水進退。雖然不比別的小海相差恁麼遠。但到潮落的時候。自然要不同些。依著武安的話。或者再過幾點鐘潮退之後。或者從石礁的脊上能彀步行過去。亦不定哩……雖然如此。但杜番等數人依然爭鬧不休。這也有箇緣故。不自今日起的。原來這一羣孩子裏頭。那杜番韋格乙菩格羅士四人。向來不肯佩服武安。每每無風起浪。找些事來和他慪氣。也不止一遍兩遍了。這一路上。卻爲著武安曉得些航海的方法。故此凡事只得讓著他。但今已到陸地。他們可又自由起來了……杜番等四人離開衆人。跑到船頭。看著巨浪掐天。實在

三

難以飛渡。不得已仍回原處。武安向俄敦及衆孩子道。今日尙是我輩至危極險之時。大家同在一處。緩急或可相救。若彼此分離。是滅亡之道也。杜番聽見這話。以爲武安有意譏誚他。便勃然道。武安你有甚麼權利、敢制定法律令我們遵行、嗎。武安道。豈敢豈敢。講甚麼權利不權利呢。但大家欲保安全。這却離開不得呵。就中最老成的俄敦。亦接著說道。武安的話不錯呀。其餘一班孩子都附和道。是是。杜番沒趣。不復作聲。更怫然帶領他的黨人三箇又走開了……郤說這陸地還是大陸。還是海島呢。那石壁底下有蛾眉月形的黃沙嘴。兩頭都是高地。北方更高。南方略略低些。武安拿著箇千里鏡。狠狠的望了許久。便道。怎麼陸上沒有一條烟影兒呢。莫科道。正是呢。怎麼這海邊連一隻小船都沒有。杜番從旁嘲他道。既沒灣港。從那裡來的船呀。俄敦道。郤不能怎麼說。便沒灣港。亦可以有漁舟來打魚的。或者因爲風浪太大。那漁舟都躲避別處去哩。衆孩子談談說說。間那風郤轉吹西北風了。頂住潮頭。潮落越發遲慢。孩子們個個磨拳擦掌。預備上船。把緊要的物件。都搬到船面。船中有乾餅乾果鹽礶頭肉品等。他們先把各色包裹起來。預備携帶。轉瞬已到七點鐘。石礁上的海水都落下。船越發斜向左邊。原來這骨羅船因爲想增加他的速率。故此造船時那龍骨格外高些。那船底格外尖些。今日擱淺在這裡。越發危險。險些兒要斜到翻沈了。這孩子們都跌足道。可恨昨夜的風。將我們的舢板船都送掉了。不然我們便好趁這時渡過去。將來由陸上到船中來往亦便易。今卻怎麼好呢。正說話間忽聽船頭一陣叫聲。武安等一齊過去看時。卻是一隻舢板擱在船頭舢艫底下。乃係昨晚大浪刮來。恰好沒有掉落海的。巴士他偶然尋得。便喊起來。衆人看這舢。大約只能載得五六箇人的。但慰情聊勝無。大家喜歡自不消說。怎知道爲著這箇武安和杜番又起一場風波。杜番見這舢板還在。便同韋格乙菩格羅士三人拖他出來。正要放下海去。恰好武安走來。便問道。你們干甚麼。韋格道。這是我們的自由。武安道。你們想落這舢板嗎。杜番道。是你有權利禁止我們嗎。武安道。有呀。因爲你們不顧大衆。杜番不等武安講完。便接口道。我們並非不顧大衆。我們上去以後。再用一个掉舢板回船載衆人。武安道。若回不來怎麼呢。碰石沈了怎麼呢。乙菩推開武安道。武安。你別管我們的閑事罷。武安兀自不肯退去一步。厲聲道。這舢板一定要給那年幼的孩子先用的。……兩面正爭得開不了交。那時若沒人調停。這武黨杜黨定要打起來了。却說這羣孩子裏頭單有俄敎年紀最長。兼且深沈有謀慮。衆人都佩服他的。恰好俄敎行來見此情形。心裏想道。武安是有理的。這時候浪還恁麼大。杜番等若落舢板。不但舢板沒了。就連人命也是險的。只是怕他不服。不便强勸。因開口問武安道。我們的船幾點鐘擱礁的呢。係六點嗎。武安道。不錯。俄敎道。這潮水幾時全退呢。武安道。大約十一點鐘。俄敎道。這正合式哩。我們趕緊收拾早飯喫過。好預備上岸。或者要凫水過去的地方呢。空著肚子沒氣力是不行的。俄敎這話果然說得有理。大家只得散開同喫飯去。這喫飯的時候。武安格外留神監督著那小孩子不許他們喫多。因爲已經一日一夜沒得喫了。怕他們貪嘴過度脹出病來。……

……那潮既已退得極慢。兼之潮越發退。船越發歪。莫科放下測海索來量水步。只見船旁海水還有八尺多深。莫科恐孩子們害怕。不敢聲張。悄悄的告訴武安。武安又密中和俄敎計議道。這却怎麼好。潮又被風頂住。不能全退。若等到明日。又怕到潮長時。船或傾覆。或擱碎。因此他們商量。惟有用一人拿著纜凫到岸邊。綑緊在石上。慢慢的將絞盤絞船靠岸。除了此法。更無可施。只是拿纜到岸的人。那箇肯做呢。不消說。一定是。武安。討。奮。勇。了。武安既和俄敦商定。決意冒這一回險。於是先把那船上的浮水泡都取出來挨次分給那最年小的。萬一有險則他們小的可以浮身。這年長的便一隻手攙著那小的一隻手。拉住那纜便可鳧泳到岸。布置已定。恰好十點一刻。這一點鐘內。就是潮落最低的時候了。但船頭海水。尙有四五尺深。就使再過兩三刻鐘。亦不過減數寸。武安看定非行此策。一定無望。便脫了外衣。取出纜來。將一頭綑在自己胸間。那時杜、番、等、四人看著武、安、如、此、慷、慨、代、衆、人、冒、險。心、裏、自、然、感、動。便跟同俄敦共幫忙助武安整備繩纜各件。武安預備齊全。將聳身入海。他的兄弟佐克呱的一聲哭起來叫道。阿哥呀阿哥別要去。武安答道。好兄弟不怕的。便咕咚一聲跳下去了。正在起勢鳧泳。可奈那北風和那退潮相逆相擊。兼之石礁凸凹。海水激盪其上。到處都是盤渦。武安鳧了一會。氣力已是不支。手足不甚能自由了。少頃只見他的身子被吸向一箇大盤渦裏頭。只聞得叫了一聲。快幫忙呵！那好好的武安。便已絞將下去。不見人影兒了。正是。

男兒急難爲同胞。　天地無情磨好漢。

畢竟武安性命如何。等下次新民叢報印出。便知明白。

此兩回專表武安。就中所言「今日尚是我輩至危極險之時。大家同在一處。緩急或可相救。若彼此分離。是滅亡之道也。」我同胞當每日三復斯言。

讀此回者無人不痛恨杜番。杜番亦只坐爭意見顧私利耳。恨杜番者宜自反。

有競爭乃有進化。天下公例也。武杜兩黨抗立。借以爲各國政黨之影子。全書之生氣活潑。實在於是。

讀者勿徒痛恨杜番。且看其他日服從公議之處。便知文明國民尊重紀律之例。觀其後來進德勇猛之處。便知血性男子克己自治之功。

好容易盼到靠岸。以爲苦盡甘來矣。不知此時之險阻艱難。更倍於從前。行百里者半九十。任事者最宜知之。

敘了兩回。到底這船爲何事欲往何處。緣何只有這幾箇孩子。讀者悶葫蘆已打得不耐煩了。第三回便當說明。先洩漏一點消息。以慰看官之望。

# 文苑

## 詩界潮音集

### 廣詩中八賢歌

任公

詩界革命誰歟豪因明鉅子天所驕驅役教典庖丁刀何況歐學皮與毛諸暨蔣智由觀雲○君邃於佛學尤好慈恩宗因自號因明子東甌布衣識絕倫梨洲以後一天民我非狂生生自云詩成獨泣問麒麟平陽宋恕平子枚叔理文涵九流五言直逼漢魏遒蹈海歸來天地秋西狩吾道其悠悠餘杭章炳麟太炎義甯公子壯且醇每翻陳語逾清新嚙墨嚥淚常苦辛竟作神州袖手人義甯陳三立伯嚴○君昔贈余詩有憑欄一片風雲氣來作神州袖手人之句哲學初祖天演嚴遠販歐鉛攙亞槧合與莎米謂莎士比亞及米兒頓皆歐洲近世大詩人也爲鰈鶼奪我曹席太不廉侯官嚴復幾道放言玩世曾觙庵造物無計逃鐫鑱曼歌花叢酒正醇說經何時詩道南湘鄉曾廣鈞重伯○君昔爲余書扇作齊詩圖跋語云任公好余所治齊詩以圖予之詩道南矣其狂率類此絕世少年丁令威選字穠俊文深微徉狂海上胡不歸故山猿鶴故飛飛豐順丁惠康叔雅君遂之節如其才呼天不譍歸去來海枯石爛詩魂哀吁嗟吾國其無雷淮南吳保初彥復○君抗疏憂國事不得進棄官歸且凍餓厚祿故人書招之不出山也

三七四

二

## 燕京庚子俚詞　平等閣

撐雲樓閣送斜陽天外孤鴻枉斷腸帝子不歸秋又去萬鴉如葉撲宮墻（辛丑秋末過長安門即景一首）

一家禁苑無人到十國爭馳劇可哀徹耳軍歌聲不斷兵車夜半出宮來

醉歸無限意茫茫幾處燈光出苑墻依舊晚風澄碧水玉橋明月白如霜

霧袂雲鞋不染塵簇鬟垂鬢鬪盈盈鈿車寶馬爭馳掣認是誰家紫禁城

匾聯照耀張金屋衣傘輻轣映彩旗處處壺漿低首拜原來十國盡王師

排外尙非歷史恥勞師無乃國民羞郎君熱血儂清淚枉作無情江水流

太平謌舞尋常事幾處風颭幾色旗國自興亡誰管得滿城爭說叫天兒（叫天兒名優也）

## 雜詩　同

甘爲游俠流離子孺婦無顏長者憂何不掃除公義盡讓他富貴到心頭

每因意憤言愈憤自覺心平氣未平依舊片帆蒼莽去風濤如此那堪行

平生不作牢騷語我讀斯言氣一王不幸離羣墮塵海聞聲觸色總堪傷（京師殘破後外人之無理橫虐及華人之甘心奴隸憤無可憤救無可救能不悲乎）

年來最苦團圞節。懷友思親總愴神。一樣亞洲好明月。瀛車碾夢過西京。辛丑中秋夜作蓋憶去秋此時正過西京

壬寅正月二日宴日本豐陽館　觀雲

海山風景纖塵絕。入室淸幽想見之。一斗小臣先醉矣。夢中天樂坐張時。
當筵鐵撥動琵琶。觸念河山感慨多。別有廻腸絲竹外。獨尋水石看梅花。

弔吳孟班女學士　觀雲

年來歷歷英才盡。人虐天饕兩若何。女史傷心編往事。神州蘭蕙已無多。
謙吉里邊夕照黃。中虹橋畔柳絲長。女權撒手心猶熱。一樣銷魂是國殤。

壬寅正月二日自題小影　觀雲

濁濁誰能知總因。但憑願力入風塵。江湖形狀喪家犬。自作人間補憾人。

朝吟　觀雲

牆外蹏聲鼠齧聲。朝來耳管不分明。虛空放我渾無著。萬物泬寥天地淸。

讀史　觀雲

白骨塡黃河。清流飲恨多。可憐唐社稷。一樣付流波。

## 盧騷　觀雲

世人皆欲殺。法國一盧騷。民約昌新義。君威埽舊驕。力塡平等路。血灌自由苗。文字收功日。全球革命潮。

## 感事二首　有情子

昨夜飛翻夢鬼雄。荊卿劍氣壓長虹。却憐滄海馳商舶。豈有寒冰語夏蟲。失計始知徒覔彈。損心誰悟早存蓬。何時得飲玄黃血。一洗塵埃日再東。

住心暫宿範形地。一悟無端又墮空。狗子自然非佛性。蜂雄強半委天工。十年舊友多成夢。一紙虛名徧效忠。我欲尋春多少語。豈知春去已難逢。

# 問答

(一)問、讀貴報第一號紹介新著一門原富條下。於英文之 Political Economy。欲譯爲政術理財學。比之日本所譯經濟學。嚴氏所譯計學。雖似稍確。稍賅。然用四字之名。未免太冗。稱述往往不便。如日本書中有所謂經濟界經濟社會經濟問題等文。以計字易之。固不通。以政術理財字易之。亦不通也。此學者在中國。雖無顓門。但其事爲人生所必需。隨文明而發達。吾中國開化數千年。古籍之中。豈竟無一名詞足以當此義者。貴撰述博通羣典。必有所見。乞悉心研搜。定一雅馴之名。以惠末學。幸甚幸甚。(東京愛讀生)

(一)答、政術理財學之名。冗而不適。誠如尊論。惟此名求之古籍。脗合無間者。實覺甚難。洪範八政。一曰食。二曰貨。班書因採之爲食貨志。食貨二字。頗賅此學之材料。然但有其客體。不有其主體。未能滿意。管子有輕重篇。篇云「桓公曰。輕重有數乎。管子曰。輕重無數。物發而應之。聞聲而乘之。故爲國不能來天下之財。致天下之民。則國不可成。」輕重凡十八篇皆言所謂經濟學之理法者也。必求諸古名。則輕重二字最適。然其語不通用。驟出之亂人耳目。殆未可也。論語賜不受命而貨殖焉。太史公用之以作貨殖列傳。此二字亦頗近。但所謂 Political Economy 者。合公團之富與私人之富言之。而其注重實在公富。貨殖則偏於私富。不含政術之義。亦非盡當。史記有平準書。所言皆朝廷理財之事。索隱曰。「大司農屬官有平準令丞者。以均天下郡國輸斂。貴則糶之。賤則買之。平賦以相準。故命曰平準也。」按漢代平準之制。本所以吸集天下財富於京師。其事非爲人羣全體之利益。本不足以當 Political Economy 之義。雖然。單舉平準二字。尚不失爲均利宜民之意。且此二字出於史記人人一望而解。而又不至與他種名詞相混。然則逕譯之爲平準學。似尚不謬。由是日本所謂經濟家則名爲平準家。經濟學者則名爲平準學者。經濟界則名爲平準界。經濟社會爲平準社會。經濟問題爲平準問題。施諸各種附屬名詞。似尚無窒礙。聊臚此諸義。以酬明問。並以質當世之深通此學者。並望通儒碩學。更駁詰之。而垂教焉。

(二)問、貴報學說與學術。其界限似不甚分明。敢問其分類之命意所在。(同上)

(二)答、就論理之原則言之。則學說可包於學術之中。以之分類並列。頗不合論法。但本報之意。惟以紹介各種新學開通我國民智爲主。非欲藏諸名山以傳不朽也。故因便宜以分類。其不合論法者正多。非特此兩門耳。至所以分此兩者之故。學說則專取中外大儒一家之言。有左右世界之力者。擷其要領。學術則泛論諸種學問。或總論。或分論。或有形學。或無形學。以使人知學界之大勢及其概略。故不得不另爲一門也。

(三)問、日本書中金融二字。其意云何。中國當以何譯之。(同上)

(四)問、中國近日多倡民權之論。其說大率宗法儒盧梭。然日本人譯盧梭之說。多名爲天賦人權說。民權與人權。有以異乎。此兩名詞果孰當。(同上)

(以上兩條下次答覆)

三八〇

四

# 中國近事

◎新約全錄　前號所載俄公使近提出滿洲新約交與兩全權茲得其全稿并兩全權駁議爲錄如下案此約稿即第四次者也〇第一條。大俄國與大淸國捐棄前嫌特立一永久之新約。所有東三省俄兵佔據之地。一律歸還淸國。該地方所有自主權利。俟歸還後。仍聽淸國自治。惟與俄人有妨者。俄政府仍須過問責令淸國改定以全交誼〇第二條。大俄國駐紮滿洲各軍。與淸國代平內亂起見。現在東三省及中俄交界地面既經大淸國允准。不再有去年之禍亂。大俄國自應允將該處所駐之兵陸續撤退。一千九百零一年所有駐紮遼河一帶及盛京西南各處之兵。先行撤退其半。一千九百零二年。奉天盛京各處之兵。全行撤退。一千九百零三年。俟中國北方無事能自守護。再行撤去吉黑兩省之兵〇第三條大淸國在東三省留守兵額。不得于原額外無故增添。所有需增兵數。該省將軍須與俄督酌定。不得私自增改。有乖睦誼「附」東三省自治之權。仍由中國官吏管轄。惟須力任保護俄人。及不准華兵與俄兵齟齬等事。○第四條。大俄國允將山海關至營口一帶鐵路交還淸國自行管理。惟淸國須按照所辦該鐵路章程辦理。不得添築支路及展長原定之綫路。不得已增設綫路。須與俄政府商定再辦。 一去年至今所有保護修理鐵路之費。應由中國償還。 一此次鐵路中國須自爲保護。不准他國兵隊駐屯。 一不准築橋過遼河。 一管理之法。槩照一千八百九十六年英俄所立和約辦理。○兩全權駁議如下 第二條退兵限期。駁云。去歲拆毀鐵路。本爲亂民所爲。既言歸于好。自當歸敝國保護。豈貴國槩不退兵。則有深意乎。 第三條額外練兵事。駁云。練兵爲自强計。非專爲開邊釁也。豈可預定以額。貴國無日不練兵。何獨使敝國缺兵。不敷調遣。安能保護。 第四條山海關鐵路不准建築支路及展長綫路。駁云。西比利亞鐵路。貴國自主之。山海關鐵路。敝國自主之。不得混而爲一。○又議及商約。(商約指東三省路礦言。原議只許華俄銀行承辦。他國不得干預。兩全權亦駁之。) 駁云。東三省既交還中國。凡中國人皆可辦。中國商人亦可辦。中國國家更可辦。何必定出自華俄銀行。即以銀行名華俄論。是華俄皆有自主之權。俄人不得獨擅其權也。總之李公已死。今日談公約。不知有密約。密約必與人口實。我先無以自立。公約可告天子。可告友邦。如貴國不願歸我土地。亦不妨明白張膽言之。無庸費唇舌也。于是俄使曰且電致本國政府。俟回電時再定云云。

◎俄人讓步　俄使與兩全權會議之後。即請訓于其政府。旋聞已有覆電甘爲退讓。凡滿洲兵制兵數。俄人皆不得干預。營榆鐵道管轄之權。亦讓還中國。又滿洲撤兵之期。言明定約三箇月即撤盛京之兵。吉林遲三個月。黑龍再遲三個月。大約和議定後。不過一年。主權可全收復矣。

◎太后懼外　太后心中終懼外人。夜間偶聞砲聲。便問云。莫是交民巷（係各公使館所在地）麼。而其于近支王公交接外人者。則固聞而惡之也。

◎紀大學堂　北京大學堂章程。以前均係某公所擬。玆聞督辦張百熙將前章大爲更張。額數廣開至五百餘名。並擬俟二月後即行開考。華文總教習已聘定吳太史汝綸。吳初辭之再三。後有旨賞給三品銜爲大學堂總教習。吳乃肯就。

◎紀政務處　政務處人員近稍有更動。且聞定議自諸大臣外。設提調二員。爲陳邦瑞郭曾炘。幫提調一員。爲陳璧。總辦四員。爲于式枚徐世昌孫寶琦鐵良。幫辦二員。爲汪貽書、嚴修。

◎條陳練兵 直督袁世凱曾條陳練兵事宜。大要如下。(一)改兵制。擬用通國皆兵之法。設豫備後備民兵等兵額。(二)各省設練兵。各府設團練。(三)北京武昌兩處。設陸軍大學堂。聘德國日本將弁爲教習。(四)北京設軍事督辦處。專管全國練兵事宜。奏上奉旨交政務處妥議。

◎電詞嚴峻 劉坤一有電致全權大臣。詞甚嚴峻。頗類教訓口氣。其意皆言不得利權外溢。致虧損過多。將來無以對天下後世。

◎紀自强軍 自强軍聞擬改名。并變通舊制。改歸袁慰帥節制。以一事權。

◎會辦商約 盛宣懷前因病勢甚重。經手商稅事宜。責任重大。恐誤要公。電奏懇請開去商務大臣。並請另簡大員前來接充。故朝廷有特派呂海寰會同辦理商約之諭。

◎查辦要件 兵部尙書裕德。前往蒙古查辦事件。玆悉此案情節重大。蓋緣蒙古某王初以服毒身死申報。繼聞其爲僕人謀害。故特派大員研訊。所帶隨員。本衙門二人。

刑部一人。理藩院一人。

◎美軍紀律　美軍自去歲入京以來。捕務嚴明。盜賊爲之斂跡。近因差役浩繁。擬欲出都駐紮。誠恐地面不靖。故已檄調他處所駐之隊前來塡駐。一面入奏朝廷。

◎德官抗議　在津各國洋商。已向駐津各國統兵官商請。謂照和約辦理。此時似應撤兵。各兵官均允照辦。惟德兵官獨行抗議。

◎交路有日　京中官場消息稱。直督袁世凱來文。言月內英國可將京津榆鐵路交還中國。京榆鐵路即派會辦胡燏棻接收。至蘆正鐵路由法人保護者。亦一律交還中國自行管理。聞係派孫鍾祥管理局務。

◎索礦彙誌　俄商六人。近已集股。擬在黑龍江某處開採金礦。已經俄使請諸中國。現各該商等專候華政府批准。並聞另有俄人甚多。均欲謀在該處開礦。又意大利欲承辦浙江全省礦務。經有人爲之說合。政府業已允准。惟章程尚未商定。又聞德使近逼請外部。將山東礦利數處。全任德人獨辦。每年所得以十分之七納交中國政府。

◎粵漢鐵路　近聞粵漢鐵路即將開辦。且美公司並未將該路全股售與比商。一切仍歸美公司主政。其資本現已集成存交銀行公司中之總辦。當于西正月由美起程前來。籌備一切。以便即行興工。該路計長七百五十英里。若併各枝路合計。則當有九百英里。按照中國與該公司所訂之合同。內載中國政府當立劵據四千二百五十萬元交美華鐵路公司收執。其劵係作金元折算。每年行息以五十年為期。至該路所需各項之材料。應向美國購辦云。

◎**商埠將開**　聞安徽之安慶湖南之長沙常德。不日當開作通商口岸。

◎**滇粵不靖**　雲南廣西兩省現有裁兵及徒犯等。計共一萬餘人。連合起事。勢甚猖獗。

# 海外彙報

二月大事記西歷一千九百二年

▲一日倫敦電。聖彼得堡有一新聞名俄羅斯者。因觸政府之忌諱。致被禁止。編輯人追放于國外。屬稿者被流于西伯利亞。

同日電。英國支哥麼剌將軍被敵兵夜襲。激戰之後。杜兵卒被損害而退。

▲二日路透電。英國陸軍衙門出示諭招民兵九大隊。

同日電。英國下議院已允籌備新增兵費。

▲三日路透電。杜將德域脫部下親兵。在威路耶地方。襲擊英國之輕騎隊。但俱爲大砲所擊退。

同日電。新西蘭殖民地首相瑟敦氏。在阿黑郎地方。親送出該地新籌兵隊往南非洲助戰。并云如不敷用。願再送第二十隊前往。

同日電。傳聞英政府將不允受荷蘭代杜國議和之請。此事人多信之者。

同日電。據荷京海牙府傳說。荷國將再代杜國傳遞重訂和議各欵。故所商各節。尚須展緩日期。

▲四日路透電。英巴洛發爵員在下議院宣言。彼想明日可將荷蘭來書在該院宣讀。

同日電。曼士達伯爵在南非洲偶遭不測。死于非命。

同日電。有一新西蘭士人已編成隊。願爲英政府効力。作衛城兵。或作別用。倘有要用。另有五千人亦可委調。

同日巴黎電。法大統領羅耶氏及外務大臣參路加些氏。擬以六月中旬出遊俄國。

同日電。荷蘭政府尚未接英國之覆文。荷蘭內閣已與駐本國各使臣會商多次。

▲五日路透電。外務大臣藍斯敦世爵回覆荷國政府云。英政府深嘉荷政府之舉。但英不能受各外國干預南非洲戰事。且云此種事件。宜在南非洲商議。不宜在歐洲。更須杜國首領親與基將軍統帥面議。

同日電。英皇允受屬地之兵六隊。遣往南非洲助戰。

同日電。英各報紙咸以藍斯敦世爵答覆荷國之詞爲然。

▲六日路透電。據基將軍呈報。百陰參將攻杜將威些路士於倭剌斯近地。奪回法門參將所失大砲兩尊。并杜將底威持之快砲一尊。敵兵被殺者七人。受傷者廿七人。

同日電。英首相沙侯在青年律例會宣言。現在吾英尙有許多緊要事情。過於南非洲之戰事。其最要者係管轄阿爾蘭所有之權。若英稍有疏忽。則受害匪淺矣。

▲七日路透電。英黎達游擊殺杜將德拉利所部營下兵士七名。生擒一百三十一人。杜將亞拉勃亦在內。

同日電。英巴洛爵員在下議院宣言。前荷蘭代杜國講和公文。已抄錄一分。于本月一日寄往南非洲總帥密兒那將軍。且命其電達基將軍。與杜人在戰塲者商議。

▲九日路透電。杜將麥利斯已于前月三十一日就擒。

同日電。在聖希利那被押之杜將雷恩君。已願率領一隊在英軍効力。

▲十日路透電。杜將底威持于本月六日爲英軍馬隊所圍。當時彼即遣散手下兵士各自逃生。自己却驅一羣牛馬撞破英軍營栅。隨即雜于牛馬內逃出軍圍。杜軍兵士死傷被擒者計共二百八十三人。馬匹獲有七百匹。內有死者若干。英兵死傷無

多。

▲十二日倫敦電。英日兩國聯盟經已畫押約中大要係合力保全中國朝鮮遇有戰爭等事須兩國互相協力帮助。

同日電。英日兩國所訂聯盟之約。期限五年。未滿期之前。無論彼此欲將該約作廢。必先一年知照而後可。

同日電。英日兩國所訂之盟。均志在保全遠東之和局。並欲扶掖中韓兩國。俾勿失主權。各國所佔利益。務期一體。勿得稍涉偏倚。約內列有六欵。內載英日兩國倘被他國嚇以已甚之舉。彼此必會同妥籌善策。以保兩國之權利。至與他國開戰。敵有數國。或不獨一國。彼此必互相援助。若敵僅一國。則必嚴守局外。不在前約之列也。

同日電。英日兩國既經聯盟。彼此不再與他國聯約。庶免有礙前盟。嗣後兩國凡遇危機。兩政府必互相發電。妥商辦法。

▲十三日倫敦電。歐洲各報議論英日兩國聯盟實因防俄起見使東亞得享昇平之福。且亦大有裨于美。想美國聞之。必樂然也。

▲十四日路透電。英外務大臣在下議院宣言。此次英日兩國所訂之盟約。不徒担保中國各省土地。即滿洲亦在其列。其中條約未經刊佈之先。業已一一電告美政府。至英德盟約。仍然遵守如前。

同日電。聞俄國得悉英日兩國聯盟之信。坦然無介。且言甚善。其事緣欲扶植中韓兩國。勿使損失主權。正爲俄人平日之政策也云。

▲十六日路透電。英國估計本年水師費用。約需英金三千一百二十五萬五千磅。陸軍共有四十二萬人。估計約需六千一百三十萬磅。

同日電。英馬步隊一百二十餘騎。在某河附近巡防。忽被杜軍圍擊。因衆寡之勢懸殊。致失兵士十二人。受傷四十八人。

同日倫敦電。英海部現擬建造新式兵艦四艘。速率務極其快。又另製沈行水中之魚雷艇四艘。

▲十七日路透電。奥國脫力愛斯地方。忽有工人罷工滋事。玆已派兵前往查辦。

同日電。所云英馬步隊在某河左近遇敵一節。該軍隊因初到南非洲。不諳杜人之詭謀。致有是敗。至所失人數內有都司一員亦在其列。

同日電。丁抹國所屬之西印度島售與美國。玆已議定。彼此業已簽押盖印矣。

▲十九日路透電。十六日英統領意陸所統之軍兩隊。與杜將底威持所部之兵接戰于烏里諸西北三十英里某處地方。是役杜兵被獲者共有十人。

同日電。西班牙官軍。近日在巴西羅尼亞城外。與同盟罷業者疊次接仗。該處居民均被攻擊。寺院一所並遭焚燬。官軍馬隊當衝突之際。各窓門處大發鎗火。以至受傷甚衆。

▲二十日路透電。德議政院近已核減在華德軍兵費五百萬馬克。緣天津德軍行將遣撤。至所請一百萬馬克以作遠東水師經費。業已議駁不准矣。

▲廿一日路透電。西班牙國巴西羅尼亞亂黨滋事。當十八十九兩日。官軍與匪接戰。死傷者共二百四十餘人。

同日電。西班牙亂黨現已蔓延至西武利哥薩及中央各屬。

同日電。昨羅馬城慶賀教王授任五十年之期。時百姓聚集至七萬餘人之多同日電。英海部某大臣在下議院出預估本年水師軍費時。對衆宣言曰。本年政府當建造兵艦八十七艘。內有十六艘年內諒可完工。以備附列入軍云。

▲廿二日路透電。英副將怕克帶同哨兵三百人出敵不備突入杜營擒獲杜兵百六十四名。

同日伯林電。意大利近日甚爲擾亂內閣辦事各大臣已一律辭退。

▲廿四日路透電。杜將底威持偕其部下各軍現在阿速河屬某處地方駐紮。

同日電。德親王亨利已到美國華盛頓。業已進謁總統羅斯福矣。

▲廿五日路透電。美國上議院現已將非律賓稅則章程一律議定。

同日電。英屬加拿大辦理禁止支那人及日本人前往委員現擬請政府將支那人入口身稅由一百元加至五百元至禁止日本人之條議。現尙未定。

同日伯林電。美總統羅斯福氏在華盛頓迎迓德國亨利親王並言德國以前所行政策予深欽佩現在政策亦頗美善日後必成大業尤望兩國邦交日益親密亨利親王答以深望彼此和睦。歷久不渝。俾期互得利益云。

同日電。今日紐約地方舉行德皇御舟下水之禮。並將美總統女公子之名名其舟

此爲亨利親王赴美最要之事。

▲廿六日路透電俄京聖彼得堡及別處大學堂學生近日復有不靖之事勢甚洶洶

該學生等之所以驟舉動者大半爲政治上起見也

同日電德國議院會議關稅董事因各議員阻撓新定稅則故于是日在議院中議

將穀稅加增。其餘各稅則亦酌量删改。並聞各輔政黨均允照政府所定章程辦理。

▲廿七日路透電南非洲克剌克斯陶巴地方附近某處之英軍護衛營爲杜兵攻擊。

英軍力戰良久。仍爲杜兵將營佔據。是役死傷之數及詳細情形。均尙未知。

▲廿八日路透電英相沙侯已命英人立一自由黨。已則爲其正領袖該黨須與原有

之自由黨彼此聯絡同心辦理各事。又該黨雖未與現有之自由黨分離。惟應恪守

沙侯在中央英國欺斯忒斐地方宣明之宗旨。

同日電加拿大辦理禁止華人入口委員現擬除將前此寓居華人增收丁捐外又

禁止華工以後不准前來並須與華政府訂立一約云

# 第四號

光緒二十八年二月十五日
明治三十五年三月廿四日

◉本號要目



每月二回朔望發行

新會梁任父先生著

# 飲冰室文集

香山何天柱編

飲冰室主人爲我國文界革命軍之健將其文章之價値世間旣有定評無待喋喋此編乃由其高足弟子何君所編凡**著者數年來之文字搜集無遺**編年分纂凡爲八集曰丙申集丁酉集戊戌集己亥集庚子集辛丑集壬寅集而以**韻文集**附於末焉其中文字爲**各報所未載者**亦復不少煌煌數百萬言無一字非有用之文雖謂中國集部空前之作殆無不可卷首復冠以著者所作**三十自述**一篇及**照像三幅**一爲時字報時代造像二爲淸議報時代造像三爲新民叢報時代務像海內外君子有表同情於飲冰室主人者乎得此亦足代嚶鳴求友之樂也**現已付印**不日出書

**發行所** 上海英界南京路同樂里 **廣智書局**

# 新民叢報第四號目錄

光緒二十八年二月十五日

售報價目表

| 全年廿四冊 | 半年十二冊 | 每冊 |
| --- | --- | --- |
| 五元 | 二元六毫 | 二毫五仙 |

美洲澳洲南洋海參威各埠全年六元半年三元二毫零售每冊三毫正郵稅每冊壹仙外埠六仙

廣告價目表 論前加倍

| 一頁 | 半頁 | 一行 四號十七字起碼 |
| --- | --- | --- |
| 七元 | 四元 | 二毫[illegible] |

凡欲惠登告白者須于本報定期發刊之前五日交到價須先惠欲登長年半年者價當面議從減



編輯兼發行者　馮紫珊
印刷者　西脇末吉
橫濱山下町百五十二番館
發行所　新民叢報社
橫濱山下町百五十二番館　信箱二百五十五番
印刷所　新民叢報社活版部
東京神田區表神保町三番地
東京發賣所　東京堂

英儒倍根

法儒笛卡兒

# 論說

## 新民說四

中國之新民

### 第六節　論國家思想

人羣之初級也有部民而無國民由部民而進爲國民此文野所由分也部民與國民之異安在曰羣族而居自成風俗者謂之部民有國家思想能自布政治者謂之國民天下未有無國民而可以成國者也

國家思想者何一曰對於一身而知有國家二曰對於朝廷而知有國家三曰對於外族而知有國家四曰對於世界而知有國家

所謂對於一身而知有國家者何也人之所以貴於他物者以其能羣耳使以一身孑然孤立於大地則飛不如禽走不如獸人類之澌滅亦旣久矣故自其內界言之則太平之時通功易事分業相助必非能以一身而備百工也自其外界言之則急難之際羣策羣力捍城禦侮尤非能以一身而保七尺也於是乎國家起焉國家之立由於不

得已也即人人自知僅恃一身之不可而別求彼我相團結相補助相捍救相利益之道也而欲使其團結永不散補助永不虧捍救永不誤利益永不窮則必人人焉知吾一身之上更有大而要者存每發一慮出一言治一事必常注意於其所謂一身以上者此兼愛主義也。雖然。即謂之爲我主義。亦無不可。蓋非利羣則不能利已。天下之公例也。苟不爾則團體終不可得成而人道或幾乎息矣此爲國家思想之第一義。

所謂對於朝廷而知有國家者何也國家如一公司朝廷則公司之事務所而握朝廷之權者則事務所之總辦也國家如一村市朝廷則村市之會館而握朝廷之權者則會館之値理也夫事務所爲公司而立乎抑公司爲事務所而立乎會館爲村市而設乎抑村市爲會館而設乎不待辨而知矣兩者性質不同而其大小輕重自不可以相越故法王路易第十四『朕即國家也』一語至今以爲大逆不道歐美五尺童子聞之莫不唾罵焉以吾中國人之眼觀之或以爲無足怪乎雖然譬之有一公司之總辦而曰我即公司有一村市之値理而曰我即村市試思公司之股東村市之居民能受之否耶夫國之不可以無朝廷固也故常推愛國之心以愛及朝廷是亦愛人及屋愛屋

及烏之意云爾若夫以烏爲屋也以屋爲人也以愛屋愛烏爲即愛人也寖假愛烏而忘其屋愛屋而忘其人也欲不謂之病狂不可得也故有國家思想者亦常愛朝廷而愛朝廷者未必皆有國家思想朝廷由正式而成立者則朝廷爲國家之代表愛朝廷即所以愛國家也朝廷不以正式而成立者則朝廷爲國家之蟊賊正朝廷乃所以愛國家也此爲國家思想之第二義

所謂對於外族而知有國家者何也國家者對外之名詞也使世界而僅有一國則國家之名不能成立故身與身相並而有我身家與家相接而有我家國與國相峙而有我國人類自千萬年以前分孳各地各自發達自言語風俗以至思想法制形質異精神異而有不得不自國其國者焉循物競天擇之公例則人與人不能不衝突國與國不能不衝突國家之名立之以應他羣者也故眞愛國者雖有外國之神聖大哲而必不願服從於其主權之下寗使全國之人流血粉身靡有孑遺而必不肯以絲毫之權利讓於他族蓋非是則其所以爲國之具先亡也譬之一家雖復室如懸磬亦未有願他人入此室處者知有我也是故我存此爲國家思想之第三義

所謂對於世界而知有國家者何也宗教家之論動言天國言大同言一切衆生所謂博愛主義世界主義抑豈不至德而深仁也哉雖然此等主義其脫離理想界而入於現實界也果可期乎此其事或待至萬數千年後吾不敢知若今日將安取之夫競爭者文明之母也競爭一日停則文明之進步立止由一人之爭競而爲一家由一家而爲一鄉族由一鄉族而爲一國一國者團體之最大圈而競爭之最高潮也若曰並國界而破之無論其事之不可成即成矣而競爭絕毋乃文明亦與之俱絕乎況人之性非能終無競爭者也然則大同以後不轉瞬而必復以他事起競爭於天國中而彼時則已返爲部民之競爭而非復國民之競爭是率天下人而復歸於野蠻也今世學者非不知此主義之爲美也然以其爲心界之美而非歷史上之美故定案以國家爲最上之團體而不以世界爲最上之團體蓋有由也然則言博愛者殺其一身之私以愛一家可也殺其一家之私以愛一鄉族可也殺其一身一家一鄉族之私以愛一國可也國也者私愛之本位而博愛之極點不及焉者野蠻也過焉者亦野蠻也何也其爲部民而非國民一也此爲國家思想之第四義

耗矣哀哉吾中國人之無國家思想也其下焉者惟一身一家之榮瘁是問其上焉者則高談哲理以乖實用也其不肖者且以他族爲虎而自爲其倀其賢者亦僅以堯跖爲主而自爲其狗也」以言乎第一義則今日四萬萬人中其眼光能及於一身以上者幾人攘而往熙而來苟有可以謀目前錙銖之私利者雖賣盡全國之同胞以圖之所弗辭也其所謂第一等人者則獨善其身鄉黨自好者流也是即吾所謂逋羣負而不償者也。見第五節夫獨善之與私惡其所以自立者雖不同要其足以召國家之衰亡一也」以言乎第二義則吾中國相傳天經地義曰忠曰孝尙矣雖然言忠國則其義完言忠君則其義偏何也忠孝二德人格最要之件也二者缺一時曰非人使忠而僅以施諸君也則天下之爲君主者豈不絕其盡忠之路生而抱不具人格之缺憾耶則如今日美法等國之民無君可忠者豈不永見屛於此德之外而不復得列於人類耶顧吾見夫爲君主者與爲民主國之國民者其應盡之忠德更有甚焉者也人非父母無自生非國家無自存孝於親忠於國皆報恩之大義而非爲一姓之家奴走狗者所能冒也而吾中國人以忠之一字爲主僕交涉之專名何其傎也」君之當忠。更甚於民。何也。民之忠也。僅在報國之一義務耳。君之忠也。又兼有不負付託之義務。安在其忠德之可以已耶。夫孝者子所對於父母之責任也。然爲人父者何嘗可以缺孝德。父不可不孝。而君顧可以不忠乎。僅言忠君者。吾見其不能自完其說也。

以言乎第三義則吾國歷史彌天之大辱而非復吾所忍言矣。計自漢末以迄今日。凡一千七百餘年間我中國全土爲他族所占領者三百五十八年。其黃河以北乃至七百五十九年。今列其種族及時代爲表如左。

| 國名 | 國祖 | 種族 | 都 | 今地 | 興起年代西歷 | 滅亡年代西歷 |
|---|---|---|---|---|---|---|
| 漢 | 劉淵 | 匈奴 | 平陽 | 山西平陽府 | 三〇四年 | 三二九年 |
| 成 | 李雄 | 巴氐 | 成都 | 四川成都府 | 〃 | 三四七年 |
| 後趙 | 石勒 | 羯 | 鄴 | 直隸順德府 | 三一八年 | 五一年 |
| 燕 | 慕容皝 | 鮮卑 | 〃 | 〃 | 三三七年 | 三七〇年 |
| 代 | 拓跋猗盧 | 〃 | 盛樂 | 山西大同府 | 三〇九年 | 三七六年 |
| 秦 | 符健 | 氐 | 長安 | 陝西西安府 | 三五一年 | 三九四年 |
| 後燕 | 慕容垂 | 鮮卑 | 中山 | 直隸定州 | 三八三年 | 四〇八年 |
| 後秦 | 姚萇 | 羌 | 長安 | 〃 | 三八四年 | 四一七年 |
| 西燕 | 慕容沖 | 鮮卑 | 長子 | 山西潞州府 | 〃 | 三九四年 |
| 西秦 | 乞伏乾歸 | 、、 | 苑川 | 甘肅鞏昌府 | 三八五年 | 四三一年 |

| | | | | | | |
|---|---|---|---|---|---|---|
| 後涼 | 呂光 | 氐 | 姑臧 | 甘肅涼州府 | 三八六年 | 四〇三年 |
| 南燕 | 慕容德 | 鮮卑 | 廣固 | 山東青州府 | 三九八年 | 四一〇年 |
| 南涼 | 禿髮傉檀 | 〃 | 廉川 | 甘肅西寧府 | 四〇二年 | 四一四年 |
| 北涼 | 沮渠蒙遜 | 匈奴 | 張掖 | 甘肅甘州府 | 〃 | 四三九年 |
| 大夏 | 赫連勃勃 | 〃 | 統萬 | 甘肅寧夏府 | 四〇七年 | 四三一年 |
| 後魏 | 拓跋珪 | 鮮卑 | 平城 | 山西大同府 | 三八六年 | 五六四年 |
| 契丹 | | 五代時燕雲十六州 | | | | |
| 金 | 完顏阿骨打 | 女眞 | 汴 | 河南開封府 | 一一二六年 | 一二三四年 |
| 元 | 成吉思 | 蒙古 | 北京 | 直隸順天府 | 一二七七年 | 一三六七年 |
| …… | …… | …… | …… | …… | …… | …… |

嗚呼。以黃帝神明華胄所世襲之公產業而爲人紾而奪之者屢見不一見而所謂黃帝子孫者迎壺漿若崩厥角紆青紫臣妾驕人其自嚙同類以爲之盡力者又不知幾何人也陳白沙崖山弔古詩有云『鐫功奇石張宏範不是胡兒是漢兒』嗟夫嗟夫晉宋以來之漢兒其豐功偉烈與張宏範後先輝映者何啻千百白沙先生無乃所見不廣乎國家思想之銷亡至是而極。」以言乎第四義則中國儒者動曰平天下治天下。

其尤高尚者如江都繁露之篇橫渠西銘之作視國家爲眇小之一物而不屑厝意究其極也所謂國家以上之一大團體豈嘗因此等微妙之空言而有所補益而國家則滋益衰矣」若是乎吾中國人之果無國家思想也危乎痛哉吾中國人之無國家思想竟如是其甚也

吾推其所以然之故厥有二端一曰知有天下而不知有國家二曰知有一己而不知有國家

其誤認國家爲天下也復有二因第一由於地理者歐洲地形山河綺錯華離破碎其勢自趨於分立中國地形平原磅礴阨塞交通其勢自趨於統一故自秦以後二千餘年中間惟三國南北朝三百年間稍爲分裂自餘則皆四海一家即偶有割據亦不旋踵而合并也環其外者雖有無數蠻族然其幅員其戶口其文物無一足及中國若葱嶺以外雖有波斯印度希臘羅馬諸文明國然彼此不相接不相知故中國之視其國如天下非妄自尊大也地理使然也夫國也者以對待而成中國人國家思想發達所以較難於歐洲者勢也第二由於學說者戰國以前地理之勢未合羣雄角立而國家

主義亦最盛顧其敝也爭地爭城殺人盈野塗炭之禍未知所極有道之士惄然憂之矯枉過正以救末流孔子作春秋務破國界歸於一王以文致太平孟子謂天下惡乎定定於一其餘先秦諸子如墨翟宋牼老聃關尹之流雖其哲理各自不同至言及政術則莫不以統一諸國爲第一要義蓋救當時之敝不得不如是也人心之厭分爭已甚遂有嬴政劉邦諸梟雄接踵而起前此書生之坐論忽變爲帝者之實行中央集權之勢遂以大定帝者猶慮其未固也乃更燔百家之言錮方術之士而務剌取前哲緒論之有利於己者特表章之以陶冶一世於是國家主義遂絕其絕也未始不由孔墨諸哲消息於其間也雖然是固不可以爲先哲咎彼其時固當然而扶東倒西又人類之弱點而不能避者也佛以說法度衆生而法執者（謂執泥於法也）即由法生惑焉後人狃一統而忘愛國又豈先聖之志也且人與人相處而不能無彼我之界者天性然矣國界旣破而鄉族界身家界反日益甚是去十數之大國而復生出百數千數無量數之小國馴至四萬萬人爲四萬萬國焉此實吾中國二千年來之情狀也惟不知有國也故其視朝廷不以爲國民之代表而以爲天帝之代表彼朝廷之屢易而不動其心也非

恝也。蒼天死而黃天立。白帝殺而赤帝來。於我下界凡民有何與也。稟受於地理者旣若彼。薰習於學說者又若此。我國人之無國家思想也。又何怪焉。又何怪焉。

雖然、知有天下而不知有國家。此不過一時之謬見。其時變則其謬亦可自去。彼謬之由地理而起者。今則全球交通。列强比鄰。閉關一統之勢破。而安知殷憂之不足以相啓也。謬之由學說而起者。今則新學輸入。古義調和。通變宜民之論昌。而安知王霸之不可以一途也。所最難變者。則知有一己而不知有國家之弊。深中於人心也。夫獨善其身鄉黨自好者。畏國事之爲己累而逃之也。家奴走狗於一姓而自詡爲忠者。爲一己之爵祿也。勢利所在。趨之若蟻。而更自造一種道德以飾其醜而美其名也。不然、則二千年來與中國交通者。雖無文明大國。而四面野蠻。亦何嘗非國耶。謂其盡不知有對待之國。又烏可也。然試觀劉淵石勒以來。各種人之入主中夏。曾有一焉無漢人以爲之佐命元勳者乎。昔嵇紹生於魏。晉人篡其君而戮其父。紹靦顏事兩重不共戴天之仇敵。且爲之死。而自以爲忠。後世盲史家亦或以忠許之焉。吾甚惜乎。至完美至高尙之忠德。將爲此輩汚蔑以盡也。無他。知有己而已。有能富我者。吾願爲之吮癰。有能。

貴我者吾顛爲之叩頭其來歷如何豈必問也若此者其所以受病全非由地理學說之影響地理學說雖萬變而奴隸根性終不可得變嗚呼吾獨奈之何哉吾獨奈之何哉不見乎聯軍入北京而順民之旗戶戶高懸德政之傘署銜千百嗚呼痛哉吾語及此無眥可裂無髮可豎吾惟膽戰吾惟肉痲忠云忠云忠於勢云爾忠於利云爾不知來視諸往他日全地球勢利中心點之所在是即四萬萬忠臣中心點之所在也而特不知國於此焉者之誰與立也

嗚呼吾不欲多言矣吾非敢望我同胞將所懷抱之利已主義剗除淨盡吾惟望其擴充此主義鞏固此主義求如何而後能眞利已如何而後能保己之利使永不失則非養成國家思想不能爲功也同胞乎同胞乎勿謂廣土之足恃羅馬帝國全盛時其幅員不讓我今日也勿謂民衆之足恃印度之土人固二百餘兆也勿謂文明之足恃昔希臘之雅典當其爲獨立國也聲明文物甲天下及其服從他族萎靡不振以至於澌亡而吾國當胡元時代士大夫皆習蒙古文言（廿二史劄記言之甚詳）而文學幾於中絕也惟茲國家吾儕父母兮無父何怙無母何恃兮煢煢凄凄誰憐取兮時運一去吾其已兮思之思

之兮。及今其猶未沬兮。

學說

# 法理學大家孟德斯鳩之學說

中國之新民

自一千七百七十八年美國獨立建新政體置大統領及國務大臣以任行政置上下兩議院以任立法置獨立法院以任司法三者各行其權不相侵壓於是三權鼎立之制遂徧於世界今所號稱文明國者其國家樞機之組織或小有異同然皆不離三權範圍之意政術進步而內亂幾乎息矣造此福者誰乎孟德斯鳩也自千七百七十二年英人於本國禁用奴隸八百三十三年並屬地而悉禁之八百六十五年美國南北戰罷奴制全廢而俄羅斯亦以千八百六十一年行釋放農奴之制於是白種人轄治之地無復一奴隸苟及歲者皆得爲自由民人道始伸而戾氣漸滅造此福者誰乎孟德斯鳩也自白加掠著刑法論爲近世刑法之所本而列國靡然從風廢拷訊之制設陪審之例愼罰薄刑惟明克允博愛之理想遂見諸實事造此福者誰乎孟德斯鳩也孟子曰。有王者起。必來取法。是爲王者師也。近世史中諸先哲。可以當此語而無愧者。

蓋不過數人焉。若首屈一指。則吾欲以孟德斯鳩當之。

孟德斯鳩。法國人也。生於一千六百八十九年。（康熙二十八年）幼禀天才。讀史有識。稍壯探究各國制度法典。並研究法理學。千七百四十年。舉爲本省議會議員。其年入學士會院。益刻苦厲精。研治各學。頗有著述。爲世所稱。千七百四十六年。辭議員職。游歷歐洲諸國。歸國後。益潛心述作。先成羅馬盛衰原因論。英國政體論。兩書。旣乃成萬法精理。（法文原名 Esprit des Lois 英文譯爲 The Spirit of Laws 譯意言法律之魂也。日本人譯爲此名。今從之。）以千七百五十年公於世。蓋作者二十年精力之所集也。此書一出。全國之思想言論。爲之一變。眞有河出伏流。一瀉千里之勢。僅閱十八月而重印二十一次云。其聲價之高。槪可想見。

當法王路易第十四之際。君主專制政體。正極全盛。及其歿後。弊害百出。羣治腐敗。道德衰頹。宮廷教會。尤爲蠹政淵藪。然其時學術方進。英國文明之化。日寖流入。於是國民思想漸起。將撥反動力以排政治之專制。抑教會之橫恣者。紛紛然矣。而當時築其壘煽其流。隱然爲全國動力之主動者。厥有三人。一曰盧梭。二曰福祿特爾。三曰孟德斯鳩盧氏之說、以銳利勝。福氏之說、以微婉勝。而孟氏之說、以緻密勝。三君子者軒輊頗難。而用力之多、結果之良、以孟氏爲最。

孟氏之學、以良知爲本旨。以爲道德及政術、皆以良知所能及之至理爲根基。其論法律也、謂事物必有其不得不然之理、所謂法也。而此不得不然之理、又有其所從出之本原、謂之法之精神。而所以能講究此理、窮其本原、正吾人之良知所當有事也。萬法精理全書之總綱、蓋在於是。

孟氏曰、凡屬圓顱方趾而具智慧者、即可以自定法律。雖然、當其未著定法律之前、自有所謂義不義正不正者存。所謂事物自然之理也。法律者、即循此理而設者也。若謂法律所令之外、無所謂善。法律所禁之外、無所謂惡。是猶於未畫圓形之前、而云自其中央達於周邊諸綫長短相等也。如何而可哉。故理也者、人與人物與物相交接之間、所最適宜者是也。而此理常同一而無有變。若各邦所說之政法、特施行此理義之條目耳。

又曰、法律者、以適合於其邦之政體及政之旨趣爲主。不寧惟是、又當適于其國之地。

勢及風土之寒熱又當適於其國之廣狹及與鄰邦相接之位置乃至土壤之沃瘠及民之所業或農或牧或賈各各相宜又當適於其國民自由權之廣狹及民所奉之宗敎又當適合於民戶之多寡及人民多數之意嚮與其性質不寧惟是此法律與彼法律必有相因當求其所以設立之故並創製此法者宗旨之所在凡欲講究一邦之法律者必須就此數端悉心考求未可執一以論也孟氏萬法精理一書即用此法以考察各國之法而論列其得失之林者也其博深切明不亦宜乎

孟氏學說最爲爲政治學家所祖尙者其政體論是也政體種類之區別起於阿里士多德而孟氏剖之更詳其言以爲萬國政體可以三大別概括之一曰專制政體二曰立君政體三曰共和政體凡邦國之初立也人民皆慴伏于君主威制之下不能少伸其自由權謂之專制政體及民智大開不復統于一人惟相與議定法律而共遵之是謂共和政體此二者其體裁正相反而介於其間者則有立君政體有君以涖于民上然其威權受法律之節制非無限之權是也

既明其區別乃論其得失孟氏以爲專制政體絕無法律之力行於其間君主專尙武

力以慴其民。故此種之政。以使民畏懼爲宗旨。雖美其名曰輯和萬民。實則斲喪元氣。必至舉其所賴以立國之大本而盡失之。昔有路伊沙奴之野蠻。見樹果纍纍。攀折不獲。則以斧斫其樹而捋取之。專制政治。殆類是也。然民之受治于其下者。輒曰但使國祚尚有三數十年。吾輩且假日婾樂。及吾死後。則大亂雖作。復何恤焉。然則專制國民之姑息偷靡。不慮其後。亦與彼蠻民之斫樹採果者無異矣。

孟氏又曰。凡專制之君主。動曰輯和其民。其實非眞能輯和也。何也。以彼奪民自由權使民畏懼爲本旨故也。夫民者固有求自保之性者也。而畏懼之心。與求自保之性。又常不相容。然則專制之國。必至官與民各失其所願望而後已。無他。其中之機關。本自有相牴牾者存也。故只能謂之苟安。不能謂之輯和。輯和者。人人各有所恃以相處。而安其生也。苟安者。一時無戰亂而已。故專制國所謂太平。其中常隱然含擾亂之種子」

又曰。凡專制之國。必禁遏一切新奇議論。使國民隤然不動。如木偶然。其政府守一二陳腐主義。有倡他義者。則言爲畔道。爲逆謀。何也。彼其宗旨固以偷一時之安爲極則也。以故務馴擾其民。若禽獸然。時時鞭撻之。使習一二技藝。以效己用。民既冥頑如禽獸矣則其中有一極獰惡而善威嚇者則足以統御之不甯惟是乃至不必以人爲君而治之有餘昔瑞典王查理第十二嘗有所命于元老院元老院不奉詔王曰卿等若猶不從朕將以一履强命卿等元老遂唯唯不敢違由此觀之一履猶可以御民故曰不必以人爲君而治之有餘也

孟氏論專制之弊大略如是可謂深切著明也矣至其論專制與立君兩體之比較則以爲專制之國君主肆意所欲絕無一定之法律然行之旣久漸有相沿成習之法以御衆此爲政治沿革之第二期此種政體威力與法律並行蓋專制之稍殺者也雖然其法律非因民之所欲而制定未可稱爲眞法律只能謂之例案而已而此例案者果何物乎則舊制相沿國王之下有若干之世臣巨室皆有其先世所傳之規例君主或自恣過甚若輩輒援例以爭藉以限制君權者如斯而已

孟氏又曰立君政體國之機關其所以運轉自如不至破壞者有一術焉蓋以一種矯僞之氣習銘刻臣僚之腦髓牢不可破即以人爵爲莫大之榮是也惟其然也故孜孜焉各競其職莫敢或怠以官階之高下祿俸之多寡互相夸耀因此一念羣臣皆自修

飾其甚者或致身效死以邀身後之榮者蓋亦有人矣而要之不外一種矯僞之氣驅而役之者也

又曰立君政體之國苟欲不速滅亡必其君主有好名之心有自重之意以己身之光榮與國家之光榮視同一體如是則必將希合民心勉强行道而其國亦得以小康雖然君主好名之極而世臣巨室或不能限制其威權則君主必自視如鬼神而一無所顧忌……此孟氏論立君政體之大畧也約而言之則强暴之威力與一定之規則相混合而已然則此政體者亦專制共和兩政間之過渡時代也

次乃論共和民主之政孟氏以爲民政未立以前必有一種半君半民之政以介其間若是者謂之貴族政治蓋以國中若干人獨掌政柄實君主之餘習也若夫共和政治則人人皆治人者人人皆治于人者蓋各以己意投票選舉以議行一國之政故曰人人皆治人既選定之司法官則謹遵其令而莫或違故曰人人皆治于人而其本旨之最要者則人民皆自定法律自選官吏無論立法行法其主權皆國民自握之而不容或喪者也

孟氏又謂民主國所最要者。在凡百聽民自爲。其不能躬親者。則選官吏以任之。民各行其權以選吏。其明鑒自有令人歎服者。何也。民非必皆鍊達事務。而於他人之鍊達與否。辨之最明。身經百戰者。必被舉爲武員。學問湛深者。恒被舉爲文職。餘事皆然。蓋有莫之致而至者焉。欲求國事之無失職者。莫善於此途矣。

孟氏論三種政體之元氣。其說有特精者。即專制國尚力。立君國尚名。共和國尚德。是也。而其所謂德者。非如道學家之所恒言。非如宗敎家之所勸化。亦曰愛國家。尙平等之公德而已。孟氏以爲專制立君等國。其國人無須乎廉潔正直。何以故。彼立君之國。以君主之威。助以法律之力。足以統攝羣下而有餘。專制之國。倚刑戮之權。更可以威脅臣庶而無不足。若共和國則不然。人人據自由權。非有公德以自戒飭。而國將無以立也。

孟氏又曰。立君之國。或間有賢明之主。而臣民之有德者則甚希。試徵諸歷史。凡君主之國。其朝夕侍君側。號爲近臣者。大率皆庸惡陋劣。見之令人作嘔者也。何也。彼其坐於廟堂。衣租食稅。不營產業。其皇皇焉日夕所求。不過爵位而已。利祿而已。其氣傲。其行鄙。遇上於已者。則又卑屈無恥。遇有直言之士。則忌之特甚。聽其言。則阿諛反覆。詐僞無信。故遇仁聖之君。則惡其明察。遇庸暗之主。則貪其易欺。君主之倖臣。莫不如是。此古今東西之所同也。不寧惟是。苟在上者多行不義。而居下者守正不阿。貴族專尙詐虞。而平民獨崇廉恥。則下民將益爲官長所欺詐。所魚肉矣。故君主之國。無論上下貴賤。一皆以變詐傾巧相遇。蓋有迫之使不得不然者也。若是。君主之國。固無所用其德義。昭昭明甚也。

孟氏又嘗著波斯寓言一書。以諷當時專制政治。蓋其時歐洲惟荷蘭瑞士行民主政。頗爲各國所重。而亞洲各國。莫不畏之。故託諸波斯人語。謂荷瑞不置君主。爲歐洲最劣之國。然戶口殷息。莫踰二邦云云。篇末遂自伸己意。謂有眞光榮眞名譽眞德義者。惟民主國爲然。一國之人。可稱爲國民者。亦惟民主國爲然。其推崇民主制如是。

雖然、孟氏於民主政治之精義。尙有見之未瑩者。蓋其於法律與自由兩者之關係及其界限。未能分明故也。孟氏謂法治之國。（以法律施治謂之法治）人人得以爲其所當爲。而不能强其所不可爲。此自由權所在也云云。顧所謂當爲者。其意甚晦。何則。政府者非能擧人人所負之責任而一一干預之也特責任之關於義者可以强之使行其關於仁者政府初不得而問也孟氏又謂凡法律之所聽皆得爲之若此者謂之自由云云雖然此特指自由之關於法律者言之未得爲仁義中正之自由也何也所謂法律者固非盡合於道也故一國之中雖人人服從法律而未可謂眞自由何則所謂法律者誰創之耶其法律果何如耶是未可知也夫法律縱爲美備若創法者爲不稱其職之人而强行于國中是亦不正也即創法者悉稱其職一由國民之公議然苟有背於自由平等之理猶之不正也孟氏於此義未盡瀏亮故每以法律與自由併爲一譚此亦千慮之一失也故孟氏雖推崇民主政體然頗以不能持久爲疑蓋猶囿於當時學者之所見以古代希臘羅馬之制爲民主政之極則而於法治之眞精神尙一間未達也（未完）

# 時局

## 論民族競爭之大勢

（續第三號）

中國之新民

麥堅尼審此大勢因風潮而利導之其與西班牙戰也決非欲滅西班牙而擴美國之幅員也實欲得商業政略所不可缺之地也故其政策能得國民多數之贊成爲有識者所許可及其再舉大統領時司法院乃至下新注釋以解憲法使其得免舊論之束縛而自由無礙以實行帝國主義亦可見此主義爲全國人之公言而非一人一黨之私言矣麥堅尼之併夏威（即檀香山日本人譯爲布哇）取菲律賓所以握太平洋之主權而爲東方商力之基礎也前此美國勢力全發揮於歐洲固由其民族相切近亦由大西洋爲文明之中心點美國東部先發達職此之由今則文明之中心移於太平洋故美國之文明亦日趨於西部麥堅尼以爲亞細亞者世界第一大市塲也吾美欲占一席位於此間不可不先謀根據之地其奪菲島也實將以馬尼剌爲美國一支店以壓倒香港新加坡而爲泰東之主人翁也故一面併夏威以爲中站一面開尼卡拉運河以通兩洋之

氣脉一面獎厲太平洋航業設太平洋海電以通往來其政策皆一貫其經略皆偉大。美國之前途誰能限之。

或疑麥堅尼主義與門羅主義相反對其實不然門羅主義實美人帝國主義之先河也夫門羅主義何自起乎一千八百二十三年美國大統領門羅宣言曰「歐洲列國現在西半球所有之屬地吾美不干預之雖然若其地旣已獨立而爲美國所認者歐洲列國或干涉之則是對於吾美而懷敵意者也」云云夫美國果有何權利而爲是宣言乎無他美國不徒以己之獨立而自足隱然以南北兩大陸之盟主自任以保護他人之獨立爲天職也是實帝國主義之精神也旣欲防他國之干涉西半球勢不得不先握大西太平兩洋之海權故其縣古巴攫菲島實皆此主義之精神一以貫之者也。

麥堅尼最後之演說云「吾國之生產力其漲進實可驚我輩不可不盡全力以求新市場此實今日最緊切之問題也商業之漲力壓迫我輩我輩非以博大之智識强毅之心力以應之則吾國今日之勢力將有不能維持者矣」云云今也麥堅尼雖死而

帝國主義不死屏足而立相繼而起者人人皆麥堅尼也美國之前途誰能限之

此四國者今日世界第一等國而帝國主義之代表也自餘諸國或則懷抱帝國主義以進取爲保守而尚未能達其目的也或則爲他人帝國主義所侵噬而勢將不能自存也全地球八十餘國可以此三者盡之矣要之其君相宵旰於在朝其國民奔走於在野者安歸乎歸於競爭而已今日之能有此等厖大帝國也前此競爭之結果也今日之既有此等厖大帝國也又後此競爭之原因也蓋自人羣初起以來人類別爲無量之小部落小部落相競進爲大部落大部落相競進而爲種族種族相競進而爲大種族復相競焉進而爲國家進而爲大國家復相競焉進而爲帝國進而爲大帝國國家者 State 之義也帝國者 Empire 之義也其性質各不同 自今以往則大帝國與大帝國競爭之時代也脫來焦氏所謂國際歷史勢將壓迫第二流以下之國家使失其獨立見第二號本論 誠哉天地雖大而此後竟無可以容第二等國立足之餘地也

夫競爭之劇烈而不可止既如是矣而其競爭之場果安在乎歐羅巴者十九世紀前半期之舞臺也若神聖同盟也俄普奧三國 若三角同盟也法奧意三國 若俄法同盟也若拿破侖

之役也。若德意志意大利統一之役也。若塞爾維亞門的內哥獨立之役也。若普法之役也。若波蘭問題也。若愛爾蘭問題也。若土耳其問題也。若埃及問題也。（埃及在上古時代常附屬於東洋史之範圍其在近世時代常附屬於西洋史之範圍）凡兵家所衝突。政治家所捭闔。無一不在於歐洲。近三十年來。則全歐均勢之局定。而紅髯碧眼兒之野心。皆飛騰於歐洲以外之天地矣。歐洲以外。地非小也。然北亞美利加。澳大利亞。兩大陸久已變爲第二之歐洲。主權既定。且將競人而非可競於人矣。於是游刃餘地。僅有南亞美利加。亞非利加。亞細亞之三土。南美非洲。其位置無可以爲世界競爭中心點之價値。然南美之巴西。智利。委內瑞辣。亞毡丁。其利權固已爲德人鐵血政略所鎔鑄。非洲內地。公果立國。戴白人爲君王。而德英法相轇轕。相馳逐於此土者。亦既有年。比康士菲德（英前相與格蘭斯頓齊名者）之南非政策。且釀爲英杜之爭。至今風潮未平矣。美猶如此。非猶如此。而況我亞天府之奧區者耶。

亞洲競爭界之第一期。在於印度。法人在印之殖民政略。既已失敗。英人受之以雄一世。諸國嫉妒之念起焉。俄人越烏拉山。驀進於中亞細亞。隱然有拊印背而扼印吭之勢。於是波斯。阿富汗。遂爲英俄競爭之燒點。英人之擴權力於中國者。其初亦不過經營印度之餘力也鴉片戰役以前廣東互市之事皆東印度公司之附庸也而法人之初插足於安南暹羅亦不外欲與印度爭利也然而亞細亞人之主權則已去其半矣大勢所趨愈接愈劇及競爭之第二期而重心點專集於中國矣

俄人以堅忍沈鷙之性質佐以眼明手快之政畧首看破中國之暗弱先登捷足以逞侵噬其圖中國也凡分兩路一曰由東北方者滿洲一帶是也二曰由西北方者自西伯利亞以及伊犂新疆帕米爾喀什噶爾一帶是也以言乎第一項則愛琿條約以前之事且勿論（愛琿條約乃咸豐八年黑龍江將軍奕山與俄將岳福所訂者俄人南下之勢由來已久吾別有俄羅斯侵略史言之甚詳此文專論近勢無暇詞費也）當咸豐十年英法聯軍入京之役俄使伊格那夫詭稱調停和議欺總署諸臣更訂界約以爲報酬割烏蘇里江與凱湖白稜河瑚布圖河琿春河圖們江以東之地奄有朝鮮日本沿海數千吉羅米突之廣野其所得乃遠在英法二國之上於是海參崴之市場始建立焉及光緒廿二年乘日本戰事後市還遼之恩李鴻章遂與俄使喀希尼訂祕密條約所謂中俄密約者是也以此約條而滿洲之實權遂全歸俄人掌握未幾引起膠州之役俄遂藉口以攫旅順口大連灣於懷中矣以言乎第二項則西北一帶自雍正五年以

來爲界約及互市章程交涉者凡十六次恰克圖爲西伯利亞往來孔道俄人設行棧於各處卡倫壟斷其利懷柔諸酋長給以兵器彈藥設電線以通本國前年且有要索恰克圖達北京鐵路權之議矣而伊犁一帶自崇厚曾紀澤兩次交涉以來雖名爲回復主權而實則俄人與彼之關係切密於中國者多多矣自滿洲鐵路條約既定以後西伯利亞鐵路線其距離縮短五百四十俄里且工事加易料費大省而彼得以來。二百年間苦心焦慮欲求一無氷海港而不可得遂以巴布羅福之條約（光緒廿四年）安坐而得亞洲第一之旅順港自此以往而俄人竟將其東歐政略（即巴幹半島與土耳其交涉者）暫置腦後養精蓄銳以從事於遠東既得旅順俄人遂有爲海軍國之資格于是定計自一八九三年至一八九九年七年之內備四百六十一兆零十萬羅卜（俄幣名）以爲海軍費九六九七兩年復增加二千六百萬九八年復增加九十萬（皆羅卜數）駸駸乎有於陸上海上皆以東洋主人翁自居之意矣。

其次爲英國英國當中日戰役以後。政略稍因循。勢力幾墜於地。及膠州釁起以後。漸有一飛衝天之概。計光緒二十三四年之間。英人所得大利益於中國者凡七事其一。

與總理衙門定約揚子江地方不許讓與他國其二內地江湖河川許其通航自由其三緬甸鐵路延長之以達雲南大理府復由雲南經楚雄甯遠以通四川其四開湖南爲通商口岸其五定總稅務司赫德之位置永用英人其六租借威海衛以抵抗旅順其七租借九龍以擴張香港數月之間而其權力已深入鞏固而百年大計於以定矣其前乎此者固非一朝一夕之故其後乎此者又豈得尺得寸而止耶

此外德國則專用强暴手段如膠州之役以兩教師而索百里之地義和團之變德皇誓師謂當留百年恐怖之紀念於支那是其例也美國則專用籠絡手段如列强競占勢力範圍而美國不與聞今次賠款而美人以所應得者還諸中國是其例也若法蘭西若意大利雖其帝國主義之內力不及此諸國然以世界競爭中心點之所在亦眈眈注意焉日本者世界後起之秀而東方先進之雄也近者帝國主義之聲洋溢於國中自政府之大臣政黨之論客學校之教師報館之筆員乃至新學小生市井販賈莫不口其名而豔羨之講其法而實行之試問今日茫茫大地何處不可容日本人行其帝國主義之餘地非行之於中國而誰行之近者英日同盟之事成黃白兩種人握手

以立於世界亦可謂有史以來未有之佳話也然試思此佳話之原因若何其結果若何豈非此新世紀中民族競爭之大勢全移於東方。全移於東方之中國其潮流有使之不得不然者耶而立於此舞臺之中心者其自處當何如矣。

（未完）

# 傳記

中國之新民

## 噶蘇士傳

匈加利
愛國者

### 發端

或問新民子曰子著錄人物傳於叢報而首噶蘇士何也曰吾欲爲前古人作傳則吾中國古豪傑不乏焉然前古往矣其言論行事感動我輩者不如近今人之親而切也吾欲爲近今人作傳則歐美近世豪傑使我傾倒者愈不乏焉雖然吾儕黃人也故吾愛黃種之豪傑過於白種之豪傑吾儕專制之民也故吾法專制國之豪傑切於自由國之豪傑吾儕憂患之時也故吾崇拜失意之豪傑甚於得意之豪傑吾乃冥求之於近世史中有身爲黃種而託國於白種之地事起白種而能爲黃種之光者一豪傑焉曰噶蘇士也有起於專制之下而爲國民伸其自由自由雖不能伸而亦使國民卒免於專制者一豪傑焉曰噶蘇士也有所處之境遇始于失意中於得意終於失意而所懷之希望始於得意中於失意終於得意者一豪傑焉曰噶蘇士也噶蘇士者實近世

一大奇人也。其位置奇。其境遇奇。其事業奇。其興之暴也奇。其敗之忽也奇。要之其理想其氣概其言論行事。可以爲黃種人法。可以爲專制國之人法。可以爲失意時代之人法。孟子不云乎。奮乎百世之上。百世之下。聞者莫不興起也。而況於親炙之者乎。噶蘇士之沒。距今不過十年。吾儕去豪傑若此其未遠也。嗚呼。讀此傳者。可以興矣。

## 第一節　匈加利之國體及其歷史

今世界中有所謂雙立君主國(The Dual Monarchies)者。吾中國人驟聞此語。殆不解其何謂也。雙立云者。一君主國之下。而有兩政府焉。其憲法異。其風俗異。其政府之威嚴相匹。其人民之權利相匹。語其實際。則釐然兩國也。而特同戴一君主於其上。此爲近今最新奇可喜之政體。世界中現行此種政體者。有二國。其一爲瑞典與挪威。其一則奧大利與匈加利也。此等國體。與英愛君主國有異。英皇之徽號。固稱爲大不列顛王兼愛爾蘭王。然愛爾蘭非能自有政府也。又與德普君主國有異。德國皇位。固爲普國王所承襲。德普亦各有政府。然普政府對於德政府。而有種種之權限。德政府與普政府。非平等也。至奧匈等雙立國。其情實全反是。雙立國者。實一不可思議之現象。

而亦過渡時代所不得已而最適要之法門也而奧匈兩國所以合而分分而合造成此等離奇政體者其原因經歷若何讀噶蘇士傳可以得之

請言匈加利之歷史匈加利人者亞洲黃種而古匈奴之遺裔也西歷三百七十二年匈奴一部落自裏海北部西侵玆土及紀元一千年王國之體始備以東方之强族浴西方之空氣故其人堅忍不拔崇尙自由千二百二十二年始立憲法有所謂金牛憲章 Golden Bull 者實國中貴族與其王所訂定之條約也篇中於軍役義務之制限租稅條例之規定司法裁判之制裁一一明定之且言國王若違此憲則人民有可以執干戈以相抗之權利蓋匈加利立國之精神於是乎在今世政治學者動稱英吉利爲憲法之祖國而此金牛憲章之成立實在英國發布大憲章 Magua Carta 之前三年是世界文明政體首創之者實惟黃人匈加利在世界史上之位置價値亦足以豪矣

匈加利與奧大利之關係實自三百八十年以來至千五百二十六年土耳其王查理曼伐匈者六度猙獰刼掠殆不可當匈王路易第二戰死無子其后馬利亞實奧國王菲狄能第一之妹也以匈合奧使並王之自玆以往匈遂永爲奧之屬地然菲狄能猶

三

先向國民而誓守其憲法。乃得踐位。此後百餘年間。匈人執干戈以抗暴政之權利。未或失墜。故十八世紀以前。歐洲大陸之國民。其享自由自治之幸福者。以匈加利爲最。匈加利國民。義俠之國民也。前奧女王馬利亞的黎沙時代。普魯士撒遜（亦德國聯邦中之一國也）法蘭西諸國聯軍破奧。女王避難於匈之坡士孛尼。開匈加利國會。求救於其民。匈人激於義憤。戰聯軍而退之。其後拿破侖蹂躪歐洲。奧大利受創最劇。奧王佛蘭西士第一。亦恃匈民義俠之力。僅乃自保。匈之有造於奧。非一端矣。及維也納會議既終。神聖同盟斯立。（千八百十五年事也當時拿破侖之風潮既息各國君主務以鎮壓國民爲事俄普奧三帝創此會盟誓相援助以防其民）奧人不念匈民之德。且忌而嫉之。奧相梅特涅。以絕世之奸雄。外之操縱列邦。內之壓制民氣。匈加利八百年來之民權。摧陷殆盡。水深火熱。哀鳴鳥之不聞。雨橫風狂。望潛龍之時起。時勢造英雄。噶蘇士實此時代之產兒哉。

## 第二節　噶蘇士之家世及其幼年時代

千八百二年。實歐洲一最大紀念之年也。蓋世怪傑拿破侖。以是歲即位。爲法蘭西王。而歐陸中心之風雲兒噶蘇士。亦以其年四月二十七日。生于匈加利北方之精布棱省。噶蘇士名路易。Louis Kossuth 家系雖非貴族。而其父素以愛國知名。其母熱心之新教徒也。少年受教有方。故性質高尚。熱誠過人。有非偶然者。噶蘇士早慧。年僅十六。卒業於巴特府之卡文大學校。名聲藉甚。常語人曰。丈夫志一立。何事不可成。聞者莫不歎異之。十七歲始研究法律。奉職于某府之裁判所。以資習練。常遊歷各地。所至必參列其法廷。閱歷益深。千八百廿二年。年僅弱冠。即以法律名家聞於國中。乃歸故鄉。爲精布棱省之名譽裁判官。其天才之絕特。實有足驚者。此後十年間。從事法律之業。又往往跋涉山海。獨適曠野。或遊獵以練心膽。或演說以養雄辯。鷙鳥將擊。先修羽翮。偉人之所養有自來矣。

## 第三節　噶蘇士未出以前匈國之形勢及其前輩

十九世紀之匈加利史。得三傑焉。前有沙志埃伯爵。中有噶蘇士。後有狄渥。皆國民之救主。而歷史之明星也。噶蘇士憑藉沙志埃所養成之國力。因以一鳴驚人。而其挫敗之後。未竟之業。賴狄渥以告成功。故爲噶蘇士作傳。不可不並前後二傑而論之。

沙志埃伯。溫和派也。噶蘇士則急進派也。急進派之前乎噶氏者。有威哈林男爵。故欲知噶蘇士以前匈國之形勢則沙威兩前輩其代表也。

匈加利本有國會也但神聖同盟以後梅特涅正値全盛專制政策日進日甚以爲外患既不足畏所當努力者惟防家賊而已思及匈人毛羽未豐從而翦之乃七年不開國會。（凡立憲君主國。召集國會之權。皆君主掌之、）不寗惟是又蹂躪金牛憲章之明文添加軍隊脅國民以服兵役增徵租賦數倍於前彼義俠之匈加利人豈肯束手坐視此辜恩非禮之行哉。於是國論囂囂嗚奧人之無狀王不得已乃有千八百二十五年國會之設時乃國會上議院一豪傑出焉則沙志埃其人也。

國會舊例惟許用拉丁語演說蓋奧王壓制匈人之一法門也。沙伯逬萬斛愛國之血誠毅然脫此箝軛當開會之日即以匈加利語大聲疾呼申明匈人固有之權利歷數佛蘭西士第一之失政海潮一鳴聲滿天地自此以往十五年間（自一八二五年至一八四〇年）沙伯實爲匈加利全國之代表伯嘗作一書以獎厲國人曰。

嗚呼我同胞疇昔光榮赫奕之匈加利今乃陷溺至此吾能勿悲雖然公等毋悲焉奮其愛國之心以鑄造他日光榮赫奕之新匈加利又豈難也

讀此數言可以想見沙伯之爲人矣彼不徒空言也又實行之凡一切開民智增公益之事無不盡力設民會以通聲氣立高等學校以養人才開新式劇場以厲民氣（演劇之事關於國民進化者甚大吾別有文論之）廣郵舩鐵路以便交通興水利築海岸以阜民財凡茲文明事業不遑枚舉蓋沙伯者貴族也實行之經世家也其所務者以溫和手段易俗移風蓄養實力所謂老成謀國固當如是也

而噶蘇士者具如電之目光抱如餤之血誠深有見夫民族主義爲立國之本久懷一匈加利獨立之大理想於其胸中其不能以沙伯之所設施而躊躇滿志亦勢使然也未幾而法國第二革命起（一八三〇年七月）電流倏忽徧傳歐洲匈加利亦受其影響而急進派興志士奔走號呼於國中曰獨立獨立！獨立!!者所在皆是於是乎千八百三十二年之國會又不得不開溫和派首領沙志埃伯與急進派首領威哈林男會議數四互相調和乃提出協議案於國會其略曰

憲法者匈加利各種法律之源泉也不經議院之承認而妄布法律是與國政府之專橫者一也　千八百二十五年以來七年之間不開國會是政府怠慢之罪二也

農工勞力者國民之神聖也今殆以奴隸視之毫無保護是謂厲民三也　選舉權者天賦權也成年之民皆當有此而妄加制限侵害自由四也　國會不許用匈加利語而惟獎厲拉丁語及日耳曼語損匈加利之國權五也　國文學不興者。按言愛國本國文學。最爲重要。今崇拜西人者流。欲以英語爲學校中獨一敎科。不知本也。學校不起窒塞民智六也　內地工業爲苛政所困日漸衰頹陷民死地七也

國會既開連亘四年此等諸案日日提議將以大行改革拯民瘡痍而奧王方酣夢於專制之中視新政如蛇蠍且恐諸案既定而匈加利遂不可復制於是悉予駁斥無一俯從。立憲君主國。議院議定之案。必經君主批准然後施行。　國會失望之餘憤激愈甚威哈林男慨然曰

嗚呼我同胞其念之我等所提議各件固有利于匈民而亦未始有害於奧人也顧奧王一一反抗之推其意非以我所愛之匈加利永世爲其奴隸國而不止也奧王實匈加利之公敵也

此之一語激動數百萬義俠匈國民之耳膜且哀且痛且憤一嘯百吟一呻百問疾人人心中目中口中惟牢記金牛憲章所謂執干戈以抗虐政之一大義蓋舍此以外無

餘望焉矣與政府仇威哈林旣甚逮之下獄思以警其餘殊不知壓力愈緊則躍力愈騰百新黨演說于講壇不如一新黨呻吟於牢檻於是舉國中革命！革命！！革命！！之聲撼山岳而呑河澤矣而其聲之最大而遠者誰乎則噶蘇士其人也

## 第四節　議員之噶蘇士及其手寫報紙

噶蘇士之在故鄉也聲望日隆鋤強扶弱恤病憐貧闔省之人皆感其德願爲效死力者蓋數千焉一八三二年之國會被舉爲議員當時國會乘急激之潮流會政府之壓虐已成飛瀑千丈之勢雖然與政府頑然不顧獨行其威權禁各報館凡議院中一切情形不許登載噶蘇士親在院中目擊諸狀深以國民不能備知爲憾乃以法律家舞文之伎倆解政府告示之語曰政府所禁者印板也若點石則未嘗禁也乃將議會事情日爲點石一紙以布於國民國民如旱望霓如渴得飲展轉傳誦不脛而徧國中與政府覩此情形急下令曰點石亦印刷物也宜一併禁之噶蘇士之熱心旣以壓抑而益增國民望噶氏之報告亦隨艱難而愈切彼乃廣聘鈔胥將其所草議院日記加以論評手寫之以應求者且復於政府曰是書簡非報章也政府無論若何橫暴豈有權

禁我不發一信耶政府無如之何於是噶家墨蹟報遂風靡全匈每次發行至一萬分以上眇然僻壤一書生遂一躍而爲全歐奸雄梅特涅之大敵矣

當此之時噶蘇士之强毅刻苦有使人驚絕者拿破侖一晝夜睡四小時舉世傳爲佳話而噶蘇士此際每晝夜僅睡三小時耳嗚呼偉人乎偉人乎豈徒其心力强其腦力强蓋其體魄亦必有大過人者有志天下事者亦可以知所養矣

奧政府視噶氏爲眼釘爲喉鯁也久矣顧重犯衆怒未敢遽與爲仇以爲議院期滿解閉之後而其鈔報亦當停止也姑少俟之乃噶蘇士於閉會之後復移其報館於彼斯得省而廣記省議會府議會之事其然溫犀鑄禹鼎之筆舌仍旋盪而不停其呼風雨泣鬼神之文章且光芒而益上政府既已處騎虎難下之勢而彼亦自知奇禍之不遠矣日者偶携一友散步於布打城外之野指牢獄之石垣而言曰

吾不久將爲此中之人雖然我同胞若由我而得自由吾雖爲此中之鬼所不辭也

時急進黨既失威哈林男噶蘇士遂有爲全黨首領之觀其慨然犧牲一身以供國家蓋十年以來之素志自審既熟矣鼎鑊甘如飴求之不可得男兒男兒不當如是耶

果也奇禍之至。如彼所期。與政府遂以一八三七年五月四日。逮此大逆不道者。繫之於布打城之獄。此後龍跳虎擲之噶蘇士。失其自由者蓋三年。（時三十七歲也）

## 第五節　獄中之噶蘇士

塞翁失馬。安知非福。此中國之恒言也。噶蘇士之下獄。其所志一挫。雖然此三年中內之修養其精神。而進德愈加勇猛。外之蓄積其聲望。而國民益繫懷思。蓋為其將來大飛躍之地步者不少焉。試觀其獄中筆記內一節云。

獄中之第一年。一書不許讀。一字不許書。誠無聊極也。第二年。始許讀書。然政治時務之書。尚一切禁之。吾之嗜政治時務書固也。雖然既已不得。則亦不可辜負此許讀書之權利。反覆思維。莫如先學英文。乃向獄吏乞得英文典、英匈字典、及索士比亞之詩文集、各一部讀之。既無教師。惟憑自悟。乃依文典以讀索集。每讀一葉。必求全通其意。毫無疑義。乃及他葉。蓋讀第一葉費兩禮拜云。此後凡二年間。專從事於英文學。盡解其趣味。而精神之修養亦大增。

索士比亞 Shakspeare 集者。英文學之精髓。英人所稱為通俗之聖經者也。（索氏為英國第一詩人。稍讀英書者。皆能知之。噶蘇士既通英文以增其學識。復養人格以高其品性。獄吏之有造於噶氏者不亦大耶。加以其被逮之時。彼所播文明種子既已徧于國中。聞者罔莫不扼腕流涕矣。而當其對簿法廷。激昂慷慨。自辯無罪。而叱政府之非禮。其言論風采。長印于全國人之腦中。故此二年間。其身在黑暗之中。而其聲名如旭日昇天。隆隆愈上。國民無一日而或忘也。自都會游說之士。以及山谷扶杖之民。輙引領攘臂曰。救噶蘇士。救噶蘇士!! 所在皆然矣。

噶蘇士投獄之翌年。奧政府因埃及土耳其事件。不得不增軍備。欲募兵一萬八千於匈加利。奧王乃復開國會。具案以請於匈人。匈人疾王之反覆無常也。無事之時。則蹂躪我權利。縶捕我恩人。一旦有事。輙欲借我兵力。是烏乎可。乃於國會未開以前。先開一大會。探國民之意向。選委員以與政府交涉。略謂政府若能廢虐政而釋威哈林噶蘇士。則匈民惟政府所命。而匈之溫和黨。又別具案以忠告政府曰。匈加利之國情。一如委員所述。政府非讓步。則欲事之成難矣。惟赦免噶蘇士一事。則不可從。噶蘇士猛虎也。一旦出山。其氣將不可當云云。觀此亦可知噶氏人物之價值何如矣。奧政府之接此兩案也躊躇未決而國會之期已至討論六月異議百出而政府所希望之目的卒不可得達宰相梅特涅苦思焦慮知非釋免噶蘇士等而所事終不得就於是出獄之命遂下

千八百四十年五月十六日是匈加利國民迎其恩人於布打獄城之一大紀念日也萬衆簇擁之中獄門開處見彼目炯炯神奕奕之噶蘇士以右手携一白髮之瞽者徐步而出歡呼之聲忽震山岳嘻此瞽爲誰即當年在國會掀髯豎髮聲淚俱下直斥奧王佛蘭西士爲匈加利公敵之威哈林男爵也從噶蘇士之後者有狂夫一有瀕於死者三皆急進黨中之錚錚者曾叱咤風雲爲國前驅者也義俠之匈加利民掘一掬之淚以迎其愛國者于萬死一生之中嗚呼其感慨何如哉

（未完）

子房未虎嘯　破產不爲家　滄海得壯士
椎秦博浪沙　報韓雖不成　天下皆震動
潛匿游下邳　豈曰非智勇

地理

# 亞洲地理大勢論

中國之新民

本文以日本志賀重昂氏地理學講義中『亞細亞地理考究之方針』一篇爲藍本。而略加己意。志賀氏原著善鄰書局嘗有譯本。今不避駢枝之譏者取北本涅槃經與南本合讀。然後知謝靈運再治之功非得已也。譯者識。（原書無西文今特補入以備考譯者附識）

大哉亞細亞。問其面積。則占全世界陸地三分之一也。問其人口。則居全世界生靈之一半有奇也。以地勢論。則其在陸土者。有全世界第一之高山。（喜馬拉山脈）第一之高原。（西藏）第一之平原。（西伯利亞）第一之湖水。（裏海）第一之灌域。（土耳其斯坦之低原）第一之低地。（敘利亞國之佐但溪谷）其在陸土以外。有全世界第一之水面。（太平洋）全世界第一之深淵。（日本國千島西三百五十里之處深四千五百尋世界第一之深海也）以地氣論。則包羅寒帶溫帶熱帶。凡極寒極熱極乾極溼之氣候。無所不有。凡極風變風貿易風恒風颶風之區域。無所不備。以人類論。則有黃人白人馬來人之各種。世界三大言語系統。皆由此起焉。以生物論。則如象如虎如獅如犀。物類之最龐大而猛烈者。皆於此生焉語其歷史則距今二十五萬年前世界最初之人類實發育於其大陸之中部。爾來絕代之偉人如釋迦如孔子如耶穌如阼樂阿士打 Zoroaster 波斯之教主生於西歷紀元前千四百年頃 如摩訶末。即回教教主或譯爲摩哈默德唐書曾譯此三字今從之 相接出現於此土。全世界所有之宗教。如婆羅門教。如佛教。如儒教。如祆教。即阼樂阿士打之教也名見唐書 如基督教如回教如馬尼教 Manioheism 亦波斯教之一種也 等。無一非此土之產物也。號稱世界最古之國。如印度如中華如猶太如敘利亞 Assy-ria 無一非此土之肇建也。而泰西一切文學哲學美術巧藝。其淵源大率自印度中華敘利亞巴比倫尼亞 Babylonia 腓尼西亞 Phaenicia 波斯阿剌伯等國而來。無一非此土之子孫也。又豈惟古代而已。即洎近世而亞細亞人實兩度根據此大陸以造全世界第一大帝國。則成吉思汗帖木兒其人也。大哉亞細亞。大哉亞細亞。自地勢上觀之。自歷史上觀之。彼歐羅巴亞非利加之二洲。實不過亞細亞之一附庸耳。昔基約博士嘗講述歐洲之風土。以謂歐洲發達之原因。全由於其地勢之『Permeility』易透達之義 而因以頌揚歐陸構造之佳妙。沾沾自喜焉。殊不知凡物之易於透達者。適足以見其物體之小而已。質而言之。則歐洲之結構也。規模淺小。尋常人類易擎舉而易指揮之。此

其所以速進文明之原因也亞洲則不然其規模絕大其器量深宏淵淵浩浩而不可測焉亞洲之所以爲亞洲者不在現在而在未來也

今請就歐洲小而易用之理一一指明之以相互證則亞洲之前途有可懸度者歐洲文明之初開也由希臘何故必由希臘希臘之地形半島也（三面環海一面連陸者謂之半島）而此半島中更爲小半島焉此小半島中又更爲小半島焉故其地形最適於利用語其地勢則山脉縱橫溪谷川原所在皆是泉甘土肥而於人類結搆小羣最爲利便加以海岸出入屈曲有島嶼有港灣有岬角故其海之適于利用也亦甚此其開化之所以獨早非偶然也希臘之文明潛移默轉而入於羅馬羅馬之在意大利亦半島也北界亞臘士 Alps 山脉蜿蜒南趨突入地中海與阿得里亞的海 Adriatic 爲細長之陸地其規模視希臘半島稍大而其適於人類之利用一也希羅云亡而歐土之文明銷沈者歷有年所及中世之末元氣囘復其捷足飛揚者則西班牙及葡萄牙也西葡亦半島也（西葡兩國之地總名伊比利 Iberi 半島）其海陸規模亦淺小所以克爲近世之先進國也希臘最小故開化最先羅馬次小則次之伊比利次小則又次之三半島興發之

三

次第其別因雖或尚多然由於地形大小之比例殆其主要者也南歐之文物既已代謝其舞臺漸移於北於是人類難使用之地日以進發即其勢自最易者以趨於稍易者自稍易者以趨於稍難者自稍難者以趨於更難者其塗徑歷歷可覆按也近數百年來遂經法蘭西英吉利德意志而入於斯拉夫民族根據地之俄羅斯歐洲識者謂未來之大希望大結果將在俄人非無故也白人之國角立於歐洲之東西土壤有限人滿爲憂相競利用此規模淺小之歐羅巴精華將竭各爭寸土以至演出狼呑虎噬弱肉强食之活劇上天好生之德不忍視歐人之慘狀也乃於其中誕降一豪傑焉曰哥侖布使爲其同胞揭開久蔽之幕幕既開而所謂「新世界」者突兀躍出於人間即亞美利加是也天之製造此新舞臺也用全力注全神故其地形之結構斐然可觀其規模絕大不如歐陸之淺小而北亞美利加尤爲美妙其東其西皆環以大瀛恐其內陸氣候之乾燥也乃鑿廣而深之淡水湖五以湛潤之濬全世界第一之大河以灌漑之其天然界之美滿毫無遺憾矣南美之結構雖稍亞於北然亦有大可歎美者新世界之規模雖絕大其適於利用之點亦多此白人所以能造第二之歐羅巴於此間

也。上天以爲此新世界者其面積如此其廣大其形勢如此其完美雖無量數之生靈自舊世界飛渡麕集當綽綽然容之有餘裕乃開闢而招之曰嘻盍歸乎來歐人受此奇寵劍及屨及吶喊一聲突進闖入拓草萊任土地建邦國僅數百載而人滿又見告矣疇昔以農產國名者一變而爲製造國疇昔以共和主義著者一變而爲帝國主義歐人昔以爲殖民政略之劇場者轉瞬之間卻自行其殖民政略于太平洋以外矣上天旣以此厖大之土賜其驕子謂此後可以暫安息乎沈沈而醉者三百年及起而睨之則已成爲第二之舊世界其慘狀視前更劇矣天亦無如此驕子何也乃於咄嗟之間築造澳大利亞洲忽開其幕而以此最新之舞臺並畀諸歐人此澳洲者其地形如一初製之模海岸之屈曲出入殊少其山不高其河不長無水無湖不能調和內陸之氣候其動物也惟有襁兒於腹之袋鼠不飛不鳴之鴕鳥蓋其製造成於急就而百物不完備之一土也歐人旣得澳大利亞也先利用其可以利用之部分不數十年而此「最新世界」又成爲第三之歐羅巴矣於是其動機不得不轉而向於亞非利加非洲與歐洲。相隔一葦水。其西北殆接歐境。雖然其地形大而無當海岸皆缺交通之利。加以萬里不毛之沙漠。橫亘其中央。炎熱瘴癘。而利用極難。此所以雖相近而用之極遲也。今也新世界之阿美利加。既無餘地矣。最新世界之澳大利亞。復無餘地矣。然則此覗眈眈欲逐逐之歐人。豈能叉手安坐以終古。故近年以來。瓜分非洲之勢。如飈如潮。不轉瞬間。臠割以盡。今者撒哈拉中一粒之沙。皆有主人翁矣。（撒哈拉大沙漠今屬法蘭西勢力範圍）亞非利加之爲第四歐羅巴。其期又將不遠矣。嗟夫嗟夫。螟蛉有子。果蠃負之。茫茫四大壤。竟全爲歐羅巴之附庸之奴隸。李義山詩云。自是當時天帝醉。不關秦地有山河。展覽坤圖。不禁且歆且妒而且悚皇也。

渾圓球上六大洲中。其五已入歐人之懷。所餘者惟亞細亞而已。雖然亞細亞之現勢及前途。則又如何。試觀其地圖。（表中所列者日本里也。今匆卒未暇改正之。讀者但以一里當中國七里之比例求之可也）

| | 面積 | 人口 |
|---|---|---|
| 亞細亞洲 | 二、八八〇、〇〇〇方里 | 八三五、〇〇〇、〇〇〇人 |
| 俄羅斯屬 | 一、一〇〇、〇〇〇方里 | 二〇、〇〇〇、〇〇〇人 |
| 英吉利屬 | 三三〇、〇〇〇方里 | 三〇〇、〇〇〇、〇〇〇人 |

法蘭西屬　四四、七〇〇方里　二三、〇〇〇、〇〇〇人

葡萄牙屬　一、三〇〇方里　一、〇〇〇、〇〇〇人

總計　一、四七六、〇〇〇方里　三四三、〇〇〇、〇〇〇人

由此觀之。則亞細亞洲面積十分之五有奇。人口十分之四有奇。既已落歐人掌握中矣。即自其中部以至北部全體之一大地。俄羅斯人所有也。淼淼裏海。將爲俄人之湖也。其南部之中央一絕大之半島曰印度。英吉利人所有也。印度西鄰之阿富汗斯坦。俾路芝斯坦。非英人之保護國。則其勢力範圍也。又法蘭西人自距今四十年前漸染指于後印度半島。同治元年奪交趾。二年滅柬埔寨。光緒三年經略東京。滅安南爲其保護國。十九年敗暹羅。割其地三之一。於是而亞細亞之法蘭西小帝國立焉。法人之滅安南也。儼然以中國南部將來之主人翁自命。若英國者豈能袖手旁觀哉。故於光緒三年勃起而征緬甸。俘其王。呑其地。於是以印度爲本體。而阿富汗俾路芝爲其右臂。緬甸爲其左臂。以取威定霸於大陸南部之中央。嗚呼。泱泱大風之亞細亞。今已强半爲歐隸。所餘號稱獨立國者。惟波斯暹羅朝鮮日本中國之五者而已。又豈惟亞

細亞實則渾圓球上除歐種以外所餘獨立國者惟此五者而已雖然波斯何所恃而能獨立於今日乎波斯之北有俄（中亞細亞及裏海沿岸地）其南有英（阿富汗俾路芝印度）介於俄英勢力兩兩平均之間僅得自保俄人得烟草專賣權英人則得鐵路布設權兩雄相持暫延殘喘苟兩勢一旦不均則其滅亡可翹足而待矣暹羅何所恃而能獨立於今日乎暹羅之西有英（緬甸印度）其東有法（東埔寨安南）介於英法勢力兩兩平均之間僅得自保苟兩勢一旦不均則其滅亡可翹足而待矣朝鮮何所恃而能獨立於今日乎朝鮮之東有日本其北有俄其南有英介于俄英日勢力三者平均之間僅得自保苟三勢一旦不均則其滅亡可翹足而待矣日本固今世之雄也其獨立頗由自力今且與歐洲第一雄國新聯盟焉其意氣揚揚自得之概今勿具論若我中華則豈非亞細亞大陸之中心點而數千年來之主人哉顧今則何如葡萄牙自明嘉靖十六年（一五三七年）割據南部之澳門俄羅斯自咸豐八年（一八五八年）破尼布楚之約（康熙廿八年即一六八九年中俄所定界約以外興安嶺爲境者也）而別立愛琿條約遂駸駸南下以占黑龍江一帶之地及十年（一八六〇年）更以詭術結北京條約遂超黑龍江而南併吞滿洲東海岸二千七百里之地以開浦鹽斯德港（即海參崴）英吉利以道光二十八年

鴉片之役割香港光緒二十三年更割九龍若夫丁酉戊戌之間列國互逞鯨吞蠶食之謀德據山東南海岸之膠州灣英據其北海岸之威海衞俄占遼東半島之旅順口大連灣法占南部之廣州灣及桂越間甌脫地而各國勢力範圍之議且日進而未有已焉危乎微哉中國之爲獨立國乎而此獨立若一日不支則此搏搏渾球竟爲白種一家之私產矣夫亞細亞者宏深而難測偉大而難用者也而他日有用之之資格者其爲習居此土而有經驗之中國人乎其爲慣用他地而有經驗之歐洲人乎嗚呼上帝臨汝無貳爾心先之以告誡繼之以警懼天或者其深有望於中國人種而示以履霜堅氷之漸教以前車覆轍之鑒也嗚呼亞細亞之興亡在於今日吾記述至此不禁旁皇繞室而起舞再三也

亞細亞之規模既絶大而不可測故欲講其山河之形勢氣候之程度生物之分布人情風俗宗教之起源成立其事固非易易即勉强記憶亦不移時而遺忘焉今以簡要之法叙述其大體如下

第一欲知亞洲之地勢山河之形狀則可爲一略圖如甲乙丙丁而甲乙線爲北氷洋

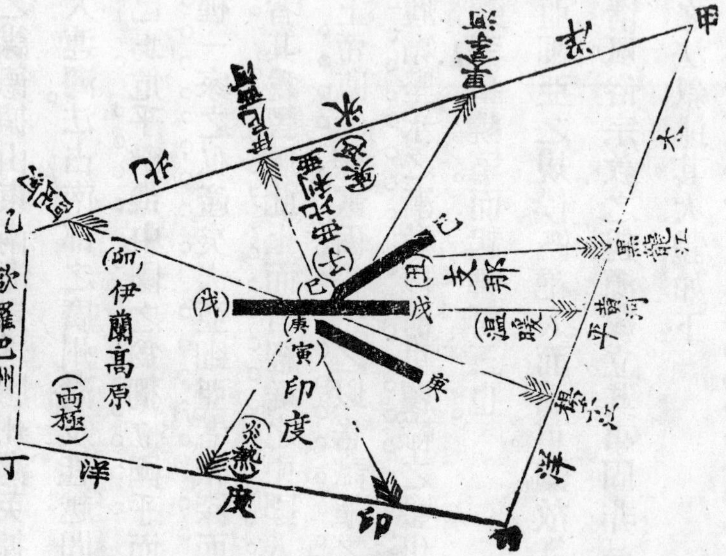


第一圖



十

瀕海之記號。甲丙線爲太平洋瀕海之記號。丙丁線爲印度洋瀕海之記號。乙丁線爲毘連大陸歐羅巴洲之記號。再記其山脈。以(戊)戊爲汗都喬柱 Hindu-Kush 及崑崙山脈之記號。以(己)己爲阿爾泰山脈之記號。以(庚)庚爲喜馬拉耶 Himalaya 即雪山 山脈之記號。但觀此圖。亞細亞洲中央之地勢甚高崇。自可想見矣。而全洲水河之源必由此高地而起。亦可想見矣。明此形勢則可以悟(戊)(己)己以北之川河。必流注於甲乙線之北氷洋。己(己)(庚)庚間之川河。必流注於甲乙線之太平洋。庚(庚)(戊)以南之川河。必流注於丙丁線之印度洋。勢所必然矣。然後取地圖以對照參觀之則知里拿 Lena 河、伊尼西 Yenisei 河、阿比 Obi 河、等之北流。黑龍江、黃河、揚子江、等之東流。殑伽 Ganges 河(即恒河) 印度河、等之南流。皆有非偶然者。熟察諸大河系之流域則可悟亞細亞大陸實以三大平原一大高原而成。三大平原者一、圖中之(子)即己(已)戊以北一帶西伯利亞平原是也。二、圖中之(丑)即已(已)庚以東一帶支那平原是也。三、圖中之(寅)即庚(庚)戊以南一帶印度平原是也。一大高原者圖中之(卯)即(戊)以西一帶伊蘭 Iran 高原是也。(即波斯及突厥亞屬之一部) 於是乎全洲之地勢山河之大體可以一目瞭然矣。復次言其氣候則(子)西伯利亞部寒冷也。(丑)支那部溫暖也。(寅)印度部。炎熱也。(卯)伊蘭部寒熱皆達於極端也。於是乎各部動植物之差異及各部之物產與其人民職業之差異。亦可以推定。

次考亞細亞洲之人種則(一)西伯利亞部劣等黃人種居之。(二)支那部高等黃人種居之。(三)印度部高加索人種居之。(四)伊蘭部黃人種與高加索人種雜居之。其人種之分布。亦與其地勢之區別悉相比附有如此者。

次考亞細亞洲人民之宗教則(一)西伯利亞部人民所奉者沙瑪尼教也。(其附近支那之部分。或奉佛教。其附近俄國之部分。或奉希臘教。(二)支那部人民。兼中國、蒙古、西藏、朝鮮、日本、安南、暹羅、緬甸、諸國而言。所奉者佛教也。我孔子非宗教家。本報第二冊嘗詳言之。吾國人所有迷信思想。皆受佛教之影響者也。(三)印度部之人民所奉者婆羅門教也。其中亦奉有佛教者。然不如婆羅門教之盛。(四)伊蘭部之人民兼中亞細亞諸國。如阿富汗斯坦、俾路芝斯坦、波斯、亞剌伯、及亞屬突厥諸國民言之。所奉者回教也其所以生此區別者。亦非偶然。

又以各部之地勢、氣候、生物、民業、人種、宗教之差別。對照比較則可知其各部特別開化之由。(一)西伯利亞之劣等文明也(二)支那之文明即起于支那擴布於蒙古西藏朝鮮日本安南暹羅緬甸諸國者也。(三)印度之文明即桑士格列之文明也(四)波斯亞剌伯即伊蘭部之文明即回教的文明也。其所以發生之由亦皆可以地理之勢測定之矣。

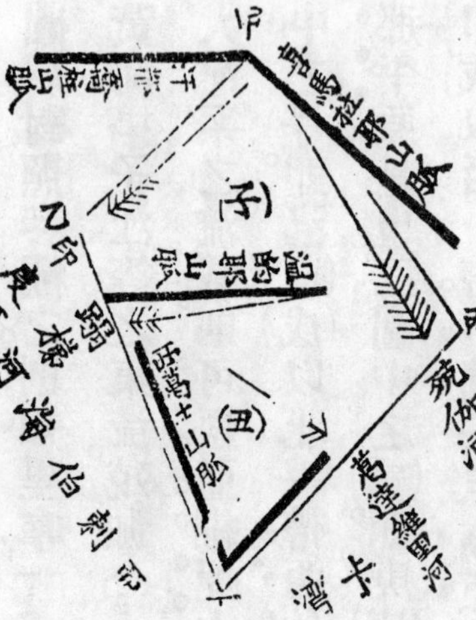


第二圖

用此方法。不徒可以考一洲之地理而已。即講各國之地理亦當如是也。試以印度之地理爲例。先畫定印度之形狀爲甲乙丙丁記號。如第二圖丙丁線則瀕于邊卡灣 Bdy of Rengal 者也。乙丁線則瀕于亞剌伯海者也。其所有諸山脈則如圖中所示喜馬拉耶山、汗都喬杜山、溫的耶 Vinduya 山西噶士 Ghauts 山東噶士山之位。由是其國內諸河如印度河踢楠 Tapee 河、噶達維里 Godavari 河、殑伽河等之水源瀦域及其所流注之尾閭皆可以悟出。又可見印度之國由兩大平原結搆而成。第一如圖(子)殑伽河之溪谷也。第二如圖(丑)噶達維里山與西噶士山之間也。用此符號記之則開卷瞭如矣。

學者苟能用此法則以觀各部地理而按地圖以考証之則若網在綱有條不紊泱泱全洲之形勢可頃刻而盡納入於腦中矣。治學當得其門徑此之謂也。

學術

# 論中國學術思想變遷之大勢

中國之新民

## 第三章　全盛時代

### 第一節　論周末學術思想勃興之原因

全盛時代。以戰國爲主。而發端實在春秋之末。孔北老南。對壘互峙。九流十家。繼軌並作。如春雷一聲。萬綠齊茁於廣野。如火山乍裂。熱石競飛於天外。壯哉盛哉。非特中華學界之大觀。抑亦世界學史之偉蹟也。求其所以致此之原因。蓋七事焉。

一由於蘊蓄之宏富也。　人羣初起。皆自草昧而進於光華。文明者非一手一足所能成。非一朝一夕所可幾也。傳記所載。黃帝堯舜以來。文化已起。然史公猶謂搢紳難言焉。觀夏殷時代質朴之風猶且若此。則唐虞以前之文明概可想矣。凡人羣進化之公例。必由行國進而爲居國。由漁獵進而爲畜牧。由畜牧進而爲耕桑。殷自成湯以至盤庚。凡五遷其都。蓋尚未能脫行國之風焉。孟子頌周公之功。則曰兼夷狄驅猛獸。詩美宣王之德。則以牛羊蕃息。蓋殷周以前尚未盡成居國成農國也。及文王化被南國。武周繼起。而中央集權之制大定。威儀三千。周官三百。漢學家言。禮儀、周禮也。威儀、儀禮也。孔子歎之曰。周監於二代。郁郁乎文哉。吾從周。自幽岐以至春秋。又數百年。休養生息。遂一脫蠻野固陋之態。觀於左傳列國士大夫之多才藝嫻文學者。所在皆然矣。積數千年民族之腦精。遞相遺傳。遞相擴充。其機固有磅礴鬱積一觸即發之勢。而其所承受大陸之氣象。與兩河流之精華。機會已熟。則沛然矣。此固非島夷谷民崎嶇僞仄者之所能望也。此其一。

二

一由於社會之變遷也　由堯舜至於周初。由周初至於東遷。由東遷至於春秋之末。其間固劃然分爲數時代。其變遷之跡。亦有不可掩者。雖然。其跡不甚著。而史傳亦不詳焉。獨至獲麟以後。迄於秦始。實爲中國社會變動最劇之時代。上自國土政治。下及人心風俗。皆與前此截然劃一鴻溝。（顧亭林日知錄云。自左傳之終以至戰國。凡百三十三年。史文闕軼。考古者爲之茫昧。如春秋時猶尊禮重信。而七國則絕不言禮與信矣。春秋時猶宗周王。而七國則絕不言王矣。春秋時猶嚴祭祀重聘享。而七國則無其事矣。春秋時猶論宗姓氏族。七國則無一言及矣。春秋時猶宴會賦詩。而七國則不聞矣。春秋時猶有赴告策書。而七國則無有矣。邦無定交。士無定主。此皆變於一百三十三年之間。史之闕文。而後人可以意推者也。不待始皇幷天下。而文武之道已盡矣。）而其變動之影響。一一皆波及於學術思想界。蓋閥閱之階級一破。前此爲貴族世官所壟斷之學問。一舉而散諸民間。遂有秦失其鹿。天下共逐之觀。（歐洲十四五世紀時。學權由教會散諸民間。情形正與此同。此近世文明所由開也。）周室之

勢既微其所餘虛文儀式之陳言不足以範圍一世之人心遂有河出伏流一瀉千里之概此其二

一由於思想言論之自由也　凡思想之分合常與政治之分合成比例國土隸於一王則教學亦定於一尊勢使然也周室爲中央一統之祖當其盛也威權無外禮記王制所載作左道以惑衆殺作奇器異服奇技淫巧以疑衆殺行僞而堅言僞而辨學非而博順非而澤以疑衆殺蓋思想言論之束縛甚矣周既不綱權力四散游士學者各稱道其所自得以橫行於天下不容於一國則去而之他而已故仲尼奸七十二君墨翟來往大江南北荀卿所謂「無置錐之地而王公不能與之爭名在一大夫之位則一君不能獨畜一國不能獨容」言論之自由至是而極加以歷古以來無宗教臭味先進學說未深入人心學者盡其力之所及拓殖新土無至無礙豈所謂海闊從魚躍天空任鳥飛者耶莊子曰天下大亂賢聖不明道德不一學者多得一察焉以自好（天下篇）孟子曰聖王不作諸侯放恣處士橫議蓋政權之聚散影響於學術思想者如是其甚也此其三

三

四

一由於交通之頻繁也　泰西文明發生有三階段其在上古則腓尼西亞以商業之故常周航於地中海之東西南岸運安息埃及之文明以入歐洲也其在中世則十字軍東征亘二百年阿剌伯人西漸威懾歐陸由直接間接種種機會以輸入巴比倫猶太之舊文明與隋唐時代之新文明也其在近世則列國並立會盟征伐常若比鄰彼此觀感相摩而善也由此觀之安有不藉交通之力者乎交通之道不一或以國際（各國交涉。日本名爲國際。取孟子交際何心之義。最爲精善。今從之。）或以力征或以服賈或以游歷要之其有益於文明一也春秋戰國之時兼并盛行互相侵伐其軍隊所及自濡染其國政教風俗之一二歸而調和於其本邦征伐愈多則調和愈多而一種新思想自不得不生其在平時則聘享交際之道常爲國家休戚所關（當時羣雄割據。大國欲籠絡小國以自雄。小國則承事大國以求保護。故其交際者甚重要。非如周初朝覲貢獻方物。循行故事而已）故各國皆不得不妙選人才以相往來若相鼠茅鴟之不知將辱國體而危亡隨之矣其膺交通之任者既國中文學最優之士及其游於他社會自能吸取其精英賚之歸以爲用如韓宣子聘魯而見易象春秋吳季札聘上國而知十五國風皆其例也而當時通商之業亦漸盛豪商巨賈往往與士大夫相酬酢如鄭商弦高能以身救國子貢廢著鬻財於曹魯之間結駟連騎以聘享諸侯所至國君無不分庭與之抗禮而陽翟大賈呂不韋至能召集門客著呂氏春秋蓋商業之盛通爲學術思想之媒介者亦不少焉若夫縱橫捭闔之士專以奔走游說爲業者又不待言矣故數千年來交通之道莫盛于戰國此其四。

一由於人材之見重也 一統獨立之國務綏靖內憂馴擾魁桀不羈之氣故利民之愚並立爭競之國務防禦外侮動需奇材異能之徒故利民之智此亦古今中外得失之林哉衰周之際兼并最烈時君之求人才載飢載渴又不徒奬厲本國之才而已且專吸他國者而利用之蓋得之則可以爲雄失之且恐其走胡走越以爲吾患也故秦迎孟嘗而齊王速復其位商鞅去國而魏遂弱於秦游士之聲價重於時矣貴族階級擺蕩廓淸布衣卿相之局遂起（貴族階級。最爲文明之障礙。中國破此界最早。是亦歷史之光也。）士之欲得志於時者莫不研精學問標新領異以自取重雖其中多有勢利無恥者固不待言而學問以辨而明思潮以摩而起道術之言遂徧於天下此其五

一由於文字之趨簡也 中國文字衍形不衍音故進化之難原因於此者不少但衍

五

形之中。亦多變異。而改易最劇者。惟周末爲甚。倉頡以來所用古籀象形之文。十而八九。近世學者搜羅商周鐘鼎。其字體蓋大略相類。至秦皇刻石。而大變焉矣。說文序云『諸侯力政。分爲七國。言語異聲。文字異形。秦始皇帝初兼天下。丞相李斯乃奏聞之。罷其不與秦文合者』然則當時各國各因所宜。隨言造文。轉變非一。故今傳墨子楚辭所用字。往往與北方中原之書互有出入。漢書藝文志謂『秦始造隸書。起於官獄多事。苟趨省易』其實日趨簡易者。人羣進化之公例。積之者已非一日。而必非秦所能驟創也。文字既簡。則書籍漸盛。墨子載書五車以游諸侯。莊子亦言惠施多方。其書五車。學者之研究日易。而發達亦因之以速。勢使然也。此其六。

一由於講學之風盛也。　前此學術既在世官。則非其族者不敢希望。及學風興於下。則不徒其發生也驟。而其傳播也亦速。凡創一學說者。輒廣求徒侶。傳與其人。而千里負笈者。亦不絕於道。孔子之弟子三千。墨子之鉅子徧於宋鄭齊之間。孟子後車數十乘。從者數百人。許行之徒數十人。捆屨織席以爲食。蓋百家莫不皆然矣。此實定哀以前之所無也。故一主義於此。一人倡之。百人從而和之。一人啓其端。而百人揚其華。安得而不昌明也此其七。

此七端者能盡其原因與否。吾不敢言。要之略具於是矣。全盛時代之所以爲全盛。豈偶然哉。豈偶然哉。

## 第二節　論諸家之派別

先秦之學。既稱極盛。則其派別自千條萬緒。非易論定。今請先述古籍分類異同之說。而別以鄙見損益之。

古籍中記載最詳者。爲漢書藝文志。其所本者劉歆七略也。篇中諸子略。實爲學派論之中心點。而兵書略術數略方技略。亦學術界一部之現象也。今舉諸子略之目如下。

一儒家　二道家　三陰陽家　四法家　五名家　六墨家　七從横家　八雜家　九農家　十小說家

凡爲十家。亦稱九流。（小說家不在九流之內。）

又史記太史公自序。述其父司馬談論六家要指。凡六家。

一陰陽家　二儒家　三墨家　四名家　五法家　六道德家

諸子書中論學派者。以荀子之非十二子篇、莊子之天下篇、爲最詳。荀子所論。凡六說十二家。

一它囂魏牟　二陳仲史鰌　三墨翟宋鈃　四愼到田駢　五惠施鄧析　六子思孟軻

莊子所論凡五家。並已而六。

一墨翟禽滑釐　二宋鈃尹文　三彭蒙田駢愼到　四關尹老聃　五莊周　六惠施。

以上四篇皆專論學派者也。其他各書。論及者亦不尠。孟子則以楊墨並舉。又以儒墨楊並擧。韓非子顯學篇。則以儒墨並擧。又以儒墨楊秉並擧。史記則以老子韓非合傳。而孟子荀卿傳中附論騶忌、騶衍、淳于髠、愼到、環淵、接子、田駢、騶奭、公孫龍、劇子、李悝、尸子、長盧、吁子、以及墨翟焉。

四篇之論。荀子最爲雜亂。荀子北派之鉅子也。故所列十二家。皆北人。而南人無一焉。以老子楊朱之學。如此其盛。乃缺而不擧。遺憾多矣。（西方之學亦未一及）且所論者除墨翟惠施。

之外皆非其本派中之祖師也若乃子思孟軻本與荀同源而其強辭排斥與他子等蓋荀卿實儒家中最狹隘者也非徒崇本師以拒外道亦且尊小宗而忘大宗雖謂李斯坑儒之禍發於荀卿亦非過言也（李斯坑儒。所以排異己者。實荀卿狹隘主義之教也。）故其所是非殆不足採藝文志亦非能知學派之眞相者也既列儒家於九流則不應別著六藝略既崇儒於六藝何復夷其子孫以儕十家其疵一也縱橫家毫無哲理小說家不過文辭雜家既謂之雜矣豈復有家法之可言而以之與儒道名法墨等比類齊觀不合論理其疵二也農家固一家言也但其位置與兵商醫諸家相等農而可列於九流也則如孫吳之兵計然白圭之商扁鵲之醫亦不可不爲一流今有兵家略方伎略在諸子略之外於義不完其疵三也諸子畧之陰陽家與術數略界限不甚分明其疵四也故吾於班劉之言亦所不取莊子所論推重儒墨老三家頗能絜當時學派之大綱（天下篇前一段所謂內聖外王之學者指儒家也宋鈃尹文墨派也彭蒙田駢愼到老派也莊子本身老派也惠施名家言亦與墨子大取小取等篇相近近于墨派也篇中一唱三嘆者惟孔墨老三家實能知學界之大勢也）然猶有漏略者太史公談（司馬）之論則所列六家五雀六燕輕重適當皆分雄于當時學界中旗鼓相當者也分類之精以此爲最雖然欲以觀各家所自起及其精神之所存則談之言猶未足焉耳。今請据羣籍審趨勢。自地理上民族上放眼觀察。而證以學說之性質。製一先秦學派大勢表如左。

先秦學派

（一）北派

（甲）鄒魯派（北派正宗）孔子
- 孟子及其他儒徒
- 荀卿

（乙）齊派（北東派）
- 管子
- 鄒衍及其同派

（丙）秦晉派（北西派）
- 申不害 商鞅 韓非
- 李悝

（丁）宋鄭派（北南派）
- 墨翟宋牼及其他墨徒
- 鄧析惠施及其同派

（二）南派

（南派正宗）老子
- 莊子 列子 及其他老徒
- 楊朱

（南派支流）
- 許行
- 屈原

（此節未完）

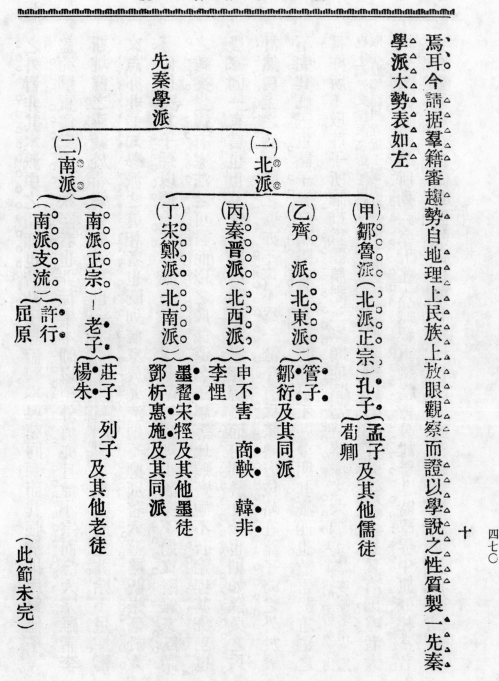

# 法律

## 法律平談

馮邦幹

吾人處于文明之世。一舉手。一投足。莫不有法律。日中萬般之事。不能出此範圍。吾人處此範圍中而倀倀不自知。其危有甚于盲人騎瞎馬者。法律之關係于人身。可謂最切。然而法理甚深。從來說者多辭約而難喩。其名詞艱深。其研究之方法駁雜。常人未易探知。終以此切要之法學。歸爲學者之私有。此事雖稱爲文明諸國民。亦不免有此缺點。况我中國今日。更無論矣。緬我中國歷來科學之最大缺陷。莫如法學。雖自古聖賢說道德仁義之理不少。而於法學之理。則噤然不道之。非不道之也。實無是思想也。其所以不發生此思想之故。則有原因在。茲姑讓于他說而不論之。僕深慨于此。欲廣輸入法理于國人之腦裡。以稍補此大缺。因特創爲談話體。以平易之語。演說其要領。令閱者一覽即解。其于法理普及之法。或有少補乎。著者識

### 第一談　論學法律之要

諸君諸君。僕今日欲向諸君說法律之綱要。使人人知其大體。因爲數十席話。以與諸君相談。今於開始之際。有一話不可不先言者。諸君心中。必以爲學法學之事。乃學者之任。非一切人所過問。僕不應對一切人喋喋繁言。不知實不然。凡爲國民。已是法律之群內之一人。不能不受法律之統御。無論何人。其人之利害。無不與此關係。可知法律是人人所應知也。故僕於開論之始。首略說學法律之要。請諸君潛心靜慮以聽之。

吾國之俗語曰「不知者不罪」此是一私人對一私人之語。道德上之格言也。至若法律上則不然。法律一經制定發布之後。即有强行力以實施其法。何謂强行力。强行力者。國家以其强力令人人不能不服從其法律。有犯之者。即加之制裁。其制裁之行。只問犯法律之所規定者與否。而不問犯者之知法與否也。故此力又名爲强制力。又法律之原則曰「不得以不知法律規則之故爲無犯意」此原則天下各國皆採用之。不特一二國爲然。彼何故皆用此原則。蓋各國皆於制定法律之後。必以之頒布於國中。令人民皆知之。既頒布之後。則人民服從之義務生。又據法律之理。「法律既頒布則以全人民普知爲推定」推定云者。謂雖或實有不知之者。然于理論則作爲知之也。

故苟不知法律。亦不能免其義務責罰。若然。吾人之講求法律。可不謂切乎。

諸君。諸君。吾人言至此。固爲之悚然。今吾人若不細思則已。若細思之。更有可慄者。試問吾人千人中有一二人曾讀現行之大清律例乎。夫法律之條文。非徒讀之即可了解。況不讀之乎。外國之頒布法律。初載之官報。繼而各書店廣刻之。以最賤之價售于全國中。令婦孺貴賤皆得而閱之。然外國之學者。猶常慨歎法律之思想未能普及國民。蓋以只讀法律之條文。未能盡知法律之本領故也。吾國自古來頒布法律之法甚不備也。商鞅懸法于市。知者甚僅。史言漢高帝與民立法三章。不及其頒布之法。其果有頒布否。今驟難信之。自唐宋以來。其法更秘。以爲民可使由而不可使知。於官役之外。無知之者。本朝仍守此主義。民以讀法爲禁。即官役之中。舍司刑獄者。亦鮮知之。嗚呼哀哉。吾人於不知不識之中。陷于法網者。不知幾何人也。今吾國人被此主義深侵其腦。謂學法之事。與吾儕小民無與。置之漠然。如秦越之不相關。不知今世政治之眞理大明。陳舊之主義。翻然一新。今日之主義。是民可使由之。民可使知之也。此風潮之勢猛于三峽之水。其一時盡風靡天下無疑。吾國早晚間亦必採用此主義。吾人趁今日養成法律之思想。以補往日之大缺。急不容緩也。

法律是規定吾人權利義務者也。故學法律則可以明自己應行之義務及應有之權利。明此則可以不至怠其義務而陷于不測之災。且可以藉法律爲吾人權利之堅城。而不至爲他人蹂躪。又明此則可以添其勇邁進取之氣。盖權利義務之界明析。可不懼爲奸譎之犧牲。而敗績于利益競爭之場裡也。泰西諸國民之權利思想甚富。以人多知法律之故。昔羅馬人之解法律曰。「法律者。包含天地萬般之事。且辨識人之正不正之學也」。此定解雖失于太汎。然彼早已知學法律爲羣內人之要事。且最有益者也。彼於古代尚然。況吾人當今日交際頻繁之世。人我之關係甚密。一方則權利生。一方則義務起。其連絡益繁。而規定之之法律愈緻密。吾人立于此活動進化之羣內。欲盡其義務。完其權利。當益知學法律之要。

說者或謂世界愈進化。諸事愈頻繁。而分業之事益精細。法律之事自應委之專門學者。不宜一切人民皆兼學之。其說實甚謬。夫法律之關係于人。實與他學不同。盖他學可離各人獨立而無害。不必凡人皆知之。而法律則大反是。玆有一事最可取譬。夫衛生之學本屬醫學之一。若以或者之言推之。則衛生之學。吾人不容過問。只委之醫學者足矣。豈知醫學者知之不如自知之切。蓋醫學只能施之病起之後。病未起之前。其攝生全在各人自身。吾人之不可不知法律。猶不可不知衛生學也。況己身之權利。安可不自知而委之他人哉。吾說至此。可下一定語曰。衛生學之細理。應委之專門醫者。其大則應人人皆知之。法理之精奧。可委之專門法家。其要領應人人皆學之。

法律者何。是規定個人對個人及個人對國家之權利義務也。吾人處於人羣之內。終日不外乎個人對個人及個人對國家之事。故一舉手一投足。皆在于法律範圍內。此規定個人對個人之法律。概名之爲私法。個人對國家之法律。概名之爲公法。公法私法之精細區別。雖或不只此。而其大端不外是也。今略分論之。使知吾人常出入不離此二者之外。

滘假使吾人如羅敏孫古魯蘇。Robinson Crusoe 索居絕海孤島。饑食渴飲。釣于水鮮可食。採于山。美可茹。絕不與他人相交。唯與木石居。與鹿豕遊。則吾人可放縱自恣。橫走豎飛。一任自由。於是法律可不生。蓋法律是如前所說。爲規定權利義務而設。權利義務是對他人而生。故苟無他人則權利義務自消。吾人今既不能超乎人羣之外獨居索處。則必有他我之關係。有他我之關係。則我有對他應爲之事。此是我之義務。他亦有對我應爲之事。此是他之義務。此等義務名爲的義務。又有我對他不應爲之事。此亦我之義務。有他對我不應爲之事。此亦他之義務。此義務名不爲的義務。此爲的義務。於法學之語。常呼爲積極的義務。或正義務。不爲的義務。常呼爲消極的義務。或負義務。既有義務。則必有權利。權利云者。是對義務而言也。何謂對義務而言。如甲對乙有義務。則乙對甲自有權利。譬如買賣之事。買者有交錢之義務。則賣者自有得錢之權利。賣者有交貨之義務。則買者自有得貨之權利。權利義務實一對待之言也。諸君諸君。吾等今既知凡有他我之關係。則自然有權利義務起。有權利義務則必有法律起。蓋法律者所以安固吾人之權利義務也。吾人又既知不能如羅敏孫古魯蘇索然自處于天地之間。他我之關係。是自然不可避。若然吾人安能逃于法律之範圍乎。既不可逃。又安可不明此規定個人與個人關係之法乎。

希臘大哲亞里士多德曰「人乃有政治天性之動物也。」此語爲不磨之金言。人類因此固有天性。漸發達而成爲政群。政群云者。質言之即國家。國家者是吾人生活上第二層要重堅城。不可無也。夫吾人既知搆造國家出于人類固有天性。乃自然之勢。又當知國家是吾等各個人結合而成。各個人是國家之一分子。個人之與國家之關係應甚密。今有規定此個人與國家之關係者。此即所謂法律。吾人與國家關係既密。則法律之與吾人相關係自不得不密。若然、則安可忽之而不顧乎。

僕于此回談席將畢。更有一言。僕與諸君談法律。非取大清律例大清會典逐條疏解。乃欲述近世法理之大要耳。或曰何故舍現行之法不說。而對一切人民論不實用之虛理。非急其所緩而緩其所急乎。答曰。不然。今日所謂疏解法律者。非徒考据法律之文字。乃以最新之法理釋之。故其解法律。其爽快如庖丁之解牛。法文之合于法理否。一若溫嶠之燃犀照渚。鬼曲神邪。皆豁然盡露。莫之能遁。若是能令讀者知某法適于理。某法未盡合于理。某法全與理相背。養成人民之別擇性。明某法宜存。某法宜廢。某法宜增。某法宜損。於是法律日日進步。國民之幸福隨之而增。吾國刀筆吏之解法則異是。不求法理。唯捕捉法文之一二字。以營奸曲。故中國之法律毫無進步。而國民雖積年累月。猶沉淪于不幸之苦境。僕今不欲知刀筆吏之解法。徒取現行之法。呆然釋其一二文字。雖然。至若以法理解釋現行之法。請俟異日。其故一則因卷帙浩繁。二則因不適法理之處甚多。且此是學者之業。非涉及精細不可。故今不從事于彼。而特取人人應知之大綱。以爲談席之話柄耳。

## 雜俎

### 外洋入口之竹頭木屑

▲無烟政府　英國政府有無烟政府之目。盖因政府各大臣吸烟者甚少也。其首相沙士勃雷及戶部大臣巴科以下皆全不吸烟。惟內務大臣列治及理藩大臣志亞巴麟偶一用紙烟。然不好之。

▲吸烟大王　世界古今吸烟最多之人。當以美國愛的森先生爲首。先生者即創製留聲機器之人。於電學發明最多者也。當其用心思試驗學理之時。大率每日吸最濃之呂宋烟三打。常日亦吸一打。內外或規之曰。此於衛生有害。宜稍節之。先生曰。吾之吸烟已成習慣。與飲食等。不能爲害。且我全家皆吸烟。吾祖父最愛嚙烟餅。而壽至百三歲云。

▲婦人政黨　頃法國巴黎新立一婦人政黨。海軍提督多哥比兒之夫人實爲首領。凡國中最有力之婦人。皆入黨云。

▲學而後嫁。　英國桼兒士地方新設一婚姻專門學校。其教授之科目。總以養成可爲主婦之資格。凡割烹針黹澣濯等。皆教之。又加身體之訓練。如生理學醫學。亦其一門。云以兩年爲卒業之期。

▲遺產分貓。　法國有一老女。臨終時分授遺產。其所愛之貓。每年給與一百二十圓。爲其貓診病之獸醫。每年給五圓。其遺囑書登於新聞紙。人之欲得爲其貓者不少。然其遺族以爲不過是亂命耳。訴於法廷。法官以爲貓也者。不能享民法上之權利者也。故判此百二十元。仍歸遺族。其獸醫之五元。則可受云。

▲葬犬盛儀。　仲尼曰。敝蓋不棄。爲埋犬也。葬犬之事。本古今東西所常有。而美國此風尤多。頃有紐約一婦人。葬其愛犬。衣衾棺槨。豐盛擬於王侯。送葬之時。奏樂不絕。謂將以慰其靈魂。又爲此犬立墓志銘云。

▲地底鐵路。　美國紐約市頃開地底鐵路。自西歷一千九百一年三月開工。現在工場操作者約八千人。自開工至今。凡費去九百七十萬美銀。其估價合同共需費三千五百萬美金。即七千萬元。中國通用銀。

▲新婚游歷　西人新婚之後。男女必相携游歷他地。好奇者演種種異色。或乘自由車。（中國人號爲獨脚車或云脚踏車以其名不雅馴改定今名）或乘輕氣球。不一而足。最奇者則近日美國有一船長。新結婚。挈其夫人同乘一小船。船長僅二丈。將橫斷大西洋以達歐洲。現已起程矣。

▲法兵自殺　據法國軍事叢報所統計。法兵之自戕者較列國爲最多。計兵士死者千人中其自戕者平均五十人。每十萬兵士中一年內必有二十七人自戕云。

▲徒步環球　英屬加拿大有名格利托別者。與人相賭徒步環游地球一周。得十萬元之彩。此人距今六年前由加拿大起程。徧歷諸地。其到滿洲時。恰値義和團發難。爲亂民所捕。幾不免。經兩月乃放之。更往海參崴。前月經橫濱。歸於加拿大。

▲書籍入美　美國多外國人入籍者。故入口書籍亦極多。計千八百九十年入口之書籍及樂譜地圖等。凡値美銀三百九十九萬四千餘元。千九百年則減至三百五十七萬餘元。人口增多而其數反減少者。蓋自印書之業日盛也。

▲成人徽章　美國紐查士省數年前制定法律。凡男子公然與婦女接吻者有罰。及此法實行後。往往有既婚之男子與其妻告別而舉行此典者。亦被捕縛。於是釁其

不便。乃擬於本年議院。提出一案。凡既婚之男子。皆佩一徽章。以示識別云。

▲月中噴火　頃法國天文臺大天文家某。用巴黎博覧會之大遠鏡。測出月球內有黑烟噴出。無時休止。此事若確。則從來學說將爲之一變。舊說言月中無空氣。使無空氣則物不能燃。今月中既有火山。則是有空氣之證也。舊說言月球熱氣已盡。其內部全冷而成定質。但既有火山。則是其質未盡凝也。果爾則天文學界中又當添一新公案矣。

# 輿論一班

## 論英日聯盟

西二月十二日英日兩國聯盟成。其大旨係維持遠東和平大局。保全中韓兩國土地及自主之權。云云。夫以二萬萬里四萬萬人之國。而被保護于東西之區區三島國。不知我國人對之其有動心焉否也。各地報章。亦多論列此事。茲擇其說尤切要者錄之。

上海中外日報曰

英日兩國於西歷正月三十號新定保全東方和局之約。英日兩國報章。咸有幸詞。竊謂英報之有幸詞也宜也。英之殖民地遍於天下。中國商利之入於英者實居大半。顧以區區三島控制全球。實有鞭長莫及之勢。今得日本與之聯盟。則英之所欲防遏者。日本已代爲防遏之。英之所欲保全者。日本已代爲保全之。是直於亞洲地面得一極有權力之友邦。爲之聯絡。其聲勢。鞏固其基址。是可幸也。日本報之有幸詞也宜也。日本自維新以還。國勢已蒸蒸日上。自中東一戰而後。遂興高采烈有與歐洲諸大國並駕齊驅之意。今日與英國聯盟。外以杜强鄰之侵軼。內以固同洲之唇齒。是可幸也。所難堪者獨中國耳。中國自道光以後與西人交涉。無一事不出於戰。無一戰不歸於敗。甲午之役。情見勢竭。大勢幾不可復支。庚子之役。鹵莽啓釁。國是愈不可爲。由是內外士人汲汲顧影。朝不保夕。聞他國之欲瓜分我也。則以爲戚。聞他國之欲保存我也。則以爲喜。夫瓜分我者。我固知其不可恃矣。而彼日以保存爲言者。不嘗壟斷中國之利權。欲一網打盡乎。不嘗明目張胆。與他國立互保權限之約。爲無形之瓜分乎。於此而一以爲戚。一以爲喜。是直任他人之侮弄而不自覺。聽他人之顚倒。而不自知。其視日人以新造之邦。締交强國。雄峙於歐亞之間。爭雄於東西之表者。不其遠乎。故敢敬告當軸諸公曰。諸君子毋以英日聯盟爲中國可幸之事也。英願聯日。日能聯英。而我方仰人鼻息之不暇。其可恥者一矣。約中大旨以保全中國土地爲言。夫我國歷來公私文字。不嘗自命爲一統之國乎。不嘗曰莅中國而撫四彝乎。陵夷至今。乃至待保全於英日。其可恥者二矣。高麗舊爲我藩屬。其稱我也曰天朝。其自稱也曰小邦。今我乃與高麗同受保於英日。其可恥者三矣。

是故英日聯盟之舉。我國君臣上下不可引爲可幸之事也。直當引爲大恥。而臥薪嘗胆勵精圖治思所以雪恥之道。其庶幾乎。其庶幾乎。否則沈睡於厝火之旁酣歌於漏舟之中。幸外侮之暫緩。忘內政之已敝。猶欣欣然語人曰他人必保全我他人必不傷害我。以自解自慰之詞。爲得過且過之計。則試問人之保全我者何意。他人欲保全我而乃特立一約者又何意。奈何不以爲恥而以爲幸也。則誠不能不痛哭流涕一爲當軸告者也。

上海新聞報曰

俄國居地球之北。橫跨歐亞兩洲。其人有堅忍之性質。雄偉之軀體。而其國君自大彼得以來。世守蠶食之宗旨。沈毒陰很。莫可窺測。版圖日增。每爲他人所不及覺。故歐亞各國皆忌之。歐洲各國之忌之者以英國爲最。蓋以英國之强大。其在歐洲顯然有獨執牛耳之勢。一旦俄人得志。則歐洲之權利。必致盡屬於俄。而英國有土崩瓦解之禍矣。故創聯盟之說。保全土耳其。使俄國海軍不得出黑海。以絕其西路。俄人既絕西路。乃銳意於東亞。英人復大懼。念中國地大物博。立國最久。當必能藉以

四

拒俄。故從前英國之待中國。最爲和平。索還伊犁之役。許爲隱助。及至久而久之。見中國上下泄沓。不足有爲。而日本自明治維新。頗有勃然而起之象。遂移其厚中國者以厚日本。夫歐洲以英國爲大。其防俄也無微不至。亞洲以中國爲大。而背有虎狼之俄。曾無絲毫防維之意。轉使日本島國。獨任其肩。可不痛哉。日本既有防俄之志。必先爭雄長於亞洲。念壤地褊小。不足以有爲。遂有甲午之役。當衅端初起時。中國屢請英國調停其間。英國若即若離。以釀成戰事。蓋亦輕中厚日之念有以致之。實欲日本崛起於亞洲。以樹其防俄之奧援也。至於戰事中止。中日言和。俄假仗義之名。索還遼東。並干預朝鮮政事。遂使朝鮮爲俄日平權之地。遼東爲俄人獨占之地。東亞權力。有駸駸乎盡入於俄之勢。較之甲午以前。尤爲可懼。蓋日人勞力以奪之。俄人安坐以享之。非特日人所不料。亦豈英人所及料哉。迨庚子俄人假勦捕拳匪之名。全佔東三省。久而未還。日人益大懼。日本議士遂創日俄聯盟之說。謂聯盟以後。日人不復干預東三省俄人之事。俄人不復干預朝鮮日人之事。權利既分。日人尚不致向隅。否則恐東三省不能爭還中國。而朝鮮權利亦不能獨得。反不若舍大取小舍難取易之爲得也。此說一起。日俄各報章多有附和之者。至謂駐俄日使調任外務部總務長官。即是此意。當時駐華俄使亦乘機逼迫李文忠簽劃新約。文忠逝世。而中俄新約大加删改。頃俄使已允中國所改。惟別索利益以相抵。中國全權又將許之。不知英日聯盟之約。已於西正月三十號簽押。爲中俄交涉易於着手之大機會也。俄人之意。謂地球各國可以爲敵手者。惟英國。今英日既已聯盟。則俄人之氣必爲之懾。苟與中國所議之約不能遽定。甚至於决裂。必致英日兩國從而干預。而毫無利益之可得矣。故當此之時。中國全權益宜堅持以保全東三省之權力。嗚呼。中國固亞洲之大國也。不知防俄。不能防俄。而日本反崛然而起。與英國聯盟。謂互相保全中國朝鮮土地。遂使堂堂大國。下與土耳其朝鮮爲伍。可不痛哉。雖然。歐洲有英國以防俄。亞洲有日本以防俄。而英日兩國亦復聯盟。是俄人大志一時尚不能逞。中國於此而亟圖自强。未始不可以有爲也。

北京順天時報曰

今試執環球之交涉家。叩以日英聯盟。其於亞東大局之關繫。爲損乎。爲益乎。則必曰爲益也。復叩以日英聯盟。其於中國完全獨立之主權。可永保乎。不可永保乎。則必曰不敢知也。一言以蔽之曰。視中國之能否自强而已。能自强則聯盟與中國大有益。不能自强。則聯盟與中國更有害。何以言之。我之所以貴乎能變法者內政也。而外交之不善。猶足以掣內政之肘。至於勢窮力竭。雖有神奇英武之畧。無復可施。昔吳王夫差待命於姑蘇之臺。行成之使者往而復來。而范蠡擊鼓興師以隨其後。法皇拿破崙再放於希利納海島。卑禮巧言。求爲一軍之渠帥不可復得。此二君者豈非人傑哉。使此難得脫。成敗偶然耳。子輿氏之言曰。國家閒暇。及是時。明其政刑。言時不易得而機不可失也。同盟之益於中國。謂可藉其攝拒抵制之力。急急焉以修我內政而已。所謂能自强則大有益者此也。我不思自强。則無所愧恥。無所恐懼。文恬武嬉。若醉若迷。如虛怯尩瘠之人。生機已絕。則必朝進參蓍。夕餌酏粥。以多延時日爲幸。族黨鄰佑。懼其傳染。鳴鼓燃礮。以驅疫氣。又掩此尩瘠者相與共逐之。邪正搏擊。元氣散竭。而軀命立亡。今同盟有所維持。則必有所抑制。有所保護。則必有所戰爭。而以不變法之中國當之。百年維持而無益。一日爭戰而即亡。信乎吾取譬所云也。所謂不自强則更有害者此也。且其第一欵條約中國已明明言之曰。英所繫之利害在清國。日本所繫之利害在清國而尤在韓國。此其自衛之心勝乎。抑扶持大局之心勝乎。其必先私而後公也明矣。以逆億之見揣之。意此約之外。或當更有密約。設中國因循依舊。大局決裂。魚爛瓦解。不可維繫。則將改變爲分割主義。另有一實顧利害之辦法以自救。此亦二國切膚之謀不得不然者也。吾以爲二國聯盟之心已久矣。所遲遲未發者。冀中國萬一自强。則英人工商殖民之利。可以長保。韓人亦得聯合犄角之益。巋然爲遼海東亞之屏蔽。而日本自即於泰山之安。又何必明目張膽。刑牲載書。以表異於列國而召强敵之忌哉。夫有所大不得已也。故吾得而直斷之曰。日英之同盟。知中國之必不能自强也。不能自强。則雖同種之兄弟。方將蹙額掩淚。分一杯羹。以贍其死命。又何望他人之恤我哉。嗚呼噫嘻。事急矣。時迫矣。我猶遲回。人不我待矣。恐懼修省以持之。破除積習以行之。實事求是以堅之。小心定力以終始之。卑詞屈節以要結之。藉天之靈。得人而理。或者其有轉機乎。

上海蘇報曰

去年有英德之約。今日有英日之盟。凡以抑方張之强俄。扶瀕亡之中國。以保全東亞而已。夫實逼處此之患。彼如此其皇皇汲汲。而我中國則不聞有一審時度勢之外交家。於唇齒之誼。與縱橫之計。稍致其意。徒日以聯俄聞。日以俄約聞。一誤之不足而再誤。再誤之不足而三誤。樞垣譯署。造膝以陳。但及邦交。如出一吻。雖以江督之見嚴憚。鄂疆之見倚重。聯翩電奏。而無以收回天之效。又何怪臺諫之甘爲伏馬。士夫之噤若寒蟬哉。考其因緣。蓋有三慨。究其所慨。起於一私。（中略）凡此二私。自非文明底於極度之國。鮮所能免。但視所以用其私之政策何如耳。中國縱不能去其私。或猶冀有善用其私之一日。乃不意戊戌以後。遂以外交之私。濟其內政之私。並以一二人之私。牽合其外交之私。其於外交。殆無所措意。非特不知何者爲世變。何者爲遠慮而已也。但助成其自相殘賊之舉者。即爲所依賴。雖舉土地人民財賄以奉之而不惜。有持公私顧大局反對其自相殘賊之舉者。遂爲仇讎。雖明知爲國家所必依賴之國。而無所用其周旋。故前之引虎狼而親之。私猶近於公。獨庚辛之開釁召侮。則內政之變相。非外交之結果。向者之私。轉爲所託以爲公矣。今雖前車之鑿。有所懲創。然向之二私。與夫後之一私。猶若輾轉而不能釋。用是之故。終不肯移其親俄之意。以用於英日德美諸邦。而其言則曰聯英聯美聯日。皆與聯俄無異。吾今者惟自立焉。此無論其能否知聯俄之誤。能否自立也。即令果不聯俄矣。果能自立矣。天下豈有貧弱如中國。而可以無所聯合以立國耶。夫所謂聯合者。非如中國向日之聯俄也。借其利己之策。以助我抵制之力。如今日之英日互倚以拒俄是已。拒俄乃可以保亞。保亞乃可以保歐。日之為此保亞也。英之為此保亞以保歐也。惟東西相去二萬里。各據其土地人民。自今以後。獨於拒俄以保亞。保亞以保歐。二國如一國矣。此其聯合。烏可少哉。我中國為亞洲最大之國。而無與於保亞之盟。吾不知將來何以自立於亞洲也。彼靦然不知愧者。方且曰英日既合。知以保亞拒俄矣。其必保我中國可知。吾庶幾免乎。此殆如自壞其墻壁。自毀其門戶。而偃然高枕於鄉里之守望也。縱其鄰里不為盜。獨不思守望於吾門外者。漸將守望於吾室中乎。迨其守望於我室中。雖不為盜。而我已不啻舉室奉之矣。不寧惟是。高枕於鄰里之守望。其害猶緩。或且疑其守望之將以盜我。則親盜以疎鄰里。必將陷於甘言。給於危詞。而終用其前日之故智。然則英日之合約。其意雖主於扶中以保亞。亞則庶幾其保矣。我中國之能否比於朝鮮。以暫庇於二國之夾持。徐圖其自強。則固未可知也。爲土耳其乎。爲波蘭乎。前途窈然。吾烏足以測之。

小說

# 十五小豪傑

法國焦士威爾奴原著
少年中國之少年重譯

## 第三回　放暑假航海起雄心　遇颶風片帆辭故土

前回講到武安絞下盤渦裏去。連影也不見。看官啊。你不必著急。這武安是死不去的。他是這部書的主人公。死了他那裡還有十五小豪傑呢。卻是前兩回胡亂講了許多驚心動魄的事情。到底這些孩子們是那國的。是甚麼種類的人。這胥羅船到底欲往那裡。爲何沒有船主。祗剩這幾位乳臭小兒。我想看官這个悶葫蘆。已等得不耐煩了。如今趁空兒補說一番罷。……話說南太平洋地方。澳大利亞洲南。便有英國屬地一座大海島。名叫做紐西崙。那海島最大的一箇都會。名叫做惡崙。那都會一箇最大的學校。名叫做奢們。那學校的學生。英美德法各國人都有。大率島中田主巨商官吏等有名望人的子弟居多。這紐西崙乃是合南北兩大島及附近許多島嶼而成的。南島北島中間有一葦衣帶水。叫做曲海峽。就是取那環游世界開闢新地有名的伋頓曲之名做過紀念的意思。澳洲檀香山紐西崙等地皆伋頓曲所尋得後爲檀島土人所戕 這座羣島橫亘於南緯三十四度至四十五度之間。和我們北半球的法國美國日本國同一樣度數位置。那北島西北角。狹而且長成箇半島的模樣。三面臨海一面連陸謂之半島 那半島的頸。不過二三邁闊。這惡崙市正在那頸上。……一千八百六十年正月十五日午後。就是這學校放暑假的日期。一百多名學生。箇箇好像出籠鳥一般。欣欣然歸家去了。這兩箇月內是任從他們自由的。這裏頭有一班孩子。許久想繞著這紐西崙羣島沿岸環游一周。便趁著這空兒各各稟准他的父母。約定同行。恰好就中一箇名叫雅涅的。他父親有這號背羅船。於是各人湊些費用。預備齊全而往。……卻說英國學校寄宿舍的風氣。是與別國不同的專設。種種方法。養成學生自助自治的習慣。所以那生徒的心思身體。都比他國人長成得快些。有一種少年老成樣子。奢們學校學生共分五級。那第一第二級的尚係和他父母接額爲禮的小孩。西人十歲以下童子見所親皆接額爲禮 第三級以上的大率皆握手爲禮的長童了。英國學校風氣。長年生有保護幼年生的義務。幼年生卻有伺候長年生的義務。每日送朝飯。刷衣服。擦靴鞋。種種苦差。總是要當的。倘或懶惰不屑。那長年生便刻薄待他。卻在學校裏頭站不住了。所以英國的小孩子。箇箇都是奉事長上。勤謹不過的。……這回搭這號胥羅船去游歷的。共有十四人。自第五級至第一級。都有在裏頭。杜番格羅士都是第五級。年十四歲。皆惡崙市富豪子弟。田產最豐。他兩箇本屬從堂兄弟。杜番天性伶俐。學問優等。但係有一種紈袴子脾氣。萬事皆要居人之上。因此各人起他箇綽號。叫做闊少杜番。他看見那同年同級的武安。滿校人都敬重伊。心裏有些不平。每每要和他對抝。這亦是勢所必至了。至於格羅士。卻是一味捧著他那杜番阿哥。像菩薩一般。是一箇平平無奇的孩子罷了。巴士他和杜番同庚同級。亦是市中一个巨商之子。為人靜和有思慮。勤勉有才智。乙菩十三歲。韋格十四歲。都是第四級的。有中等的才智。父兄親戚。都是富豪官吏。雅涅沙毗兩箇。同庚的十三歲。都是第三級。雅涅的父親。曾做海軍官員。今已退職。沙毗的父親。從英倫本國初來的。亦係箇大富翁。雅涅最愛彈箇小風琴。寸步不離的帶著。沙毗為人最爽快。好冒險。平生最好讀魯敏孫漂流記等書。再有兩箇都是十歲的小孩。一叫菩均。係紐西崙格致學會會長之子。一叫伊播孫係牧師之子。善均在第三級。伊播孫在第二級。都是狠超等的。還有兩个卻更小了。一箇名士耳。一个名胡太。都僅不過九歲。其父皆屬陸軍兵官。士耳著名的執拗。胡太著名的大食。以上十一箇都是英國人。此外還有兩箇法國的。一箇美國的。美國的叫做俄敦。年十五歲。算是這一隊裏頭最年長的哩。在第五級。他的才鋒銳利。雖不及杜番。亦不失爲本級中優等生。幼喪父母。受別人養育長大。所以有遠慮有常識。那法國人兄弟兩箇。兄叫武安。十四歲。弟叫佐克。九歲。他的父親係一个有名的工學博士。兩年前來到北島督辦水工。武安有絕好的記性。有極熱的感情。聰明活潑。懇切周到。尤用心憐愛幼年生徒。滿校的孩子。箇箇歡喜他。佐克向來在第三級中最爲劣等。常好欺嚇儕輩。除了這種頑皮舉動外。無所事事。但係自從這胥羅船離了本土以後。他的性格忽然變了。成一箇謹厚寡默的長者。這些孩子們都覺得出奇。不解甚麼緣故。……按下不表。卻說這胥羅船本有副船主一名。水手六名。廚子一名。細崽一名。細崽就是這个莫科了。那船主便是老雅涅。自己充當這船定期二月十五日午前開行。船主雅涅。是非到拔錨之前半點鐘內不到船的。這十四日晚上。那十四箇孩子。同著俄敦所養一隻美國狗名喚符亨的。一齊落船。副船主和莫科都在船上迎接衆人。那水手們卻都到岸上滴兩杯威士忌去了。那副船主等這些孩子上牀安歇後。亦上岸找箇酒店坐坐。船上單留一箇莫科躲在船頭水手房中齁齁睡去。這也是天公有意要把十五箇小豪傑磨練出來。那晚上不知甚麼時候。因何緣故。這船的纜竟自鬆了。潮水一衝。漸漸將船流到海中心。船上的人。連影兒也不知道。夜色又闇黑。風又大。不到一會。已經流出一里以外。那時莫科睡夢中覺得這船有些古怪。翻起身到船面一望。看見這情形。便哎呀一聲喊起來。那俄敦武安杜番等幾个年紀大的。連纔起身走到船面。同莫科一齊大聲喊救。卻沒人聽見。船已自離岸三邁多遠。望那紐西崙市的火光。都漸漸看不見了。武安倡議不如將風篷扯起來。駛轉舵輪。回到岸去。莫科也是這箇主意。孩子們就大家協力來扯那篷。不料篷太重。孩子們氣力小。扯不起來。眼睜睜看著這船越走越遠了。那陸上求人幫助的念頭。是靠不住了。就使有船跟踪來尋。但恁麼黑暗的海面。怎能彀看得著呢。就使看得著。那尋的船也要費許多時候才來得到這裡。他來得時。這船又不知流遠幾多邁了。所以孩子們單有一件指望僥倖遇

六

著有別的船從他處來紐西崙。客他打救便了。莫科便將桅燈高挂起來做箇識認。那時這年紀小的全都熟睡。驚醒他也是無益。所以由他們罷了。武安等一面設盡方法。想轉過這船來。總是不能成功。越發向東流去了。忽看見前面二三邁遠的地方。有一點白色。分明是一隻大輪船。歇一會。又看見一紅一綠的兩個燈光。那船一定是向一條直線對正我們來的了。孩子們拚命劈喉喊救。無奈那波濤洶湧的聲音。機器轢轆的聲音。和著愈吹愈緊的大風聲音。把孩子們的聲都蓋過了。來的船如何聽得見呢。雖然如此。但係有船上的桅燈。應該望著。卻是天不湊巧。船一傾側。忽將燈繩刮斷。那燈竟自掉落海中。如今連一點識認都沒有了。看官知道那輪船是一點鐘走十二三邁的。不到幾分鐘工夫。他便從背羅船尾一掠過去。把船尾上寫著船名的一塊板兒刮落。飛的一般走向西方去了。船越行越東。不一會已到天明。四面張看。連一片帆影兒都沒有。原來太平洋這一邊。船隻來往本是極少。那從美洲走澳洲的船。大都在北方居多。孩子們整整望了一日不見一隻船。天又黑了。夜又來了。那天氣比前夜更是古怪。風越發緊。東行越發速。卻說武安雖是小小年紀。他那膂力勇氣。是老成人都趕不上的因此大家都靠著他。便是剛愎自用的杜番。也不能不聽他號令。所有駕駛這船的事情。全由武安一人主持。杜番只是日連夜夜連日時時刻刻望著地平線上。萬一碰著個遇救的機會。免令錯過。經了幾个禮拜。未嘗懈倦。或將遭難始末。書了許多。用酒罎子裝著。投入海裏。或用言語慰安那年紀小的。叫他們勿喪氣。這也算他盡心盡力了。無奈那無情的西風。總是把船越驅越遠。那後來的事情。看官在第一回是看見的了。只緣這胥羅船離岸後不到幾日。更起一箇大颶風。經兩禮拜之久。自西吹向東來。幸虧這胥羅船都還堅固。不然、早已被怒濤打碎多時了。……那晚上船主雅涅知到胥羅船沖去的事情。和那孩子們的父兄。箇箇都是驚皇憂慮。自不待言。他們立刻派兩隻小火船。四面去尋。尋了一日。都是空手而回。這還不算。却執得胥羅船尾之木板一塊。分明是船沈了。孩子們都淹死了。那父兄親友都不免一場痛哭。不必細表。

正是

天涯游子無消息　白水青山空哭聲

究竟這孩子怎麼能彀上陸。那陸上係甚麼地方。下回再表。

學生放假時不作別的游戲。卻起航海思想。此可見泰西少年活潑進取氣概。

英國人最貴自由。此全球所共知也。而其在學校中幼年生服侍長年生。若廝養然。吾初游美洲澳洲各學校。見此風氣。心頗怪之。殊不知自由與服從兩者如車之兩輪鳥之雙翼。相反而相成也。最富於自由性質者莫英人若。最富於服從性質者亦莫英人若。蓋其受教育之制裁者有自來矣。立憲政體之國民。此二性質缺一不可。盎格魯撒遜人種所以獨步於世界。皆此之由也。近世後生小子。或耳食一二自由平等之理論。輒放恣無復紀律。是安得爲眞自由哉。

盎格魯撒遜人。凡於各團體中。無論大團小團。皆聽其自治。如一學校。其中規模殆與一國無異。長年生與幼年生。即治者與被治者之兩階級也。而長年生既享有受服侍之權利。即有應盡其保護幼者之義務。權利義務。一一分明。及其出學校而任國事。亦若是則已耳。英國之學校。無一而非實務教育。即此可見其概。

佐克自經患難後。全變其氣質。爲一完人。患難之福人大矣哉。此等機會。人生所最難遇也。苟遇此者。豈可錯過。有負天心仁愛耶。

# 文苑

## 飲冰室詩話

飲冰子

我生愛朋友。又愛文學。每於師友之詩文辭芳馨悱惻。輒諷誦之。以印於腦。自忖於古人之詩。能成誦者寥寥。而近人詩則數倍之。殆所謂豐於昵者耶。其鴻篇鉅製。洋洋灑灑者。行將別裒錄之爲一集。亦有東鱗西爪。僅記其一二者。隨筆錄之。

譚瀏陽志節學行思想。爲我中國二十世紀開幕第一人。不待言矣。其詩亦獨闢新界。而淵含古聲。丙申在金陵所刻莽蒼蒼齋詩。自題爲三十以前舊學第二種。蓋非其所自憙者也。瀏陽殉國時。年僅三十二。故所謂新學之詩。寥寥極希。余所見惟題麥孺博扇有感舊四首之三。其一曰。無端過去生中事。兜上朦朧業眼來。燈下髑髏誰一劍。尊前屍塚夢三槐。金裘噴血和天鬥。雲竹聞歌匝地哀。徐甲儻容心懺悔。願身成骨骨成灰。其二曰。死生流轉不相值。天地翻時忽一逢。且喜無情成解脫。欲追前事已冥濛。桐花院落烏頭白。芳草汀洲雁淚紅。再世金鐶彈指過。結空爲色又俄空。其三曰。柳花夙有何寃業萍末相遭乃爾奇直到化泥方是聚祇今墮水尙成離焉能忍此而終古亦與之爲無町畦我佛天親魔眷屬一時撒手刼僧祇。其言沈鬱哀豔。蓋瀏陽集中所罕見者。不知其何所指也。然遺情之中。字字皆學道有得語。亦瀏陽之所以爲瀏陽新學之所以爲新學歟。

戊戌去國之際。所藏書籍及著述舊稿。悉散佚。顧無甚可留戀。數年來所出入於夢魂者。惟一菊花硯。硯爲唐瀏陽所贈。時余承乏湖南時務學堂講席。初與紱丞定交也。譚瀏陽爲之銘曰。空花了無眞實相。用造莂偈起衆信。任公之研佛塵贈。兩君石交我作證。其時江建霞方督湘學。受代去。瀕行前一日來作別。見研與銘。乃爲余刻之。今贈者銘者刻者皆已沒矣。而此研復飛沈塵海。消息沓然。恐今生未必有合幷時也。念之淒咽。

近世詩人。能鎔鑄新理想以入舊風格者。當推黃公度。丙申丁酉間。其人境廬詩稿本。留余家者兩月餘。余讀之數過。然當時不解詩。故緣法淺薄。至今無一首能舉其全文者。殊可惜也。近見其七律一首。亦不記全文。惟能誦兩句云。文章巨蟹橫行日世界羣龍見首時余甚愛之。

嚴又陵哲學大家人多知之至其詩才之淵懿或罕知者。余記其戊戌八月感事一首云求治翻爲罪明時誤愛才伏尸名士賤稱疾詔書哀燕市天如晦天南雨又來臨河嗚犢歎莫遣寸心灰又綠珠詞一首云情重身難主凄凉石季倫明珠三百琲空換墜樓人蓋哭林晚翠也。

康南海之第二女公子同璧。擘精史籍深通英文去年子身獨行省親於印度以十九歲之妙齡弱質凌數千里之莽濤瘴霧亦可謂虎父無犬子也近得其寄詩二章自跋云侍大人遊舍衛祇林。壞殿頹垣佛法已刼然支那女士來游者同璧爲第一人矣詩云舍衛山河歷刼塵布金壞殿數三巡若論女士西游者我是支那第一人靈鷲高峰照暮霞淒迷塔樹萬人家恒河落日滔滔盡祇樹雷音付落花

高平子以所著平等閣筆記見寄。記述兩年來都中近事字字令人劌心怵目中一條。其事甚韻而其人甚奇者讀之亦可見中國女權消息之一斑也錄其全文如下。「庚子仲冬由日本西京偕日友數人乘玄海丸返國便途得游朝鮮及關東關外諸地兩

雪載途寒風砭骨哀鴻遍野春燕無歸觸目心傷夢魂鬱悒余有詩云關山一任誰家物觸眼吾民百感傷雪漫長空風滿地滾車載夢過遼陽一日薄暮將投逆旅適一女子姿容倩雅妝服澹素冷月凝暉寒山蹙翠携一姥一僕匆匆更望北發余心訝之入旅店中見壁間題詩數首墨痕未乾字體秀逸其一云本是明珠自愛身金爐香擁翠裘輕爲誰拋卻鄉關道白雪蒼波無限程其二云明鏡紅顏減舊時寒風似翦翦冰肌傷心又是榆關路處處風翻五色旗其三云無計能醒我國民絲絲情淚揾紅巾甘心異族欺淩慣可有男兒憤不平尙有一首字體潦草不能辨識噫嘻此何人也問之逆旅主人茫然不答』

# 紹介新著

## 和文奇字解

譯書彙編社社員輯著

日本東京譯書彙編社印行　定價一元

日本古代。或曰有文字。或曰無之。自隋唐以來。始假用中國文字。以傅會其固有之言語。故分爲音訓二種。音者照中國本音讀之。訓者以土音註之。使讀者望文生義。故中國文字異聲異形而義同者。彼讀之皆爲一音。不復辨別。故日本文中之漢文。往往有不可解者。然細案之義。亦可通。職此故也。如「由此觀之」彼往往寫爲「因之見此」是其例也。此蓋由日本古來尙武。所謂武士。最爲世重。而識字甚少。其寫別字。固不足怪。以日人讀同義之字。大抵同音。如因之見此。以中國讀之。幾不可解。而日本人讀之。其音與由此觀之無異。若字字記得淸楚。何處應用某字。非腦滿者不易言。此日本奇字原因之一也。更有一類。日本在中國文字未曾流入之前。已有其言。及得中國文字。始將中國文字之訓或音。與其固有之俗語相合者。湊成之。如ヤハリ。日本俗語猶云依然。適矢張二字。日人訓之爲ヤハリ。遂取之以代寫其ヤハリ三字。所謂傳其音而不用其義者。以中國人讀之。萬不能通。此日本奇字原因之二也。以上二種。最爲奇中之奇。其外則有日本人自行新造之字。如辻之爲十字路口等是也。又有新疊字眼。如上手之爲妙手等是也。此種細心體認。習之既熟。亦易旁通。且同在中國。亦各處自有方言。彼此不同。況彼國界既殊。自宜有此。若夫日本自名其事物。或從西文轉譯來者。前者多難索解。後者輙有妥語。又或沿用內典。此皆驟眼看來有費人思索者。是亦可算入奇字。而其種類大抵盡在是矣。今中國人讀日本書者日益多。而或未嘗習日語。或習之未深。往往有遇此等字。茫然不知所謂。因而不能得其上下文理。甚至有誤會其意者。桐城陶君特著本書。將此等奇字苦心摘出。爲下注脚。以便於讀日本書者。其用意至深厚。眞堪嘉也。著者叙例有言。因匆促付梓。失漏之處。在所不免。今試檢閱之。其中誠有未盡善處。謹就管見。略舉數條。以發凡起例。非好求疵。恐誤讀者。反失著者之盛意。故不敢不忠告。以期著者加意改正云爾。

一 全部之大缺點。在于列數見字少。少見字多。未免使讀者有勞多功少之嘆。試繙

二

數葉。其常見者不過數條。除外則往往讀日本書數百部。尚未嘗一見。著者固有意求美備。然輕重倒置。殊爲欠妥。

二 所註有未與原義吻合或全誤者。如見込之註爲受惑。頂戴之註爲給與。金儲之註爲利息。前二條是全誤。後一條爲與原義少異。見込本當註爲希望。頂戴爲給我。一義爲受領給與一義是客觀的受領是主觀的也金儲爲獲利。其他尚多。今不枚舉。

三 未能發明通例。如取字打字立字。日文中最喜用之。理宜作爲一解。

四 重出者多。如半産半鐘。同葉兩見。出口出立等。既見出部。又見山部。此固小疵。亦見校對之疏。且出字編入兩部。殊爲失當。

五 有中國文言不待註者。如三元一目只今命中等是也。

至於不憫之誤作不便等。此是校對之過。無關宏旨。然有此數缺點。令人生美中不足之感。質諸著者。以謂何如。本館某君久有意著此一書。已從事搜索。惜此君性緩。久之未能卒業。嘗聞其敘例如左。

一 全部分上中下三卷。上卷是最通用之字。中卷是偶見之字。下卷如補遺例。

一編字仍依部首。與此同例。

一注分三類。一用文言。一用正音。一用粵語。求其切當明白。而有時或省爲一類或二類。

一旁註假名。即日本字母以便查日本字典。及便于讀日本書中之多用假名者。副詞最多

一因上條之故。另用假名作檢字一卷。附錄于後。以備由假名查漢字。

一分奇字種類爲別字方言譯語新字四種。各以符號標出。又分爲中國已襲用者。可襲用者。不可襲用者。三種。亦附符號。

一學問上語。分科選錄。別爲一卷。

此其大略也。本舘願爲我學界要求某君。速殺靑以餉同好。度亦本書著者所同情也。

# 中國近事

◎大哉皇言　聞日前有人面奏英日聯約于兩宮者。太后以爲此亦好事。或可爲將伯之助。皇上曰。此非吾福也。我不自强。英日其肯爲我助乎。

◎直督密奏　東報載直督袁世凱于正月十日繕具密摺一道。痛陳英日協約有關中國大局及中國將來之施政方針。其大意如下。竊据風聞。英日兩國政府因思保全中韓兩國主權。及通商貿易各要務。特聯鞏固之盟。以資輔掖。約內大旨謂同盟之國。如此國陷兵禍。彼國當守局外中立之例。如與某國交戰時。于聯盟國大有障害。則彼國當操干戈爲聯盟之應援云云。臣愚以爲英日兩國此次之盟。必因制服强俄起見。幷思阻撓法國助俄之勢力也。蓋就兵力以觀。東洋陸軍以日本爲最。西洋海軍以英國爲最。一旦有警。日本可于瞬息之間。調集陸軍。以壓亞洲大陸之全境。而海軍則又與英國結合。雄峙海上。得東洋諸要港以握之。則歐西列强必無容足之地。是誠爲各國之隱憂。抑亦國于東亞者之所宜戒懼也。英日兩國。雖以保全中韓爲名。然其所企圖。惟在自利而已。豈眞能糜財力費精神而爲我國强乎。故兩國之聯盟。不必即謂爲有利於中國也。夫國于今日之地球上者。要在兵力財力二端。不待言矣。以本國之土地。必藉他國聯盟以保全之。恥辱孰甚。欲免此恥辱。惟在變法自强。練兵裕財。固我疆土。必使一國防禦之事。皆藉本國之實力。他國聯約。一無可恃。臣深望陛下勵精求治。以自振拔也。雖然英日兩國之期望。有與我中國適相吻合者。如寸地尺港不得割付他國之類。是也。此亦因其商利起見。特托此以自戒耳。要之中國處此艱難之局。必一面行新法以自强。明教育以自衛。一面藉兩國聯盟之勢。乘勢利用之。是爲中國目前之第一政策矣。云云。

◎急催變法　聞直督袁世凱面詰政務處諸員曰。政務處爲變法而設也。今諸公尙不速籌變法。欲何待乎。某員對曰。正在商量。袁曰。今何時而尙以商量二字搪塞耶。恐國家岌岌。不及待君輩商量矣。

◎翰林笑話　聞有翰林若干人聯名呈請堂官代奏。略謂江鄂各督奏議。擬遣學生赴日本學習小學中學師範。及由駐日使臣轉托日本參謀部文部陸軍省。代我籌計酌擬大中小各學各種速成教法。以應急需等事。皆與中國體面有損。中國進士舉貢不下百萬人。反求學堂教法于日本。實爲中國之大恥云云。堂官躊躇再三。將原呈擲還。批云既不如人。又不服善。實屬無恥之尤。即飭勿瀆。

◎推廣銀行　聞近日政府之意。在推廣銀行爲急務。其辦法章程。與夫行用鈔票。大約同中國通商銀行。

◎募軍確信　聞袁世凱擬將部下全軍悉數調至幾彊。爲拱衛神京之用。擬大名駐扎四營。正定四營。餘各分扎近畿。山東地勢空虛。則另由東撫招募四十餘營。共二萬人。以實營伍。

◎直督舉動　聞直督袁世凱在保定廣開學校。平治道塗。擬招新軍四萬人。于三月招齊。備練極力。爲之惟恐不及。至所用欵項。即前奏賑捐所得之一百萬。

◎阻派游學　現駐日本欽使蔡鈞氏。近嘗致電入京。請勿派學生前往日本學習。蓋防其沾染自由習氣。聞慶親王並王中堂等。業已電請江督劉坤一。依從前議。

◎甘肅亂耗　聞甘肅地方。大有不靖之勢。聲言董大師欲仍與外國爲難。附和日衆。

已成星火。陝甘繼督暨固原提督于前月十五日曾電知軍機處矣。或曰甘肅民情久已蠢蠢欲動。此番又擬裁撤鄧軍。風說益甚。故黠者乘間即發。而政府得電後。即令緩裁鄧軍。勿致張皇滋事云。

◎俄約述聞　聞俄人已有成說。所有東三省五金鑛產。俄人將來當會同英美德法四國公辦。以應利益均霑之旨。已派呂海寰盛宣懷兩氏參酌各國情形。妥議具奏。又以俄人與李文忠楊侍郞皆有密約。故命李文忠公子經邁隨同慶親王往見俄使。相助爲理。並命楊侍郞之子在俄京候俄政府簽字。如有異議。即行電聞。簽字之後。東三省便可交還中國。或云。經邁亦須至俄與前俄使格蘭斯商議一切。至日本將來有無異議。政府已不暇計及矣。

◎俄使之言　聞日前俄使晋謁慶邸。談次極言西藏喇嘛應聽其爲自主獨立之國。按去年俄人曾以頭等公使之禮接待藏使。今又坦言之。其意何如。蓋可知矣。

◎俄人恫喝　俄人現因滿約特爲恫喝之詞。謂中朝若不將滿約辦理妥當。俄雖不强逼。然萬一因此而有碍于英日兩國之處。除戰爭外。更無別等。是中國必至自招滅亡而後已。

**◎俄營煤礦** 聞俄國于預算費內特備一百五十萬羅卜。開辦齊齊哈爾煤礦之用。然聞中政府因俄人欲在滿洲開礦。据爲一己之利。已力拒甚決。

**◎俄人要求** 俄國現要求中政府請將顧用英日兩國員弁裁減人數至所索牛莊鐵路之賠償欵。仍須增加一百五十萬兩。

**◎都署難裁** 天津都署。雖喧傳限至西歷四月一日裁撤。然據傳聞。謂此次駐京各使臣與袁世凱會議都署存廢一節。袁雖主裁撤之見甚堅。絕無氣餒。然不料從前力主裁撤之各使臣。今亦一旦翻然改悔。且因英日聯盟之舉既定。此後東亞變態如何。未可逆料。故皆力主維持。並聞決定此後最少亦須續辦一年。蓋以會議時英德兩使力反裁撤之議。持論尤烈。

**◎議開東礦** 前報載駐京德使有請外務部許給德人在東省開辦某某礦地利權。而以礦中出息十分之七。付與中國政府一節。玆聞德政府實無此意。不過有在東省之德國礦務公司。曾于一千八百九十九年。索取山東礦利數處。現該公司派有人員。

兼得德使館之助。會議開辦該礦事務。惟此事尙難議定。因東撫向之索取稅銀公司非特不允、且欲將舊有礦地。亦不照納之。故並悉德國若成此議。則將來各國在中國開礦之事。皆獲利益矣。

◎天津問題　聞各使臣于天津之議。當由全權大臣照會。不當由北洋大臣索還。并云全權須各國送一照會。誰願撤兵。則可先行。若只照會一領銜公使。必須彼此會商。一國不願、則牽動全局。故全權現正議致送各國之照會名。

◎交路無期　關內外鐵路前有交還中國之說、現得實在消息。英國尙無交還之議。並聞掌管鐵路英官。已于日前將各局理事華人。多定以六個月合同。並優加薪水。俾得安心供職云。

# 海外彙報

## 半月大事記 西歷三月上半月

▲一日路透電。據三月廿八日所報。英軍兩日來在某處與杜兵疊次接仗。前後共陣殺並俘獲敵兵六百餘人外。又奪得戰馬二千匹。牲畜二萬八千頭杜將底威特之子並秘書官一人均在此次被擄之列云。

同日電。法國首相華特克盧騷。因乘車公出途次與電車相撞。致座車翻覆。身受重傷。現已稍痊。

同日電。基將軍信稱英軍前在某處曾被杜兵擄去官弁十六人。兵勇四百五十一人。玆有一百六十人業經放回。惟某營管帶副將恩德森仍被拘留。

同日倫敦電。印度般揸畢地方。近日黑死病甚猖獗。一日死亡之數以數千計云。

同日電。據各私報。俄國學生動搖之事現莫斯科大學之周圍皆築壘而將爲激烈之爭鬬至其詳細。現尚未知。

同日伯林電。美國各屬接待亨利親王之禮。頗爲優渥。伯林官報極嘉許之。即各日報亦均稱贊該親王與美總統等問答之詞。並各日報請其宴飲時宣言之事云。

同日電。法國明年之預算表中。尚缺少一百七十五兆佛郎。盖較今年已增一倍矣。

▲三日路透電。南非洲克剌克斯陶巴護衛兵隊之役。除前電紀其死傷之數外。尚有兵弁五人。兵丁四十五人。死于是役。其受傷者尚有兵弁二人云。

同日電。馬康尼氏現在英國某處公司船上。約距英國一千五百五十英里之遙。得接由康哇爾地無線電報寄到此項電報。將來諒能遍及地球矣。

▲四日路透電。據基將軍信稱。副將恩德森前在某處遇敵擊敗。並失空車一輛。玆已同其部下將官九人。兵勇二百四十五人回營。

同日電。基將軍信稱。前禮拜內杜兵陣亡者共八十四人。被擄及投誠者共一千零八人。

同日電。英兵部大臣云。南非洲軍前應用之戰馬。本大臣並無少懷吝嗇。稍爲節制。且近三十個月內。所有牲畜或從事他處運往。或在就地購買。前後共計已有十五五萬四云。

同日電德相步陸伯爵在議院宣言。我德國在東亞政策自英日聯盟後毫不改動緣此事于德國利益並不有碍我德國亦不欲在中韓兩國侵佔土地惟須保護我之商業與一切權利而已至于山東等處不過作爲各國通商口岸我德國並非獨擅其利權也盖我德國原不欲在中國沾有利益惟須與各國不相上下耳

同日柏林電美國文部大臣現欲將亨利親王至美之事編紀一書。其所以著此書之故。並非于政治上有所指斥。實因德人向在美國經商此次該親王來美。兩國交誼愈形聯絡。並以美人接待該親王之禮甚爲優厚。故著此書以誌欣幸。

同日電各國會議糖稅之約。現已簽字所有將來出口糖稅。槩行豁免其進口稅自一千九百三年起僅徵佛郎六枚云。

▲五日路透電。據司丹達報訪事信稱。日前英軍護送糧車遇敵擊敗車爲所奪。先英軍嘗擊退杜兵兩次。嗣因敵軍三面圍攻衝突入陣。英軍隊伍始被截散間有某營之兵猶能奮勇苦戰。奪路而出。惜終被敵獲。是役杜兵死者三十人。傷二十八人。

同日電。英兵部大臣在下議院出估計本年陸軍費用時嘗云。陸軍兵勇將來當隸常備兵籍三年後備兵籍九年。其薪糧自日一先零增至十八便士爲止。

同日倫敦電。英人考爾樞哈君日前在中央亞洲會演說英國于東方政策謂波斯灣于英國之關係。與數年前在北直隸不相上下。並謂現在英國所行政策。竊恐印度東邊界大有危險之狀。似宜將印度鐵路推廣至守斯呑及彭達辣排斯等處。或可免于危險。否則難以設想也。

同日電。俄國各報以日人至滿洲者日多深爲不平特著論說言日人至東三省之意。實係爲間諜起見也。

同日電。歐洲土耳其之北修維爾國京都。今日有亂匪圖謀不軌而不成。匪首業已就擒正法。從匪之被獲者亦不少。

同日電。美國紐約省議政局。刻已將嚴辦無君黨之律例頒行。

▲六日海牙電。日前波亞黨專使在荷京海牙府聚集會議。一切並稱謝荷政府願出爲調停戰事一節。彼等謂日下英政府之意仍欲將我杜國隸于英屬故波亞黨亦

不能與英會議一切也。

同日路透電。美總統羅斯維及其宰相。已于日前接見波亞黨專使哇馬拉姆斯及威瑟爾斯二君。以私見禮相待。美總統聽該二使言論要事。至十五分鐘後。即言我美國實不能效力。亦不欲干預南非洲戰爭。

▲七日路透電。英杜南非克剌克斯陶巴之役。英兵之被拘者。除前已釋放外。現故釋回一百餘人。照常在營聽用矣。

▲八日路透電。法國外部大臣近在議院宣言曰。英日兩國聯盟。意在全保中國而已。我法在遠東之政策。因亦無事更張也。

▲九日華盛頓電。前者美總統女公子擬赴倫敦慶賀英皇加冕之禮。玆不果行。同日電。非律賓巡撫忒夫脫君。在美京與政府會議非律賓一切事宜。並言甚望美國于一千九百零四年以內。許非律賓爲自治之國。不爲干預。

▲十日路透電。英皇將于日內至法國彌斯地方游覽。尙須往巴黎京城駐蹕兩日。與法總統相會云。

同日電。基將軍電稱副將林明敦近獲得馬亨尼槍彈三十萬顆。李密甫槍彈一萬顆。另又開花彈並開花信子數百個。機器砲一尊。

同日電。非律賓稅章已經美總統簽押。

同日電。英將軍梅士恩同其所部弁兵二百餘人。並砲四尊。及他輜重等。已于七日時被杜將底剌利悉行擒獲。

同日電。梅士恩將軍臂一受傷。已被敵軍俘獲。是役英軍中死有四十人。傷有八十人。此外被擒者尚有多人。

▲十一月路透電。梅士恩將軍腿際受傷。現在拘禁杜營。杜人待之頗善。是役英軍陣亡人數。官兵合計有四十八人。受傷者官有五員。兵有七十二名。此外另有二百餘人。皆杳無下落。梅將軍是日所部之兵。共一千二百人。杜軍有一千五百人。其所穿之號衣。幾與英軍無異。

同日電。英兵部大臣在下議院宣言。茲有鄉勇兵六千名。下月當可附輪前往南非洲。另有大隊馬兵步兵並戰馬等。均已齊備。

同日電。英下議院得讀基將軍稟報梅士恩統領失利之信。衆多譏笑愛爾蘭民籍之無用。蓋梅士恩本籍隸愛爾蘭省云。

同日柏林電。俄人現在聲明此次各國因美國措置西班牙政策不善。大加訾議一事。並非俄人主見。實係英國駐美公使引誘各國所致。

同日電。俄政府刻向法國訂借佛郎四百兆枚。即以中國應償俄國賠欵作抵。

▲十二日路透電。歐洲各國聞梅士恩統領在南非洲敗績之信。無不爲之憐惜。所譏議者惟有數家不甚著名之新報耳。

同日電。英皇從各大臣之請。業已諭告愛爾蘭某爵紳。謂朕同皇后本年弗及臨幸愛爾蘭省。心甚歉焉。

▲十三日路透電。尼加拉運河之案。美國下院議已經議准矣。

同日電。敵將底威特及斯它銀兩人。以上一禮拜日入夜在倭威士托之北。橫斷鐵路。進於西方。或曰兩人將投多拉列軍也。

同日電。英國陸軍大臣普羅多列演説。梅士恩將軍約以本日到克剌克斯陶巴。其病已稍全愈云。

▲十五日路透電。英國皇帝所以罷論臨幸愛爾蘭者。固由下議院愛爾蘭議員之舉動。而亦因愛爾蘭黨激昂殊甚。往遊其地。殊無趣也。

同日倫敦電。白疊斯福卿在倫敦商業會議所因國防設備之事。極言行政衙門之無能。大倡改革之說云。

同日電。据在梳林之試驗。破潛水艇。斷非難事也。

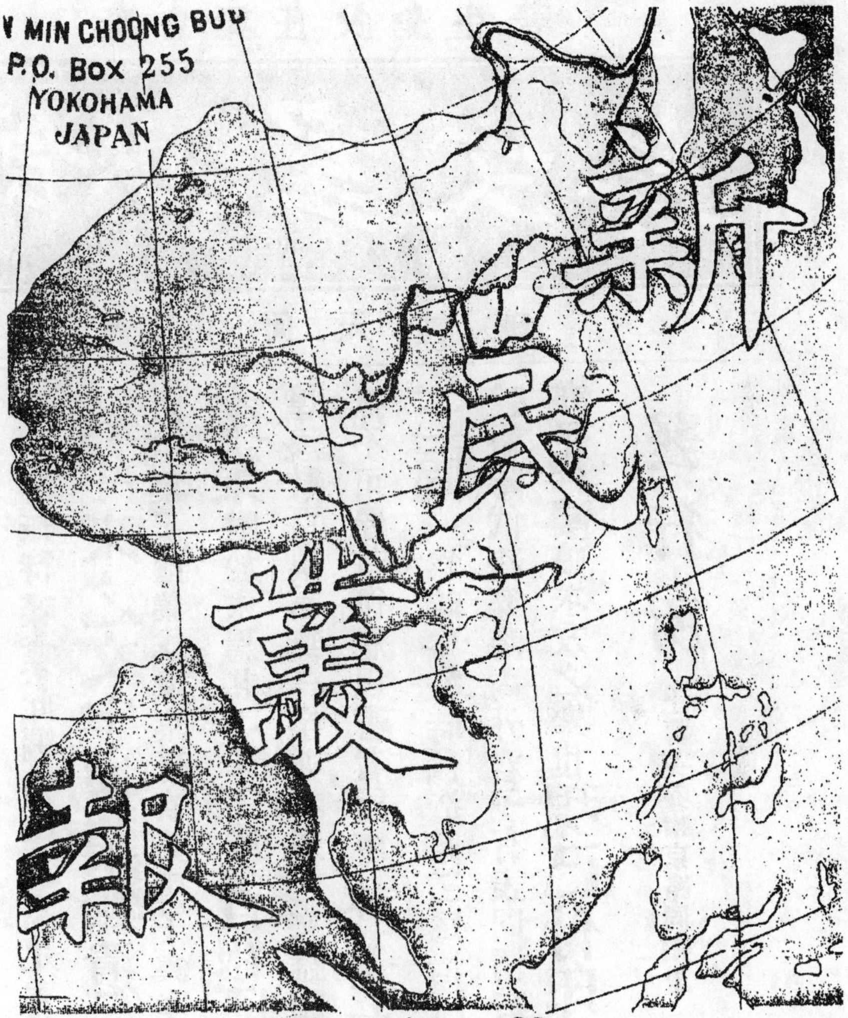


第伍號


光緒二十八年三月一日
明治三十五年四月八日


◉本號要目




每月二回朔望發行

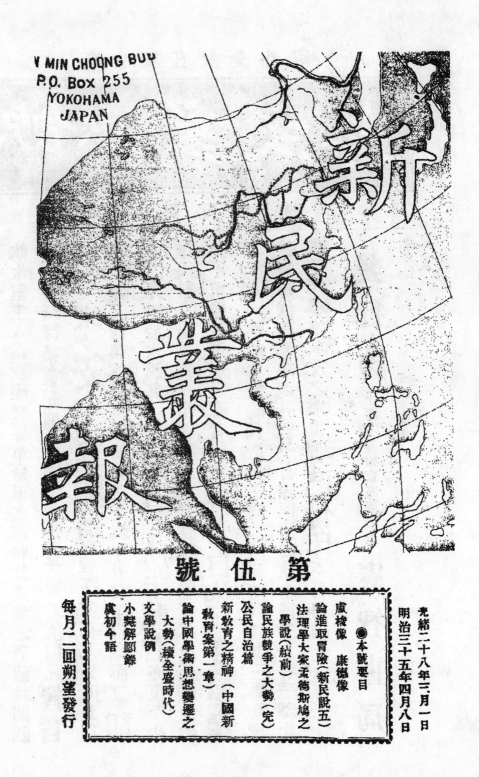

新會梁任父先生著

# 飲冰室文集

香山何天柱編

飲冰室主人爲我國文界革命軍之健將其文章之價值世間既有定評無待喋喋此編乃由其高足弟子何君所編凡**著者數年來之文字搜集無遺**編年分纂凡爲八集曰丙申集丁酉集戊戌集己亥集庚子集辛丑集壬寅集而以**韻文集**附於末焉其中文字爲**各報所未載者**亦復不少煌煌數百萬言無一字非有用之文雖謂中國集部空前之作殆無不可卷首復冠以著者所作**三十自述**一篇及**照像三幅**一爲時字報時代造像二爲清議報時代造像三爲新民叢報時代務像海內外君子有表同情於飲冰室主人者乎得此亦足代嚶鳴求友之樂也**現已付印**不日出書

**發行所** 上海英界南京路同樂里 **廣智書局**

# 新民叢報第五號目錄

光緒二十八年三月一日

二

售報價目表

| 全年廿四册 | 半年十二册 | 每册 |
|---|---|---|
| 五元 | 二元六毫 | 二毫五仙 |

美洲澳洲南洋海參威各埠全年六元半年三元二毫零售每册三毫正
郵税每册壹仙外埠六仙

廣告價目表

| 一頁 | 半頁 | 一行 四號十七字起碼 |
|---|---|---|
| 七元 | 四元 | 二毫 |

凡欲惠登告白者須于本報定期發刊之前五日交到價須先惠欲登長年半年者價當面議從減

編輯兼發行者　馮紫珊
印刷者　西脇末吉
發行所　橫濱山下町百五十二番館　新民叢報社　信箱二百五十五番
印刷所　橫濱山下町百五十二番館　新民叢報社活版部

政治學大家法儒盧梭

Roussean　　1712—1778

哲學大家德儒康德

Kant　1724 — 1804

# 論說

## 新民說五

中國之新民

### 第七節　論進取冒險

天下無中立之事。不猛進斯倒退矣。人生與憂患俱來。苟畏難斯落險矣。吾見夫今日天下萬國中其退步之速與險象之劇者。莫吾中國若也。吾爲此懼。

歐洲民族所以優强於中國者。原因非一。而其富於進取冒險之精神。殆其尤要者也。今勿徵諸遠。請言其近者。當羅馬解紐以後。歐洲人滿爲憂。紛競不可終日。時則有一窶人子。孑身萬里。四度航海。舟人失望。嗟怒之極。欲殺之而飲其血。而顧勇撓不屈。有進無退。卒覓得亞美利加。爲生靈開出新世界者。則西班牙之哥侖布士 Columbus 其人也。當羅馬教皇威力達於極點。各國君主俯伏肘下時。則有一介僧侶。（天主教之教士不娶妻故日本假佛教僧字以名之今從其號）悍然揭九十六條檄文於大府。鳴舊教之罪惡。倡新說以號召天下。教皇率百數十王侯。開法會拘而訊之。使更前說。而顧從容對簿。侃侃抗言。不屈不撓。卒能開信教自由之端緒為人類進幸福者則日耳曼之馬丁路得 Matin Luther 其人也扁舟繞地球一周凌重濤冒萬死三年乃還卒開通太平洋航路為兩半球鑿交通之孔道者則葡萄牙之麥志倫 Magellan 其人也隻身探險於亞非利加內地越萬里之撒哈拉沙漠與瘴氣戰與土蠻戰與猛獸戰數十年如一日卒使全非開通為白人殖民地則英國之立溫斯敦 Livingstone 其人也十六七世紀間新舊教之爭正烈日耳曼勦滅新教徒殆無遺類時則有波羅的海岸一蕞爾國奮其螳臂為人類請命為上帝復仇卒以萬六千之精兵橫行歐陸拯民塗炭犧牲一身而不悔者則瑞典王亞多法士 Adolphus 其人也俄羅斯經蒙古蹂躪之後元氣新復積弱蠻陋無足比數時則有以萬乘之尊微服外游雜伍傭作學其文明技術傳與其民使其國為今日世界第一雄國駸駸乎有囊括宇內之觀者則俄皇大彼得 Peter the great 其人也英國自額里查白英女皇名以後積勝而驕立憲美政漸以墜地時則有一窮壤牧夫攘臂以舉義旗與國會軍血戰八年卒俘獨夫重興民政使北海三島為文明政體之祖國國旗輝於大地者則英吉利之克林威爾 Cromwell 其人也美受英覊租稅煩重人權蹂躪民不聊

生。時則有一穹谷傸農叩自由之鐘。揭獨立之旗。毫無憑藉以抗大敵。卒能建雄邦於新世界。今日幾爲廿世紀地球之主人翁者則美總統華盛頓 Washington 其人也。法國大革命後風潮迅激。大陸震慴舉國不寧。時則有一小軍隊中一小將校。奮其功名心。征埃及征意大利。席捲全歐建大帝國。猶卒四十萬貔貅臨强俄。逐北千里。雖敗而其氣不挫。則法皇拿破侖 Napoleon 其人也。荷爲班屬宗教壓制。虐政憔悴緹騎徧國。時則有一亡命志士。集勁旅於日耳曼。歸圖恢復。血戰三十七年。卒復國權。身斃於鉏麑之手而不悔者。則荷蘭之維廉額們 William, Egmont 其人也。美國當數十年前。奴政盛行。人道滅絕。南北異趣。國幾分裂。時則有一舟人之子。以正理爲甲冑。以民義爲戈矛。斷然排俗情興義戰。犧牲少數以活多數。草芥一身以獻國民。卒能實行平等博愛之理想。定國憲以爲天下法。則美總統林肯 Lincoln 其人也。羅馬云亡。遺烈久沬。寄息他族。奴畜禽視。時則有弱冠翩翩一少年。投祕密結社。傾僞政府。不能得志。遁竄異域。專務靑年教育。喚起國魂。卒能使其國成獨立統一之功。列於世界第一等國者。則意大利之瑪志尼 Mazzini 其人也。若此者不過聊舉數賢以爲例耳。其他豪傑之類此者比肩接踵於歷史。臚其事實。則五車不能容。即算其姓名。亦更僕不能盡。於戲。何其谷哉。後世讀史者。挹其芬汲其流。崇拜而歌舞之。而不知其當時道天下所不敢道。爲天下所不敢爲。其精神有江河學海不到不止之形。其氣魄有破釜沈舟一瞑不視之概。其徇其主義也。有天上地下惟我獨尊之觀。其向其前途也。有鞠躬盡瘁死而後已之志。其成也。溜腦精以買歷史之光榮。其敗也。迸鮮血以贖國民之沈墜。嗚呼曷克有此。曰惟進取故。曰惟冒險故。

進取冒險之性質何物乎。吾無以名之。名之曰浩然之氣。孟子釋浩然之氣曰其爲氣也。配義與道。無是餒也。又曰是集義所生者。非義襲而取之也。行有不慊於心。則餒矣。故此性質者。人有之則生。無之則死。國有之則存。無之則亡。而所以養成之發現之者。其根柢甚深厚。而非器性薄弱之人所能假借。試推其所原。有四端焉。

一曰生于希望。「亞歷山大之親征波斯也。瀕行擧其子女玉帛悉分予諸臣。無一餘者。諸臣曰。然則王更何有乎。王曰吾有一焉。曰希望」甚哉希望之於人如此其偉大而有力也。凡人生莫不有兩世界。其在空間者曰實跡界。曰理想界。其在時間者曰現在界曰未來界實跡與現在屬於行爲理想與未來屬於希望而現在所行之實跡即爲前此所懷理想之發表而現在所懷之理想又爲將來所行實跡之劵符然則實跡者理想之子孫未來者現在之父母也故人類所以勝於禽獸文明人所以勝於野蠻惟其有希望故有理想故有未來故希望愈大則其進取冒險之心愈雄越王句踐之栖會稽以薪爲蓐以胆爲糧彼其心未嘗一日忘沼吳也摩西率頑冥險躁之猶太人民彷徨於亞剌伯沙漠四十餘年彼蓋日有一葡萄滋熟蜜乳芬郁之迦南樂土來往於其胸中也王陽明詩云人人有路透長安坦坦平平一直看豈惟吳會豈惟迦南蓋丈夫之所以立於世者莫不有第二之世界以爲其歸宿之一故鄉各懷希望以奔於無極之長途此世運所以日進步也以此希望故故其於現在界於實跡界不惜絞其腦滴其汗胼胝其手足甚乃獻其血蛻其骸豈徒然哉其將有所易也西哲有言『上帝語衆生曰汝所欲之物吾悉畀汝但汝當納其代價』進取冒險者希望之代價也彼禽獸與野蠻人飢則求食飽則嬉焉知有今日而不知有明日人之所以爲人文明之所以爲文明亦曰知明日而已惟明日能繫我於無極而三日焉而五日焉而七日

焉而一旬焉而一月焉而一年焉而十年焉而百年焉而千萬年焉而億兆京垓無量數不可思議年焉皆明日之積也保守今日故進取之念消媮安今日故冒險之氣亡若此者是棄其所以爲人之具而自儕於羣動也吾乃知進取冒險之不可以已如此其甚也

二曰生於熱誠吾讀史記李將軍列傳至『廣出獵見草中石以爲虎射之中石沒羽視之石也因復更射之終不能復入石矣』未嘗不歎人生之能力無一定界限無一定程度而惟以其熱誠之界限程度爲比例差其動機也希微其結果也殊絕而深知夫天下古今之英雄豪傑孝子烈婦忠臣義士以至熱心之宗教家政治家美術家探險家所以能爲驚天地泣鬼神之事業震宇宙而昭蘇之者其所得皆有由也西儒姚哥氏有言『婦人弱也而爲母則强』夫弱婦何以能爲强母唯其愛兒至誠之一念則雖平日嬌不勝衣情如小鳥而以其兒之故可以獨往獨來于千山萬壑中虎狼吼咻魍魎出沒而無所於恐無所於避大矣哉熱誠之愛之能易人度也朱壽昌之棄官行乞跋涉風雪愛其親也豫讓之漆身爲厲被髮爲奴愛其君也諸葛武侯之扶病出師

灑一掬之淚於五丈原頭而不辭者愛知己也克林威爾冒弒君之大不韙且兩度解散國會受專制之嫌而無憚者愛國民也林肯不顧國內之分裂不恤戰爭之塗炭而毅然布放奴令於南美者愛公理也十六七世紀之間新教徒抵抗教皇者二百餘年死者以千數百萬計而未嘗悔者愛上帝愛自由也十九世紀革命風潮徧於全歐擲無量數之頭顱血肉前者仆而後者繼亦以其民之愛國而自愛也彼男女之相悅則固常背父母犯輿論千回百折以相從矣甚者乃相爲死矣夫人情孰不愛生而惡死顧其所愛有甚於生者故或可以得生而不用也戰國策言有攫金於齊市者士官拘而鞫之其人曰吾攫金時只見金不見人彼夫英雄豪傑孝子烈婦忠臣義士以至熱心之宗教家政治家美術家探險家當其徇其主義赴其目的何一非見金不見人之類也若是者莫之爲而爲莫之致而至豈惟不見有人並不見有我焉無以名之名之曰「烟士披里純」Inspiration 「烟士披里純」者熱誠最高潮之一點而感動人驅迫人使上於冒險進取之途者也而此熱誠又不惟於所愛者有之乃至哀之極怒之極危險之極亦常爲驅發熱誠之導線處火宅者弱女能運千鈞之笥臨敵陣者疲馬亦

作突圍之想故曰不搏不躍不激不行可愛者而不知愛可哀者而不知哀可怒者而不知怒可危者而不知危此所謂無人性也吾乃知進取冒險之不可以已如此其甚也

三曰生於智慧凡人之有所畏縮也必其於事理見之未明者也孩童婦嫗最畏鬼暮夜則不敢出也蠻野民族最畏禨祥龜筮不從則不敢動作也日食彗見則恐懼潛藏也禮拜五日不宜出行也十三人不敢共膳也（二者皆西俗）此皆知有所蔽而行遂有所怯也灘石錯落河流激湍非習水性者不敢渡焉大霧漫野坑谷皆盈非識地勢者不敢淩焉見之不審則其氣先餒餒則進取之精神萎地矣故王陽明以知行合一爲教義誠得其本也哥侖布之敢於航大西洋而西也蓋深信地圖之理而知彼岸必有極樂世界也格蘭斯頓之堅持愛爾蘭自治案也蓋深信民族主義自由平等主義知非此而英愛不能相安也猛虎躡於後則越澗穿林如平地大火燎於棟則轉簷走壁如轉蓬知虎與火之能殺人而不得不冒次險以避最險也若乳嬰之子不知虎之暴而火之烈則嬉然安之而已故進取冒險之精神又常以其見地之淺深高下爲比例差欲

養氣者必先積智非虛言也而不然者爲敎宗之奴隸爲先哲之奴隸爲習俗之奴隸爲居上位有權勢者之奴隸乃至自爲其心之奴隸其心又爲四支百體之奴隸重重縛軛奄奄就死無復生人之趣矣吾乃知進取冒險之不可以已如此其甚也

四曰生於膽力拿破侖曰「『難』之一字惟愚人所用字典爲有之耳」又曰『「不能」二字非法蘭西人所用也』訥爾遜曰『吾未見所謂可畏者吾不識「畏」之爲何物也』（訥爾遜英國名將。即掃盪拿破侖海軍者也。當五歲時。常獨游山野。遇迅雷風烈。入夜不歸。其家遣人覓得之。則危坐于山巔一破屋也。其祖母責之曰。嘻、異哉。何物怪童。此可怖之現象。竟不能驅汝歸家耶。訥則答曰。Fear? I neaer saw Fear! I do not know what it is 即此文是也。譯爲華言。不能得其精神於萬一。）嗚呼至今讀此言神氣猶爲之王焉豈偉人之根器固非吾輩所能企乎抑自有之而自不用也拿破侖所歷至難之境正多訥爾遜所遇可畏之端亦不少而拿訥若行所無事者無他其氣先足以勝之也佛說三界惟心萬法唯識吾以爲不能焉以爲可畏焉斯不能矣斯可畏矣吾以爲能焉以爲無畏焉斯亦能矣斯亦無畏矣此其理眞非鈍根衆生之所能悟也雖然猶有二義焉凡人之有疾病者雖復齒痛鼻眩之微末而其日之精神志氣輒爲之萎縮蓋氣力與體魄常相依而爲用者也此一說也又莊敬日强安惰日偷生理之大經也曾文正曰「身體雖弱。卻不宜過於愛惜。精神愈用則愈出。陽氣愈提則愈盛。若存一愛惜精神的意思。將前將卻。奄奄無氣。決難成事」此又一說也。若是乎體魄之不可不自壯。而膽力亦未嘗不可以養成也。若拿破侖若訥爾遜若曾國藩。皆進取冒險之豪傑。永爲後輩型者也。（曾文正最講踏實地步謹愼小心。然其中自有冒險之精神。細讀全集。自能見之。）吾乃知進取冒險之不可以已如此其甚也。

危乎微哉。吾中國人無進取冒險之性質。自昔已然。而今且每況愈下也。曰知足不辱。知止不殆。曰知白守黑。知雄守雌。曰不爲物先。不爲物後。曰未嘗先人。而常隨人。此老氏之讕言。不待論矣。而所稱誦法孔子者。又往往遺其大體。摭其偏言。取其「狷」主義而棄其「狂」主義。取其「勿」主義而棄其「爲」主義。（勿主義者。懲忿窒慾之學也。如非禮勿視四句等義是。爲主義者。開物成務之學也。如天下有道某不與易等義是。）取其「坤」主義而棄其「乾」主義。（地道妻道臣道。此坤主義也。自強不息。此乾主義也。）取其「命」主義而棄其「力」主義。（列子有力命篇。論語稱子罕言命。又稱子不語力。其實力命兩者。皆孔子所常言。知命之訓。力行之敎。昭昭然矣。）其所稱道者。曰樂則行之。憂則違之也。曰無多言。多言多患。無多事。多事多敗也。曰危邦不入。亂邦不居也。曰孝子不登高。不臨深也。夫此諸義。亦何嘗非孔門所傳述。然言非一端。義各有當。孔子曷嘗以此義。盡律天下哉。而末俗承流。取便利己。遂蒙老馬以孔皮。易尼鄫以聃茁。於是進取冒險之精神。澌滅以盡。試觀一部十七史之列傳。求所謂如哥侖布立溫斯敦者有諸乎。曰無有也。求所謂如馬丁路得林肯者有諸乎。曰無有也。求所謂如克林威爾華盛頓者有諸乎。曰無有也。藉有一二。則將爲一世之所戮辱而非笑者也。不曰好大喜功。則曰忘身及親也。積之數千年浸之億萬輩。而霸者復陽芟之而陰鋤之。務使一國之人。鬼脉陰陰。病質奄奄。女性纖纖。暮色沈沈。嗚呼。一國之大有女德而無男德。有病者而無健者。有暮氣而無朝氣。甚者乃至有鬼道而無人道。恫哉恫哉。吾不知國之何以立也。君夢如何。我憂孔多。撫絃慷慨。爲少年進步之歌。歌曰。

Never look behind, boys.
When you r'e on the way;
Time enough for that, boys,
On some future day.
Though the way be long, boys,
Face it with a will;
Never stop to look behind
When climbing up a hill.
First be sure you're right, boys;
Then with courage strong
Strap your pack upon your back,
And tramp tramp along.
When you're near the top, boys,
Of the rugged way,
Do not think your work is done,
But climb climb away.
Success is at the top, boys,
Waiting there until
Patient, plodding plucky boys
Have mounted up the hill.

學說

# 法理學大家孟德斯鳩之學說（續前）

中國之新民

孟氏既敘述各種政體。乃論各政體所由立之本原。于是舉英國政體。謂此所謂立憲政體。最適于用而施行亦易。實堪爲各國模範。其言曰。苟欲創設自由政治。必政府中之一部。亦不越其職而後可。然居其職者。往往越職。此亦人之常情。而古今之通弊也。故設官分職。各同其事。必使互相牽制。不至互相侵越。于是孟氏遂創爲三權分立之說。曰立法權。曰行法權。曰司法權。均宜分立。不能相混。此孟氏之所創也。

孟氏謂立法行法二權。若同歸于一人。或同歸于一部。則國人必不能保其自由權。何則。兩權相合。則或藉立法之權以設苛法。又藉其行法之權而施此苛法。其弊何可勝言。如政府中一部有行法之權者。而欲奪國人之財產。乃先賴立法之權。豫定法律。命各人財產。皆可歸之政府。再藉其行法之權以奪之。則爲國人者。雖起而與之爭論。而力不能敵。亦無可奈何。故國人當選擧官吏之際。而以立法行法二權歸于一部。是猶自縛其手足而舉其身以納之政府也。

又謂司法之權。若與立法權或與行法權同歸于一人。或同歸于一部。則亦有害于國人之自由權。蓋司法權與立法權合。則國人之性命及自由權必致危殆。蓋司法官吏得自定法律故也。司法權與行法權合。則司法官吏將藉其行法之權以恣苛虐故也。若司法立法行法三權合而爲一。則其害更甚。自不待言。故尙自由之國。必設司法之制。使司法官吏無罷黜之患者何也。蓋司法官獨立不羈。惟法律是依。固不聽行政各官之指揮者也。

孟氏此言。其所以分離三權而不使相混者。蓋以國人選舉官吏。固以一己之事。使之代理。因分任其事于各人。而不使踰越。故三權鼎立。使勢均力敵。互相牽制。而各得其所。此孟氏創見千古不朽者也。

雖然、三權之所以設立者。蓋出于官民之互相契約。一則託以自由之權。一則受之。此其故孟氏實未之知。故其所論之旨趣。不能出代議政體之外。蓋在代議政體。則任此三權者。實代民而任之者也。故必設法以防制之者勢也。若夫民主國則任此三權者。

不過受百姓一時之託苟有不滿于民者則罷黜之而已

孟氏又謂自由之國其國人苟有精神之自由者則國人皆可以自治而不必仰庇于人故國人相聚爲一據立法之權以自守之可也然此事頗難施行在大國則必不可行在小國亦不免流弊故必選舉若干人以代理之云云

觀孟氏此言其意蓋在代議政體而未知民政之眞精神也盧梭駁之曰所謂代理人者將乘國人之信已而藉口于代理國人以肆行無忌是猶書押于紙以授之也夫官民之交涉契約而已故任立法之權者止可云受託者而已未可謂代理人也

孟氏首舉立法權而歸之國民誠當矣次論行法權則謂立法行法不可不分而行法權宜歸一統苟不爾則事或滯而不行且不免錯雜之弊也然其論所以統一之法則以爲舍君主末由此蓋猶拘墟於一時之耳目而未達法治之大原也不觀諸美國乎行法之權統于一人所謂大統領也而大統領之性質與君主自殊科矣何也彼固未嘗有特權也孟氏必欲舉行法權歸諸累世相承不受譴責之君主又欲調劑二權置貴族於君民之間以成所謂混合政體者此由心醉英風太甚而不知英國此等現

象實過渡時代不得不然非政法之極則也。

孟氏之論貴族。亦不免于謬戾。彼謂取人之材能勳績或鍊達事務而選舉之者。貴族政治之本旨也。蓋彼之意以爲民主之本旨則以抽籤之法爲選舉。貴族之本旨則以考績之法爲選舉。夫一國之中設有特權。與一國之中人人平等者。本不相同。貴族之制。或因門第。或因財產而握有特權。異於平民。民主之制則無論其材能如何勳績如何。初不因此而握特權。苟願効力于其國者。則以一已之自由權自行表薦。而國人亦以其自由權而選拔之。故彼此均有自由權。以互相爲約。此即民主政治之本旨也。美國之上院則然。其不得以此爲貴族之制亦明矣。

孟氏之所以致誤之由。蓋不知平等之義故耳。其意若曰民主國之平等。不過無所區別而一切賢愚均無所表異而已。是未眞知平等之義者也。所謂眞平等者。尊重各人之自由權。及由自由權所生之各權。無所等差。雖有奇材異能者不得自恃其長以制御衆人。衆人亦不得因此而有特權。唯以其自由權自白其所長以取信於衆人。而衆人亦以自由權選舉之。如是而已。若夫材能勳績絕無所表異于衆。要非平等之本旨也。

至其論法律制度則孟氏所見有極偉者厥後法國改革制度出于孟氏之功爲多十八世紀攻擊奴隸惡習不遺餘力者莫先于孟氏當時薄休惠及其他教徒等均以奴隸爲不當廢孟氏獨闢之又哥魯智斯以戰爭爲奴隸所由出其言曰戰勝者固得殺獲其敵人于是宥其敵而使之爲奴固無所不可其他學者又謂主人與奴隸互相契約此奴隸所由出也云云孟氏于此等邪說皆一一駁之今摘萬法精理中數節如左「戰爭之時苟非萬不得已勝者固不能殺其敵人且人虜他人以爲奴輙曰吾當時萬不得已固欲殺之尋又宥之因以爲奴然爲斯言者果誰信之耶蓋彼誠萬不得已何不殺之既可宥之非眞不得已也

凡有所賣者必有所自利既自鬻以爲他人奴則非眞出于賣買明矣何則一爲人奴則身命財產皆爲人有則爲主人者一無所施爲奴者一無所得天下有如是之賣買者乎夫各人所有之自由權即衆人所有自由權之一部各人固不得而棄之也夫人不得自鬻其身以棄其自由權乃其所生之子豫爲設法以棄其自由權有是理耶戰勝者不得以所敗之敵人爲奴乃并擧敵人所生之子以爲吾奴其背于理亦明

矣云云。

當時歐人蓄奴自利之風正盛。學者或文致其理以媚權貴。所以廻護奴制。持之有故。言之成理者甚夥。然以遇孟氏之說。則如湯沃雪。如日照螢矣。故眞理一昌。不過百年。而奴隸之制。遂絕跡於天壤。斯豈非仁人君子心力之爲乎。

孟氏又倡議改革刑法。實爲近世文明各國之所宗。先是蒙旮士當十六世紀嘗論刑罰過嚴。謂爲悖理。然聞者習焉不察。若李翕留所定刑典。則慘酷殘忍。殆無人理。又路易第十四之勅令。更增揭死刑無算。拷訊之制。視爲戲樂。犯者一罪。而受者兩刑。一時恬然莫以爲怪者。孟氏乃首唱廢拷訊設陪審寬刑律諸大義。昭昭乎若揭日月而行。哲理一明。惡風丕變矣。

孟氏以爲凡民政之國。其人皆有愛國之念。與自重之心。苟非至兇極暴之人。斷不至於犯法。故每以惡名之暴露。爲譴罰之極點。在此等國。僅恃民法之力。已足空邪慝而遏惡心。彼暴力固在所不需也。故文明國之制刑。不在懲惡。而在勸善。所以防未然易風俗而已。辟以止辟。刑期無刑。此立理官之原意也。

又謂凡法制之所以亂罪犯之所以滋者非由刑罰之寬有以致之也惟有罪者得道其罰故雖嚴而不懲苟廷尉良得其平則畫象而不犯又謂刑罰過嚴之弊足以敗壞人心使喪其廉恥而自甘卑汚蓋國之所以亂其故有二一由民之不守法律一由法律不善敺民日趨于惡夫民不守法猶可教也猶可坊也若法不善而敺民於惡則國非其國矣何也病之病可以藥治之由藥生病則愈病愈藥愈藥愈病不至于死亡而不止也

自孟氏此論出世後白加掠復祖述其意著刑法論發揮而光大之流澤生民日進月善孟氏亦人道之明星哉

孟氏于富國之學亦能別創意見彼謂自由之權與平等之義相應而財產之厚薄相去過遠則平等之義終不可保何則貧者與富者相並其勢不能無所屈故孟氏欲新制法律務使一國之貨財散布于衆人而不使聚于數人又欲禁造無益之貨物使不害有益此孟氏之論平準所由以節約爲主而又欲舉古昔民主國租賦之法數條使復行于今日也

孟氏之論租賦謂民之所以出租稅者無他蓋分其賦產之一分而使其餘之財產得藉此安固而已故定租賦之額者須將政府每年所需幾何與百姓每人所需幾何詳爲核算若剝國人有用之財以充國人無用之費非自由之道也

又定租稅之基本須通國人之財產分之爲三一曰國人所不可一日無者二曰國人有之得藉此以圖利者三曰即國人有之亦不必有益于國人者故第一分則爲政府者決不得而稅之第二分則不妨稅之第三分則稅之不妨稍重蓋使租稅之額有輕重以求合于平等要之從百姓財產之厚薄以爲其負擔之輕重差以上下其租稅也

孟氏又論政府賙濟貧人之法其語亦有獨到者彼云所謂眞富者有業之民而已所謂眞貧者無業之民而已其意蓋謂人雖絕無所有未足爲貧唯無業者乃爲貧耳又謂撫恤鰥寡孤獨廢疾者若但給以衣食雖曰仁慈非政策也政府當務之急在使一國之人各得其所衣必煖食必飽而無饑寒疾病之患此正爲政府者之所當有事也若夫姑息之計不過好施者之所爲知政者所不取也故凡無所業者則與之其末知所業者則教之如是而已

孟氏一切議論。深切著明。大率類是。雖後之論者。謂其於意欲自由之理。見之未瑩。故其論道德法律也。能知其主義。不能知主義中之主義。能語其本原。不能語本原之本原。故可謂之法律史學。而未可謂之法律理學云。雖然。作始者難爲功。繼事者易爲力。自孟氏以後。法理學大家。陸續輩出。如奧斯陳、伯倫知理之徒。或其博推明辨。駕孟氏而上之。雖然。皆孟氏之子孫也。承其先業。而匡救其失。此正後學者之所當有事。而曾何足以爲前輩黜耶。若孟德斯鳩者。眞造時勢之英雄哉。

孟氏以千七百五十五年卒。得年六十六歲。卒後二十年而美利堅合衆國獨立。三十四年而法國大革命起。四十九年而拿破侖大法典成。一百十年而美國南北戰亂平。頒禁奴令於國中。著爲憲法。

（完）

時局

# 論民族競爭之大勢（完結）

中國之新民

今日之競爭不在腕力而在腦力不在沙場而在市場彼列國之所以相對者姑勿論。至其所施於中國者則以殖民政略爲本營以鐵路政略爲游擊隊以傳教政略爲偵探隊而一以工商政略爲中堅也列國之行殖民政略於中國也自割香港開五口以至膠州旅順大連威海以來四十年間之歷史多有能道之者玆不具論惟論其性質。夫殖民云者其所殖之民能有人而非有於人也何謂有人凡殖民之所至則地其地人其人富其富利其利權其權如歐美人之在中國是也何謂有於人充其地之牛馬而爲之開耕備其人之奴隸而爲之傭役如中國人之在外洋是也嗟夫有競爭力與否豈必在人數之多寡哉試以外國人在中國者與中國人在外國者列爲兩表以比較之而觀其結果有使人瞿然失驚者。

外國在中國商店及人數表據千八百九十八年一月統計　香港不在內

| | 商店數 | 人數 |
|---|---|---|
| 英國 | 三七四 | 四、九二九 |
| 德國 | 一〇四 | 九五〇 |
| 葡萄牙 | …… | 九七五 |
| 日本 | 四四 | 一、一〇六 |
| 美國 | 三一 | 一、五六四 |
| 法國 | 二九 | 六九八 |
| 瑞典挪威 | …… | 四三九 |
| 西班牙 | …… | 三六二 |
| 俄國 | 一二 | 一一六 |
| 合計 | 五九五 | 一一、六六〇 |

中國在外國人數表（未得統計報告不能確指姑就所知舉大略耳 英屬香港及俄屬東三省之地不在內）

| | |
|---|---|
| 暹羅 | 約八十萬人 |

| | |
|---|---|
| 安南 | 約二十萬人 |
| 南洋羣島英屬荷屬合計 | 約六十萬人 |
| 菲律賓羣島 | 約二十萬人 |
| 澳大利亞洲 | 約四萬人 |
| 日本 | 約七千人 |
| 英屬加拿大 | 約四萬人 |
| 美國 | 約三十餘萬人 |
| 墨西哥 | 約一萬人 |
| 中亞美利加巴拿馬一帶 | 約一萬人 |
| 南亞美利加祕魯智利巴西等國 | 約十萬人 |
| 印度 | 約一萬五千人 |
| 南阿非利加 | 約三千人 |
| 太平洋羣島檀香山及其他 | 約四萬人 |

西印度羣島（古巴夏灣拿一帶）　約十五萬人

合　計　約二百五十餘萬人

試合兩表觀之。外人之來者。不及我旅民二百五十分之一。不及我本國人數五萬分之一。且分爲十數國。其最多者惟英。不過數千人耳。又散處於廿餘租界之中。計每一口岸。多不逾千。少不及百。而制度釐然。隱若敵國。爲我民所至動以億計。而不免於爲人臧獲。若是者豈能盡歸咎於政府之無狀哉。蓋吾民族之弱點。亦有當自省焉者矣。何也。彼各國之以殖民著成績者。皆其民自以私人之資格。開闢斯土。然後政府以政畧從其後也。（英人割香港及五口通商。仍是東印度公司爲主動力。）今則民族之爭。愈接愈厲。吾國二萬里之地。開門以待他族之闌來。而環球四大洲之中。無地可容吾人之投足。吾昔游美澳時所著汗漫錄。有一條云。

華人之旅居於他國及其屬地者。白人待之有二法。其一則聽其簇來而不之禁。但其既至也。則爲設特別不平等之法律以苛治之。如香港、南洋羣島、墨西哥、南亞美利加、諸地是也。其二則於其既至也。與本地人同受治於一法律之下。權利義務皆平等惟限之不使得至既去不使復來如美國、加拿大、澳洲、諸地是也大抵其地白人少未經開墾需人爲牛馬者則用第一法其地白人多開墾就緒勞力之競爭烈者則用第二法要之中國人之不能齒於他人一也今者 White Australia（譯言白澳洲也巴頓氏演說。昌言白澳洲主義。謂必使澳洲爲白人所專有之洲也。）之言又倡矣十年以後天地雖大竟無黃帝子孫側身之所。嗚呼我國民其思之也邪其不思也邪。（右一九○一年一月四日。在雪梨市會。聽澳洲聯邦首相巴頓氏演說。歸而記其所感。）

觀於此則殖民與非殖民之辨可以立見而優勝劣敗之趨勢及中國民族之前途從可想矣彼歐人之殖民於我中國也視之與其既得主權之殖民地（如印度新加坡香港菲律賓等）相等其所以待我者則吾所謂第一法是也彼其利吾人之耕而彼食之也故不必豬其地不必俘其人惟施以特別不平等之法律以制其死命斯亦足矣夫歐人固未嘗全得中國之主權以歸其手也而吾謂其能施特別不平等之法律于吾民者何也彼不必用其權以壓我民使低一級而能用其權以擡彼族使升一級不見夫內地商賈欲得優等之權利者則懸他國旗牌以作護符乎不見夫內地鄉民欲得優等之權利者則夤緣入教以逞武斷乎在外者則以下於人爲不平等在內者則以上於我爲不平

等其爲不平等一也若是乎吾國之久已爲印度新加坡香港菲律賓而不自知也彼英人固以加拿吉大孟買孟加拉廝打拉薩錫蘭數口岸而制全印矣中國雖大以二十餘租界可以生之死之而有餘而況乎此後之租界不止二十餘也此殖民政畧之可畏如此其甚也。

靈綬氏曰「近世各國所行支那政略皆鐵路政略也」可謂至言豈惟支那彼近十年來各國所以伸其帝國主義於他地者安往而不用鐵路政略哉彼小亞細亞及南美洲所以爲德國人勢力範圍者以鐵路權也波斯所以爲英國人勢力範圍者以鐵路權也暹羅所以爲法國人勢力範圍者以鐵路權也若俄日之於高麗則既爭此權矣英人之欲圖杜蘭斯哇則先覬此權矣然則今日之中國其割據此權之形勢何如請以表示之。

| 路名 | 地段 | 主權國 |
|---|---|---|
| 一滿洲鐵路甲 | 接西伯利亞線達於海參崴 | 俄國 |
| 二滿洲鐵路乙 | 自旅順達牛莊 | 俄國 |

三榆營鐵路　自山海關達牛莊　英國
四蘆漢鐵路　自北京達漢口　比利時國實俄
五津鎭鐵路　自天津達鎭江　英德兩國
六粵漢鐵路　自廣州達漢口　美國
七山東鐵路　自膠州達沂州　德國
八山西鐵路　自太原達栁林堡　俄國
九江南鐵路甲　自上海達吳淞　英國
十江南鐵路乙　自上海達杭州寗波　英國
十一緬甸鐵路　自緬甸達雲南復分三線一達香港二達漢口上海三達成都　英國
十二越南鐵路　自安南一達廣西一達雲南　法國

此外與鐵路權相輔而行者。則曰開礦權。曰內河通航權。蓋自此等條約結定以後。而外國人之放下資本於中國者殆六七百兆兩。此等鐵路。姑無論其以行兵爲目的。以通商爲目的。要之彼外人者何以肯放擲爾許之母財於此政紀紊亂伏莽棼擾之國而如不介意者彼其所恃必有在矣其資本所在之地即爲其政治能力所及之地吾若拒之彼固有辭矣曰吾若與通商將以廣利益求安寧也若能保我利益還我安寧吾何爲嘵嘵不爾則吾安得不爲爾代也若是乎鐵路政略果爲實行帝國主義之良謨也以故榆營鐵路而英俄幾開兵釁以爭之津鎮鐵路英德卒持均勢以劃之彼蔓蔓者猶曰此等事業利用他人資本而無損於我主權果爾則人之竭死力以互攙奪而絲毫不肯相讓者不亦大愚而可笑矣乎此鐵路政略之可畏如此其甚也

近數十年來中國士民以仇教爲獨一無二之大義傳教政略之奇險夫人能言之焉雖然自義和團以後此事幾成偶語棄市之禁莫有敢挂齒頰者矣吾非如鄉愚一鬨者之謗耶教吾非如盈廷瞶瞶者之與傳教爲難耶教非不可採教士非無善人而各國政府利用此教以行其帝國主義之政策則我國民不可不日相提撕者也德相俾士麥宗教思想最淺薄之人也其在本國剝奪教徒之特權風行雷厲不遺餘力至其在中國也乃與法人爭羅馬教護教之名義豈所謂司馬昭之心路人皆見者耶果也及其身後而以兩教士易膠州百里之地山東一省之權嗚呼歐美政治家之抱此等

思想懷此等術數者又豈止俾士麥一人哉四百年來歐洲戰爭以百數而藉口於宗教者十之八九四十年來中外交涉問題以百數而起衅於宗教者亦十八九試一覽地圖而比照之於歷史凡各國新得之殖民地其前此篳路藍縷以開闢之者何一非自傳教之力而來此傳教政畧之可畏如此其甚也

昔者憂國之士以瓜分危言棒喝國民聞者將信而將疑焉及經庚子之難神京殘破鑾輿播蕩而至今猶得安然於湖山歌舞之下不喪匕鬯而各國聯盟保華之議且相濔相和彼夢夢者以爲瓜分之禍可以卒免吾高枕無患矣不知有形之瓜分或致死而致生之而無形之瓜分則乃生不如死亡不如存正所以使我四萬萬國民陷於九淵而莫能救也夫今日之競爭不在腕力而在腦力不在沙場而在市場夫旣言之矣野蠻國之滅人國也如虎皮肉筋骨吞噬無餘人咸畏之文明國之滅人國也如狐媚之蠱之吸其精血以瘵以死人猶昵之今各國之政策皆狐行也非虎行也姑無論其利用政府疆吏之權以政府疆吏爲彼奴隸而吾民爲其奴隸之奴隸也即不爾而握全國平準界之權已足使我民無復遺類何以言之二十世紀之世界雖於平準界者

則爲强國啻於平準界者則爲弱國絕於平準界者則爲不國此中消息不待識微者而知之矣今試觀全地球平準界變遷之大勢如何資本家與勞力者之間劃然分爲兩階級富者日以富而貧者日以貧自機器製造之業興有限公司之制立而疇昔之習一手藝設一廛肆得以致中人之產者殆絕跡於西方矣自托辣斯特之風行。（托辣斯特者。各公司聯盟以厚競爭之力也。前年英國之製鐵業創行之。）而小製造廠小公司亦無以自立矣自今以往凡大洲物產人力之菁英將爲最小數之大資本家所吸集至此外之多數者亦非必迫之使爲餓殍也要之苟非搖尾蒲伏於大資本家之膝下而決不能以自存此實未來之暗黑世界前途之恐怖時代稍有識者所能見也夫在歐美方盛之國猶且以此問題日夜絞政治家學問家之腦髓而未知所以救況中國之民不知自爲計而政府亦莫爲之計者耶自今二十年以前中國貧富之界懸隔最不相遠十室之邑輒有擁中人產號稱小康者今則日剝月蹙風景全非矣除一二租界之外游其市鎭則商況凄涼行其遂郊則農聲顚頓號寒啼飢之聲不絕於耳鬻身蕩產之形不絕於目吾氓蚩蚩莫知其所由然或曰是由官吏之朘削也或曰是由償欵之漏巵也斯固然矣然豈知猶其小

者非其大者其大者乃在全球平準界之橫風怒潮波及於我國也夫此風此潮之來今不過萌芽焉耳而吾之蒙其害者已如是自今以往何以堪之

夫吾國人今日之資本不足與歐美諸雄相頡頏也明矣然猶恃天產之富苟能利用之則一轉移間而雄弱之數變焉雖然天產之富非可恃也非有良政法以導之護之劑之而必不能食其利也故各國政治家所以講求保護政策務以全其國民固有之利益者皇皇兢兢焉使本國人比較於外國人而常得特別優等之利益此地主之權利而人民所恃以生存者也夫是以其大權常在本國人之手而競爭得有所盾中國則不然本國人非惟不能得特別優等之利益而已而與外國人相較此等利益反爲外人所特有夫內河小輪船皆用外國旗號者何也（揚子江一帶。多用日商名義。西江一帶。多用英商美商等名義。其實資本皆出自華商也）用本國名則承辦難過關難滋事多而賠累難攤捐多而應酬難懸他國旗則百結並解也行商之多託外國名義何也有三聯票完子口半稅而雖經千百釐卡無所留難也鐵路公司官辦則一文不能集洋欵則爭趨惟恐後者何也明知其大利所在而又畏法律之不可恃不能堪官吏之魚肉附於洋人則高枕無患也自餘各事莫不皆然似此不過其一二端而已夫以吾民風氣之不開平準學理之不講雖爲政府者日日家喩戶曉勉其從事於各種之富國事業猶恐其不肯擔任或擔任而不能善其事而況乎其紮搏之而敲削之也即使無外界之侵入而生齒日繁人滿爲患猶且非興新業不足以相周相救而況乎掀天揭地之風潮承其後也夫使吾不能自開其源而亦無能攙而奪之者則姑以俟諸異日或尙有無窮之希望在將來也其奈得寸入尺獲隴望蜀者旣眈眈相逼乎前而政府之傴狐威者今日許以寸明日予以尺民間之貪蠅利者甲也導諸隴乙也導諸蜀如長隄一決萬流注入其勢狂奔泛濫而莫知所屆不見夫奕者乎要害之地爲敵占先數著則全盤俱負矣今我國民以敵人前此所下之數子猶爲閑著乎夫旣已制我之死命矣及今知之而補救固已大難失今不知而後局更何堪問也在本國有地主應享之權利者猶且如是其在外者更何有焉吾嘗游歷美洲澳洲日本諸地察華商之情況皆有一落千丈不可收拾之概比諸十年前若霄壤矣吁嗟吁嗟更後十年又當若何若是乎吾中國人之眞無以自存也由今之道無變今之政不及一紀而十八省千百州縣之地勢必全爲歐美資本家之領域則

夫此間之數萬萬人所恃以贍養殖而資事畜者惟有鬻身入笠充某製造廠之工匠某洋行之肩挑某鐵路公司之驛卒某礦務公司之礦丁某輪船公司之水手其最上者則爲通事焉爲工頭焉爲買辦焉至尊矣至榮矣蔑以加矣此非吾過激之言也二十世紀之人類苟不能爲資本家即不得不爲勞力者蓋平準界之大勢所必然也夫事勢至於若彼則我民族其無噍類矣然而政府可以如故也官吏可以如故也彼所取者實而豈惟其名所吸者血而豈惟其膚也所謂無形之瓜分者如是如是以視有形焉者之利害輕重何如哉嗚呼險哉工商政略之可畏如此其甚也

二十世紀民族競爭之慘劇千枝萬葉千流萬湍而悉結集於此一點然則吾人之應之者當如何或曰今後之天下既自政治界之爭而移於平準界之爭則我輩欲圖優勝宜急起以競於此嘻此又不知本末之言也夫平準競爭之起由民族之膨脹也而民族之所以能膨脹罔不由民族主義國家主義而來故未有政治界不能自立之民族而於平準界能稱雄者不然中國人貨殖之能力豈嘗讓他人哉而今顧若此毋亦梗其中者多所蠹而盾其後者之無所憑也故今日欲救中國無他術焉亦先建設一

民族主義之國家而已以地球上最大之民族而能建設適於天演之國家則天下第一帝國之徽號誰能簒之而特不知我民族有此能力焉否也有之則莫強無之則竟亡爲強爲亡間不容髮而悉聽我輩之自擇噫嚱吁前不見古人後不見來者念天地之悠悠獨愴然而涕下噫嚱吁吾又安知夫吾涕之何從哉

初本擬著『論商戰之可畏更甚於兵戰』一篇但其要點既已著於本論故遂已之

著者附記

吾欲望魯兮　龜山蔽之　手無斧柯　奈龜山何

## 政治

# 公民自治篇

明夷

此明夷先生之來稿也。其推重民義。以地方自治爲立國之本。可謂深通政術之大原而最切中國當今之急務也。又其引例詳而博。論理透而達。尤足以發皇耳目開拓心胸。因亟錄之。以廣其傳。但其以立公民之事。望諸政府。又以立公民爲籌款一法門。則與記者所見。不無異同。記者以爲公民者。自立者也。非立於人者也。苟立於人。必非眞公民。徵諸各國歷史。有明驗矣。至公民之負担國稅。則權利義務之關係。固當如是。非捐得此名以爲榮也。若以是爲勸民之一術。則自由權之必不能固明矣。於此諸義。未敢苟同。雖然論學理與論事勢。其道固不得不異。茲篇所言。救時之良言也。爲今日之中國說法也。讀者深知其意焉。則著者之所望也。亦記者之所望也。　本社記者識

舉中國萬里之土地。四萬萬之人民。內治外交之繁夥劇賾。而人人不分任。惟政府一

二人任之。雖聖人亦有不周者矣。士民覩國政之不善。則歎惜痛恨曰。此地方官之不善也。外而守令內而諸曹。覩國政之不善國體之削弱。則又歎惜痛恨曰。此大官之不善也。吾輩小臣不得與焉。若京卿司道。近于大官矣。則又歎惜痛恨國政之不善國體之削弱曰。公卿督撫之責任也。吾輩閒曹何與焉。其大學士尙書侍郎督撫覩國政之不善國體之削弱。則歎惜痛恨曰。此樞臣之責也。吾輩何與焉。其樞臣覩國政之不善。國體之削弱。亦痛心蹙額歎惜痛恨曰。此首輔之責也。吾輩隨班何與焉。吾自與公卿士大夫遊而習聞之。乃以四萬萬人之大國。無一人有國家之責任者。所謂國無人焉。烏得不弱危削亡哉。嗚呼。豈不異哉。雖然。此非其不忠之諉託也。本朝之法。鉗制其下。上下隔絕。官民隔絕。其權限實有然也。而所謂首輔者。則類皆以親王國戚旗人爲之。身未嘗學問。足未出門門。其才僅足以奉君上之意旨。而以尊寵彈壓百僚而已。故中國雖有四萬萬人。而實得一二人。且得一二聾聵瘖跛心疾之人。以此政體投之季世亂時。已不能立矣。夫今歐美各國。法至美密。而勢至富强者何哉。皆以民爲國故也。人人有議政之權。人人有憂國之責。故命之曰公民。人人皆視其國爲己之家。其得失肥瘠皆有關焉。夫家人雖有長幼貴賤。而有事則必聚而謀之。以同其利而共其患。今以此一二聾聵瘖跛心疾之人。而負荷萬里之廣土衆民。以與彼數千萬人分任極輕者鬭。其成敗不待計算矣。孔子之經義曰。天視自我民視。天聽自我民聽。又曰靈承于旅。又曰謀及庶人。又曰媚于庶人。孟子曰國人皆曰賢然後用。國人皆曰可殺然後殺。此不易之經也。然此猶言義理。吾姑爲言事勢可乎。夫以一人任重任易乎。抑衆人分其重任易乎。必曰衆易矣。同舟遇風。則胡越同心。一人專利則至親袖手。與衆人同憂樂易成乎。抑一人獨憂樂易成乎。必曰與衆同憂樂易成矣。爲人謀與己自謀孰周乎。則必曰爲人謀不如爲己謀之周矣。夫歐美日本各國之立公民也。使人人視國爲己。而人人公講其利害而公議之。故上之有國會之議院。下之有州縣市鄉之議會。故其愛國之心獨切。親上之心甚至。昔法之償德兵費也十五萬萬。限期三年。法人年半而償之。此非公民而能得是哉。蓋其分責一大任于數千萬人也。乃所以陶融鑄冶數千萬人而爲一體也。夫以數千萬人而共擔一任。其政安得不美密易舉哉。以數千萬人共治一體。則其力安得不堅固洪大哉。以人人自謀。安得不親切哉。故弊無不克去。而利無不能興。事無不能舉。而力無不能入。此今大地各國致富强之成效大驗。而非儒生空言引經之迂說也。故有公民者强。無公民者弱。有公民雖敗而能存。無公民者經敗而即亡。各國皆有公民而吾國無公民。則吾國孤子寡獨而弱敗。若吾國有公民。則以吾四萬萬人選公民至多。以多公民與少公民者較。吾國必較列國而尤强。故今之變法。第一當立公民矣。今中國民智未開。雖未能遽立國會。而各省府州縣鄉村之議會。則不可不立矣。且今各省府州縣。常有公局。有紳士聚而議之。又有大事則開明倫堂而公議。有司亦常委入焉。是議會中國固行之矣。吾粵尤久行之。特制未明。宣法未詳密。任數紳士之盤踞爭傾。而未嘗有國法以爲之監定。故未見其大益。而所以助有司之治而通小民之情。爲功已大矣。但在立定律。舉公民以爲之。則長官劣紳不能武斷。而公民爲公益得以自爲謀焉。故人人與之俱死。而後可與俱生。人人與之俱亡。而後可與俱存。公民哉。人人與之同憂。而君可免憂。人人與之同患。而國可免患。公民哉。人人與之同權。而君權益尊。人人與之同利。而君利益大。公民哉。夫英之維多利亞德之威廉第一。其威名尊榮。與亡國奔走或被殺逐者。亦遠矣。故明夷子曰。今中國變法。宜先立公民哉。

凡公民之制。美國則男子年二十無過犯人人得爲之德則有租三千納稅十二馬克。英則納四十喜林。奧則百金其法意瑞荷璉挪各國皆數十金不等。日本則納六元者得爲之皆取有名譽無過犯許爲公民。公民者擔荷一國之責任共其利害謀其公益。任其國稅之事以共維持其國者也。既有公民之資格。則可被選舉爲鄉縣郡國之議員鄉官可自舉鄉縣郡國之議員鄉官若無公民之資格則不得舉充鄉縣郡國之議員鄉官亦不得自舉鄉縣郡國之議員鄉官。夫凡人皆有耻心皆有好事心況合舉國大衆而驅之如風潮之怒涌也。其聲必大。有報館而鼓之。如鐘鐸之擊撞也其響必應。人之有耻心好事心進上心。必日增而大長既耻不列于公民尤樂預於選舉人尤望己之可爲議員鄉官而發論議而舒其意志也。盖舉國之人苟非貧極無聊者。無不發揚蹈厲而爭爲公民矣。

凡既爲公民有四益。一愛國之心日熱。一恤貧之舉交勉。一行已之事知耻。一國家之學開智。加以報舘之終日激揚。大衆之互相鼓勵。日進而愈上。行已知耻。則風俗日美。

而犯罪者少。恤貧交勉。則仁心日長。而貧民有託。愛國熱心。則公益日進。而國事有賴。學識開進。則才能日練。而人地升進。是以舉國之民而進化之。而後能以舉國之政事。風俗而進化之。昔者普爲法弱。幾不成國。自立公民而國驟强。此其明效也。是故今歐美日本各國。乃至專制之俄。無不立公民者。雖少分等級。而其不能不立公民則一也。故昔者之國。爭在一君一相一將之才。今者之國。爭在舉國之民之才氣心識與其學國之政之學。及其技藝器械。即以中國之大。而昔者敗于蕞爾之日本者。非吾將相之才之必遠遜于日本也。乃吾無公民之不如日本也。以無公民。則散四萬萬而爲數人。有公民則合數千萬而爲一人。此其勝敗之數也。夫萬國皆有公民。而吾國獨無公民。不獨抑民之資格。塞民之智慧。遏民之才能。絕民之愛國。導民之無耻已也。且人有寥寥之寡民。而善待而用之。其民日進。其國日强。其主日榮。吾有地球第一之衆民。乃不善待而善用之。其民日退。其國日削。其主日辱。孰得孰失。不待再計而決矣。抑且舉萬國皆有公民之資格。以貴其民。而吾乃遏民使賤。昔者一國閉關而立。鉗制之餘。民智未開。猶之可也。今萬國比較。日視各國之民如此其通貴。其國因以致富强也。吾國之民如此其辱賤而國日以削弱也。梟桀之民。將自求之。夫使民自求之。則有土崩瓦解之憂。有主弑國亂之禍。英法意與百年內亂。可爲鑒也。孰若君自與之。則有尊君親上之美。有愛國奉公之益。普之威廉。法之拿破侖之盛强。可爲法也。戊戌之秋。我聖主嘗欲開議院以同民矣。此所謂自君與之者也。然且吾民未嘗有求之。而聖主慨然行謀及庶人之典。此大地所未有而絕出于萬國者也。雖今民智未開。未能遽行。若夫州郡鄉邑之議院。則雖俄之鉗壓專制。猶行之矣。今變法第一。當令省府州縣鄉市徧舉公民。選舉議員而公議之。

今中國舉公民之制。凡住居經年。年二十以上。家世淸白。身無犯罪。能施貧民。能納十元之公民稅者。可許爲公民矣。凡爲公民者。一切得署銜曰公民。一切得與齊民異。如秦漢之爵級然矣。旣爲公民。得舉其鄉縣之議員。得充其鄉縣府省之議員。得舉爲其鄉市縣府之官。不爲公民者。不得舉其鄉之議員。不得舉充鄉縣府省之議員。不得舉充鄉市縣府之官。一切權利。不得與公民等。如此則榮辱殊絕矣。民將皆發憤爲公民。民將皆自愛而重犯法而期爲公民。民將皆務施捨而爲公民。民將皆以淸白貽子孫而爲公民。民將皆勉輸十元而爲公民。民將皆好學而期爲議員爲鄉官之公民。其未能爲公民者。皆將有進憤愧耻之心。其已爲公民者。皆將有愛國施捨自重好學之志。夫民抑之則無耻。冷之則自守。塞之則蠢愚。揚之則進上。熱之則磨厲以須。導之則開明通達。況以中國之夙昔教化。而生質敏慧者乎。一舉公民。則舉國四萬萬之民。進于愛國。進于公益。進于自重。進于好施。進于學識。踊躍磨濯。如大海之鼓潮。如巨風之振山也。其孰能禦之。

且今內外汲汲憂貧。司農之終日仰屋也。疆臣之終日持籌也。羣吏之分途搜括也。摸金都尉。搜粟中郎。無不徧及矣。間架推酤。賣賭鬻爵。無不入微矣。裁職事之官。停羣臣之俸。絕勛烈世爵之祿。無所不至矣。而無如百執胸中。只知中國之舊法。而不知東西之新法。甚且政務處只知節流之死法。不知開源之生法。宜其極力搜括聚歛而無所補也。夫以舊制之壞若彼。執政之謬若此。吾不敢以新法理財告之。以累吾民矣。惟今姑以立公民之一法告之。或不以爲愛民同民之義行之。姑以爲籌欵之法行之可乎。自道光二十九年普計民數四萬二千六百七十三萬。以東西各國例之。五十年人數當倍。自道光二十九年至今。五十餘年矣。人數當倍至八萬萬五千萬。吾中國養育之法未至。或不能倍。且咸豐時大亂。或喪其十之二三。或數未能確。然以各國公理推之必五六萬萬矣。但未嘗核算。人引舊文而忘之耳。即以少數五萬推之。男子當二萬五千萬。吾粵人也。且以粵論順德、新會、番禺、南海、香山、東莞之大鄉。如九江、沙頭、兩龍、容奇、桂洲、外海、沙灣、潮連等鄉。男子數皆十數萬。過于東西一大郡矣。英德法之盛。以二三萬人以上爲大都會。比于吾粵之大鄉。曾不足齒數。故吾粵人數數千萬。可比英法德輿意日本者也。而戶口亦多給足。人民有氣好進上。虛銜翎頂之無用。而爭輸重金以捐之也。以炫榮于鄉衆。若有公民之實權利。若稅僅十金。其將恥于不齒而爭爲之也。壯男必十逾大半矣。故即以廣州一府論。人口千餘萬。男子不止六七百萬。老壯男子三四百餘萬。公民必可得百萬人。納公民稅十元。是即一府歲入千萬矣。其餘九府四直州。當近得百數十萬公民。亦可得千數百萬。其他江浙四川之富庶。亦略與粵近。當得千餘萬。如此已得五六千萬。此外十八行省。應合得四五千萬。故但以公民一事論之。已可歲籌萬萬。因人心之樂輸。而未嘗有分毫強之。既可同民。又可集大款。然則爲

十　五七六

今日計。一舉而數善備者。雖孔孟管葛拿破侖畢士麻克復生。亦何能捨公民何能捨公民。

（未完）

## 教育

# 中國新教育案

罄心

### 第一章 新教育之精神

#### 第一節 愛國心

今世之善言教育者必曰國民教育國民教育何所以養成具體之國民使戰勝於物競界也苟不爾爾則何必以此爲公衆事業而赴之厲之如此其亟亟也凡國之所以立不惟其土地之尨大不惟其物產之豐饒不惟其人民之衆多而惟其人民愛國心之眞實此心也不消磨于富貴不耗折于貧賤遇强暴則抵抗愈力經挫折而鍛鍊益堅國之强弱恒視此心之强弱爲比例差徵之古其例夥矣而在于今者如蕞爾之杜蘭斯哇能與赫赫朝日之英相持眇小之非律賓能與泱泱大風之美爲敵姑無論其人之捐生命洒鮮血以延將危之國脈其勢殆莫能亡也藉令竟亡矣吾知自由不死人道不滅雖虎狠之英美終不能不任其有獨立之一日何也彼英美能自强大能自

以其强大而凌弱小豈有他哉亦各本于其愛國心耳以愛相較以心相持則强大豈必在英美而弱小豈必在非杜乎杜也非也英也美也均是國也其民既均此心矣心旣均此愛矣則欲杜與非之不國是不啻欲英美之不國也欲杜非之屈于英美是不啻欲英之屈于美美之屈于英也有愛國心相等之國民則兩相對待之勢不以國形之强弱大小而判其幾有如此者

愛國心何自發乎曰發於自然之天性而非出于人爲也夫少年遊釣之山水魚鳥猶親祖宗墳墓之邱墟夢魂常繞西人之得新地輒命以母國之地名孔子之去宗邦不聞如去齊之接淅是愛之鍾于故鄉也外戚友而內其家疎鄉隣而親其族推之歐美人之自相結黃白種之互相排是愛之根于同種也宗教一而心思智慮齊職業同而勞逸甘苦共客異域者聞鄉音則神相契臨戰地者當敵陣則氣愈團是愛之熱于本羣也夫若故鄉若同種若本羣非即所以爲國之要素乎使其不愛此數者也則直謂之爲無愛國心之原素也可亦旣知愛其鄉與種與羣矣乃獨不能愛其國則何故哉」

吾深悲夫吾國民之乏愛國心也嘗覃思熟慮以尋其故雖原因甚繁然即就前者三

要素推之。亦可見其概焉。故鄉之愛之不能推及于國也。則以國內之交通機關。向不完備。疆土廣大。而風習不齊。人各局于出生之一隅。其愛力自無涵蓋四海之量。東南諸省聲氣較西北爲靈通者。非偶然也。得水利之便也。夫不能化畛域于國中。則出國門而飄零愈易。不能共苦樂于平日。則處危難而團結愈難。此自然之勢也。愛國心缺乏之因一也。同種之愛之不能推及于國也。則以秦以前之國權。惟本來之貴族得而操之。故聖人立教。因時制宜。安內則以尊王爲歸。對外則以攘夷爲的。蓋所謂王者。即同種之中樞。而所謂夷者。乃異種之代名也。本此精神。張此旗鼓。而黃帝子孫之勢力。遂滔滔汩汩。自西而東。自北而南。汗漫于茫茫九州之內。乃漢晉以還。而神聖之靈都。秀淑之華冑。屢蹂躪于胡塵馬足之下。向之不得不攘之者。今且不得不尊之矣。即此二義橫陳于頭腦之中。而解辯之途塞。壘戰于廟堂之上。而調停之計窮。於此而欲破鷸蚌之爭。免漁翁之利。蓋其難哉。愛國心缺乏之因又一也。本羣之愛之不能推及于國也。則自法律嚴聚會之禁。而民氣日漓。事業鮮共同之益。而團體不立。試舉政界學界以及兵農工商諸組織。而剖析之。考察之。則何人非抱自私之目的。何事非屬自利之行爲乎夫無羣猶可言也聚私人而成私羣豈復能相容乎是愛國心缺乏之因又一也此數分因之外更有一總因在焉國也者對立而成者也春秋戰國之時會盟征伐國交蓋繁劇矣彼時之君相士民亦孰不思自固吾圉哉及一統之勢成而人久安于惟我獨尊之天下以故在上者惟思辟土地於八荒之外而不講對立之方在下者惟知營身家溫飽之私而不計公共之利國之位置恒進級與天下齊而與身家之關係蓋遙遙欲絕矣此所以國民腦中常騖于世界之空想非惟不審國之所以立直將國之何以爲國者而亦忘之也此今日之形勢所由成也

由此觀之此最高尙最優美之愛國心非必他國人所受於天賦者獨優而我國獨劣也而其現象今若此者過不在天行而在人事焉人事之過惟人事可以藥之藥之維何曰教育是已教育者所以發揮人類固有之特性擴充而光大之者也其特性之隱伏而未顯者則爲之導其甲坼而萌芽之其特性之斲喪而幾微者則爲之排其阻力而回復之教育之能事畢焉矣吾嘗讀西史而知歐美各國民眞實完滿之愛國心其渤興磅礴亦不過近百餘年事耳今試擧一二以爲例其在德國當十八世紀以前羣

族散漫。分土分民。所謂「日耳曼祖國」之思想。未嘗一印於國民之腦質中。及千八百六年。拿破侖入寇。普魯士戰於埃拿。幾喪普國之半。於是國民的意識。乃驟興。名士威里謙等昌之。謂失去之國力。不可不以民力而補之。而安特士達因諸賢。益以養成德意志國民。爲教育之宗旨。國民學校。徧於國中。而耶安氏首倡國語歷史（謂本國語文及本國歷史）之教。謂用他國語以教授。害國民之性情。於是德國國粹之主義大行。此德意志人愛國心之由來也。其在法國。自盧梭首倡人權平等之大義。拿破侖實行世界公民之理想。其所根據者。似與所謂民族主義國家主義不能相容。雖然其結果之現象。乃大反是。自經革命建帝國之後。法人漸自覺其國力之偉大。而汲汲思所以維持之。於是宗教教育廢而國家教育興。無論屬何階級之人。其受教育皆同等。而一以法國地誌法國歷史爲宗。此法蘭西人愛國心之所由來也。其在美國。自十七世紀以來。歐人之移住者日新月盛。其中最有勢力者。爲英吉利人及荷蘭人。然英人常忠於英國。荷人常忠於荷國。各務發揚其固有之國風。不相統一。意見衝突者。殆亘百年。及一千七百七十六年。獨立之戰起。凡居於美土者。國國種種之人民。皆以同一之目的。互相提携。於是水乳交融而一種新國民號爲美利堅人者殆出現於世界爾後政治家欲維持此精神使永不散墜故定教育爲公共事業凡一國之兒童皆有受教育於國家之權利凡一國之父兄皆有爲國家教育兒童之義務此美利堅人愛國心之所由來也自餘各邦雖沿革不同而大致相類由此觀之愛國心之賦於天性者雖盡人皆同而其或隱或現或强或微亦豈不以人事耶故謂吾中國人無愛國心之種子則亦已耳苟其有之則於教育之事不可不深留意也

今欲發達吾人之愛國心其法有二

一曰嚴外國與吾國之別此疆爾界重門所以禦暴也主令賓從太阿無使倒持也夫耶教雖以愛人如己視敵如友爲主義而行于歐美諸强之國際其性質與勢力亦僅足于政事兵備商工業以外養流通之和氣泯急劇之殺機耳彼政事兵備工商業競爭之激烈何嘗有宗教之意味能調和于其間乎况今爲民族帝國主義磅礴汪洋之時其强弱均勢文野同度之國民交通往來猶得受同等之待遇非然者直視爲犬馬以役之逐之耳此他色人種之所以爲白皙者所蔑視昭然不容諱也夫我往彼國旣

如羊之入虎羣彼來我國其必如虎之入羊羣明矣不知爲虎而横遭其搏噬者其際遇爲可哀明知爲虎而故仰其聲威者其情形則可殺天下事惟能自作之自受之自成之自敗之于人何與于人何尤所謂愛國云者愛我之國非以人之國爲可愛而我亦愛之也愛國云者我自愛之非以我之國爲可愛而亦望人之愛之也是故師人之長可也忘己之本不可也用外人可也用于外人不可也友外國可也奴于外國不可也吾願有志教育者導國民以國際之精神也

一曰明政府與國家之别蓋國家者公權之所生其組織爲全體政府者公權之所集其位置僅居全體之一部耳故必所集之權一出于公然後對外而有代表之資格在内而成統治之機關不然則所謂政府者政府之政府耳于國家無與也不甯惟是即使政府而眞爲國家之政府矣而政府之力有限國家之力無窮政府者恃國家之擁護而不可須臾離者也帑藏告虛也必待國富以資挹注軍備不足也必恃國力以圖擴張夫是以國家富强而政府即不憂貧弱其一母一子一主一從之性質相異如此其章章也惘夫吾國人之誤認政府之即國家也若彼赤子終身仰乳哺于父母若濟

巨川始終委利害于舟人其對內也責任放棄而不盡曰此朝廷之職也吾何聞焉其對外也權利被侵而不恚曰此朝廷之意也吾何拒焉彼其意豈不以歷代易姓受命必改正朔易服色今則正朔猶是也服色猶是也鐘簴未改而歌舞方長庸詎知古之滅者滅政府國家不過政府之附屬故政府亡而國家固可以存今之滅者滅國家政府不過國家之贅旒政府未亡而國家已不保也彼印度之亡二百年矣而今日土酋政府之多蓋不可勝計彼印人之所以致此者毋亦以誤認政府爲國家故雖久亡而今不悟也吾願有志教育者語國民以國家之範圍也

吾請爲吾國中施敎育受敎育之人正告曰公等所有之國何國也世界上文明發軔第一之祖國也有四千年歷史光靈赫赫貫天麗日第一之名國也控五洲中最大之洲而爲其主人翁跨寒溫熱三帶扼形勝備物產第一之雄國也有四萬萬同胞聯袵成長城揮汗成洋海而又智慧能力度絕尋常第一之神聖國也於戲美哉有國如此在旁觀者方贊嘆公等之位置豔羡公等之憑藉歆之妒之思所以竊附之而簒取之而公等顧漠然無所用其情何也公等乎公等乎公等欲使公等之國爲世界何等國

斯爲何等國矣公等欲使公等之身爲國中何如人斯爲何如人矣其毋以國爲人國而視爲我身所有之國其毋以身爲己身而視爲我國所有之身以是施敎育則間接以漲進國家之全體而其利溥以長以是受敎育則直接以改良國家之阿屯而其利厚以實而不然者則英人在香港何嘗無敎育俄人在海參崴何嘗無敎育日人在臺灣何嘗無敎育彼其受敎育者固皆中國人也獨不知其於中國之盛衰存亡有絲毫之影響焉否也

學術

# 論中國學術思想變遷之大勢

中國之新民

## 第三章　全盛時代

### 第二節　論諸家之派別（續第四號）

欲知先秦學派之眞相則南北兩分潮最當注意者也凡人羣第一期之進化必依河流而起此萬國之所同也我中國有黃河揚子江兩大流其位置性質各殊故各自有其本來之文明爲獨立發達之觀雖屢相調和混合而其差別相自有不可掩者凡百皆然而學術思想其一端也北地苦寒磽瘠謀生不易其民族銷磨精神日力以奔走衣食維持社會猶恐不給無餘裕以馳騖於玄妙之哲理故其學術思想常務實際切人事貴力行重經驗而修身齊家治國利羣之道術最發達焉惟然故重家族以族長制度爲政治之本（封建與宗法皆族長政治之圓滿者也）敬老年尊先祖隨而崇古之念重保守之情深排外之力强則古昔稱先王內其國外夷狄重禮文繫親愛守法律畏天命此北學之精神

也南地則反是其氣候和其土地饒其謀生易其民族不必惟一身一家之飽煖是憂故常達觀於世界以外初而輕世既而玩世既而厭世不屑屑於實際故不重禮法不拘拘於經驗故不崇先王又其發達較遲中原之人常鄙夷之謂爲蠻野故其對於北方學派有吐棄之意有破壞之心探玄理出世界齊物我平階級輕私愛厭繁文明自然順本性此南學之精神也今請兩兩對照比較以明其大體之差別列表如下。

| | |
|---|---|
| 北派崇實際 | 南派崇虛想 |
| 北派主力行（主動） | 南派主無爲（主靜） |
| 北派貴人事 | 南派貴出世 |
| 北派明政法 | 南派明哲理 |
| 北派重階級（中庸曰。親親之殺。尊賢之等。禮所生也。） | 南派重平等（如莊子齊物許行並耕之論。） |
| 北派重經驗 | 南派重創造 |
| 北派喜保守（孔子曰。非先王法服不敢服。非先生法行不敢行） | 南派喜破壞（老子曰。絕聖棄智。民利百倍。絕仁棄義。民復孝慈。） |
| 北派主勉强（勉强者。節性也。書曰。節性惟日其邁。董子曰。勉强學問。勉强行道。孔子曰。克己復禮爲仁。） | 南派明自然（自然者。順性也。莊子山木之喻。渾沌竅之喻。皆其義也。） |

二

北派　畏天孔子曰畏天命　　南派　任天老子曰天地不仁以萬物爲芻狗

北派言排外　　南派言無我

北派貴自强　　南派貴謙弱

古書中言南北分潮之大勢者亦有一二焉中庸云寛柔以教不報無道南方之强也衽金革死而不厭北方之强也孟子云陳良楚產也悅周公仲尼之道北學於中國北方之學者未能或之先也是言南北之異點彰明較著者也要之此全盛時代之第一期實以南北兩派中分天下北派之魁厥惟孔子南派之魁厥惟老子孔學之見排於南猶老學之見排於北也試觀孔子在魯衞齊之間所至皆見尊崇乃至宋而畏矣至陳蔡而阨矣宋陳蔡皆鄰於南也及至楚則接輿歌之丈人揶揄之長沮桀溺目笑之無所往而不阻焉皆由學派之性質不同故也北方多憂世勤勞之士孔席不煖墨突不黔栖栖者終其身焉南方則多棄世高蹈之徒接輿丈人沮溺皆汲老莊之流者也蓋民族之異性使然也

孔老分雄南北而起於其間者有墨子焉墨亦北派也顧北而稍近於南墨子生於宋

宋南北要衝也故其學於南北各有所採而自成一家言其務實際貴力行也實原本於北派之眞精神而其刻苦也過之但其多言天鬼頗及他界肇創論法漸闡哲理力主兼愛首倡平等蓋亦被南學之影響焉故全盛時代之第二期以孔老墨三分天下

孔老墨之盛非徒在第二期而已直至此時代之終其餘波及於漢初猶有鼎足爭雄之姿（詳見第三章）今爲三大宗表示其學派勢力之所及如下。

**孔學**

- **小康一派** 春秋据亂世升平世之義。以法治國以禮率民。故法家言亦頗出於此。其的傳者爲荀卿。而李克李悝等之治術。亦多本此。李斯受其道以相秦。秦制多本焉。漢初賈誼鼂錯。皆汲其流。此派之傳最永。
- **大同一派** 春秋太平世之義。傳諸子游。而孟子大昌明之。荀子非十二子篇。攻子思孟子云。以爲仲尼子游。爲玆厚於後世。可見子思孟子之學。實由子游以受於孔子也。此派爲荀派所奪。至秦而絕。
- **天人相與一派** 此派亦春秋之學。而其原出於易與洪範。蓋九流所謂陰陽家者。此派之流裔也。以緯書爲論宗。齊派（即北東派）多由此出。至漢代而極盛。董子及其餘今文家言。皆其子孫也。
- **心性一派** 世子（碩）漆雕子等傳之。孟子荀子告子。皆各明一義。閱千餘年後。衍爲宋明學。
- **考證一派** 孔子祖述憲章。徵夏禮殷禮於杞宋。讀易韋編三絕。蓋於考證古書。三致意焉。北派之重經驗崇前古。勢則然也。此派亦荀卿受之。漢興六經皆荀卿所傳。衍爲東漢初唐注疏之學。其末流盛於本朝乾嘉間。

## 三宗

- 記纂一派 孔子因魯史作春秋。左丘明採國語以爲之傳。蓋北學重先例。故史學之興。亦相因而至者也。太史公以紹述孔學自命。其作史記。即受孔子此派之敎也。
- 哲理一派 此道德家言之正宗也。莊列傳之。大盛於魏晉間。
- 厭世一派 凡游心空理者。必厭離世界。楚狂沮溺之徒。皆汲老學之流也。後世逸民傳中人。皆屬此派。

### 老學

- 權謀一派 老學最毒天下者。權謀之言也。將以愚民。非以明民。將欲取之。必先與之。此爲老學入世之本。故縱橫家言。實出於是。而法家末流。亦利用此術。韓非子有解老等篇。史公以老韓合傳。最得眞相。此派極盛于戰國之末矣。
- 縱樂一派 楊朱傳之。數千年來。日盛一日。
- 神祕一派 谷神玄牝。流沙化胡。蓋必有所授焉。後衍爲神仙方術家言。盛於秦漢。復爲符籙丹鼎之學。盛於漢末三國六朝。

### 墨學

- 兼愛一派 此墨學正宗也。禽滑釐等爲鉅子。宋牼尹文。以禁攻寢兵爲務。皆此學之感化也。戰國之末。祖述之者極盛。
- 游俠一派 凡兼愛者必惡公敵。除害馬乃所以愛馬也。故墨學衍爲游俠之風。楚之攻宋。墨子之徒赴。其難而死者七十二人。皆非有所爲而爲也。殉其主義而已。自戰國以至漢初。此派極盛。朱家郭解之流。實皆墨徒也。
- 名理一派 墨子經說上下大取小取等篇。多名家言。莊子天下篇。言南方之墨者。以堅白同異之論相訾。以觭偶不仵之言相應。

此其大略也。雖然、吾非謂三宗之足以盡學派也。又非如俗儒之牽合附會。欲以當時之學派。盡歸納於此三宗也。不過示其勢力之盛。及拓殖之廣云爾。請更論餘子。

南北兩派之中。北之開化先於南。故支派亦獨多。陰陽家言。胚胎時代。祝官之遺也。法家言。遠祖周禮。而以管子爲繼別之大宗。申商爲繼禰之小宗。及其末流。面目大殊焉。名家言。最後起。而常爲諸學之媒介者也。孔老墨而外。惟此三家蔚爲大國。巍然有獨立之姿。而三家皆起於北方。此爲全盛時代第三期。

齊海國也。上古時代。我中華民族之有海思想者。厥惟齊。故於其間產出兩種觀念焉。一曰國家觀。二曰世界觀。國家觀衍爲法家。世界觀衍爲陰陽家。自管仲藉官山府海之利。定霸中原。銳意整頓內治。使成一『法治國』Rechtsstat 之形。管子一書。實國家思想最深切著明者也。但其書必非管子所自作。殆戰國時其後輩所纂述。要之此書則代表齊國風者也。降及威宣之世。而騶衍之徒興。史記稱『衍深觀陰陽消息。而作終始大聖之篇十餘萬言。其語閎大不經。必先驗小物。推而大之。至於無垠。先序今以上至黃帝。學者所共術。並世盛衰。因載其禨祥度制。推而遠之。至天地未生。窈冥不可考而原也。先列中國名山大川通谷禽獸。水土所殖。物類所珍。因而推之。及海外人之所不能睹。稱引天地剖判以來。五德轉移。治各有宜。而符應若茲。以爲儒者所謂中國者。於天下乃八十一分之一耳。中國名曰赤縣神州。赤縣神州內自有九州。禹之序九州是也。不得爲州數。中國外如赤縣神州者九。乃所謂九州也。於是有裨海環之。如此者九。乃有大瀛海環其外焉。』史記孟子荀卿例傳 此其思想何等偉大。其推論何等淵微。非受海國感化者。孰能與於斯。鄒衍所謂先驗小物。推而大之。近世奈端達爾文諸賢。能開出彌天際地之大學說者。皆恃此術也。 雖其以陰陽爲論根。未免失據。然萌芽時代。豈能以今日我輩數千年後之眼識訾議之耶。騶子既沒。而稷下先生數百輩。猶演其風。及秦漢時。遂有渡海求蓬萊之事。徐福之開化日本。皆騶子之徒導之也。此爲齊派(北東派)之兩大家。齊派之能獨立於鄒魯派以外也。大國則然也。海國則然也。

秦。黃族先宅之地。而三皇所迭居也。控山谷之險。而民族强悍。故國家主義亦最易發達。及戰國之末。諸侯游士。輻輳走集。秦一一揖而入之。故其時西方之學術思想。爛然光燄萬丈。有睥睨北南東而凌駕之之勢。申不害。韓產也。商鞅。魏產也。三晋地勢與秦相近法家言勃興於此間而商鞅首實行之以致秦强逮於韓非以山東功利主義與荆楚道術主義合爲一流李斯復以儒術緣附之而李克李悝等亦兼儒法以爲治者也於是所謂秦晉派（北西派）者與秦晉派實前三派之合體而變相者也

宋鄭東西南北之中樞也其國不大而常爲列强所爭故交通最頻繁焉於是墨家名家起於此間墨家之性質前旣言之矣而墨翟亦名學一宗師也名家言起於鄭之鄧析而宋之惠施及趙之公孫龍大昌之名家言者其繁重博雜似北學其推理俶詭似南學其必起于中樞之地而不起於齊魯秦晉荆楚者地勢然也其氣象頗小無大主義可以眞自立其不起於大國而必起於小國者亦地勢然也要之此齊秦晉宋鄭之三派者觀其大體自劃然活現北學之精神而必非南學之所得而混也地理與文明之關係其密切而不可易有如此者豈不奇哉

南派之老莊尙矣而楊朱亦老學之嫡傳也（楊子居爲老子之徒見莊子）楊氏之爲我主義縱樂主義實皆起於厭世觀列子楊朱篇引其學說曰「世事苦樂古猶今也變易治亂古猶今也旣聞之矣旣更之矣百年猶厭其多而況久生之苦也乎」又曰「生則堯舜死則腐

骨生則桀紂死則腐骨腐骨一矣孰知其異」蓋其厭世之既極任自然之既極乃覺除爲我主義縱樂主義更無所可事此其與近世邊沁彌兒等之爲我派快樂派由功利主義而生者迥殊科矣。故北學之有墨南學之有楊皆走於兩極端之極點而立於正反對之地位楊之於老得其體而並神其用楊學之幾奪老席非偶然也故楊氏不可不列於大家而論之。

許行亦南學一代表也但其流傳甚微非惟學說不見於他書即其名亦除孟子外未有稱述之者雖然其所持理論頗與希臘柏拉圖之共產主義及近世歐洲之社會主義 Socialism（社會主義與無政府主義相類而亦不盡同社會主義者溺平等博愛之理論而用之過其度者也）相類蓋反對北人階級等殺之學說矯枉而過其直者也至其精神淵源於老學固自有不可掩者老氏以初民之狀態爲羣治之極則故其言曰郅治之極鄰國相望雞犬之聲相聞民各甘其食美其服安其俗樂其業至老死不相往來此正南方沃土之民之理想而北人所必無者也北方政論主干涉主義（保民牧民皆干涉也）南方政論主放任主義此兩主義者在歐洲近世互相沿革互相勝負而其長短得失至今尚未有定論者也（十八世紀以前重干涉主義十八世紀後半十九世紀前半重放任主義

近則復趨於干涉主義。英國。放任主義之代表也。德國。干涉主義之代表也。盧梭。放任主義之宗師也。伯倫知理。干涉主義之宗師也。格蘭斯頓。放任主義之實行者也。俾斯麥。干涉主義之實行者也。而許行實放任主義之極端也吾甚惜其微言之湮沒而不彰也。漢志農家者流。殆即指許行一派。若僅以李克盡地力者當之。似不足爲一家言也。(一)又按許行一派。亦兼有墨家主義。殆南而稍染北風也。但墨主干涉。而許主放任。其精神自異。

屈原文豪也。然其感情之淵微設辭之瑰偉亦我國思想界中一異彩也。屈原以悲閔之極不徒厭今而欲反之古也乃直厭俗而欲游於天試讀離騷自「跪敷衽以陳詞兮」至「哀高丘之無女」一段自「靈氛既告余以吉占兮」至「蜷局顧而不行」一段徒見其詞藻之紛綸雜遝其文句之連犿俶詭而不知實厭世主義之極點也。九歌天問等篇蓋猶胚胎時代之遺響焉。南人開化後於北人進化之跡歷歷可徵也。屈原生於貴族故其國家觀念之强盛與立身行己之端嚴頗近北派。至其學術思想純乎爲南風也。此派後入漢而盛於淮南淮南雞犬雖謂聞三閭之說法而成道可也。

以上皆各派分流之大概也。北派支流多而面目各完南派支流少而體段未具。固由北地文明之起先於南亦緣當時載籍所傳北詳南略故南人之理想殘缺散佚而不可觀者尚多多也。

十　五九六

諸派之初起。皆各樹一幟。不相雜厠。及其末流。則互相辨論。互相薰染。往往與其初祖之學說相出入。而旁採他派之所長以修補之。故戰國之末。實爲全盛時代第四期。亦名之混合時代。殆全盛中之全盛也。其時學界大勢。有四現象。一曰內分。二曰外布。三曰出入。四曰旁羅。四者皆進步之證驗也。所謂內分者。韓非子顯學篇云。『自孔子之死也。有子張之儒。有子思之儒。有顏氏之儒。有孟氏之儒。有漆雕氏之儒。有仲梁氏之儒。有孫氏之儒。（即荀卿）有樂正氏之儒。自墨子之死也。有相里氏之墨。有相夫氏之墨。有鄧陵氏之墨。故孔墨之後。儒分爲八。墨離爲三』而荀子非十二子篇亦云『子游氏之賤儒。子夏氏之賤儒。子張氏之賤儒』莊子天下篇云『相里勤（即韓非子所謂相里氏也）之弟子。五侯之徒。南方之墨者。苦獲已齒（郭注云二人姓氏也）鄧陵子之屬。俱誦墨經。而倍譎不同。相謂別墨。以堅白同異之辯相訾。以觭偶不仵之辭相應』觀此可見當時各派分裂之大概矣。自餘諸流。雖其支派不甚可考。要之必同此現象無疑也。後世曲儒。或以本派分裂爲道術衰微。不知學派之爲物。與國家不同。國家分爭而遂亡。學術分爭而益盛。其同出一師而各明一義者。正如醫學之解剖。乃能盡其體而無遺也。

所謂外布者。各派皆起於本土。內力既充。乃務拓殖民地於四方。於斯之時。地理界限。

漸破有南北混流之觀。史記儒林傳云。孔子旣沒。七十子之徒。散游諸侯。故子路居衛。澹臺子羽居楚。子夏居西河。子貢終於齊。西河、北西派所領地也。齊、北東派所領地也。楚、則南派之老營也。孟子曰。陳良楚產也。北學於中國。北方之學者。未能或之先也。是儒行於南之證也。莊子云。南方之墨者。苦獲已齒鄧陵子之屬。俱誦墨經。是墨行於南之證也。愼到趙人。田駢接子齊人。皆學黃老道德之術。見史記孟荀傳韓非韓人。有解老之篇。是老行於北之證也。故其時學術漸進。不能以地爲限。智識交換之途愈開。而南北兩文明。與接爲搆。故蒸蒸而日向上也。

所謂出入者。當時諸派之後學。常從其所好。任意去就。孟子曰。逃墨必歸於楊。逃楊必歸於儒。蓋出彼入此。恬然不以爲怪也。故禽滑釐、子夏弟子也。而爲墨家鉅子。莊周、田子方弟子也。而爲道家魁桀。韓非、李斯、荀卿之弟子也。而爲法家大成。陳相、陳良弟子也。而爲農家前驅。自餘諸輩。不見於載記者。當復何限。可見其時思想自由。達於極點。非如後世暖暖姝姝守一先生之言。而尺寸不敢越其畔也。

所謂旁羅者。當時諸派之大師。往往兼學他派之言。以光大本宗。如儒家者流之有荀卿也。兼治名家法家言者也。道家者流之有莊周也。兼治儒家言者也。法家者流之有韓非也兼治道家言者也北南東西四文明愈接愈厲至是幾將合一爐而冶之雜家之起於是時亦運會使然也蘇張縱横之辨髡衍稷下之談其論無當於宏旨其義不主於一家蓋承極盛之後聞見雜博取材贍宏秦相呂不韋至集諸侯游客作八覽六論十二紀兼儒墨合名法綜道德齊兵農實千古類書之先河亦一代思想之淵海也故全盛時代第四期列國之國勢楚齊秦三分而終并於秦思想界之大勢亦楚齊秦鼎立而匯合於秦今請更列一時期變遷表如下

- 第一期 兩派
  - 北派
  - 南派
- 第二期 三宗
  - 孔學
  - 老學
  - 墨學
- 第三期 六家
  - 儒家、墨家、名家、法家、陰陽家……北派
  - 道家……南派

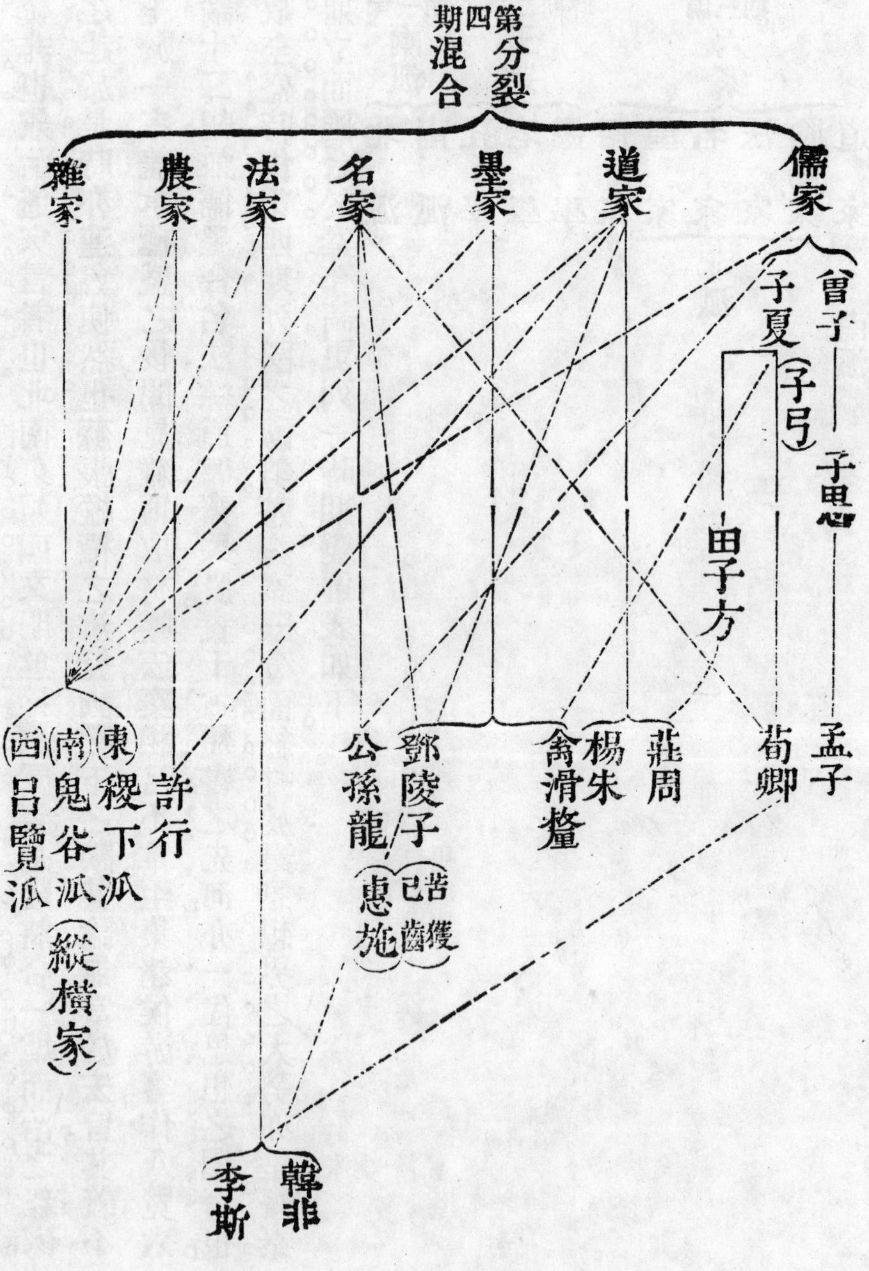
第四期
分裂
混合
儒家
道家
墨家
名家
法家
農家
雜家
曾子
子夏
子弓
子思
田子方
孟子
荀卿
莊周
楊朱
禽滑釐
鄧陵子
苦獲
己齒
公孫龍
惠施
許行
東 稷下派
南 鬼谷派
縱橫家
西 呂覽派
韓非
李斯

當時所極盛者。不徒哲理政法諸學而已。而專門實際之學。亦多起乎其間。其一曰醫學。黃帝內經素問。考古者定爲戰國時書。蓋非誣也。最名家者爲扁鵲。其術能見五藏癥結。蓋全體之學精也。能割皮解肌。訣脈結筋。搦髓腦。揲荒爪幕。湔浣腸胃。則解剖之學明也。其二曰天算。周髀算經。九章算術。亦衍於戰國。管子有地員篇。是知地圓之理也。緯書言地有四游。是知地動之理也。（漢張衡有地動儀）其名家之人。不能指之。其三曰兵法學。孫武子一書。兵學之精神備焉。雖拿破侖之用兵。不能出其範圍也。而吳子司馬法。亦有淵源。其四曰平準學。（日本所謂經濟學）計然之策七。范蠡用其五。於越國而霸諸侯。既施諸國。乃用諸家。三致千金焉。白圭樂觀時變。嘗自言吾之治生也。猶伊尹呂尙之謀。孫吳用兵。商鞅行法。是故其智不足以權變。勇不足以決斷。仁不能以取予。强不能有所守。雖欲學吾術。終不告之矣。（俱見史記貨殖傳）是皆深通平準學。技而進乎道者也。

此外則尙有史學。亦頗發達。史學蓋原於胎胚時代。至此乃漸成一家言者。太史公屢稱左邱失明。厥有國語。而春秋左氏傳一書。爛然爲古代思想之光影焉。漢志有鐸氏春秋。楚人鐸椒之著也。有虞氏春秋。趙人虞卿之著也。（其書今佚。其或爲記事之史。如左氏傳。或爲解經之書。如公羊穀梁傳。或為纂述之書。如呂氏春秋。皆不可考。

此亦史學思想萌芽之徵也。而其時光燄萬丈者。尤在文學。文學亦學術思想所憑藉以表見者也。屈宋之專門名家者勿論。而老墨孟荀莊列商韓亦皆千古之文豪也。文學之盛衰與思想之強弱。常成比例。當時文家之盛。非偶然也。

以上所列各派之流別。略具矣。但有附庸諸家。不能徧論者。今請列其總目如下。或雖非大家而有著書者亦列之。或雖無著書而為他書稱述者亦列之。

孔子　老子　墨子　管子戰國時人纂集　晏子戰國時人纂集漢志列於儒家　孟子　荀卿　關尹子

列子或云依託　莊子　慎子　文子採集本或云依託　鶡冠子楚人居深山以鶡為冠其書今採集本或云依託　商君

韓非子　公孫龍子　尉繚子劉向別錄云繚為商君學　尸子名佼晉人商君師之其書今採集本　申子採集本　鬼谷子或云依託　鄧析子採集本　尹文子　惠子採集本　楚辭　孫武子

以上其書今存列於四庫總目者其四庫不載而近世採集成本通行者數種亦附焉

子思二十三篇　曾子十八篇　漆雕子十三篇　宓子十六篇名不齊孔子弟子　景子三篇漢志原注云說宓子語似其弟子　世子二十一篇名碩　魏文侯六篇　李克七篇子夏弟子　公孫尼子二十八篇　芊子十八篇名嬰　甯越一篇　公孫固一篇　董子一篇原注云名無心難墨子

徐子一篇原注云宋外黃人 魯仲連子十四篇 平原君七篇 虞氏春秋十五篇虞卿 以上儒家者流 蜎子十三篇原注云名淵楚人老子弟子 老成子十八篇 長盧子九篇楚人 王狄子一篇 公子牟四篇原注魏之公子也先莊子莊子稱之 田子二十五篇名駢 老萊子十四篇楚人 黔婁子四篇原注云齊隱士 以上道家者流 鄒子四十九篇又鄒子終始五十六篇原注名衍齊人爲燕昭王師 公孫發二十二篇原注六國時 乘丘子五篇原注六國時 杜文公五篇原注六國時劉向別錄云韓人也 黃帝泰素二十篇原注六國時韓諸公子所作 南公三十一篇原注六國時 鄒奭子十二篇原注齊人 公孫檮終始十四篇原注傳鄒奭始終書 閭丘子十三篇原注名快魏人在南公前 馮促十三篇原注鄭人 將鉅子五篇原注六國時在南公前南公稱之 以上陰陽家者流 李子三十二篇原注名悝相魏文侯 處子九篇 以上法家者流 毛公九篇原注趙人與公孫龍等並游平原君家 以上名家者流 田俅子一篇原注先韓子 我子一篇 隨巢子六篇 胡非子三篇原注並云墨翟弟子 以上墨家者流 蘇子三十一篇 張子十篇 龐煖二篇原注爲燕將 以上縱橫家者流 伍子胥八篇 子晚子三十五篇原注云齊人好議兵 以上雜家者流 神農二十篇原注云六國時諸子疾時怠於農業道耕農事託之神農 野老十七篇原注云六國時 以上農家者流 齊孫子八十九篇原注圖四卷顏注孫臏也 公孫鞅二十七篇

吳起四十八篇、范蠡二篇　大夫種二篇　李子十篇　龐煖三篇　兒良一篇六國時　王孫十六篇原注圖五卷　魏公子二十一篇原注圖十卷名無忌　以上兵書略　扁鵲內經九卷外經十二卷　白氏內經三十八卷外經三十六卷　以上方伎略

以上其書今佚見於漢書藝文志者

它囂見荀子非十二子篇　魏牟同上漢志道家之公子牟疑即是人　陳仲同上又見孟子　史鰌同上論語作史魚　宋鈃同上又見莊子天下篇孟子作宋牼　彭蒙見莊子天下篇　許行見孟子　告子見孟子蓋儒家也　楊朱屢見孟子、莊子、列子有楊朱篇載其學說　子莫見孟子執楊墨之中者　淳于髡見孟子、史記云、博聞强記學無所主　接子見史記齊人　環淵見史記楚人著上下篇或云即漢志之蜎子　劇子見史記　吁子見史記、索隱云即漢志之芊子也　秉五見莊子、莊子謂惠施曰、儒墨楊秉四、與夫子而五、秉不知其何指、或言公孫龍字子秉也、待考、　白圭　計然俱見史記

以上其名散見羣書無自著書或有之而不載於漢志者

綜是觀之偉大哉此時代之學術思想乎繁賾哉此時代之學術思想乎權奇哉此時代之學術思想乎謂黃帝子孫而非神明也謂亞洲大陸而非靈秀也嘻、烏克有此嘻烏克有此。

（本論第三章第二節完第三節以下續登）

# 文學說例

章氏學

敘曰。爾雅以觀于古無取小辯。謂之文學。文學之始。蓋權輿于言語。自書契既作。遞有接構。則二者殊流。尙矣。漢世相如雄固之屬。皆嘗纂凡將訓蒼頡。故其文辭閎雅。知言之選。唐時樂文采者。猶云宜畧識字。至賦詩言餻。矜愼不舉。兩宋以降。斯道漸普。然有所述作。猶號曰古文辭。其稱謂不能無取于墳籍。既昧雅訓。則譌踳狂舉者衆。昔王仲任有言。能說一經者爲儒生。博覽古今者爲通人。采掇傳書以上書奏記者爲文人。能精思著文連結篇章者爲鴻儒。故儒生過俗人。通人勝儒生。文人踰通人。鴻儒超文人。論衡超奇篇 夫漢人自史篇蒼頡。齓齒以上。大抵從師受諷。逮其成立。劣能守文。則曰儒。草創述作。則曰文。誠其第次當如是也。今則文墨辭說之士。乃往往不逮經儒遠甚。姚姬傳欲事東原。猶被謝斥。何有其錄錄者。校其功實。非通小學與不通小學之效歟。夫炎蚩而上。結繩以治。則吐言爲章可也。既有符號。斯叕襍異語。非通古今字知先代絕言者。無能往來。況夫審別流變耶。世有精練小學。拙于文辭者矣。未有不知小學而可言文者也。今爲說例。率取文學與雅故神恉相關者。觀其會通。都爲一牒。以俟達者云爾。

六書初刱。形聲事意。皆以組成本義。而言語筆札之用。則假借爲多。自徐楚金繫說文。始有引伸一例。然鄦君以令長爲假借。令者發號。長者久遠。而以爲司號令位尊高者之稱。是則假借即引伸。與夫意義絕異。而徒以同聲通用者。其趣殊矣。夫號物之數曰萬。動植金石械器之屬。已不能盡爲其名。至于人事之端。心理之微。本無體象。則不得不假用他名以表之。若動靜形容之字。在有形者。已不能物爲其號。而多以一言槩括。在無形者。則更不得不假借以爲表象。此雖正名如李斯。善辯如惠施。無可如何者也。姉崎正治曰。『凡有生活以上。其所以生活之機能。即病態之所從起。故凡表象主義之病質。不獨宗教爲然。即人間之精神現象社會現象。其生命必與病質俱存。馬科斯牟拉以神話爲言語之疾病。腫物雖然。言語本不能與外物吻合。則必不得不有所表象。故如言「雨降」。案降下也本謂人自陵阜而下言「風吹」。案吹噓也本謂人口出氣皆略以人格之迹表象風雨。且因此進而爲抽象思想之言語。則此特徵愈益顯著。如言「思想之深遠」「度量之寬宏」。深者所以度水。遠者所以記里。寬宏者所以形狀空中之器。莫非有形者也。而精神現象。以此爲表。如言「宇宙爲理性」。此以人之性能表象宇宙。如言「眞理則主觀客觀初無二致。」此分析眞理之語。于主觀之承認客觀之存在。而爲表象。要之人間思想。必不能騰躍于表象主義之外。有表象主義。即有病質。」（譯姊崎氏宗教病理學）其推假借引伸之起源精矣。然最爲多病者。莫若神話。以瑞麥來牟爲天所來。而訓行來。以乙至得子。謂爲嘉美而造孔字。斯則眞不失爲尰物哉。惟夫庶事緐興。文字亦日孳乳。則漸離表象之義。而爲正文。如能如豪。以猛獸爲表象。如朋如羣。以禽獸爲表象。此猶埃及古文。以雌蠶表至尊。以牡牛表有力。以駝鳥之羽織緯平滑表性行愷直者。（見穀利亞英國文學史）雖朔南夐鬲。草昧之始。其情一也。久之能則有態。豪則有勢。朋則有倗。羣則有䇘。皆特製正文矣。而施于文辭者。猶習用古文而怠更新體。由是表象主義。日益浸淫。然賦頌之文。聲對之體。或反以代表爲工。質言爲拙。是則以病質爲美疢也。楊泉物理論有云。在金石曰堅。在草木曰緊。在人曰賢。」（藝文類聚人部引）此謂本由一語。甲乇而爲數文者。然特就簡畢常言。以爲條別。已不盡得其本義。（緊本義訓纏絲急引伸施于草木）斯治小學與文辭者所由忿爭互詬。而文學之事。日益紛紜矣。

如右所述。言語不能無病。然則文辭愈工者。病亦愈劇。是其分際。則在文言質言而已。

文辭雖以存質爲本榦。然業曰文矣。其不能一從質言可知也。文益離質。則表象益多。而病亦益甚。斯非獨魏晉以後然也。雖上自周孔。下逮嬴劉。其病已不訾矣。「湯武革命」而及「黃牛之革」「皿虫爲蠱」而云「幹父之蠱」。易者象也。表象尤著。故治故訓。言引伸者。必始自易。而病質亦于今爲烈焉。雖然。人未有生而無病者。而病必期其少。濊汙漬染。寧知所屆。荀氏有言。「亂世之徵。文章匿采」。樂論 焉可長也。又近世奏牘。關移。語本直核。所以無當于文辭者。正以漸離其質爾。案一事也。不云纖悉畢呈。而云水落石出。排一難也。不云禍胎可絕。而云斧底抽薪。表象既多。鄙倍斯甚。是皆庸妄賓僚。傲造斯語。若純出史胥。則語猶質直。雖登于元凱。善文仲洽。流別可也。夫言苛則曰吹毛求疵。喩猛則曰鷹擊毛鷙。遷固雅材。有其病矣。厚味腊毒。物極必反。遂于文格最爲傭下。是則表象之病。自古爲昭。斵雕爲樸。亦尚故訓。求是之文而已。自昔文士不錄章句。而劉彥和獨云。「注釋爲詞。解散論體。襍文雖異。總會是同」。文心雕龍論說篇 斯固文辭之極致也。若鄭君之註毛詩。賈氏之疏士禮。武子之訓穀梁。輔嗣之明周易。師法義例。容有周疏。其文辭則皆彧然信美矣。當文學陵遲。躁人喋喋。而欲救以淳質。非此莫由也。

西方論理要在解剖。厥在中夏。寧獨有異。夫狗有縣蹏曰犬。說文 犬未成豪曰狗。釋畜 通言則同。析言則異。故辨于墨子者曰「狗犬也。而殺狗非殺犬也可」。經下 鳥白曰皠。霜雪白曰皚。玉石白曰皦。說犬 色擧則類。形擧則殊。故駁于孟子者曰「白羽之白。猶白雪之白。白雪之白。猶白玉之白」。告子 斯皆名家之說。而闕故訓者也。自衰宋至今。散行嚀沓。儷辭緄殺。蒼雅之學。于茲歇絕。而訐誕自壯者。反以破碎譏仵儒。六百年中。人盡盲瞽。哀哉。戴先生起自休寧。王段二師。實承其學。綜會雅言。皆衆理解。則高郵尤懿矣。不及百年。策士羣起。以衰宋論鋒爲師法。而諸師復受破碎之誚。顧彼所謂完具者安在耶。金之出丱。必襍沙。玉之在璞。必銜石。鍊鉼攻斲。必更數周。而後爲黃流之勺。終葵之圭。夫如是則完具之名。器非先以破碎。弗能就也。破碎而後完具。斯眞完具爾。任天產之完具。而以破碎爲戒。則必以襍沙之金。銜石之玉。爲鉅寶也。且中夏言詞。蓋有兩極。而乏中央。多支別而少槩括。如彼印度。有別高性劣性者曰「獨拉維達」。有別生物性無生物性者曰。「亞路高鏗」。有別男性女性者曰「海步闌」。而男女之間。復有中性。其離合聚散。如是其彰較也。中國素無斯語。所以爲名詞形詞者。亦甚純簡矣。而猶憚于解剖。

黨同妬眞以破碎識知者。人心渾渾。日益頑嚚。良有以也。

（未完）

# 國聞短評

崇拜外國者流看者

於戲盛哉。吾中國近日之洋務家也。洋務家之伎倆何如。見一外國人則崇之拜之。覷之如無所不知無所不能之上帝。雖外國一流氓。其入中國也。其聲價可以埒周孔。官吏士夫與交接者。得其一顧盼。登龍門不如也。嗚呼、外國人果有如此之價值否。吾所交者少。吾不敢言。惟以所聞。則去秋有日本人某到北京。勸人東來游學。從之游者六人。備資斧八百金。並行李付之。而與之偕。該日人則自乘一等艙。而置六人者於三等艙。猶可言也。及到門司。又宴飲若干日。到西京。又流連花叢若干日。開一清單以示六人者。而八百之金僅餘二百有奇矣。猶可言也。及到東京。則置此六人者於一客寓中。室之小與維摩詰臥病之處相等。六人膝相促。乃能容焉。猶可言也。詎知安歇甫定。而日本某者竟去如黃鶴。幷金與行李皆無踪影。如是者十餘日後。乃由他學生之久旅斯國者。爲之招呼追索云。嘻、日本之高人達士。當亦不少。吾非敢以此人爲全國之代表也。雖然、以外國人爲全知全能者亦可以鑒矣。此一事也。

更有類於此者一事。美國敎士傅蘭雅嘗受傭於上海製造局有年。譯格致書甚多。此稍治西學者所能知也。吾輩昔亦深敬其爲人。去年盛杏蓀派北洋大學堂卒業生九人游學美國。以傅爲監督。吾輩方慶得人焉。乃近日得該處學生某君來一書。讀之眞有使人怒髮衝冠者。玆錄其原文如下。

敬啓者。辱受國民厚顧。得預遊學之列。分科學習。欲盡一藝一能。或可報國民於萬一。雖某爲四萬萬中之一人。有何能爲。然某亦衆人之一也。不敢有厚望於他人。而於己則責之綦嚴。今到美已三越月。此處風俗人情。未暇細查。故無以奉告。惟我等留學之苦。恐外人知而未詳。故謹將詳細情形。以達尊聽。幸其有辱敎焉。初入卜忌利大學校。以爲此學校是美洲有名學校。繼而細查美國通都大邑學校敎師凡負高名者。俱在東邊城邑。有如伍君所謂美國東西學校費用略同。而東方則遠勝西方。今卜忌利在美國西方。闢墾以來。不過二十餘年。窮鄉僻壤。止能習礦學一門。其餘學問。皆以東方爲美。美國學生非不得已無在此肄業者。傅蘭雅之子家立則遺之東方遊學。而我等則羅致於此。蓋亦有故焉。傅氏身爲卜忌利大學校漢語教習。常誇于人前。謂已有大勢力于中國。中國官員悉樂聽命。今中國派學生來美。又爲傅氏照料。竟實其言。故盡置我等于此。以顯其能也。而我等在此之有無裨益。則所不遑顧、其設計可知、且我等初來此國。人地生疎。殊形不便。傅氏月受我國百金。膺監督重任。自當妥爲垂顧。以免我等有礙于功課。不圖言過其實。多方爽約。入學之初。既不藉其先容。功課之餘。亦未聞其善誘。竟月不來。置身事外。飲食起居之事。皆我等自爲操持。視我等如路人。棄約言如弁髦。初尚以所居相隔十餘里。不便往來。近數日來相居較近。而更形隔膜。因何以故。則非所知焉。現我等所居之屋。長約三丈。廣二丈。一樓一底。傅氏以三千金購得之。月以五十金租與我等。實則不值三十金。（據土人言）計四年之租與息。即可以償其屋價。而傅氏則四年後白得一屋。故其必欲我等同居。多方阻撓。佈散謠言。傷我等體面者。以此三千金起見矣。且以同國之人聚處一室。則觀感無人。與在北洋大學校無以異也。雖欲與美人交接。而家徒四壁。殊足爲外人冷齒。故外國之俗尙。西人之意志。絕無所知焉。傅氏亦自知我等同居之弊。自認不諱。但辭以無人租屋與中國人。故不得不使我等同居云云。此語謊也。此處凡初入校者須居校一年。若居離校較近者。可以稟免。今我等居近校分居校內亦其宜也。乃傅氏于校內佈散謠言。謂中國人最不潔。而風俗又甚不好。與之相處。必受其弊。故我等欲自行分居。試問各處有餘房否。則答以傅教習管你們。未見其言。不能納子。由是可知傅氏必早已運動運動矣。見利忘義之人。何勝浩歎。彼既能在此散流言惑衆聽。亦必能在中國散流言惑衆聽也。美國人且爲所惑。中國人亦必能爲所惑也。又如購書一事。我等已憊于奔命學堂。常十數日盡書一卷。欲購新書。先列一清單。託傅氏簽字。既簽字然後挾單往書坊取書。但傅氏常不暇。屢訪之多不遇。既遇乃求簽字購書。又待數十日而書始到。時則又更易一新書矣。前數日忽向書坊言。謂近日已簽字者一概不作準。使我等遑遑焉。如假冒簽字向書坊騙書者無異。外人亦有以我等爲棍騙者流。其傷我等名聲體面者。眞莫斯若。而傷我國體亦莫斯若。即使我無傅氏之事。亦多爲土人歧視。不名之曰支那賤種。即號之爲顏色之人。今更有此一番。眞無顏久居于此。衆同硯因此皆爲之大怒。于是欲離傳氏之軛束而自立自食。傳氏恐我等之舉動有傷其名聲。并又無辭以對中國政府。故不得已低首下心任我等辱罵一輪。并又致書至我等處認罪。現已爭回購書之款。并得分居之條。傳氏對陳君言余七十多歲未有遇過如是之人。且未受過如是之氣。此事本擬早告。但考期在即。故遲之又遲。此請大安某某頓首

嗚呼、此身受者言之歷歷。必非以無根之談污衊傳某明矣。審如是也。則傳氏號稱美國博士號稱耶穌教牧師。何其所行之似蝎似鼠又似蛆也。傳某猶如此。而類於傳某者何限。而下於傳某又何限。是皆洋務家所視爲全知全能之上帝者也。嘻洋務家聽者。洋務家看者。

行人失辭

十月前各報紛傳駐日公使蔡氏致書江鄂粵各督阻止派留學生於日本一事。聞者且駭且恠。將信將疑。昨日東京萬朝報乃得其致北京外務部一書全文錄於報上。日本各報館攻議紛起。政府及政黨人員詰責麕集。蔡使之狼狽極矣。本報宗旨專務提倡理想。發明大義。例不屑於一人一事之微。浪費筆墨。特以此事關於現在之國體及

將來之民智其影響至重且大。因鈔錄該報所登原文併爲鞫讞之如下。

蔡星使鈞致外務部書 正月初一日

查各省遣派生徒。例給咨文由使臣送學及查察照料。殊不知照料自屬應爲。查察實難越俎。諸生徒不受範圍。猶屬細事。溯自康梁毒燄銷息以來。其逋逃潛匿日邦。爲所包庇者指不勝屈。類皆竊其餘唾。巧肆簧鼓。借合羣之義。而自由之說日橫。醉民主之風。而革命之議愈肆。各省聰俊子弟。來茲肄業。熟聞邪說。沾染日邦惡習。遂入歧邪。竟有流蕩忘返之勢。譬諸螟寄贏生。楚書郢說。父兄之教訓莫能及。官長之督率無所施也。伏思朝廷歲費巨貲。分遣生徒寄學異國。原冀培植人材。周知外事。增益所能。以爲他日干城之選。詎料學業未成。而根本已失。宗旨一變。則心術全乖。加以日邦民德久衰。風俗淫亂。政府腐敗。天皇徒擁虛名於上。庇我逆臣。袒我匪徒。且暗中引誘學生以作亂之謀。以便從而取利。故於匪黨之倡言革命者。反多方以獎勸之。將來學生等卒業回華。散佈各省。倚爲心腹。假以事權。其中或亦有天良未喪之徒。能爲國家效力。然莠多良寡。煽惑已深。則何難揚彼頹波。徼倖於死灰重熾。

竊恐曩歲湖北之變。難免不復見於南北各省。此不得不爲之深思熟慮者也。鈞本擬將此等情形密陳天聽。及榮相慈鑒。獨以此事關係日本體面。既重且大。彼方窮乏已極。常冀我派學生藉其膏火。聊助學校經費。而外則以同文之說。欲使文明輸入中國。若眞心相助者。反覆躊躇。投鼠實有忌器之慮。且慮事機不密。一洩春光。將招日人嫉忌。不特使者有履虎之危。轉大與邦交有礙。職是再三愼重審顧而徬徨耳。聞各省仍須添派學生。恐將來愈聚愈多。流品愈雜。逆勢日熾。日人利有中國之亂。常肆言誣謗宮闈。汚毀榮相。希冀皇上親政。從此轉相煽誘。墮其術中。不啻爲虎添翼。現計諸生來者數已逾四五百人。綜核所費巨款。即各省自設學堂。亦應敷用。但能延聘泰西著名教習主講於學堂。愼選清白子弟。分門肄業。再由使臣多譯東西有用書籍。無民權平等諸邪說者。咨送貴衙門核印。頒行各省學堂。亦足資借鏡從長之益。將見成材轉易。樂育尤多。奚至有入主出奴之患。舍己從人之虞也哉。鈞未至日東以前。曾立論各省宜多派生徒游學觀摩。藉開風氣。乃至此細加考察。而後知日本之號稱維新者。有名無實。其政府多樹黨援。各分門戶。不顧公義。每歎所聞不符所見。又不料康梁以逋逃之藪。爲邪說之叢。敗壞人心。一至於此。尤不敢自護片言前失。而弗爲國家大局久遠計也。至康梁餘孽。現聚於橫濱一埠爲多。在東京者。則深藏固匿。不敢與使署人相一面也。橫埠商民受愚已久。所以有借中華會館房屋。爲彼逆黨開設大同學校之舉。鈞自蒞此邦。密圖解散其黨。借會館請宴。親與諸紳商几席周旋。初諷以微言。次曉以大義。藉捐廉提倡。勸會館自立學堂。以教育其子弟。開導再三。諸人乃頓悟前非。咸願改邪歸正。合議收回會館學房。重建商民公學。求鈞作主。予以自新之路。計自今以後。凡彼自由革命逆黨。一旦頓失衆商佽助經費。無可爲固結團聚之資。徐以俟之。勢將解體而渙散矣。若各省更能永停添派游學。俾卒業者有去無來。則根株悉拔。流毒有時而盡。至於商民自開公學。好名畏罪。勢業與彼黨分馳。自當由官長操倡主持。曉以忠君愛上之忱。與以上進出身之路。夫而後人心一正。學術自端。邪說不禁而自止。逆黨不驅而自遠矣。區區檮昧之見。知無不言。言無不盡。係爲顧全大局。仰承樞意。籌畫久遠之計。是否有當。務求密回堂憲。請示周行。俾有遵循。而無隕越。不勝禱切屏營之至。

此書既出現後。各報紛紛攻難。有謂其邪言熒聽者。有謂其見識卑怯者。有謂其污蔑日本國民。有傷邦交。宜撤令回國者。有謂其語侵日本天皇。大不敬。宜照會中國政府嚴治其罪者。衆口嗷嗷。不能盡錄。今但錄四月三日（陽曆）『日本』報中評林一門之漢文詩三章。亦可見日人之衆怒難犯矣。其詩云。

是誰氏

嘲罵我風俗。不知是誰氏。密書僞乎眞。公揭新聞紙。兩國全交情。其任在公使。公使而無禮。國交可以止。

來此邦

禹域與神州。咫尺隔一水。古來兩相賴。形勢如唇齒。乘槎來此邦。駐劄爲公使。至誠應盡職。暴慢何無恥。

何無禮

妨碍留學生。不解國交體。暴言無所憚。極口逞醜詆。保全竭友情。我意固存此。兩國正尋盟。彼獨何無禮。

評曰。蔡使以此書故。將至不能見容於日本。自作自受。亦復誰尤。顧最可憤憤者。外交官爲一國之代表。其自辱而國體即與之俱辱。中國方當荊天棘地之時。更何堪復蒙此奇醜耶。篇中滿紙狂瞽之言。駁不勝駁。至其中最可笑者。莫如謂日本窮乏已極。常冀我派學生藉其膏伙。聊助學校經費云云。夫日本雖財政困難。何至恃外國學生以助國帑。信如蔡言。則數年前中國未有一學生來東。則日本全國之學校。豈不皆以經費無出。而全行倒蹋耶。又謂日人利有中國之亂。常肆言誣謗宮闈。汚毀榮相。希冀皇上親政。從此轉相煽誘。墮其術中。不啻爲虎添翼云云。夫謗宮闈可謂之罪也。毀榮相未必可謂之罪也。日本以伊藤山縣大隈等赫赫元勳。功在社稷。而報紙中日日唾罵之。侮弄之。繪圖畫以揶揄之。作詩歌以嘲笑之者。尚無日無之。言論自由。不能禁也。而況於外國之大臣耶。蔡使謂日人希冀皇上親政。轉相煽誘。然則蔡必恐懼皇上親政。咒詛皇上之永不親政明矣。彼盈廷頑錮。雖視皇上如眼中釘。如喉中鯁。然猶必致美其詞曰。母子一心也。曰兩宮慈孝也。而蔡氏乃敢于明目張胆。謂希冀親政。即爲利中國之亂。彼其居心。視言自由。言革命者。何如。即以守舊黨之律治之。恐亦罪不容於死也。至其謂橫濱大同學校爲康梁逆黨所設等語。本報開設橫濱。最知其詳。查大同學校創於光緒二十三年。由閩埠紳商在中華會館集議建設。而康梁來東。乃在光緒二十四年九十月之交。學校與康梁何與。蔡氏以爲外埠商民。一如內地之柔弱而易魚肉也。乃欲欺凌之。舉其所公立事業。歸之康梁。因撲滅而自以爲功。其所以爲康梁計者則誠忠矣。奈犯衆怒何。至其謂重建商民公學。由官長提倡主持。此事濱中久有所聞。若誠能如是。則以橫濱區區一隅。而有兩公學。敎育日盛。豈不可賀。居斯土者。日日翹足望之。而惜其至今數月。寂然未有聞也。要之中國他日之存亡絕續。皆將惟日本留學生是賴。多得一人。即多收一人之益。中國今日大事。未有過於是者。吾敢昌言曰。阻止派留學生之人。即我國文明之公敵也。雖然、今日中國新機已動。懸崖轉石。欲罷不能。蔡氏何人。乃欲阻之。毋亦古詩所謂蚍蜉撼大樹。可笑不自量耳。蔡謂各省若能永停添派游學。俾卒業者有去無來。則根株悉拔。流毒有時而盡云云。無論各省大吏未必皆惟蔡言是聽也。無論日本政府與蔡反對。强之使派。而當道者不敢不從也。即使果如蔡言。而東京現時留學生數百人中。由官費者不過强半耳。其餘則皆自備資斧。茹根嘗胆而來。而近數月來陸續渡航者。幾於無船無之。又可盡乎。凡國民文明程度愈高者。則其仰庇於他人之事愈少。豈必官派哉。彼日本之伊藤井上何人也。蔡氏盡多服滋補藥物保養此尸居餘氣之身。勿遽就木。佇看十年以後日本留學生之成就何如矣。雖然蔡氏亦云智矣。彼其自忖斗筲碌碌無計可留其姓氏於十年數十年以後。乃特爲此一書。故以抗文明之盛潮。他日有著中國思想發達史者。則蔡氏此書勢不得不採之以備一重公案。則蔡鈞盛名將得附於奥國梅特涅俄國坡比德挪士夫之末簡而並以不朽矣。豈不幸哉。豈不壯哉。或曰蔡氏近贊助留學生會館事。又捐助東亞學校經費。其有悔過自新之意歟。或曰是藉此以解免於日本人以求保其三年一任也。或曰是口蜜腹劍也。記者蓋無得而斷焉。

又按蔡使函中謂勸諭橫濱商人收回大同學校房屋一事。略記如下。蔡甫到任。即立意與大同學校爲敵。以自徼功。乃謀嗾紳商爲其鷹犬。屢次到中華會館挑釁滋事。奈諸紳商不墮其術中。莫之肯助。久之乃得一盧某者。嗾令出名興訟。謂大同學校佔據中華會館房屋。日本裁判所審論數次。卒於陽曆四月五日即華曆二月廿七日。斷定盧某無可以訟學校之資格。遂將原稟擲還。計此事蔡盧所得之結果。惟消耗數百金之律師費數十金之裁判堂費而已。嘻。是亦不可以已乎。記者附識。

# 雜俎

## 小慧解頤錄

俗語文體之流行文學進化之一徵也吾粵言語與中原殊塗珠江女兒所常諷之粵謳一編知文者常歎爲神品尙矣十年前有某學究以詼諧著名者嘗以粵謳作詩一首誦之令人絕倒今錄以供茶前酒後一談柄焉但非解粵語者不知其趣又俗字多不可書不能如口誦之神妙也

賦得椎秦博浪沙得秦字五言八韻　試帖一首

話說椎皇帝如何膽咁眞果然渠好漢怕乜你强秦幾十多斤鐵孤單一個人攔腰搬過去錯眼打唔親野仔眞行運衰君白替身險些都變鬼快的去還神兇手當堂趯讀叶笛走也　差頭到處巡亞艮眞正笨爲咁散淸銀

垓下弔古　七律一首

又高又大又峨嵯臨死唔知重唱歌三尺多長鋒利劍八千靚溜後生哥旣然廩砑

爭皇帝何必頻輪殺老婆若使烏江唔割頸漢兵追到屎難痾。

蘇東坡黃山谷佛印三人在杭州日日酒食徵逐惟佛印食量之大尙過於魯智深每次飲宴酒肴輒爲所先盡坡谷苦之一日相與謀曰我們何不瞞着這老禿樂一天呢。乃悄僦一舟背佛印備小酌以游西湖不料佛印神通廣大早偵知之瞯二人之未登舟也先登而自匿於船板下囑舟子勿洩焉既而坡谷至泛舟容與放乎中流時月夕也坡謂谷曰老禿不在座使人整暇我輩何不淺斟緩酌行一雅令以消永夕谷請坡出令坡曰首二句即景末一句以四書中有哉字者貼切之且須叶韵谷沈吟一晌曰浮萍撥開游魚出來得其所哉得其所哉坡擊節歎賞旋應令曰浮雲撥開明月出來天何言哉天何言哉谷方欲擊節詎知佛印已搔着心癢按捺不住即在艙下一面開口一面昂頭大聲喊道浮板撥開佛印出來人焉廋哉人焉廋哉遂復抹髯搖舌據觴奪箸風馳雲捲頃刻間盤盂之四大皆空。

東坡苦佛印大食一日有饋生魚者坡方烹而獨饗之忽印復施施而來坡遙見之則倉皇匿其魚於承塵上冀印之旋去而後食也印已窺其狼狽狀故絮絮不肯行既而

問坡曰學士之姓蘇字作何寫法坡曰異哉和尚甯不識印曰非也吾見有寫禾字於左魚字於右者是亦蘇字乎坡曰然特俗體耳印曰近又見有寫魚字於艸頭之上者亦可乎坡曰這卻不能了印曰既是不能拿下來同喫罷

有某學政按試某縣縣中童生無一能成一八股文者勉强依學額取錄三名其第一名批語爲「放狗屁」第二名批語爲「狗放屁」第三名批語爲「放屁狗」有問者曰同用此三字而有一二三之等差何也學政曰是在文法顧諸君不解耳試一讀馬氏文通當知其用夫第一名者是人也不過偶放一狗屁耳第二名者是狗也其他種能力或尚多不過偶放一屁耳至第三名則是狗也舍放屁外無他長技矣請以英文文法Parsing 之例演之如下

（放狗屁）放 - Verb agreeing with its nominative「人」understood 狗 - Adjective qualifying『屁』 屁 - Noun objective case

（狗放屁）狗 - Noun nominative case 放 - Verb 屁 Noun objective case

（放屁狗）放屁 - Adjective qualifying『狗』 狗 - Noun

四

有某甲旅於外。託其鄉人某乙帶食物歸以給其子。乙曰子之子其名維何。其狀貌如何。甲曰子不必問。但歸視諸兒童中最佳者即我子矣。乙領之去。既而甲歸詢其子曾否領物。子曰未也。甲以詰諸乙。乙曰已給之矣。甲曰我子云未也。何居。乙曰君告我曰視諸兒童中最佳者。即君之子也。吾熟察之再三。最佳者莫我子若也。既承君貺以給之矣。甲乃廢然而返。君子曰。今世民族主義之盛行。彼言愛國者。亦若是已耳。嗚呼言愛國者。亦當若是已耳。

## 小說

# 虞初今語

## 人肉樓

天冶子產於華胥國。其國不知所謂君臣。不識所謂治亂。世界中自然一極樂國也。天冶子一日欲有所適。偕一童子行。徜徉自恣。任意所之。不擇地而蹈。適至一地。見夫帘隨風捲。酒樓高張。樓上懸額。字跡糢糊。不甚認識。熬煎芬芳香氣噴鼻。雖天國中人無不食指動也。東道駢闐。百數十里。無不如是。行行復行行。不覺數里。忽失童子所在。嗒然若喪。欲質諸人。又不識此國風俗若何。人情若何。急欲速返。忽轉念曰。何不徧遊此地。以觀察其情狀何如也。步行曠野。嘯歌自若。見有迫于其後。于于然負載而來者。摩肩錯趾。不審其爲何物。遠視之則類豚子。近視之則似猴子。側視之則非豚非猴。噫。果何物乎。凝神注視。鬭思良久。猝遇一老翁。撞著倒地。老翁拍手歡呼曰。是此物也。是此物也。命衆人舁之歸。亟欲支解之。天冶子大呼曰。予人也。非禽獸也。老翁曰。汝知此地

二

否此地名爲須陀吾祖自捫焦來居於此已數百年專以食人爲事不意此地有數億人愈食愈多食之不盡顧未嘗得一潔白皙如汝者也他日我如此必嘗異味矣遂將天冶子帶至一處視之乃前所見酒樓細審其樓上懸額則人肉樓三字也上坐一少年後坐一老嫗其老嫗啖人肉最多十餘年間啖須陀人數百萬其旁坐者數十人專執剖割之役以供奉老嫗者老嫗見天冶子言語不同狀貌亦異以爲異味遂欲烹之旁坐者數人起曰吾察此種非可漫烹也必須養於一室待其馴性察其舉動乃可烹之天冶子被拽於室內其室廣大無垠不見朕兆其中蓄人無數食人品分爲數千又分新舊一一標識最古者爲比干心爲鄂侯脯其次爲子胥目爲方孝孺舌此其古者也若其新者人皮爲一堆人眼爲一堆人耳爲一堆人腦爲一堆人心爲一堆人手足爲一堆腰與下體爲一堆最上品者則爲人腦聞之須陀人腦力甚大故最爲可啖烹人亦分先後最肥胖魯鈍不適于用者後焉啞者次之盲者次之跛者次之聾者次之其目炯炯而其心昭昭而又最多言語者則先之不特先之而又多之故今所餘炯炯昭昭者無幾也老嫗一日忽發啖癢不能自禁以一啖爲快速欲烹天冶子旁坐者復

起止之。老嫗不問是非。并旁坐者亦烹之。又有一旁坐須陀人曰。烹我烹我烹我同族尙可烹天冶子必起殺禍源來前此偕行之童子果向何去。此童子極爲智慧。知天冶子必有禍患。伺間遁去。改易服色。習其言語。達其人情。與此地人甚爲親暱。故人亦不覺其異也。天冶子被烹童子無由知之。須陀有一童子亦非常人也。察此童子必爲異人。乃作歌以諷之曰。大狗小狗一齊好走大狗旣烹小狗不宥。童子遂測知天冶子被禍將必及已。刻速裝返國急報華胥帝。華胥帝大驚。即擧大兵。飄忽飛來。遂迫其國。大聲其罪曰。吾種不同須陀種非易烹也。豈有野蠻烹文明者乎。遂肆意殺戮。須陀人與捫焦人皆受戕賊。達于數十萬焉。老嫗亦不知何去。須陀人至此始爲醒悟。知捫焦人專食我種也。並起而逐之。聞老嫗走於村野。後爲村夫執殺之云云。

三

# 文苑

## 東瀛輶軒集

枯坐無聊適得五律　　藤波千溪

見性本難得嘔心何敢休風塵獨覺佛天地一詩囚靜坐看雲起吟行聽水流人間百年事吾欲問沙鷗

一冬暖風日霜霽四圍山枯木夜叉骨好花迦葉顏馬銜紅果去僧蹈白雲還極目豁無礙夕陽詩思閒

傾盡碧筒酒佛前詩味多逃禪情灑灑得句笑呵呵片月浮千水微風起萬波寒山彼何物畢竟一頭陀

禪不依文字詞唯見性靈梅花孤帳白竹院一燈青悟道無僧過吟詩有鬼聽夜深天籟寂寒月照空庭

南無賈島佛千載是吾師滿爵先拚飲孤龕例祭詩寒驢身獨蹇瘦鶴骨同奇醉臥簷

梅下林逋夢見之。

## 鳳雛歌 幷序

西村栲園

羽後大舘中學在鳳凰山下因名寄宿之舍曰鳳鳴堂諸生在堂學者二百許人余乃作鳳雛歌以勗諸生云。

鳳雛群兮鳳山之隈鳳山崔嵬不易攀巔有天日赫灼輝鳳山之下有原芳艸滋鳳晨出遊厥音喈喈鳳山之下有堂瓊樹開鳳暮來歸厥樂熙熙鳳之雛二百五彩陸離倫俾逢魯叟何發已矣悲倘俾楚狂過何謠德之衰生遭聖世巳優唐虞時身備七德爰招凡鳥譏睹彼雀鷃翺翔藩籬顧此雛鶩蟻螻之追鳳亢翼兮九千仞竹實食兮梧桐棲鳳雛鳳雛養爾之翼與德上彼高岡鳴彼朝曦。

## 南普陀

結城蓄堂

莫是江湖杜牧之普陀巖上去題詩僧無我相微微笑客有禪心默默知潄石臥雲秋水淨焚香掃地夕陽遲鐘聲敲斷揚州夢半榻茶烟捲鬢絲

## 自厦門至福州舟中

仝上

萬頃烟波醮夕曛寒潮欲落水生紋風流有罪餘香夢骯髒無懷剩綺文白鹿洞中秋臥月碧泉巖下曉烹雲十旬詩酒渾陳迹多少江山醉眼分 留別鷺江諸子

孤帆一片度滄溟十月潮寒龍氣腥殘日分愁天莽莽亂濤驚夢夜冥冥雲連吳越多奇險海扼臺澎剩勝形擬寫南荒多少異知吾詞筆已通靈

萬里乘槎膽氣豪萍蹤唯托一孤刀七閩瘴氣侵詩卷白粵蠻飈掩客袍蒼鶻盤空雲欲裂老鯨橫海月方高孤舟半夜眠河漢渤澥無邊莽怒濤

新年招同天飈洪洲中洲山陰易水諸賢過飲松風亭用白樂天正月三日閒行韻　五蜂阪口恭

笑撿酒衫星尙在休嘆詩鬢雪難消梅花深巷接深巷楊柳一橋多一橋春水碧皺羅幅幅畫簾紅逗燭條條東風從此須行樂纔入新年未數朝

行年四十又加四酒解消寒愁不消已被春風吹白髮誰先畫舫過紅橋桃杷門掛新蟾影翡翠簾遮嫩條條邀得諸公同一醉野人生日是今朝

阪口五蜂有次白樂天正月三日閒行韻詩見似云一月三日開詩筵于新

四

潟松風亭乃次其韻遥寄　裳川岩溪晋

十歲揚州如夢覺三生杜牧欲魂消樓樓酒旆魚鱗瓦處處歌船鴈齒橋浴鴨水猶翻

雪浪藏鶯柳欲引烟條酒邊韻事賭詩後定養春醒過幾朝

雪朝東江木冷灰博士　仝上

昨夜枕頭攤卷看雪聲急灑小欄干室催虛白天三尺爐宿微紅火一團早起有詩將

問訊先生與竹定平安迎賓復見王仁裕高會風流追煖寒

## 中國近事

◎親王忠諫　聞慶王屢以民窮財盡之說苦勸太后。其諫謁陵有云。能保祖宗付託之重。即不謁陵亦無不可。如必欲謁陵。不妨派重臣致祭。何必親往。太后曰。我欲將年餘苦衷哭訴于祖宗。非他人所及知。亦非他人所能代也。其諫頤和園有云。今非昔比。當以振興政務示外人。不當以般樂怠敖示外人。太后曰。我何嘗不圖振興政務。榮祿從旁曲爲之詞。慶王猶力阻。太后不悅曰。汝與我是一家人。奈何不及別的。慶王默然退出。以故慶王近來慈眷稍衰。刻下軍機大臣中勢燄之大者。無過于榮祿也。

◎預備避暑　太后擬祭東陵後。即至保定避暑。現擬定將洋人已拆之蓮池改造行宮。地基較先尤爲宏敞。西南一帶新街東面胡同北面民房盡行購買圈入。業定二月內開工修造。

◎聯銜參劾　江鄂兩督會同直督聯銜具摺參劾政務處。謂該衙門自奉諭創設以來。迄今並無成效。殊失朝廷設立之本意。

◎會奏新政　劉張袁三總督。近會銜奏行新政事宜。該摺已由御前大臣肅親王善耆代呈。其要領如下。（一）招考游學生二十名。分派日美英德四國學校內肄習專門之學。（二）凡從前游學生得有各國學校證書者皆破格錄用。（三）招聘日本陸軍官一名訓練海陸兩軍。（四）天津武昌兩處。應新設製造局各一所。（五）通國錢幣之制。應歸劃一。（六）礦山鐵道航河各處須另設刑律。俾外人不得藉口輕重。（七）嚴禁貪墨。仿行印花新稅。即于稅內抽出若干爲津貼官吏之費。（八）通國設立郵政局以便官私文書尅日往來。

◎城禁綦嚴　京師自聯軍至後。紫禁城經日本兵保護。不令常人擅進。其餘如大清各門則成虛設。自兩宮回鑾後。門禁又復大申。大淸門仍于晚一鐘時開。准入不准出。即玉河橋經洋人所開之豁口。夜間亦只准洋人出入。至內廷門禁尤爲嚴緊。四圍駐有袁軍數營。晝夜梭巡。各門亦有常兵長川宿衛。凡內廷供差以及軍機各衙門當差吏役。皆給有印憑。出入查驗。否則按例懲辦。

◎滿約簽押　聞滿洲之約。已議有端緒。將定于三月一日簽押。大綱共分四節。其一、俄國現在駐扎盛京省之兵。於簽押日起。三個月內盡行撤退。吉林一省之兵。則於六個月內撤退。黑龍江一省之兵。則于九個月內撤退。其二、則以後俄國不得干預中國軍政之事。其三、如中國欲向他國借款。以開礦務。則必先通知俄國。其四、則牛莊之鐵路。俄國接到中國所賠該路修理各費之後。即行交還中國。

◎**相機圖董** 董福祥所部甘軍。雖經奉旨裁撤。實仍留爲己用。前有電旨。命陝督飭令董福祥前赴蘭州。以便約束。該督旋以董福祥抗不赴蘭入奏。已奉密旨。令其相機行事。勿得聲張。

◎**改習槍砲** 聞前月兵部曾具奏請將綠營武職堂考軍政改習槍砲。倘軍政期促。准其奏請展限。其八旂武職。應否改習。請旨辦理。又奏引見人員。請飭各省改習。俟嫻熟後咨送。旋奉旨八旂武職。仍考騎射。兼習槍砲。餘依議等因。故兵部已電達各省督撫欽遵辦理。

◎**請欵練軍** 直督袁世凱奏請朝廷撥欵一百萬兩。以備訓練洋操各軍之費。

◎**督辦警察** 胡燏棻奉諭督辦北京警察事務。並令將轄內所屬道路。妥爲修理。

◎酌商分欵　聞第二次應給各國賠欵現在尚未償付。先是賠欵總數四百五十兆定妥後。各國分收之法。尚未劃一。有數國將先開各項賬目。按照總數核准減少。有數國則未將各項賬目核准。未免取欵獨優。故第二次不能不籌出均平之法。現在各國政府。已電致駐京公使核奪。而駐京公使仍轉致上海收欵專員查照。故駐滬專員已電商各國政府斟酌辦理。一俟定准後。便可照數向中國分收云。

◎催辦新政　日來兩江督轅接奉部函查詢江省應辦新政。何以至今遲遲未行。學堂一事。尤爲當今急務。何以亦未舉辦。務請迅速開設。勿再延遲云云。

◎乞休兩誌　江粵兩督前因病請假。嗣以假期已滿。而政躬仍未就痊。聞兩督均擬奏請開缺。乞骸歸里。以樂餘年。聞其摺均已各自拜發云。

◎礦務定章　北京礦務總局。現在擬訂礦務章程。頒行各省礦務局。以憑遵守。而垂久遠。據稱意國駐京公使已奉中朝准令開採浙江礦務。一俟總局訂定章程。即當遵照興辦。

◎恐侵路權　聞美公使康格君日前會晤慶王時。詢及外間傳述。謂中國政府將以某某等處鐵路准歸比商承辦。如果不虛。則恐有碍于美商所辦之粤漢鐵路。究竟如何。敢祈明示云云。慶王覆告之曰。所云並無其事。且我政府必不另許他人承辦新路。以碍美商利權。

◎海軍紀實　聞水師提督葉祖珪。特繕具清單。將現下南北洋海軍之實在情形。稟呈直督袁世凱。以便核實整頓。計巡洋艦十五艘。三萬五千四百噸。砲艦十三艘。一萬二千三百噸。運送艦三艘。四千五百噸。水雷艇十六艘。八千三百噸。合計排水量六萬零五百噸。

◎會議商約　改訂商約之事。盛宣懷呂海寰兩氏。經與英專使薩道君會議多次。茲聞最近所議者。其要共有三欵。㈠開通內地各口岸爲商埠。㈡設法整頓中國圜法。使歸一律。㈢華洋合股之事。第二第三兩事。業已議有頭緒。惟第一事。呂海寰以內地民智未開。多開商埠。恐易生事。是以駁之甚堅。又聞薩道君之意。欲將內地釐金裁去。將進口稅値百抽五者。加至値百抽十五云。

◎粤亂彙紀　廣西之亂。聞近日平馬電線。業被割斷數十里。平馬與泊利相去不遠。泊利向設有電報分局。泊利之南

（爲龍州西爲百色廳西北爲平馬）又廣西與安南聯界之處。亦有亂事。是處多係劉永福部下之人。熟悉邊路。耕作之餘。時時行刦法人。法人牒蘇元春請爲辦理。蘇在桂邊時。以聯絡法人招撫游勇爲事。然用人用財。均無節度。已積欠軍餉至二十八萬之多。游勇等因欠餉之故。所有毛瑟快鎗及無烟火藥鎗等。捎不繳還。故均備有軍火。又南甯變亂。查得實因蘇元春部勇在龍州遣散後。不將軍裝繳回。竄至關南。勾結雲南邊界游勇滋擾。又聞蘇元春奉命回防勦匪。忽然不知何往。並無下落。又聞南甯等處土匪現已蔓延兩粵雲貴四省邊界。勢甚洶洶。聞匪巢中有僞軍師郭某。熟悉輿圖。深知虛實。故匪蹤所至。銳不可當。又聞廣東欽廉交界地方。亦有亂事。某司官已被戕害。經大憲派介字營往勦。該匪當即退出靈山四處騷擾。玆聞大憲復派安勇兩營在廉州防勦。俟該匪剷平後。各勇即馳往粵西鬱林。以資捍衛。又聞馮子材舊部。刻已與廣西土匪聯絡。故聲勢甚厲。

# 海外彙報

## 半月大事記 西歷三月下半月

▲十六日路透電。英屬烏絲倫刻又派兵一千名往南非助戰。

同日倫敦電。聞愛爾蘭近有一種聯合會。舉動皆足蠱惑人民。英相沙侯已于近日在議院中明指其非。而政府至今尚不禁止。一任其勢燄增長。殊可惜也。

▲十七日路透電。英軍五千人。定于本月底附輪前往南非洲。

同日電。日前英軍追襲杜兵至本月十一日始止。所得地面甚為廣遠。從前該處為杜軍存儲兵備之用也。

同日電。前日英軍所獲之杜兵中。有將領一人。身已受傷。

同日電。英皇茲擬暫緩西伯利亞之行。但就本境駕坐御舟巡行。

同日伯林電。俄國現向德俄荷三國商行宣借馬克三百九十三兆枚。以四釐行息。即于該欵中提取若干。為在華俄商因亂中受虧緊豁之用。

▲十八日路透電。英統領佛芝茨近又擒獲杜將二人。並兵勇五十人。

同日電。英統領亨密敦陣擒杜將恩默特及其所帶之軍車。並殲斃殺傷二十六人。

同日華盛頓電。美政府現派提督克郎甯修至歐洲海面。以統在彼處海面之美國水師。爲克郎米爾之代。蓋以克郎米爾已告退歸田也。

同日電。美國陸軍總帥馬爾士君。剡經奏于政府。請調之往非律賓統率該處美兵。以平亂民。美總統以如改政策。不足以對現在駐札非律賓之各將領。故未應允。

▲十九日路透電。司丹達報稱。俄國向德國借定國債千九百五十萬羅卜。週息四厘。

同日電。英海軍大臣某爵論及籌防威海衛。嘗謂我英政策向係建造兵輪。增益水師兵力。以固我疆圉。無事縻費于陸軍。

同日電。俄法兩國駐英公使。近嘗備文分告各國。略謂聞英日兩國聯盟宗旨。係爲保護東方和局。並欲中韓兩國主權無墜。庶期大闢門戶。以與天下萬國共其利。凡此各節。固與俄法兩國所主政策無少差異。故兩政府聞之。均甚喜悅云。

▲二十日路透電。杜將底威特並斯他銀等。現在倭威士托地方。該處在鐵路之西。

同日電倫敦新黨總會于日前設席宴賓大會同人以誌英日兩國同盟之喜日本駐英公使亦與斯會。

同日電澳洲議政院各紳董茲已議定擬將茶葉一物列入免稅項下。

▲二十一日路透電澳大利亞因從英國理藩院之請擬再遣兵二千前往南非助戰。

同日電英國某報派駐巴黎訪事來電俄法兩國以英日同盟一事備文分告各國其命意之所在更覺顯而易見且俄欲助法蓋欲以報法在東方曾爲俄助也。

▲二十二日路透電日前英國議政院議事時理藩院大臣張伯倫對衆宣言曰南非洲某屬之土民隸入英軍効力于疆場者共計不下三千五百人云。

同日電荷蘭政府擬與德國訂立約章會同撥欵津貼某電報公司以便從荷屬印度之西利卑設線以接美利堅至非律賓之線再經由壁溜島而達上海其意在自造一線經由美國而抵歐洲勿須仰藉英國之電線也。

▲二十四日路透電據南非斐托里亞路透訪事來電杜政府之大臣五人茲由某處乘坐專車外懸白旗已行抵斐托里亞英國各報謂杜人此舉莫非爲議和而來也。

同日伯林電。英國現與波斯國立有一約。由波斯國之加愼地方。築一電線通至波斯國與俾路芝斯坦國交界之處。爲止。聞此綫將來租與印歐電綫公司承辦云。

同日電。有德國練軍船名查樂者。現載德皇之第三子阿達伯前往美國紐約游歷。

同日非律賓電。美國議院現議定一新例。凡以後有人謀弑總統者。則該兇手當處以死罪。其與之同謀者。則定以監禁之罪。並設勇士若干名。常在總統左右。以爲保護之用。現在美國元老院中辦此新例之專員。欲請議院即行批准云。

▲二十五日路透電。杜蘭斯哇政府所派之委員數人。與基將軍晤會之後。隨即趨向南方以見斯他銀總統。

同日電。英國聞杜人近日之舉動。國中公債行情業已增漲七分之八。且議院中各員均謂所事可望有成也。

同日電。本年西六月二十六日。爲英皇加冕之期。是日與翌日各銀行及各商業等。當一律休業。以伸慶典。英皇萬壽典禮。茲已擇定西四月三十日舉行云。

▲二十六日路透電。基將軍已遣部下某中軍並他武員等六人。偕同杜政府所派之

議和委員數人。前往庫倫斯德。

同日電澳政府玆已議定不再覆議茶稅之事。據英泰晤士報駐澳訪事信稱茶斤免稅。國中各屬已有力阻之者。但澳廷未必收回成命。允爲翻改前議云。

同日電美國已定于西五月二十日。將現在駐防古巴之軍隊。悉行遣撤回國。所有一切事宜由古巴自行管理。從此以後古巴即爲自主之國矣。

同日電日本見俄法聯盟文告並不提及高麗一語。是以議論紛紛。大抵高麗之事。歸由俄人獨自承當。而公論則謂目下彼此均各厚集雄師。勢必不能遽啓兵端也。

同日伯林電法國外務大臣在下議院答法國在東亞政策之問題曰。法國于東亞之政策。從無變動。惟各國若有侵掠中國土地之事。非特于中國主權有礙。即法國東亞之利益。亦有密切之關係。自當出爲干預。甚望各國永守和平之局。俾中國有自主之權。則各國商務亦得蒸蒸日上矣。

▲二十七日路透電英某統領等日前帶兵三隊追擊杜將底拉利。旋奪大砲五尊。俘獲杜兵一百三十五人。又牛馬牲畜甚多。于二十四點鐘內蕩平八十英里之土地。

▲二十八日路透電。杜蘭斯哇主戰者洛治氏死去。英國優以國葬之禮。並命埋葬于馬陀支波丘。將以西四月十日開追悼會于仙拖波洛寺院云。

同日電。杜蘭斯哇講和使節。已與杜軍統領斯他銀君會晤。現回至庫倫斯德地方。

同日電。據基將軍之報告。英軍近又捕虜杜兵百七十九名。

同日電。土耳其政府現召集豫備兵九萬名。其故因土耳其所轄境內馬西托尼亞頗有亂萌。故添兵以備不測。

▲二十九日路透電。據斐托里亞路透訪事來電。杜國所派議和人員。擬求阿連治自由國之前總統斯他銀君代爲與英國開議和局。然尚未應允也。

▲三十一日路透電。德首相褒洛爭與意大利外務大臣相晤於意國之維尼斯地方。德國各報皆稱說此事可使德意與三國連盟之約。仍復接續。以共敦睦誼。

同日電。現照英國之預算表觀之。本年進欵有一萬二千二百九十九萬七千磅。比較去年進欵。實盈餘一千二百五十萬磅。

# 餘錄

## 中國留學生新年會記事

光緒二十八年壬寅正月三日。駐日本欽使蔡。大饗留學生二百七十四人于東京九段坂之偕行社。偕行社者。日本陸軍軍官于甲午戰勝中國之後。公衆醵資所建設者。取義同袍。故有是名。堂宇壯濶。庭園軒敞。晨自八九下鐘。學生聯翩結袂于樂聲洋洋皷聲鏜鏜之中。來與會焉。其時列坐叙談者有之。散步游行者有之。握手點頭。應接不暇。親愛之情。溢于眉宇。居無幾。公使來矣。遂有接待者導之。入少憩升堂。與諸生相見。諸生鞠躬爲禮。公使答如儀。歸安錢先生者。留學生之監督也。進曰。今日之會。誠未有之盛事。諸生甚感謝。惟自今以往。尙欲永享此種團聚之樂。因願更有所請。隨將同人所擬創辦會館意見書呈之公使。公使展覽一過。咨嗟嘆賞曰。我必竭力賛成之。諸生同聲應曰。是必請極力提倡。公使旋發辭曰。昔吾旅歐洲時。雖遇一作苦之華工。猶以異域同鄉之故。抱感于懷。輒眷眷不忍別。況諸君皆學生乎哉。中國之弊。莫大于上下隔絶。今日與諸君聚首言歡。此樂何極。諸君離鄉別井。萬里負笈。未嘗不苦。但必耐苦。然後能成學。學成則公足以報國。私足以榮身。中國需材孔殷。予不能不爲諸君日企望之。吾國摧敗至此。豈人之摧敗我哉。我自摧敗耳。苟我能自振作。雖外人竟以禽獸目我乎。于我何傷。而況必不爾耶。在山林易忘廊廟。在外國亦易忘父母之邦。惟望諸君做學生時。常以忠君愛國四字存于心。則他日必爲有用之材也。又重語曰。會館事甚善。我必竭力贊成。今日之會。雖無旨酒佳殽。諸君不用客氣。如家人團聚。然盡興放量。暢飲數鐘。言畢。答諸生之謝而退。移時入食堂。堂上列桌數十。人各倚桌立飲。觥酬交錯。行無算爵之禮。案瓶供養紅梅水仙。芬馥盈室。室本樓也。天光開朗。地勢雄駿。萬家煙火。在其瞰下。窗外樂聲。隨風繚繞。能壯人氣。能移人情。畫龍點睛。龍飛上天。此時此際。鬱以山河故國之思。舒以春夏少年之氣。蓋有不覺人人皆龍。而頓欲作破壁想也。日本俗羣相敬其人也。則起而共軒舉之。以示推崇之意。陸軍學生因以禮公使與監督焉。其後或舞或歌。酣樂而止。于斯時也。凡習武者則爽快敏捷。發揚蹈厲。與非習武者之和易沈靜。大異其趣。尤可注意者。其舉動乃連合整齊。共同一致也。吁、是豈偶然哉。蓋陸軍學生同起居同服食同受一種之教育同養一種之精神。其結果自應與他之不同居不同學不同習慣者有異也。即此可見日本軍制之要素。更可見教育之能力矣。抑余又不能無感焉。中國土地之大。人民之多。姑無論人隨地分不相齊一。即就一地方之人而論。問其業則有官兵士農工商之分。其年則有老少長幼之別。性則別男女。分則別尊卑。層層隔閡。節節支離。故外人之視我國社會也。謂如河岸流沙。然量非不多。度非不密。所占地盤非不廣遠也。無如無性相結。無氣相貫。故隨風逐浪而飄零以沈淪者。則將永無歸結。今一會二百七十四人。其中籍隸湖北者四十九人。江蘇四十六人。浙江四十一人。廣東二十三人。湖南二十人。直隸十六人。安徽十五人。福建十二人。四川十一人。江西四人。貴州二人。陝西山東廣西各一人。東三省共二十七人。其出生之地不一也。其所學之業不齊也。其將來所居之地位亦至難同也。然當此時居此地爲同學之少年。負最大之責任。則無人而不然也。此不徒吾國四萬萬人中所未有之團聚。即求之世界中歷史。當國勢艱難人心渙散如吾國之今日。而得于海外齊集少年有爲之士于一堂。如今日之盛者。吾恐亦不數見也。吁以吾國四萬萬人而無若是之團體。實爲可悲。以二百七十四人而有者。可不謂之幸哉。會既終。公使復督吳君壽卿演說開設會館之事。其後又有數人演說。其意皆鼓舞會館之速成也。于是有願捐貲爲創會館經費者。悉書名于捐册。不一時而集欵凡若干。且公舉公使爲中國留學生會長。錢監督爲副會長。事畢遂撮影于庭。以爲他日之紀念。夫此會之所以有特價也。則以其非徒爲飲食之徵逐。而足令人生國家思想。且更有一事足以令與會者終身不忘。并足令吾全國人猛然自奮也。蓋公使者我國現在之代表。學生者即我國未來之主人。以公使而宴學生。在吾國固爲非常之盛事。而爲地主之日本人亦必不視爲尋常之宴會也。惟是偕行社者。乃其陸軍軍官之公所。不容他國之國旗拂其門牆。故是日之會。在堂上則炫赫飛揚者。中國之龍章也。而門外則寂然。同人於此。不免有故國河山之感焉。雖然是亦激厲我愛國心之一助也。小子不文。幸躬盛會。謹記其緣起如右。

# 第陸號


光緒二十八年三月十五日
明治三十五年四月廿二日


●本號要目




每月二回朔望發行

新會梁任父先生著

# 飲冰室文集

香山何天柱編

飲氷室主人爲我國文界革命軍之健將其文章之價値世間既有定評無待喋喋此編乃由其高足弟子何君所編凡**著者數年來之文字搜集無遺**編年分纂凡爲八集曰丙申集丁酉集戊戌集己亥集庚子集辛丑集壬寅集而以**韻文集**附於末焉其中文字爲**各報所未載者**亦復不少煌煌數百萬言無一字非有用之文雖謂中國集部空前之作殆無不可卷首復冠以著者所作**三十自述**一篇及**照像三幅**一爲時字報時代造像二爲清議報時代造像三爲新民叢報時代務像海內外君子有表同情於飲氷室主人者乎得此亦足代嚶鳴求友之樂也**現已付印**不日出書

**發行所** 上海英界南京路同樂里 **廣智書局**

# 新民叢報第六號目錄

光緒二十八年三月十五日

售報價目表 二

| 全年廿四冊 | 半年十二冊 | 每冊 |
|---|---|---|
| 五元 | 二元六毫 | 一毫五仙 |

美洲澳洲南洋海參威各埠全年六元半年三元二毫零售每冊三毫正郵稅每冊壹仙外埠六仙

廣告價目表

| 一頁 | 半頁 | 一行四號十七字起碼 |
|---|---|---|
| 七元 | 四元 | 二毫 |

凡欲惠登告白者須于本報定期發刊之前五日交到價須先惠欲登長年半年者價當面議從減



編輯兼發行者 馮紫珊

印刷者 西脇末吉

發行所 橫濱山下町百五十二番館 新民叢報社 信箱二百五十五番

印刷所 橫濱山下町百五十二番館 新民叢報社活版部

英國碩儒遺像
(其一)

約翰彌勒

John S. Will.

達爾文

C. Darwin.

三

英國碩儒遺像
（其二）

斯賓塞

H. Spencer

赫胥黎

Huxley

東京上野公園圖

西京嵐山櫻花圖

論說

# 新民說六

中國之新民

## 第八節　論權利思想

人人對於人而有當盡之責任人人對於我而有當盡之責任對人而不盡責任者謂之間接以害羣對我而不盡責任者謂之直接以害羣何也對人而不盡責任譬之則殺人也對我而不盡責任譬之則自殺也一人自殺則羣中少一人舉一羣之人而皆自殺則不啻其羣之自殺也

我對我之責任奈何天生物而賦之以自捍自保之良能此有血氣者之公例也而人之所以貴於萬物者則以其不徒有「形而下」之生存而更有「形而上」之生存形而上之生存其條件不一端而權利其最要也故禽獸以保生命為對我獨一無二之責任而號稱人類者則以保生命保權利兩者相倚然後此責任乃完苟不爾者則忽喪其所以為人之資格而與禽獸立於同等之地位故羅馬法視奴隸與禽獸等於論理

上誠得其當也。以論理學三段法演之。其式如下「無權利者禽獸也。奴隸者無權利者也。故奴隸即禽獸也」故形而下之自殺所殺者不過一人形而上之自殺則舉全社會而禽獸之且禽獸其苗裔以至於無窮吾故曰直接以害羣也嗚呼、吾一不解吾中國人之甘於自殺者何其多也

權利何自生曰生於强彼獅虎之對於羣獸也酋長國王之對百姓也貴族之對平民也男子之對女子也大羣之對於小羣也雄國之對於孱國也皆常占優等絕對之權利非獅虎酋長等之暴惡也人人欲伸張己之權利而無所厭天性然也是故權利之爲物必有甲焉先放棄之然後有乙焉能侵入之人人務自强以自保吾權此實固其羣善其羣之不二法門也古代希臘有供養正義之神者其造像也左手握衡右手提劍衡所以權權利之輕重劍所以護權利之實行有劍無衡是豺狼也有衡無劍則權利者亦空言而卒歸於無效德儒伊耶陵 Jhering 所著權利競爭論（原名爲 Der Kampl ioms Recht 英譯爲 Bafte ot Right伊氏爲私法學大儒。生于一八一八年，卒於一八九二年。此書乃其被聘於奥國維也納大學爲教授時所著也。在本國重版九回。他國文翻譯者二十一種。其書之價值可知矣。去年譯書彙編同人。曾以我國文翻譯之。僅成第一章。而其下闕如。余亟欲續成之。以此書藥治中國人尤爲對病也。本論要領。大率取材伊氏之作。故述其崖略如此。）云『權利之目的在平和而達此目的之方法則不離戰鬥有相侵者則必相拒侵者無已時故拒者亦無盡

期質而言之則權利之生涯競爭而已』又曰『權利者不斷之勤勞也勤勞一弛而權利即歸於滅亡』若是乎權利之為物其所以得之與所以保之者如此其不易也藉欲得之藉欲保之則權利思想實為之原夫人之有四肢五臟也是形而下生存之要件也使內而或肝或肺外而或指或趾其有一不適者孰不感苦痛而急思療治之夫肢臟之苦痛是即其身內機關失和之徵也是即其機關有被侵焉之徵也而療治者即所以防禦此侵害以自保也形而上者之侵害亦有然有權利思想者一遇侵壓則其苦痛之感情直刺焉激焉動機一撥而不能自制亟亟焉謀抵抗之以復其本來夫肢臟受侵害而不覺苦痛者必其麻木不仁者也權利受侵害而不覺苦痛則又奚擇焉故無權利思想者雖謂之麻木不仁可也

權利思想之強弱實為其人品格之所關彼夫為臧獲者雖以窮卑極恥之事廷辱之其受也泰然若在高尚之武士則雖擲頭顱以抗雪其名譽所不辭矣為穿窬者雖以至醜極垢之名過毀之其居也恬然若在純潔之商人則雖傾萬金以表白其信用所不辭矣何也當其受侵受壓受誣也其精神上無形之苦痛直感覺而不能自已彼諛

解權利之眞相者。以爲是不過於形骸上物質上之利益斷斷計較焉。嘻、鄙哉其爲淺丈夫之言也。譬諸我有是物而橫奪於人。被奪者奮然抗爭於法廷。彼其所爭之目的非在此物也。在此物之主權也。故常有訴訟之先聲言他日訟直所得之利益悉以充慈善事業之用者。苟其志而在利也。則此胡爲者。故此等之訴訟。可謂之道德上問題。而不可謂算學上之問題。苟爲算學上之問題。則必先持籌而計之曰。吾訴訟費之所損。可以償訟直之所得乎。能償則爲之。不能則已之。此鄙夫之行也。夫此等計算者。對於無意識之損害可以用之。譬如墜物於淵。欲傭人而索之。因預算其物値與傭値之相償。是理之當然也。其目的在得物之利益也。爭權利則不然。其目的非在得物之利益也。故權利與利益。其性質正相反對。貪目前之苟安。計錙銖之小費者。其勢必至視權利如弁髦。此正人格高下垢淨所由分也。

昔藺相如叱秦王曰。臣頭與璧俱碎。以趙之大。何區區一璧是愛。使其愛璧。則碎之胡爲者。乃知璧可毀。身可殺。敵可犯。國可危。而其不可屈者別有在焉。噫。此所謂權利者也。伊耶陵又言曰。『英國人之游歷歐洲大陸者。或偶遇旅館與夫。有無理之需輒索毅然斥之斥之不聽。或爭議不決者。往往宵延遲行期數日數旬。所耗旅費視所爭之數增至十倍。亦所不恤焉。無識者莫不笑其大愚。而豈知此人所爭之數喜林（英國貨幣名。一喜林約當墨銀半圓。）實所以使堂堂英吉利國屹然獨立於世界之要具也。是權利思想之豐富權利感情之敏銳。即英人所以立國之大原也。今試舉一與大利人（伊氏著書教授於奧大利。故以此觀察奧人。）與此英人地位同財力同者相比較。其遇此等事。則所以處置者何如。必曰此區區者豈值以之自苦而滋事也。直擲金拂衣而去耳。而烏知夫此英人所拒與人所擲數片喜林之中。有一絕大之關係隱伏焉。即兩國數百年來政治上之發達社會上之變遷。皆消息乎其間也』嗚呼、伊氏之言可謂博深而切明矣。吾國人試一自反吾儕之權利思想。視英人與人誰似也。

論者或疑此事爲微末而不足道乎。請言其大者。譬有兩國於此。甲國用無理之手段以奪乙國磽确不毛之地一方里。此被害國者將默而息乎。抑奮起而爭。爭之不得而繼以戰乎。戰役一起。則國帑可以竭。民財可以盡。數十萬之壯丁可以一朝暴骨於原野之中。帝王之瓊樓玉宇。窶民之篳門圭竇。可以同成一燼。馴至宗社可以屋。國祀可以滅其所損與一方里地之比較何啻什伯千萬就其得之亦不過一方里石田耳若以算學上兩兩相衡彼戰焉者可不謂大愚哉而豈知一方里被奪而不敢問者則十里亦奪百里亦奪千里亦奪其勢不至以全國委於他人而不止也而此避競爭貪安逸之主義即使其國喪其所以立國之原也故夫受數喜林之欺騙屈辱而默然忍容者則亦可以對於本身死刑之宣告自署名而不辭者也被奪一方里之地而不發憤者則亦可以舉其父母之邦之全圖獻賣於他人而不以動其心者也此其左證豈在遠反觀我國而使我慚悚無地矣

盎格魯撒遜人不待言矣條頓人不待言矣歐洲之白種人不待言矣試就近比照之於日本日本當四十年前美國一軍艦始到不過一測量其海岸耳而舉國無論爲官爲士爲農爲工爲商爲僧爲俗莫不瞋目切齒攘臂扼腕風起水涌遂以奏尊攘之功成維新之業而我中國以其時燔圓明園定南京條約割香港開五口試問我國民之感情何如也當八年前俄德法三國逼日本還遼不過以其所奪人者歸原主耳而舉國無論爲官爲士爲農爲工爲商爲僧爲俗莫不瞋目切齒攘臂扼腕風起水涌汲汲

焉擴張軍備臥薪嘗胆至今不忘而我中國以其時割膠州旅順等六七軍港定各國勢力範圍漫假而聯軍入京燕薊塗炭試問我國民之感情何如也彼其智甯不知曰此我之權利也但其有權利而不識有之之爲尊榮失權利而不知失之之爲苦痛一言蔽之曰無權利思想而已

吾中國先哲之教曰寬柔以教不報無道曰犯而不校曰以德報怨以直報怨此自前人有爲而發之言在盛德君子偶一行之雖有足令人起敬者而末俗承流遂藉以文其怠惰恇怯之劣根性而誤盡天下如所謂百忍成金所謂唾面自乾豈非世俗傳爲佳話者耶夫人而至於唾面自乾天下之頑鈍無恥孰過是焉今乃欲舉全國人而惟此之爲務是率全國人而爲無骨無血無氣之怪物吾不知如何而可也中國數千年來誤此見解習非成是並爲一談使勇者日即於銷磨而怯者反有所藉口遇勢力之強於己者始而讓之繼而畏之終而媚之弱者愈弱強者愈強奴隸之性日深一日對一人如是對團體亦然對本國如是對外國亦然以是而立於生存競爭最劇最烈之場吾不知如何而可也

大抵中國善言仁而泰西善言義仁者人也我利人人亦利我是所重者常在人也義者我也我不害人而亦不許人之害我是所重者常在我也此二德果孰為至乎在千萬年後大同太平之世界吾不敢言若在今日則義也者誠救時之至德要道哉夫出吾仁以仁人者雖非侵人自由而待仁於人者則是放棄自由也仁焉者多則待仁於人者亦必多其弊可以使人格日趨於卑下歐西百年前。以施濟貧民爲政府之責任。而貧民日以多。後悟此理。變而裁之。而民反殷富焉。君子愛人以德。不聞以姑息。故使人各能自立而不倚賴他人者上也。若曰吾舉天下人而仁之。毋乃降斯人使下己一等乎。若是乎仁政者非政體之至焉者也吾中國人惟日望仁政於其君上也故遇仁焉者則為之嬰兒遇不仁焉者則為之魚肉古今仁君少而暴君多故吾民自數千年來祖宗之遺傳即以受人魚肉為天經地義而權利二字之識想斷絕於吾人腦質中者固已久矣

楊朱曰「人人不損一毫人人不利天下天下治矣」吾曏昔最深惡痛恨其言由今思之蓋亦有所見焉矣其所謂人人不利天下固公德之蟊賊其所謂人人不損一毫抑亦權利之保障也列子楊朱篇。記楊徒孟孫陽與墨徒禽滑釐問答之言云。「孟孫陽難禽子曰。有侵若肌膚獲萬金者。爲之乎。曰。爲之。孟孫陽曰。有斷若一節得一國。子爲之乎。禽子默然有間。孟孫陽曰。一毛微于肌膚。肌膚微于一節。省矣。然則積一毛以成肌膚。積肌膚以成一節。一毛固一體萬分中之一物。奈何輕之乎」此語與前所引英人爭數畝林之事。及爲一方里地而擲兵之事。

正同一理。蓋哲學開派一大師之言。其持論必有所根據。非徒放誕縱樂而已。不然。其言何以能盈天下而與儒墨鼎足爲三也。然則楊朱者實主張權利之哲學家。而亦中國救時一良方也。不過其論有雜駁焉者耳。夫人雖至鄙吝至不肯亦何至愛及一毫而顧斷斷焉爭之者非爭此一毫爭夫人之損我一毫所有權也。所有權即主權是推權利思想充類至義之盡者也一部分之權利合之即爲全體之權利一私人之權利思想積之即爲一國家之權利思想故欲養成此思想必自箇人始人人皆不肯損一毫則亦誰復敢攖他人之鋒而損其一毫者故曰天下治矣非虛言也。西哲名言曰。人人自由。而以他人之自由爲界。實即人人不損一毫之義也。不過其語有完有不完者耳。雖然楊朱非能解權利之眞相者也彼知權利當保守而勿失而不知權利以進取而始生放佚也媮樂也任運也厭世也皆殺權利之劊子手也而楊朱日昌言之以是求權利則何異飲鴆以祈永年也此吾中國所以雖盛行楊學而惟熏染其人人不利天下之流毒而不能實行其人人不損一毫之理想也權利思想薄弱使然也

權利思想者非徒我對於我應盡之義務而已實亦一私人對於一公羣應盡之義務也譬之兩陣交綏同隊之人皆賭生命以當公敵而一人獨貪安逸避競爭曳兵而走焉此人之犧牲其名譽不待言矣而試思此人何以能幸保首領且其禍仍未延及於

全羣者毋亦恃同隊之人有代已而抗敵者耳使全軍將卒皆與此怯夫同流望風爭逃則此怯夫與其羣非悉爲敵所屠而同歸於盡不止也彼一私人自拋棄其權利者與此逃亡之弱卒何擇也不寧惟是權利者常受外界之侵害而無已時者也故亦必常出內力之抵抗而無已時然後權利始成立抵抗力之厚薄即爲權利之强弱比例差試更以前喻明之夫以千人之隊則其間一卒之去就微末亦甚矣然使百人乃至數百人脫隊而逃則其結果如何其所餘不逃之卒必不可不加數倍之苦戰代此逃者而荷其負擔雖復忠勇義烈而其力亦有所不逮矣是何異逃者親攜不逃者之胸而刺以刄也夫權利之競爭亦若是則已耳爲國民者協力各盡其分內競爭之責任則侵壓自不得行設有苟免倖脫而避其衝者是不啻對於國民全體而爲叛逆也何也是使公敵增其力而跳梁暴肆之所由行也彼淺見者以爲一私人之放棄權利不過其本身之受虧被害而影響不及於他人何其傎也

權利競爭之不已而確立之保障之者厥恃法律故有權利思想者必以爭立法權爲第一要義凡一羣之有法律無論爲良爲惡而皆由操立法權之人制定之以自護其

權利者也强於權利思想之國民其法律必屢屢變更而日進於善蓋其始由少數之人出其强權以自利其後由多數之人復出其强權相抵制而亦以自利（余所著飲冰室自由書論强權一條參觀）權利思想愈發達則人人務爲强者强與强相遇權與權相衡於是平和善美之新法律乃成雖然當新法律與舊法律相嬗之際常爲最劇最慘之競爭蓋一新法律出則前此之憑藉舊法律以享特別之權利者必受異常之侵害故倡議制新法律者不啻對於舊有權力之人而下宣戰書也夫是以動力與反動力相搏而大爭起焉此實生物天演之公例也當此時也新權利新法律之能成就與否全視乎抗戰者之力之强弱以爲斷而道理之優劣不與焉而此過渡時代則倚舊者與倡新者皆不可不受大損害試一讀歐美諸國法律發達史如立憲政廢奴隸釋傭農勞力自由信教自由等諸大法律何一不自血風肉雨中薰浴而來使倡之者有所媮有所憚有所姑息而稍稍遷就於其間乎則此退一步彼進一步而所謂新權利者亦必終歸於滅亡而已吾中國人數千年來不識權利之爲何狀亦未始不由迂儒煦煦之說階之厲也質而言之則權利之誕生與人類之誕生畧同分娩拆副之苦痛勢所不免惟其得之也

艱故其護之也力遂使國民與權利之間其愛情一如母子之關係母之生子也實自以其性命爲孤注故其愛有非他人他事所能易者也權利之不經艱苦而得者如飛鴻之遺雛猛鷙狡狐時或得而攫之若慈母懷中之愛兒雖千百狐鷙豈能褫也故權利之薰浴於血風肉雨而來者既得之後而永不可復失焉謂余不信請觀日本人民擁護憲法之能力與英美人民之能力相比較其强弱之率何如矣若是乎專言仁政者果不足以語於立國之道而人民之望仁政以得一支半節之權利者實含有亡國民之根性明也

夫專言仁政猶且不可而虐政更何論焉大抵人生之有權利思想也天賦之良知良能也而其或强或弱或隱伏或澌亡至不齊者何也則常緣其國家之歷史政治之浸潤以爲差孟子牛山之喩先我言之矣非無萌蘖牛羊又從而牧之是以若彼濯濯也歷覽東西古今亡國之史乘其始非無一二抵抗暴制以求自由者一鋤之再鋤之三四鋤之漸萎靡漸衰頽漸銷鑠久之而猛烈沈鬱之權利思想愈制而愈馴愈沖而愈淡乃至回復之望絕而受羈受軛以爲固然積之數十年數百年每下愈況而常至澌

亡此固由其人民能力之薄弱而政府之罪又烏可逭也夫此等政府豈嘗有一焉能嗣續其命脈以存於今日者即有一二亦不過風燭殘年旦夕待死而已政府以此道殺人毋乃適爲自殺之利刄乎政府之自殺已作之而已受之其又奚尤顧所最痛者其禍乃延及於國家全體而不能救也國民者一私人之所結集也國權者一私人之權利所團成也故欲求國民之思想之感覺之行爲舍其分子之各私人之思想感覺行爲而終不可得見其民强者謂之强國其民弱者謂之弱國其民富者謂之富國其民貧者謂之貧國其民有權者謂之有權國其民無恥者謂之無恥國夫至以無恥國三字成一名詞而猶欲其國之立於天地有是理耶有是理耶其能受閹宦差役之婪索一錢而安之者必其能受外國之割一省而亦安之者也其能現奴顏婢膝昏暮乞憐於權貴之門者必其能懸順民之旗簞食壺漿以迎他族之師者也譬之器然其完固者無論何物不能滲也苟有穴焉有罅焉我能滲之他人亦能滲之夫安知乎虐政所從入之門乃即外寇所從入之門也挑鄰婦而利其從我及爲我婦則欲其爲我詈人安可得也乎昔之待其民也鞭之撻之敲之削之戮之辱之積千數百年霸者之餘

威以震蕩摧鋤天下之廉恥既殄既獮既夷一旦敵國之艨艟麕集於海疆寇仇之貔貅迫臨於城下而後欲藉人民之力以捍衛是而綢繆是何異不胎而求子蒸沙而求飯也嗟夫嗟夫前車之覆者不知幾何矣而獨不解丁玆陽九者曾一自審焉否也」重爲言曰國家譬猶樹也權利思想譬猶根也其根既撥雖復幹植崔嵬華葉蓊鬱而必歸於槁亡遇疾風橫雨則摧落更速焉即不爾而旱暵之所暴炙其萎黃彫敝亦須時耳國民無權利思想者以之當外患則槁木遇風雨之類也即外患不來亦遇旱暵之類吾見夫全地球千五兆生靈中除印度非洲南洋之黑蠻外其權利思想之薄弱未有吾國人若者也孟子有言逸居而無教則近於禽獸若取羅馬法之法理而以論理解釋之則豈惟近焉而已一國之大而僅有四萬萬禽獸居焉天下之可恥孰過是也我同胞其恥之乎爲政治家者以勿摧壓權利思想爲第一義爲教育家者以養成權利思想爲第一義爲一私人者無論士焉農焉工焉商焉男焉女焉各以自堅持權利思想爲第一義國民不能得權利於政府也則爭之政府見國民之爭權利也則讓之欲使吾國之國權與他國之國權平等必先使吾國中人人固有之權皆平等必先

使吾國民在我國所享之權利與他國民在彼國所享之權利相平等若是者國庶有瘳若是者國庶有瘳

挂帆滄海　風波茫茫　或淪無底　或達仙鄉
二者何擇　將然未然　時乎時乎　吾奮吾力
不竦不戁　丈夫之必

# 政治

## 公民自治篇（續第五號）

明夷

爲人代謀者之不如自爲謀也。人治之者之不如自爲治也。此天下之公理矣。以一人爲十百人謀。智猶不暇給。若以一人爲百數十萬人謀。無有能給者矣。既不能給而欲因時制宜周密纖悉。無不至也。無不舉也。未之有矣。未能因時制宜周密纖悉。而欲其無利不興。無弊不去。所欲必成。有事皆舉。無一夫不得其所。未之有矣。假而能四目四聰。因時制宜周密纖悉。興利除弊。率作興事。人民皆被澤矣。然賢吏千百而一見。且未必能久任。則循吏煦哺于前。而酷吏壞之于後。假而久任終身。舉國二千餘縣令皆呂父杜母。永永代任皆賢聖。如陽城元紫芝。民不識不知。含哺而遊。以樂閉關之國可矣。以當競爭之國。猶之愚弱而亡也。何也。蓋以民之徒受治于官也。無議政之權。則無政事之思慮也。無政事之學識也。無大衆之講議也。無得失之激射也。無美惡之法戒也。無進退之比較也。是故其民俗朴而愚。嗇而塞。蠢而野。耕田鑿井。長子抱孫。沒齒老身。自幸承平而已。以此之故。民有六害。學問不進。智識不開。技藝不新。器械不巧。心思不越。志意不踔。勝夫進化開發者。提携互進。日升而無已。守舊閉塞者。扶同沈溺。日下無已。以日下之民。與日升之民較。日退之國。與日進之國較。其勝負不待決。故挾此制以較今日。而偏國郡縣。永永得人。如陽城元紫芝呂父杜母者。國必亡。此非矯激言也。此較之數也。若夫今者令長之官。百數十萬人民之所寄。而選之極輕。養之極責之極重。課之極繁。待之極賤。佐之極少。此雖周公之才之美。所不能以空餓而獨數百里百千萬人。刑獄催科。撫守教養之責者。況于法網之密。束縛手足。風俗之壞。損人才。藉地之遠。如客入主家。遷移之多。視官如傳舍。而又屠伯市儈。紈袴孩嬰。朝金貨。夕縮銅墨。或文字不識。國土不知。若陽城元紫芝者。乃古今天下不一二數者也。其下僅佐雜數人。以供奔走。且無鄉官以分治之。以此之制。而與萬國自治日進之角。其勝負不待決矣。且即內不爲兆民計。外不與各國角。而今之言變法者。亦未始知措意于學校農商之業。製造選兵之事。及其日夜憂貧。思所以爲聚斂民財之法。以今地方治法之疏。以一切非常變法之大政。責之于未嘗學問耄老窮困捐納鑽之令長。于其簿書刑名錢穀之餘行之。是何異使蚊負山也。夫以萬里大國之大。而江鄂大都會。乃始有一二學堂。則其餘爲自制地罌民已甚矣。若欲望之令長徧舉新政。以是法制人才。學校如何而能興。農商如何而能勸。製造選兵如何而能精。且即設印花房屋之稅。如何而能徧逮于民。俾差役不害。而隱匿不行。假即令長能舉之。而何能令普國鄉市徧舉之。夫國何以成。非成于民耶。治何以起。非起于鄉耶。故古者之治。起化于鄉。自州黨族里。其法至纖悉而皆舉。今者各國鄉邑之治。自戶籍、死生、婚姻、產業、警察、保衛、治安、審判、議稅、印花、勸辦中小學校、專設石路及縣路鄉路、市場廣場、橋梁、築室、防火、消水、衛生、救貧、醫生病院、狂院、選兵、公債、山林、橋梁、鐵路、銀行、以及激其愛國之心。進其學業之識。勸其技藝。長其精神。凡此皆一鄉所有之政。其繁密纖悉精詳瑣細。幾同小國之體。各國何以能然。蓋皆聽民自舉人而治之。故其自爲謀也。至當且周。其趨公也。至勇且熱。故其民志意騰踔。心思發越。神氣王長。學識開明。技械精巧。政體皆隨時議決。故其氣象新而體理。生租債皆量力公定。故其輸將樂而作事舉。民安而樂之。勸而翔之。進而揚之。以視閉關守分受治之民。循死法而窒心思。抑志意而閉學識。風俗阻閉蒙塞。神氣萎靡頹散。政事蕪荒疏絕。財用困匱乏短。技械苦窳鈍樸。是故其民新舊日相反相遠。愚智日相反相遠。開塞日相反相遠。板活日相反相遠。鮮腐日相反相遠。神識志意日相反相遠。以此而與萬國自治日進之民角。其勝負不待決矣。夫民者國之本。鄉者治之本。本立則基固。基固則雖拱把之小樹。亦能幹枝堅勁而花實繁榮。若本根萎弱。則雖參天大樹。枝葉亦應時悴落。況求其着花結實。何可得哉。是故小國民本能立。其國亦强。大國民本不立。其國弱亡。觀于英三島之臣印度日本三島之敗我國。其已然之迹矣。嗚呼以今日地方之制而按之孟子同民之理。既相悖馳而敢不難不竦。投之于列强競爭優勝劣敗之時。則是恐四萬萬民之太安而自塗炭之。慮萬里地之不速割。而急自鬻之也。慘愚若此。而舉國謀臣智士不知所以救之。豈不大可哀哉。

救地方之術若何。曰知病即葯。今吾中國地方之大病。在于官代民治而不聽民自治也。救之之道。聽地方自治而已。今歐美之日强。人民之日智。地利之日出。學校之日盛。技械之日精。宮室橋梁道路之日修。警察保衛之日安。賦稅之日多。醫病恤貧之日仁。

鐵道銀行之日廣。山林漁澤之日闢。因以整其兵備。精其航船。以横于大地。剪滅東方。此其本非在國政也。非在政府及疆吏令長之一二人也。乃由乎舉國之公民。各竭其力。盡其智。自治其鄉邑。深固其國本故也。非惟歐美而然也。日本明治維新以來。行地方自治。而驟強矣。又非惟日本爲然也。專制威權無上之君權若俄者。亦已行地方自治矣。故其民才是用。而鄉政克修。地利盡舉。夫俄與我國之專制同。而強弱異者。由地方代治與自治異也。此又非今各國之新制也。我三代漢晉六朝實行之。周官鄉遂之制。一萬二千五百家爲鄉。而有大夫。二千五百家爲州。而有長。五百家爲黨。而有正。百家爲族。而有族師。二十五家爲閭。而有閭師。五家爲比。而有比長。設官若此之多。而職事若此之少。此非朝廷所命也。蓋亦民自舉而官許之耳。以其自治。故能登其夫家衆寡。辨其貴賤老少廢疾。辨其牝舍及其六畜車輦。以令貢賦聽訟移民。治其祭祀喪紀冠昏飲酒。師田行役。相保相受。刑罰慶賞之事。歲時讀法。興賢舉能。書其孝友睦姻有學敬敏任恤。其間簡兵器。教稼穡。正地域。列溝樹。行其下劑。樂昏土宜以利民。且能大說衆志。以開議會。其纖悉若此。故其自治至密。過于東西矣。漢人十里爲亭。則有長。十亭爲鄉有三老。嗇夫遊徼以掌教化訟獄盜賊之事。則今歐美之學校警察審判官也。亦皆民自舉而官命之。故政雖疏而未失。至隋盡收小吏之權。簿尉皆命于天子。而吏部數人。安能察萬里之地。官守令以上。已行崔亮停年之格。孫丕揚抽籤之制。安能及鄉。故鄉政由是盡隳。鄉官由是不舉。自治之法廢。而地方不修。民治不舉。國本不立。職是之由。自上言之。則督撫司道守令。層級累重。自下言之。則鄉州黨族里閭。無一官焉。有大官而無小官。有國官而無鄉官。有國政而無民政。有代治而無自治。故政事粗疏蕪荒。人才不進。地利不闢。而財用匱乏。蓋立法之意。但以爲國。非以爲民。但求不亂。非以求治。故即有循吏。至于桴鼓不鳴。厖吠無警。餘糧棲畝。訟獄少囚。則以爲治效之至矣。故自來地方政論。皆以淸靜無爲寬簡不擾爲主。曹參曰勿擾獄市。乃千古治法之極則。此皆老子愚民之法。所謂常使民無知無欲。安其居。樂其業。美其服。老死不相往來。夫所求不過如是。乃與今競爭之理相反。故謂舉國守令皆召父杜母陽元。而國必亡也。蓋將南其轅而北其轍。則愈疾行而去愈遠。起點既異。則測線之相反。差以毫釐而謬不止百千萬里者。故天下之患。莫苦於舉國習爲固然。以古自証而不知察。則其病不可救也雖然、地方自治法。吾中國固已行之。而吾粵尤盛矣。蓋一縣之地。爲里數百。爲口百數十萬。多者乃數百萬。此蓋東西一小國之地。加拿大萬里之國。人數不過四百萬耳。順德幾幾比之矣。僅以一令及八九品數佐雜治之。此必不給之勢也。故地方之訟獄。以遼遠不及赴訴于令。地方之保衛。不能不民自爲謀。學校道路橋梁博施院醫院。不能不民自爲理。於是有紳士鄉老族正以斷其獄。選人爲更練壯勇以衛其鄉。以及隄堰廟堂學校道路橋梁公所祭祀。一切不能不自爲私歛以成之。或特別捐抽。或常行征稅于營業田畝室屋人口。事畢布告其數于公所。其重且大思垂久遠者。則請之官得許而爲例。鄉縣處處不同。各因其俗而人安之。雖私稅之無間言。至咸豐之亂起。紳士各團練自衛其鄉。以一鄉力薄。則聯數十鄉或數鄉。因其地勢以成之。或一大鄉自爲一團。號之曰局。則常有征稅。而有鄉官治事其間。卽以南海同人局言之。其治下凡三十六鄉。男女約五萬。局有長二人。以進士舉人諸生充之。鄉人有訟斷于是。局勇二十人。有武官統之。猶警察官也。有書記一人。司會一人。其一切諸局。或大如九江。則男女三十餘萬人。小則數千人。體裁詳略不同。而大體不外是。粵中幾徧省有之。局紳皆由紳舉而官允許者。亦有不請于官者。有大事則凡列紳士者得預議焉。甚類于各國議員。其大局則規模章程具備。純乎地方自治之制矣。但國家未爲定制。而議員局長不由民舉。故時有世家巨紳盤踞武斷之弊。而小民尚蒙壓制愚抑之害而不得伸。此蓋貴紳遺制之害。蓋舊俗之源出於國治。而非出于民治。故雖美而未盡善。若國家有公民議員之制。則民氣之激揚。可一朝而拔發也。蓋鄉官公民議員之義。出于天然之公理。國不爲立。而民自立之。各直省雖不能然。然鄉落皆有紳士主持之。有事則有司咨之小民請命焉。猶然地方自治之意。此則舉國皆然矣。今若就廣東先行之。爲定鄉官議員之制。粗定大律。而聽令各鄉斟酌其枝條細目。則可立爲施行矣。因其地之本有而潤色之。至易爲功。紓其民之積氣。而利導之。至易爲德。夫萬國自治之效若彼。中國故事自治之善制如此。察之現時之民俗。自治之制已具。故以勢言之。中國不能不改地方自治。以俗言之。中國已行地方自治。在一轉移間耳。(未完)

# 傳記

## 噶蘇士傳（續第四號）

中國之新民

匈加利愛國者

### 第六節 出獄後之五年間

噶蘇士既出獄。暫退居於山水明媚之地。回復其疲瘁之體氣。其時仰彼聲望。思與聯姻者。踵相接。其間或有溫和黨之貴族。倩蹇修而致詞者。噶氏毅然排斥之曰。彼雖佳人。但其父結繩而縛彼已久矣。卒以千八百四十一年。與同志某之女公子結婚。而其年復應某書肆之聘。出一報紙於彼斯得省城。即有名的彼斯得報 Pesti Hirlap 是也。疇昔噶家墨蹟報。既震撼全匈。今此報以主筆噶蘇士之名。不數月而銷行數萬分。以上勢力磅礴。更倍於前。至千八百四十三年國會之開。噶氏遂立於彼斯得議員候補之地位。政府惡其入選也。百方排斥之。卒爲溫和黨候補者所攙奪。千八百四十四年。與國政府更易。自由黨被黜。而帝政黨代之。益行專制之政。悍然直以匈加利爲其奴隸。其法律之最無理者一條曰。

自今以往。匈加利人除奧國所製造之物品。不許輸入他國之貨。

匈加利所製造之物品。雖一物不許輸出於奧國。

蓋彼等欲藉此法律以保護奧國之工商業。其不解平準之眞理。愚謬固可笑。其不顧人民之權利。橫暴尤可憤也。噶蘇士乃憑藉彼斯得報之力。大聲疾呼。喚起國民全國之工商家。羣起應之。設一大會以抗政府。其會之決議曰。

我匈加利人自今以往。苟非到奧國政府改此法律之日。決不許買奧國之貨物

此決議既行。奧國之工商反大蒙損害。馳致無量之製造廠。自奧國移設于匈境內。政府莫能禁也。於斯時也。噶蘇士之運動最烈。而爲國失明之威哈林男亦獻其半廢之身。東奔西走。鳴政府之罪狀。革命之機。如箭在弦矣。

匈人商工大會之既成立也。奧政府苦之。不得已。於千八百四十七年。復召集匈加利國會。彼斯得省例當選議員二名。其一名則當時人望最高諸黨所共戴之巴站伯爵也。其一名。則諸黨所競爭。凡候補者三人。一曰巴拉。二曰星拉黎。三則噶蘇士也。政府

忌噶氏如蛇蝎。復極力沮之。黨於政府者咸屬意星拉黎。乃星巴二人。聞噶氏之將爲候補人也。相與謀曰。吾輩承乏議員。將以爲國家之前途也。鷙鳥累百。不如一鶚。噶蘇士若出。吾輩不可不避賢路矣。乃悉自辭其候補。於是噶蘇士復被舉爲議員。國民歡呼之聲。倏徧都市。而奧政府聞之。若新得一敵國。惴惴不可終日矣。

當時匈加利政界分三黨派。一曰溫和黨。沙志埃爲之魁。二曰急進黨。噶蘇士爲之魁。其三則社會黨也。溫和黨之主義。務與奧政府聯絡。徐圖改良。社會黨之主義。務破壞現時之文物制度。各行其新理想。惟噶蘇士一派。別出機軸。卽盡其力之所及。提出種種法案。迫政府以實行。若其不省。乃更出他途。非萬不得已。不用破壞手段也。以故此派常能調和於溫和社會兩黨之中。使全國一致。皆此之由。

## 第七節　普黎士堡之國會

千八百四十七年十一月十二日。開國會於普黎士堡。以翌年四月十一日閉會焉。此次國會。實近世匈加利史中最重要之部分。亦噶蘇士傳中最快烈之生涯也。與王腓的能第五。臨幸議院。舉行開會之典。見奧人衆怒之難犯也。宰相梅特涅勸王以籠絡之策。開會勅語。加誹愼焉。雖然熱誠機智之匈國民。豈爲其甘言醜態所能動者。下議院之風潮。竟爲噶蘇士所指揮。有一擊千里之勢。

硝藥滿地。待火線而爆焉。洪濤嚙堤。乘蟻穴而轟焉。天不忍匈民之無告也。天不忍全歐洲各國民之無告也。千八百四十八年二月二十三日。一聲霹靂。巴黎之第三革命起。

三月二日。法人流其王於英。而此革命軍之詳報。亦以其日達於喈黎士堡焉。愛自由尊獨立之匈加利人。受此影響。砰然若增萬匹之馬力。氣燄萬丈。不可復制。

三月四日。一議員以國家銀行失信用紙幣不能通行之故。質問於政府。（凡國會皆有政府大臣參列議員之質問）政府方欲答辯。噶蘇士忽從容起立。振懸河之雄辯。痛數政府之罪惡。謂鈔幣所以失信用於匈加利及波希米亞 Bohemia 實證明政府於財政上無能力也。乃單刀直入而昌言曰。

我匈加利建獨立之政府。行獨立之財政。是當今之急務也。匈加利者。匈加利人之匈加利。我同胞有自治之權利。有自治之責任。非他人所能代也。

此滔滔汨汨轟轟烈烈之一段演說。如鄉斗大火球於國會爆藥堆中。革命之氣若創出匣滿院議員直將其保守之念擲向九霄雲外噶蘇士乘此機會揮全力以行生平之所志將所草擬改革案三十一件悉行提出無論溫和黨社會黨咸贊成之茲舉其案之重要者如左。

第一　定匈加利自治政體對於匈加利議會而創立一責任政府也。按責任政府者政府對於議會而負責任。即議會得代表人民以課政府之功罪也。

第二　貴族之特權一切廢棄也。

第三　廓清封建制度之餘習以土地爲公有廢地主之特權使國內勞力之人不爲他人所分利而國家別籌經費賠償地主以保障農民之完全自由權也。按此與中國古者均田之制頗相似。近世社會主義之學者。言其法理甚詳。各國雖知其美。然玆事體大。至今未有能實行者也。

第四　信教自由之權利十分保全也。

第五　匈加利自置國民軍也。

第六　言論自由之權利不得侵犯也。

第七　杜蘭斯哇省。按與今南非洲與英搆兵之國同名。編入匈加利國也。

第八 租税不得畸輕畸重務平分以負擔國費也。

第九 凡納所得税者（按所得税者。英名Income Taxes。即人民以歲入所得之利益。納成數於政府也。）皆得有選舉權也。

法國二月之革命不特影響於匈加利而已歐洲列國民政之機運實皆至此而成熟也。菩黎士堡國會決議之日正維也納（奥都）市民倡義之時民賊梅特涅僅以身逃國王狼狽不可名狀丁此際也而吾儕所敬所愛所夢想所崇拜之絕代偉人噶蘇士者以匈加利國民總代之資格携國會決議案三十一件赴奥都。

三月十三日噶蘇士至維也納即梅特涅奔逃之同日也奥都革命黨既擯內蠹復得外援額手歡呼喜可知矣十五日噶氏謁奥王於宮中數萬人民沿道爲羣握其手者禮其額者不絕於目噶蘇士萬歲之聲不絕於耳奥王惴惴慄慄接見此偉人於四面楚歌之裡以且羞且怯之語詰問其議案之要領噶氏則滔滔雄辯爲之說明奥王敢怒而不敢言能憤而不能拒乃以翌十六日悉報曰可且從噶氏之所推戴以彼斯得省代表人巴站伯爵爲匈加利國首相使組織政府巴站直受之奏報新政府之職員如左。

總理大臣　伯爵路易、巴站　內務大臣　巴達耶士、梅利
戶部大臣　路易、噶蘇士　司法大臣　佛蘭西士、狄渥
軍務大臣　將軍拉薩、美梭羅　商務大臣　瓦波、格樓沙
工部大臣　伯爵士的英、沙志埃　文部大臣　男爵伊亞莎、亞多士
外務大臣　公爵坡兒、埃士達哈志（按匈加利其時未爲獨立國此外務大臣不過專司與奧大利交涉之事耳）

是役也。網羅溫和急進兩黨之名士。沙志埃噶蘇士狄渥之三傑相携比肩於一堂。蓋自有匈加利史以來。所未有之盛業也。噫嘻有志者事竟成。國民不當如是耶。大丈夫不當如是耶。

雖然此政府者不過回復匈加利自治之精神耳。而匈加利之隷屬於奧王麾下如故也。奧王以其王族士的英伯爵。（與沙志埃同爵同名）爲匈加利總督代表國王之權利義務如故也。

四月十一日爲國會散會之期。奧王復親臨普黎士堡。以馬哥耶語（即匈加利多數人民所用之國語）述散會之勅辭於新政府大臣列席之前。而國民既達多年之宿望復自治之權利。思亂之心亦稍熄矣。

使與王而審民族之趨勢因輿情之順潮自茲以往君民一心以圖國運之進步則豈惟匈民之福抑亦帝室之利也雖然王之許匈加利以自治權也豈其本心哉迫於維也納革命黨內外之夾擊聊以此緩禍于眉睫耳未幾而本國革命已被鎭撫肘下之毒蛇方去心中之鬼蜮旋生遂復運其機智思以顚覆匈加利新政府而其所以顚覆之之術則何如盖匈加利國最大之缺點即合許多異種之民以成國而無所統一是也試舉其概

| | |
|---|---|
| 匈加利國民總數 | 一四、六五五、四七四人 |
| 內馬哥耶人 | 五、〇〇〇、〇〇〇 |
| 華拉焦人 | 二、三一七、三四〇 |
| 撒遜人 | 一、四二三、一六八 |
| 士羅域人 | 二、二二〇、〇〇〇 |
| 盧普人 | 三五〇、〇〇〇 |

| | |
|---|---|
| 活德人 | 五〇、〇〇〇 |
| 格羅人 | 一、三五二、九六六 |
| 塞爾維亞人 | 九四三、〇〇〇 |
| 蘇格拉和尼亞人 | 一、〇〇〇、〇〇〇 |

然則匈加利人口一千四百六十五萬之中馬哥耶人雖占其最多數。然不過三分之一強耳。其他三分之二弱。則自羣異種而成立者也。奧王利此政府爲馬哥耶人所建設也。乃謀煽動此諸異種。自其內而戕之。有敗類之報館主筆某者。格羅人也。旅居于奧都維也納。承奧政府之鼻息。竊往格羅士亞省說格羅人。使叛匈政府。其言曰。「匈加利者。匈加利人之匈加利。非馬哥耶人之匈加利也。今馬哥耶一族。猥張其欲。其在國會也。廢公等所通用之拉丁語。而以馬哥耶語代之。其所施設。惟馬哥耶人之利是視。彼之强。則我之弱也。公等格羅之好男兒也。何故甘屈伏于馬哥耶人新政府之下耶。獨立乎來。獨立乎來。馬哥耶人能獨立於奧政府之外。公等獨不能獨立於匈政府之外耶。」嘻、此等似是而非之言。實最能淆格羅人之聽者也。果也。全省靡然。惑於其

說。反叛之旗忽起。時五月中旬。距新政府之成立未兩月也。

六月上旬。塞爾維亞人復開省會。合同種人九十四萬以抗新政府。且宣言自今以往。視馬哥耶人爲公敵。馬哥耶人之居于格羅士亞塞爾維亞兩省者。無端而遇襲擊焚廬舍。奪財產。姦婦女。殘酷殆無人理。新政府聞亂耗。先遣兵於塞爾維亞。未平。而警報續至。曰庇納省叛。曰杜蘭斯哇省叛。曰撒遜人叛。曰蘇格拉和尼亞人叛。曰南方及西南諸州悉叛。新政府一面派鎭撫之兵於四方。一面以實情通報於奧政府。

奧政府喜。匈人之中其計也。而尙以機會之未成熟也。陽言叛民之可嫉。而聲稱必助匈政府。特派埃拉志男爵率兵向格羅士亞。若爲協力助勦也者。埃拉志者。格羅士亞產。而前者伊大利之役。曾率格兵以立戰功者也。奧政府之遣彼也。以鎭撫叛民爲名。而實則餽叛民以一首領也。故其將達格羅士亞也。格人以滿腔親厚之情歡迎之。直開省會。宣言格羅士亞之獨立。而戴埃拉志爲統將。埃拉志亦受之而無難色焉。匈政府得報大驚。以告於奧政府而詰責之。奧政府則以空言詬埃氏之無狀。曰吾將罰之吾將罰之云爾。

匈人非愚者也。奧政府罔兩之情狀。既已洞若觀火。其爲叛黨之後援明甚矣。雖然彼未顯然以相仇。我固不可公然以爲敵。新政府乃請奧王以七月臨幸於彼斯得省之匈加利國會。使明言其贊助新政府之實心。及叛徒必當鎮壓之理由。此實對於國王而爲試驗的要求也。果也奧王竟置諸不答。未幾而國會召集之期至矣。七月五日實惟新政府治下國會第一次開會之期。戶部大臣噶蘇士提議徵募兵士二十萬。豫籌軍費四千二百萬佛郎。奧政府欲沮此案。於是開會之日所謂代表奧王之士的英總督。演述祝辭。以曖昧模棱之口吻。微言叛黨之非無理。而諷新政府處置之失宜。其辭令之巧妙。有可驚者。奧政府之處心積慮。以爲匈政府之摧滅在今日矣。

噶蘇士之登演壇也。嘗能以其熱誠及其雄辯激盪聽衆之耳鼓而吸引其腦筋。是日傾注其胸中萬斛愛國之血淚。詳說匈加利之國情。及叛黨之性質與其原因結果。慷慨淋漓。聲淚俱下。其略曰。

諸君諸君。余今乞師二十萬及其軍費於公等。公等以此事爲政府之私事乎。以此案之可決否決。爲政府信任不信任（按政府所提之案。而議院否決者。是政府不見信任於人民之證也。則政府當辭職。此立憲國之通例也。）

之證乎。是大謬不然也。今日之事。實維持匈加利國家之不二法門。而我國民生死之問題也。諸君若愛自由乎。請耐忍以待此內難之削平。則我輩及我子孫皆永得生息於獨立之天地。其成耶在今日。其敗耶在今日。其生耶在諸君。其死耶在諸君。某也不才。忝受委托。今日揾縷縷之淚。濾滴滴之血。捧心瀝胆。匍匐俯伏以提出此案於我有血性有榮譽的匈加利國民胸臆之前。諸君乎。諸君乎。若我輩各出其高尚純潔之愛國心以立於世界。某敢斷言曰。雖悉地獄恒河沙數之魔鬼來相攙襲。彼無如匈加利何也。

噶蘇士之為此演說也。四百議員莫不銜枚無譁。傾耳悚息以敬聽者。演說方畢。而贊成贊成之聲。忽起於四座。有疾呼『不自由毋寧死』者。有高叫『國可亡不可辱』者。此重大之議案。竟以滿塲一致通過。於匈加利萬歲！萬歲!! 萬歲!!! 之聲裡。與總督窮鬼極蜮之祝辭。卒無絲毫之效。民賊士的英瞠目結舌而退。

雖然。案雖可決。但必經國王之裁可。始能施行也。於是首相巴站。法相狄渥。齎此議案。赴維也納。奥王初不意國會之贊此案也。至是多方推託。不肯畫諾。而命巴站與埃拉志男爵協議。巴站以王命訪埃拉志者三四度。埃氏惟堅持廢匈加利新政府仍轄于奧政府之議。協商既不就緒。埃氏則盛修兵備。將大舉以襲彼斯得省城。巴站不得已。復面謁國王。請賜勅裁。時奧國新戡定奧屬意大利之民黨。奧王得報。趾高氣傲。謂匈加利人不足恐也。乃脫其數月來之假面目。斷然宣告。謂國會所決議之增軍案。不能裁可。巴站狄渥憤然而返。而九月十一日。復得埃拉志軍已渡積黎夫河將襲彼士得之報。至難至險之現象。沓來麕至。雖然、愈危難而氣愈盛者。匈加利人之特性也。泱泱千餘年獨立之國民。豈有隨敵人之喜怒以爲勇怯者耶。普天下血性男子。請拭目以觀噶蘇士及其國民之所以當此大難者何如矣。

（次號完結）

涸墨春愁春捲絮　燕子歸來　苦被年華誤

半晌懷人搔首竚　落梅風急閑庭暮

辛苦凝懷何用訴　曲曲香痕　曲到無憑據

安頓惜花心事處　謝他昨夜風和雨

# 地理

## 中國地理大勢論

中國之新民

美哉中國之山河！美哉中國之山河

中國者天然大一統之國也人種一統言語一統文學一統教義一統風俗一統而其根原莫不由於地勢中國所以遜於泰西者在此中國所以優于泰西者亦在此

中國之面積十五倍於日本合歐洲列國如瑞典那威丹麥奧大利匈加利德意志瑞士伊大利荷蘭比利時佛蘭西西班牙葡萄牙其幅員僅足與我頡頏中國者名爲一國實一洲也當周末四五百年漢末四百餘年唐末百餘年間皆列國並立與歐羅巴大陸相類而卒歸於一統之運不如歐西之國國抗衡多歷年所者蓋彼則山嶺交錯縱橫華離於其間多開溪谷爲多數之小平原其勢自適於分立自治此則莽莽三大河萬里磅礴無邊無涯其形勢適與之相反也

中國現今地理可概分爲兩部一曰本部十八行省是也二曰屬部滿洲蒙古回部西

藏是也亞洲者全地球之宗主也中國者亞洲之宗主也本部者又中國之宗主也請先論本部

文明之發生莫要於河流中國者富於河流之名國也就本部而三分之復可爲中南北三部北部者黃河流域也中部者揚子江流域也南部者西江流域也三者之發達先後不同而其間民族之性質亦自差異此亦有原理焉凡河流之南北向者則能連寒溫熱三帶之地而一貫之使種種之氣候種種之物產種種之人情互相調和而利害不至於衝突河流之向東西者反是所經之區同一氣候同一物產同一人情故此河流與彼河流之間往往各爲風氣故在美國則東西異俗（美國之河皆自北而南）而常能均調在中國則南北殊趨（中國之河皆自西而東）而間起衝突於一統之中而精神有不能悉一統者存皆此之由

自周以前以黃河流域爲全國之代表自漢以後以黃河揚子江兩流域爲全國之代表近百年來以黃河揚子江西江三流域爲全國之代表夸古之事不可紀今後之同猶未來然則過去歷史之大部分實不外黃河揚子江兩民族競爭之舞臺也前者西

江未發達。故遜稱中部爲南部。數千年南北相競之大勢。即中國歷史之榮光。亦中國地理之骨相也。今請以政治上文學上風俗上兵事上兩兩比較而論之。

其在政治上。北方視南方。（以下所言南方皆指揚子江流域也非指極南之西江）常占優勢。蓋我黃族之始祖。本自帕米爾高原。迤邐東下。而揚子江上流。崇巒峻嶺。壁立障之。故避難就易。沿河以趨。全國文明。自黃河起點。而傳布於四方。帝王實力。亦起於是。積之者厚。故其勢至今猶昌也。今以歷代帝王都徵之。

黃河流域國都表

| 代 | 都 | 今地 | 河系 |
|---|---|---|---|
| 三皇 太昊伏羲氏 | 陳 | 河南陳州府 | 在蔡河之岸蔡河後淤入黃河 |
| 三皇 炎帝神農氏 | 曲阜 | 山東兗州府 | 在泗水之南洙水之北 |
| 三皇 黃帝軒轅氏 | 涿鹿 | 直隸順天府 | 在拒馬河右岸拒馬經兩淀而入白河然案古地圖實屬黃河河系 |

| | | | | |
|---|---|---|---|---|
| 五帝 | 少昊金天氏 | 窮桑 | 山東兗州府 | 泗水附近 |
| | 顓頊高陽氏 | 帝岳 | 直隸大名府 | 黃河古金隄附近 |
| | 帝嚳高辛氏 | 亳 | 河南河南府 | 在伊水之岸伊水入洛洛入河 |
| | 帝堯陶唐氏 | 平陽 | 山西平陽府 | 在汾河左岸平水之北 |
| | 帝舜有虞氏 | 蒲坂 | 山西蒲州府 | 嬀汭之傍 |
| 三代 | 夏 | 安邑 | 山西解州 | 在永河之傍 |
| | 殷 | 亳 | 河南歸德府 | 在黃河揚子江之間淤河之南 |
| | 周 | 洛陽 | 河南河南府 | 洛水之北即其左岸 |
| | 秦 | 咸陽 | 陝西西安府 | 渭水之北即其左岸 |
| 漢 | 西漢 | 長安 | 陝西西安府 | 渭水之南即其右岸 |
| | 東漢 | 洛陽 | 見上（凡見上者則缺之下同） | |
| | 魏（三國之一） | 鄴 | 河南彰德府 | |
| | 西晉 | 洛陽 | | |
| | 後魏 | 洛陽 | | 孝文帝自代徙都之 |
| | 北齊 | 鄴 | | 北齊承東魏之舊 |
| | 後周 | 長安 | | 後周承西魏之舊 |

| | | | |
|---|---|---|---|
| 隋 | 長安 | | 文帝都長安煬帝遷洛陽 |
| 唐 | 長安 | | 其末葉爲後梁所刼遷于洛陽 |
| 五代 後梁 | 汴 | 河南開封府 | 黃河幹流之南卽其右岸 |
| 五代 後唐 | 洛陽 | | |
| 五代 後晉 | 汴 | | |
| 五代 後漢 | 汴 | | |
| 五代 後周 | 汴 | | |
| 宋 | 汴 | | 初都汴百六十六年而南遷自此以後稱南宋 |
| 金 | 北京 汴 | | 金初都上京(今會寧)後厭其僻北遷燕京(今北京)復爲蒙古所逼南遷汴京 |
| 元 | 大都 | 直隸順天府 | 卽北京也 |
| 明 | 北京 | 直隸順天府 | 北京雖非黃河流系然實延緣於此河系之平原上也明永樂始遷 |
| 清 | 北京 | | |

由此觀之。歷代王霸定鼎。其在黃河流域者。最占多數。固由所蘊所受使然。亦由對於北狄。取保守之勢。非據北方而不足以爲拒也。而其據於此者。爲外界之現象所風動

所薰染其規模常宏遠其局勢常壯濶其氣魄常磅礴英鷙有俊鶻盤雲橫絕朔漠之概。

揚子江流域國都表

| 代 | 都 | 今地 | 河系 |
|---|---|---|---|
| 吳（三國之一） | 建業 | 江蘇江寧府即南京 | 揚子江幹流之南即其右岸 |
| 東晉（六朝） | 建康 | | |
| 宋（六朝） | 建康 | | |
| 齊（六朝） | 建康 | | |
| 梁（六朝） | 建康 | | |
| 陳（六朝） | 建康 | | |
| 南宋 | 臨安 | 浙江杭州府 | 雖在錢塘江口然實延緣於揚子江之河系也高宗始遷揚州繼定都於此 |
| 明 | 應天府 | 江蘇江寧府 | 即南京也太祖初都之成祖遷於北京末葉福王復都之 |

由此觀之。建都於揚子江流域者。除明太祖外。大率皆創業未就。或敗亡之餘苟安旦

夕者也。爲其外界之現象所風動所薰染其規模常綺麗其局勢常清隱其氣魄常文弱有月明畫舫緩歌慢舞之觀。

此外不依此兩河流以立國而其歷史稍有可觀者則有蜀之成都今四川成都府也。蜀本據長江之上游。亦可強謂之揚子江流域。後魏之平城今山西大同府也。其割據年代稍短或地位稍偏於政治歷史無甚關係者。漢初則有若南越尉佗之在廣東凡八十五年閩越無諸之在福建。凡九十五年。皆不在兩流域內 兩晉則有若漢劉淵之都平陽。黃河流域 趙石勒燕慕容皝之都鄴。黃河流域 秦苻堅後秦姚萇之都長安。黃河流域 南燕之在山東。黃河流域 諸涼之在甘肅。不在兩流域內 唐末則有若吳楊行密之在淮南。揚子江流域 凡四十九年。蜀王建孟知祥之在四川。準揚子江流域 前後凡六十四年。楚馬殷之在湖南。準揚子江流域 凡五十五年。閩王審知之在福建。不入兩流域內 凡四十九年吳越錢鏐之在兩浙。準揚子江流域 凡八十四年。南漢劉隱之在廣東。不入兩流域內 凡七十年。近世則有若太平洪秀全之在金陵。揚子江流域 凡十一年。合前兩表統之數千年王霸之國都。其在黃河流域者十六得姓三十六其在揚子江流域者二得姓十其準黃河流域者一。北京 得姓四其準揚子江流域者二成都臨安湖南 得姓六其不在兩流域內者五得姓七數千年政治都會。略具於是矣。校其發達之大勢。東周以前。南方未始建國也。春秋戰國以後。而楚吳越始强。其力足與北方諸國相埒。及於漢末而竊據者。率起於北。及於唐末。而竊據者多起於南。此亦兩地勢力平均之一消息也。今請將五大都氣運之久暫。列爲一表。以求其原因結果。

| | | | |
|---|---|---|---|
| 一 | 長安 | 黃河流域 | 凡九百七十年 |
| 二 | 洛陽 | 同 | 凡八百四十五年 |
| 三 | 汴京 | 同 | 凡二百五年 |
| 四 | 燕京 | 準黃河流域 | 凡七百十八年迄今日 |
| 五 | 金陵 | 揚子江流域 | 凡三百六十六年 |

北方宅都時代。而南方無他都者。垂二千餘年。其南方宅都時代。而北方無他都者。惟明太祖建文共三十五年耳。然則雖謂政治之中心點。常在黃河流域可也。至同一黃河流域。而其勢力自西而趨於東者。則亦有故。黃族初發軔於崑崙之墟。次第東下。至黃帝顓頊。已寖達黃河下流。而爲洪水所苦。不得不復折而邑於山陝之高土。及夏禹

成第一次統一之業文武周公成第二次統一之業秦政成第三次統一之業而皆起自黃河上游積千餘年之精英而黃河上游遂爲全國之北辰仁人君子之所經營梟雄桀黠之所攙奪莫不在於此土取精多用物宏故至唐而猶極盛焉東北方之燕自古以來不足爲中原之重輕久矣故自隋以前其地只能如蜀閩南粤以僻陋在遠不爲羣雄之所爭當擾攘之世常自立數十年以待戡定焉耳試徵其歷史北燕在春秋時最稱弱小能自免於中國者不過三四七雄之時爲齊所取後賴五國之力樂毅爲將然後勝齊然卒於得七十餘城不能守也然則幽燕非能自立之地也戰國策。蘇秦說趙王曰。趙北有燕。燕固弱國。不足畏也。又燕王曰。寡人國小。西迫强秦。南近齊趙。齊趙强國也。又曰。天下之戰國七。而燕處弱焉。又奉陽君曰。燕國弱也。東不如齊。西不如趙云云。此外尙多。洪容齋隨筆備引之。及楚漢之交趙王武臣爲燕軍所得趙厮養卒謂其將曰一趙尙易燕況以兩賢王滅燕易矣其在東漢彭寵以漁陽叛即時夷滅其在三國公孫淵據地僭號二十餘年終不能並鼎而四其在十六國稱燕稱趙者多矣未嘗有僅據燕薊之地者也夫在昔之燕不足重輕也如彼而今則海宇之內斂袵而徃朝者七百餘年他地視之瞠乎其後者何也其轉捩之機皆在於運河中國南北兩大河流各爲風氣不相屬也自隋煬濬運河以運貫之而兩河之下游遂別開交通之路夫交通之便不便實一國政治上變遷之最大原因也自運河既通以後而南北一統之基礎遂以大定此後千餘年間分裂者不過百年耳而其結果能使江河下游日趨繁盛北京南京兩大都握全國之樞要而吸其精華故逮唐中葉而安祿山史思明用范陽盧龍之衆蹂躪中國實惟幽燕勢力之嚆矢至宋而金源宅京於此用之以俘二帝盜中國之强半矣蒙古紾金臂而奪之遂以滅金滅宋混一寰區矣明祖南人安南奠都金陵而燕王棣卒以靖難之師起北方復宅金元之故宅以至於今非地運使然實地勢使然也爾後運河雖淤涸而燕京之勢力不衰者一由積之既久取精用宏與千年前之鎬洛相等一由海道既通易河運以海運而燕齊吳浙閩越一氣相屬燕乃建高瓴而注之也由此觀之凡一地之或盛或衰其間必有原因焉以消息之凡百皆然而燕京其一例耳自今以往其在陸者長城之險已夷其在海者津沽威海旅順重重門戶亦已盡失鐵路輪船既通而運輸交通之形勢亦大異疇昔此後有宅中圖治者乎他日之燕京或成為今日之長安洛陽未可知也

中國爲天然一統之地固也然以政治地理細校之其稍具獨立之資格者有二地一曰蜀二曰粵此二地者其利害常稍異於中原蜀揚子江之上游也其險足以自守其富足以自保而其於進取不甚宜故劉備得之以鼎魏吳唐玄幸之以逃安史王建孟知祥據之以傳數世然蜀與滇相輔車者也故孔明欲圖北征而先入南四川雲南實政治上一獨立區域也粵西江流域也黃河揚子江開化既久華實燦爛而吾粵乃今始萌芽故數千年來未有大關係於中原雖然粵人者中國民族中最有特性者也其言語異其習尚異其握大江之下流而吸其菁華也與北部之燕京中部之金陵同一形勝而支流之紛錯過之其兩面環海海岸線與幅員比較其長卒爲各省之冠其與海外各國交通爲歐羅巴阿美利加澳斯大利亞三洲之孔道五嶺亘其北以界於中原故廣東包廣西而以自捍亦政治上一獨立區域也他日中國如有聯邦分治之事乎吾知爲天下倡者必此兩隅也

（未完）

## 學術

本報學術門。論中國學術一篇。其語繁重。非一年不能印完。而第三章第四節題爲戰國學派與希臘學術比較。恐讀者於希臘哲學說。未窺涯涘。或致茫然。故先草此篇。以資參考。又本論原有緒論一章。亦緣此理由。暫置于後。而以上古時代編先焉。讀者諒之篇中譯諸哲之名。其已見於嚴侯官天演論者。悉從之。其未見者乃自譯也。　著者識

# 泰西學術思想變遷之大勢

中國之新民

## 上編　上古時代

### 第一章　總論希臘學術（本論範圍專在哲學其他不具讀者亮之）

希臘者歐羅巴之母也。政治出於是。學術出於是。文學出於是。技藝出於是。乃至言語風俗有形無形之事物。無一不出於是。雖謂無希臘則無歐羅巴。非過言也。希臘學派。至繁極賾。而其目的皆以考萬物蕃化之現象。於其變遷無定中而推見其本體。以求其永遠不動之原理爲歸。故初期之哲學。皆天然哲學也。世界觀也。所謂伊阿尼亞派。所謂埃黎亞派。所謂畢達哥拉斯派。（並詳見下章）其持論雖各異。其所向之鵠一也。異焉者不過其著眼之點而已。即甲派主實驗。乙派主推理。丙派執其中庸。所以有異同者在於

此。然諸家錯說。異論紛殺。其勢必趨於懷疑。懷疑派者以爲眞理終非吾人所能識者也。何則。人之知識緣感覺生。感覺者不過吾意根之狀態。而非可以代表外物之本體者也。然則吾所謂眞理者非絕對（絕對者。無對待也。如云絕對之眞理。即無假理以爲對待之謂也。）之眞理明矣。以此之故。復生出詭辯學派。謂吾人無論不能知眞理也。即知之。亦非可告語於他人。此希臘胚胎時代學派之概略也。梭格拉底出。反對此等懷疑論。以爲吾人之本性。不徒有感覺而已。而實具有能察物理之能力。雖然、梭氏專言倫理之原理。而未及純正哲學。雖以止於至善立教。而其所謂至善者。言之未瞭。故及其沒也。其弟子互爭此點。各是所是而非所非。而皆自以爲師說。故有所謂主樂派者。有所謂非樂派者。（按楊氏近主樂派。墨氏近非樂派。墨子有非樂篇。樂者樂也。）及其高弟柏拉圖出。始倡性理論以調和之。所謂觀念派者是也。與柏拉圖之觀念論並興者。德謨吉來圖之阿屯論也。柏氏爲梭氏高弟。故其學注重人事之現象。以倫理爲最要問題。是梭氏之遺傳也、德謨雖與同時。然未嘗一到雅典。未一受梭聖之摩頂。故其學注重天然現象。以根塵爲最要問題。蓋所受者殊科也。亞里士多德又調和以上兩家者也。故其說如五色摩尼。隨觀者之眼而異所見。或見爲主唯心論。（唯心唯物等語係用佛典語讀者細玩自明所指）而近於柏氏。或見爲主唯物論。而近於德謨氏。雖然、皆是也。皆非也。亞氏之說。實兼兩者而存之者也。彼以宇宙之本體爲變動不居。進化無已。以此劑通兩說。故通稱此派爲進化學派。亞氏之學。實總匯古代思想之源泉。而發達臻於極點者也。且其窮理之法。亦綜合諸家。彼以爲剖辨眞理。當有所憑藉也。於是創論理學（即侯官嚴氏譯爲名學者。）以範之。此其持論之精確。所以超軼前哲也。亞氏又明哲學與科學（中國所謂格致學之類）之別。亦其識之加人一等也。

亞氏沒後。天下大亂。民生多艱。學者終日汲汲。求所以安身立命之途。不遑馳思精深。而一以修身爲鵠。故治純正哲學者少。惟以倫理爲最高之問學。於是斯多噶派與伊壁鳩魯派分起。同主於實踐。而甲派以成德爲至善之鵠。（天演論案語云。斯多噶之教。尚任果。重犯難。設然諾。貴守義相死。）乙派以快樂爲至善之鵠。（頗類近世邊沁諸賢所倡）兩者各相非。其勢力之盛。亦相匹敵。於是懷疑論復起。懷疑論不可久也。於是折衷派繼之。以爲兩者皆有所長。然折衷論亦不可久也。卒復歸於古代神祕說。以謂吾儕人類。終非能以自力求得眞理者。必也藉不可思議之神力以啓之。此說既行。而當時適與東方交通。猶太教耶穌教之思想。次第輸入。哲

三

學旣大蒙其影響。而亦以我哲學。影響彼宗教。於是別創一種神哲調合之派。而中古學史之幕開矣。

## 第二章　希臘哲學胚胎時代

### 第一節　伊阿尼亞學派 Jonia

伊阿尼亞派起於密理圖。故亦稱密理圖派。西歷紀元前六百年至五百年間。號稱極盛。其持論之要點。以爲宇宙物體。如此其繁賾。必有爲其根者焉。因欲求得此化生萬類之原質而抱一以貫之者也。此派鉅子。凡有三賢。而德黎 Thales 640-550 B. C. （凡篇中用B. C.字樣者。皆耶穌紀元前之省稱也。即德黎生于紀元前六百四十年。卒五百五十年也。下仿此）稱首。次之者爲亞諾芝曼德 Anaximandros 611-547 B. C. 亞諾芝之緜尼 Anaximenes 581-524 B. C. 德黎以水爲化生萬類之原質。以其有生氣有活力。時或結爲定質。時或蒸爲氣質。變動不居。其力宏也。前亞諾以無極爲化生萬類之原質。謂萬物出於無極。復歸無極。此無極者。無性無狀。復無差別。惟有運動。漸次分離。生寒熱二。復次兩者而生濕氣。濕氣又生木火與土。土由流質漸變定質。玆生萬物。物濕熱力而有進化。所謂天然論者是也。後亞諾以空氣爲化生萬類之原質。謂空氣運動曾無已時。緣茲運動生二變化。曰漲曰縮。漲能生熱。縮爲寒。母地水火風。緣斯而起。其說實補前亞諾之所未及。由沖漠而示其實際者也。

## 第二節　埃黎亞學派 Elea 及天演學派

胚胎時代第一期其所研究者在萬物之本質。即能考宇宙之實體。而未能及其實相也。實相者何。萬物各有現象。或生或滅。或由甲變乙。由乙變甲。而其生滅變化之中。亦如有不生滅不變化者存。所謂萬有之眞性。宇宙之實相。實古今哲學界一大問題也。至胚胎時代第二期而此問題遂浮現於希臘諸哲之腦膜中。其間有兩家之反對論起。曰埃黎亞學派。曰天演學派。

埃黎亞之初祖曰芝諾芬尼 Xenophanes. 570-478 B. C. 其集大成者。爲二祖巴彌匿智 Parmenides. 515-......B. C, 天演學派之宗師。曰額拉吉來圖 Heraklitos. 535-475 B. C. 額氏與巴氏並世而生。而其說若氷炭之不相容。巴氏之論。以「有」(Being) 爲宗。而額氏之論。以「成」(Becoming) 爲主。巴氏以萬法之實相爲一如不變。額氏以爲流轉無已。試舉兩說之要領而參較之。

巴氏之說曰。存者惟「有」。「非有」不存。匪惟不存。亦不可識。所謂「有」者。無始無終。惟有現在。不生不滅。又不可分。唯一不二。平等如如。無以名之。強名「特安」。（特安者希臘語球之義也巴氏象以似圓滿平等一如之本體。） 此特安者。寂然不動。爲萬有本。亦其眞相。其他現象變化生滅無量無數。皆由衆生六根頑妄。自生分別。指爲本相。無有是處。

額氏之說曰。一切物相。非有非無。有無兩相。同時而現。惟趨於成。以爲其鵠。即集即散。方散方集。忽來倏去。孰覩其睽。世界起滅。成敗循環。更無一物。同一不變。而常存在。是故萬物。皆在過去將來之間。所謂今者。更不可指。或有問者。物相既是流轉不住。以何因緣而得認識。是故當知。變化之中。有不變者。流轉之內。而有恒常。斯何物斯。字曰天演。天演有則。（法則之則也） 而使萬物皆出於機。皆入於機。（額氏名此物曰羅哥士Logos希臘語性理之義也。） 凡物之變。不出二力。其一反抗。其二壓服。以此因緣。物物相閱。經無量劫。曾無已時。而此二者同時而在。更無矛盾。譬如幼孩。變而成壯。壯又變老。幼壯老三。接搆相鬥。而今壯者。即前幼孩。是一非二。若云幼者是甲。壯老是乙。或云幼壯相戰。壯勝幼敗。而彼幼者。蒙其損害。無有是處。是故當知。凡有爭競。必有調和。爭競調和。萬物之父也。（額氏又精於格物學。以火化爲天地祕機。謂萬物皆出於火。皆入于火。由火生成。由火毀滅。其說與化學家合。額氏實推物理以言哲學之大宗師也。近世黑基赫胥黎之流。大表彰之。有以夫。

大抵宇宙成立World-process之問題。哲學家之最大問題也。物之兩象曰有與無。而埃黎亞派。以爲此對待之相。不可兩立。額氏之派。則以爲相反相成。並行不悖。巴氏（即埃黎亞派）墮於常見。以爲萬物恒一。如如不壞。見爲變化相者。皆迷妄也。額氏眦於斷見。以爲萬法流轉。大道無常。見爲固定相者。皆迷妄也。其兩義之不相容也如此。雖然其揭櫫理性而以六根六塵所接搆者爲迷見。一也。其論各偏於兩極。雖有不能盡合眞理者存。要之此二氏者。實代表當時思想之二大潮流。各明一義。爲後世的。其功豈淺尠耶。

## 第三節　調和派之三家

巴額之異趣。既角立而不相下。於是胚胎時代第三期之學者。以調和此兩大思想而統合之爲務。又不惟調和統合而已。巴額僅言宇宙之生成。而此時代之學者。更進而求其所以生成之故。於是有三大家出焉。曰四大論派。曰種子論派。曰阿屯論派是也。四大論（佛書皆以地水火風爲四大故取以爲名）派之鉅子。曰晻披鐸黎Empedocles 490—430 B. C.以爲世界萬物皆本於原質。原質混合而物以生。原質分離而物以滅。此原質者。名爲萬物之根。不生不滅。不增不減。原質有四。地水火風是也。然此四原質。何以能成萬物。何以能使萬法變化流轉而無窮則以有愛憎二力故愛力增勝混合斯起甲物微分入乙空隙混爲一體如磁與鐵混合極端成斯非羅Sphairos（譯言球之義也巴氏云「有」即是此義）憎力增勝時乃分離其之動機亦復如是愛憎兩極往來無息宇宙變成皆起於此此其緒論亦謂額宗也

種子論派之鉅子曰安那薩哥拉Anaxagoras. 500—428 B. C.以種子代四原質所謂種子於其性質即形色味含差別相無數無量可遞分剖如兎毛塵此種子者不生不滅種子初相殽雜渾沌始於反對終於混成其動力一名奴烏士Nous（譯言精神）此奴烏士純一平等能識能慮運動宇宙如一機器結集種子遂生萬物任舉一物皆含種子無量無數譬如雖雪非無黑性但其質外有總之者安氏此論精神體質剖分部居後世學者亦呼爲二元論

阿屯論派Atomism（阿屯爲物質原始之微點化學書譯本多見其名）之初祖曰黎烏揭哲Leukippos. 500— B. C.其論殆與埃黎亞派相近但其相異者則埃黎亞派僅言有而此派則言其運動性也埃黎亞派僅言實而此派則言實質與虛空并存也其論以爲宇宙萬有由阿屯成此阿屯者本來平等而在虛空箇箇分離充塞十界但謂分者實非阿屯阿屯本體既不可

分復不可變。綜其論根。即將巴彌匿智之所謂「特安」者。打破而成碎片也。至此阿屯。以何因緣而得成物。彼其持論。異安那氏。彼言阿屯動力所起。隨其重量及其性質而生差別。物有自性。非離本質而別一物主其運動。此派後衍爲德謨頡利圖之說。則詳下章。綜此三派之概要。其立脚地皆與埃黎亞派同。謂現在之物皆不生滅。而亦採額氏變化流轉之說。蓋以性體之集合離散。爲變化流轉所自生。此即其調和宗旨所在也。

### 第四節　畢達哥拉斯派

畢達哥拉斯Pythagoras, 582—500 B. C.派亦名意大利派。其學於諸派之外自成一家。以數爲萬物之本體。而以律呂精義附之。以謂有物必有則。而則皆自度數而成。數之關係。不因時與地而異。數有奇偶。奇者有限。偶者無涯。斯二反對。則成萬物。雖其論或不免牽合。至其言天文學。則不朽之功也。畢氏以爲宇宙本體。爲一球形。攢其心者號「中央火」。周其四圍。復有球十。各附總體回轉不停。雖我地球。亦此十中而居其一。繞中央火。循其側面而常運行。是故吾人棲其半面。於中央火與地球間所生關係。不能測知。諸球運行。常發妙音。號曰天樂。諸星世界。各有秩序。常相調和。而我所居閻浮提洲。是其變亂偶不完全之一部分。是等諸義。與近世天文學家言。幾同一揆。前哲思想之精銳。眞可嘆絕矣。又其學理頗帶宗教氣味。常言輪廻生轉。以善修善證者得生極樂。常住自由。修惡果者。漸次墮落。又勸人制情慾。求解脫舍肉體之獄。舍達靈魂之樂園。故史家有謂畢達哥拉斯曾游印度受其教義者。亦非無因也。

由此觀之。則前此之諸派。不過德黎氏支與流裔。而畢氏則與德氏立於對等之地位者也。德氏一派。全就物質上着想。畢氏一派則從物形上着想。而其立論至以數爲萬物之撮影。故胚胎時代之學術。實以德畢兩氏中分天下也。埃黎亞派。及額拉吉來圖派。其受畢氏之影響者亦不少。

然百家紛騰。無所折中。於是懷疑詭辯派興。

## 第五節　懷疑時代

凡學術之有懷疑。是過渡時代除舊布新之一現象也。故於德、畢、巴、額、諸哲之後。而懷疑學派出焉。結胚胎時代之餘局。開全盛時代之先河。其論哲理也。以爲萬有之眞理。畢竟非吾人所能認識。其論倫理道德也。以爲舍習俗之外。無所用力。故常應於時用。教授種種學藝。而思想變遷之原因。實包孕於是矣。當時倡此說者。如普羅特哥拉 Protagoras 481—411 B. C. 哥智亞 Yorgias, 485—380 B. C. 希比埃 Hippias 490—B. C. 普羅狄加 Prodicus 之徒。皆其著者也。今避繁重。不徵引其學說。（未完）

# 宗教哲學

## 宗教心理論

無名氏釋

一。宗教即是心理的現象也。

苟欲講明宗教之本性者。不可不以此爲其起點焉。禽獸之頑冥不靈。其無宗教固也。抑彼生息於遊星以成別世界者。其心性作用與吾儕人類果有同者乎。則亦必有與吾儕同之宗教矣。要之人類者乃宗教之主體也。舉凡一切宗教現象。皆不外於心理的機能之發現乎外者而已。

二。宗教必有客體。不有客體則不成宗教。

所謂宗教之客體者。必可以超絕於其主體者也。世固有以主體直爲客體者。若本心、良知、明德、理性等之類是也。然如此則所謂道德。非宗教也。抑人亦謂彼野蠻之民。跪拜禱祀木石禽獸者。豈非客體不必超絕於主體之明證乎。此未深思耳。夫野蠻之民。跪拜禱祀木石禽獸者。非跪拜禱祀木石禽獸之體性。乃跪拜禱祀以爲寓於其內之靈者神者也。此則跪拜禱祀木石禽獸。而其實非跪拜禱祀木石禽獸者矣。然則此超絕於主體之客體當名曰何。曰所謂神也。然則如彼佛教主張無神之說者也。而可曰宗教乎。曰佛教固非無客體也。蓋佛教者以無爲宗。已以無爲宗。則似無客體。然其所謂無者。實爲世界之絕對根本。亦爲成此世界迷妄之因。一也。已爲迷妄之因。即爲現象世界之本體。二也。復爲絕對解脫之所歸。即爲世界經過之目的。三也。在迷妄中眞實常住者惟無也。而道德世界之秩序由此維持。四也。夫此四者。總足以爲宗教之客體。而佛教之無。不即神乎。佛教豈得謂無客體乎。亦豈得謂無神乎。

三。宗教的世界觀。必與理論的世界觀互有關涉。

理論的世界觀者。哲學上所立之世界觀也。宗教的世界觀者。宗教上所立之世界觀也。世界觀者總括神之實體、世界之終極、人類之命運等而言之也。天下宗教方其盛也。必與當時理論的世界觀一致無間。不相逕庭耳。新宗教之興。必得此一致而興也。舊宗教之衰。必失此一致而衰也。此亦萬物進化之一理也。凡天地間有生之類不與其境相適合。則不能保其生存。未有不與其境相適合。而能保其生存者也。宗教豈獨不然乎。乃理論的世界觀。新開生面。奮迅進前。而宗教的世界觀瞠若乎後。不足以追其後塵。而宗教衰矣。天下人心。於舊宗教不能滿足。乃轉渴望新宗教之出焉。而舊宗教益衰矣。夫其初之不滿足於舊宗教而渴望新宗教者。止社會之少數者耳。乃及其後。此少數者漸漸增加。遂成社會之大多數。而宗教革命之氣運澎湃怒號。如海潮之進而來。勢已至此。而欲無宗教革命之變也得乎。

四。宗教的世界觀與理論的世界觀。已相鬬爭。則必有一種新神學出乎其間。必任調停之勞。此乃宗教革命之階也。

與理論的世界觀已相離隔之舊宗教。不可以久立於世也。於是乎新神學興焉。乃其所任則在援舊以合新。藉以調停新舊思想之衝突。藉以保全舊宗教之破滅。良苦之至也。然是一時彌縫之策也。終非永久之計也。何也。彌縫之策其所終局唯生二種之結果。即不將舊宗教全歸破滅。則爲新宗教開拓厥路。不出乎彼必出乎此。不出乎此必出乎彼。要唯有此二果而已矣。耶蘇聖人不云乎。以新酒盛諸故囊。則故囊必烈矣。今也以新思想注入舊宗教。是亦以新酒盛於故囊之類耳。惡保其不破滅哉。

五。世界觀者宗教之部局也。非其全局也。故理論的世界觀。雖能破滅宗教。而其代宗教則所不能也。

宗教之全局謂之宗教的機能。而世界觀者。特不過其一部局耳。原夫宗教的機能之爲性。有感覺的感情焉。有美妙的感情焉。有神秘的感情焉。有道德的意志焉。有願望的希求焉。其高大也。如鵬之搏扶搖羊角而上。薄乎雲漢。翔乎大空。殆有解脫塵寰與神懷抱之概。其美妙也。極樂淨土。忽地現前。天上天下。八面玲瓏。七寶莊嚴。映乎吾眼。微妙音樂。響乎吾耳。洋洋乎有神人相和之樂。水火刼運。滅此世界。億兆生靈。號泣大哭。恰如大宅四面火起。欲救無術。欲逃無路。而彼救世者。忽乘雲而畀於天一方。舊世界毀而新世界成。其悲壯有如此者。虔信之極。殆疑此身在人世外。萬籟寂寂。萬感斂跡。忽然開出自然之祕密藏。得不可思議之感悟。約翰瞑目而身已在天國中矣。釋尊入定。而海印三昧斯現矣。其神秘有如此者。嗚呼。若此者豈獨理論的世界觀之所能包括哉。故欲以理論的世界觀代於宗教者。即是欲以乾燥道理直代豐富宗教者也。即是欲以部局直代全局者也。即是欲以星學直代天體者也。即是欲以美學直代美術者也。斷乎知其不可矣。此所以理論的世界觀能破宗教而不能代宗教也。

六。宗教的世界觀成宗義學。而理論的世界觀成宗教哲學。宗義學則進入宗教哲學之門也。

宗教哲學。固不能以代宗教者也。然必可以代宗義學者也。蓋宗教學取其材料於一宗教以成之。故其規模偏狹。多不合理。而宗教哲學異是。以人類最高之宗教的意識為之材料。而事實必本乎科學。組織必由乎推理。故宗教哲學則少數既覺者之所由。而宗義學則多數未覺者之所由也。宗義學則入於宗教哲學之門戶。而宗教哲學則其堂奧也。乃知宗義學得宗教哲學而廣大益加廣大。精微益加精微。一其賜耳。嗚乎非宗教哲學。其孰能率天下宗教令之入眞理之殿乎。（未完）

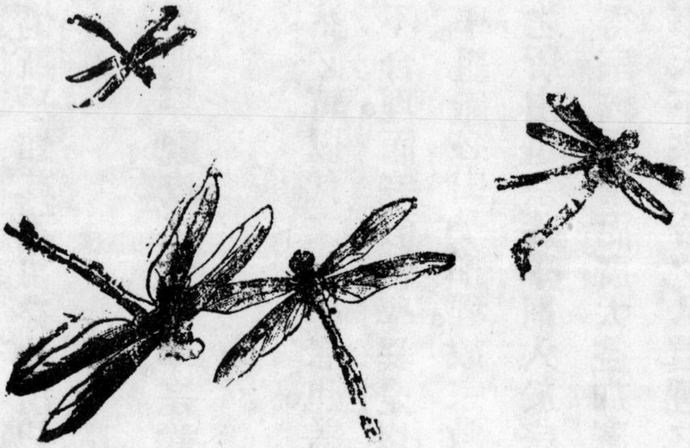

# 名家談叢

## 讀史隨記（續第三號）

中西牛郎

全帝國內。大小都城。有國路以聯通之。國路之本。起于羅馬中央會塲。經過伊大利。貫通各省。達于國境而止。今算帝國西北自晏土尼士城壁抵羅馬。自羅馬東南轉抵耶路撒冷之一大幹路。則可得四千八十羅里之延長線也。凡國路之設。自城邑達城邑。洞開直達。山則鑿之。河則橋之。鋪以沙石。粘以煉灰。堅牢異常。其目的則在遣送軍隊。利便交通。若有一國既爲羅馬所征服。而其地國路未通。則羅馬人不敢以爲完成其征服者也。

讀史氏曰。交通線之在國也。其在人身則筋維也。血管也。神經也。人身無筋維則骸骨不聯絡。無血管則血液不循環。無神經則感覺不靈應。是故交通線不完全之國。則近於半死之人矣。昔羅馬人以造道路爲軍國首務。可謂知要已。今者西比利亞鐵路已成。而俄國行將生羽翼矣。而其勢力競爭之勍敵英國與印度之交通線。仍由往返須數閱月之海路。而未有變計焉。是其殷憂也。

文學之嗜好。本爲與昇平文明之世不可相離之事。即在哈士利、晏、安敦尼諸帝之朝。文運蔚興。士重文學固其所也。於是英吉利北邊之土民。已有玩味脩辭之學者焉。萊因、多惱武之河濱。亦有鈔寫鄂讀、伯西兒之詩者焉。間有文學專業之士。輒以厚幣聘之。杜列米之天學。加逋之醫學。皆爲學者所悅講究。而歸其精微。正其紕繆者。亦非無其人。雖然惟除路西晏之外。無復一人獨創孤詣之才。即柏拉圖、亞里士多德、芝諾、伊壁鳩魯之說。師弟傳授。推爲學宗。而實則蔽塞人智之開發。前代詩人。雄辯家之美辭。雖尙遺存。而講習之者。不能激發其精神。光燭其氣燄。而所從事者。僅在形摹貌似之末。偶一違於常格者。群起尤焉。噫以如此之俗習。而不待文學復興之日。烏望其能喚起新宗教新文學新世界於長夜惰眠之中。而發揮我歐人之眞智慧眞才能乎。

讀史氏曰。吉朋氏稱以上事實爲羅馬天才之凋衰。旨哉言乎。蓋天才者。謂我能不囿於舊來他人之思想。而發揮自己之思想。以生人間有用之發明也。故天才之衆。即斯世將興之徵也。天才之寡。即斯世將衰之徵也。古代天才之最盛者。在泰東則周末戰國之時也。在泰西則雅典、馬基頓、迭相興亡消長之時也。中世以後文學復興之時也。斯三時者皆有大同之化太平之治。從於其後。夫天才乃人類大光明足以照耀宇宙者也。今日中國之衰誠極矣。而所幸者在乎少數天才出於此間。開拓絕大思想而光燄萬丈不可抑遏。此豈中國一陽來復之機既微發萌芽者也歟。抑亦風雨如晦鷄鳴不已者也歟。吾不視中國有千萬老朽官吏百萬劣弱兵卒幾億深藏之金銀。四億蠢動之生靈。而獨視此天才之興。

君政若何。凡無論何等名。以一人總攬行政理財用兵三大主權者。是其義也。若是之政體。自非用嚴毅愼密之保護機關。保護人民自由。則流爲君權無限之政。勢所難免也。宗教迷信之世。僧侶最有勢力。即以其勢力扶翼自由之權。必有可賴者。乃奈僧侶左袒。每在君主而不在人民。然則君權所以不橫流。民權所以不墜地。全仗有一種剛健憲法團體。以維持之耳。羅馬至壞古太士帝時。政體全行一變。名爲民政。而實則君政。皇帝寔握無限之權。然且爲蔽君政之形名。以欺天下之耳目。務尊重元老議院。自稱爲其官吏而稟其命令焉。

讀史氏曰。羅馬數百年來之民政。變爲君政。此乃最大革命也。墺古太士帝。以雄才大略之資。用權變不測之計。乃能成就此最大革命。固無論已。而尋其所漸。乃勢之轉移已久矣。帝特不過利斯勢以成其事耳。蓋四十四軍之將卒。於二十年之久。立戰功獲重賞者。懷帝室之德以思擁戴之。一也。各省之民。久厭議院之苛虐。即望總攬主權於一人之手。以撫柔我者之興。二也。羅馬人民。食求其飽。觀求其美之外。不知其他。而此二者。帝皆已予之矣。三也。羅馬紳豪。以爲人生目的。一在快樂。快樂已得矣。何必事於民政之恢復。殆有若李耳所謂熙熙如享太牢。如登春臺者。四也。民政黨有氣概才幹者之大半。不死於戰。則死於放竄。而傲骨自喜如古人者少焉。五也。國情如此。而何怪乎革命之變哉。（未完）

# 雜俎

## 是汝師錄一

曩昔讀書。遇古哲格言有可爲我立身治事之儀法者。輒最錄之。以附書紳之義。久之積成一帙。名曰是汝師錄。抑當師此者。殆非徒區區一人也。因登黨報中。以餉吾黨之能自得師者。　記者識

### 曾文正語錄

觀人之法。以有操守而無官氣。多條理而少大言爲主

習勞苦爲辦事之本。引用一班能耐勞苦之正人。日久自有大效。

不輕進人。即異日不輕退人之本。不妄親人。即異日不妄疏人之本

天下古今之庸人。皆以一惰字致敗。天下古今之才人。皆以一傲字致敗。吾因軍事而推之。凡事皆然。

凡說話不中事理。不擔斤兩者。其下必不服。

辦大事者以多選替手爲第一義

每日臨睡之時默數本日勞心者幾件勞力者幾件

從古帝王將相無不由自立自强做出即爲聖賢者亦各有自立自强之道故能獨立不懼確乎不拔昔余往年在京好與諸有大名大位者爲仇亦未始無挺然特立不畏强禦之意

衆口悠悠初不知其所自起亦不知其所由止有才者忿疑謗之無因而悍然不顧則謗且日騰有德者畏疑謗之無因而抑然自修則謗亦日熄

凡人作一事便須全副精神注在此一事首尾不懈不可見異思遷做這樣想那樣坐這山望那山人而無恒終身一無所成

身體雖弱却不宜過于愛惜精神愈用則愈出陽氣愈提則愈盛每日作事愈多則夜間臨睡愈快活若存一愛惜精神的意思將前將却奄奄無氣決難成事

弟書自謂是篤實一路人吾自信亦篤實人只爲閱歷世途飽更事變略參些機權作用把自家學壞了實則作用萬不如人徒惹人笑教人懷憾何益之有近日憂居猛省

一味向平實處用心。將自家篤實的本質。還我眞面。復我固有。賢弟此刻在外。亦急須將篤實的本質復還。萬不可走入機巧一路。日趨日下也。縱人以巧詐來。我仍以渾念應之。以誠愚應之。久之則人之意也消。若鈎心鬥角。相迎相距。則報復無已時耳。

强毅之氣。決不可無。然强毅與剛愎有別。古語云自勝之謂强。曰强制。曰强恕。曰强爲善。皆自勝之義也。如不慣早起。而强之未明即起。不慣莊敬。而强之坐尸立齋。不慣勞苦。而强之與士卒同甘苦。强之勤勞不倦。是即强也。不慣有恒。而强之貞恒。即毅也。舍此而求以客氣勝人。是剛愎而已矣。

古之成大事者。規模遠大與綜理密微。二者闕一不可。但講濶大者。最易混入散漫一路。遇事顢頇。毫無條理。雖大亦奚足貴。等差不紊。行之可久。斯則器局宏大。無有流弊者耳。

精神愈用而愈出。不可因身體素弱。過于保惜。智慧愈苦而愈明。不可因境遇偶拂。遽爾摧沮。

一有焦躁。則心緒少佳。辦事不能妥善。余前年所以廢弛。亦以焦躁。故總宜平心靜氣穩穩辦去。

總不使吾之嗜欲戕害吾之軀命。

倔强二字卻不可少功業文章皆須有此二字貫注其中否則柔靡不能成一事孟子所謂至剛孔子所謂貞固皆從倔强二字做出。

吾輩現辦軍務係處功利場中宜刻刻勤勞如農之力穡如賈之趨利如篙工之上灘早作夜思以求有濟而治事之外此中卻須有一段豁達沖融氣象二者並進則勤勞而以恬淡出之最有意味。

担當大事全在明强二字中庸學問思辨行五者其要歸於愚必明柔必强。

强字原是美德第强字須從明字做出然後始終不可屈撓若全不明白一味橫蠻待他折之以至理證之以後效又復俯首輸服京師所謂瞎鬧者也余亦并非不要强之人特以耳目太短見事不能明透故不肯輕于一發耳。

凡辦大事以識爲主以才爲用凡成大事人謀居半天意居半。

富貴功名皆人世浮榮惟胸次浩大是眞正受用

天下之事理人才爲吾輩所不深知不及料者多矣切勿存一自是之見在自修處求强則可在勝人處求强則不可若專在勝人處求强其能强到底與否尙不可知即使終身强橫安穩亦君子所不屑道也

困心横慮正是磨鍊英雄玉汝于成李申夫嘗謂余慪氣從不說出一味忍耐徐圖自强因引諺曰好漢打脫牙和血吞此二語是余生平咬牙立志之訣

余近年得力惟有一悔字訣昔年自負本領甚大可屈可伸可行可藏自從丁巳戊午大悔大悟之後乃知自己全無本領凡事都見得人家有幾分是處

袁了凡所謂從前種種譬如昨日死從後種種譬如今日生另起爐灶重開世界安知此兩番之大敗非天之磨鍊英雄使大有長進乎諺云吃一塹長一智吾生平長進全在受挫受辱之時務須咬牙厲志蓄其氣而長其智切不可苶然自餒也

用兵人人料必勝者中即伏敗機人人料必挫者中即伏生機莊子曰兩軍相對哀者勝矣

身居絕地只有死中求生之法切不可盼他軍將卒始因求助而懈弛後因失望而氣

殺也。

# 小說

## 十五小豪傑

法國焦士威爾奴原著
少年中國之少年重譯

### 第四回 乘駭浪破舟登沙磧 探地形勇士走長途

看官。那第二回講的武安。獨自鳧水上岸。預備普度同人。卻被絞落盤渦裏去。不見人影。譯書的人原許過下次新民叢報印出。便知詳細。今已經隔了兩期。遲了一箇月。這算是我譯書的人對不住看官了。但係欲急故緩。原是小說家老例。這也專怪不得我一人哇。閑話休提。看官該記得一箇月前講的。武安係將那纜一頭綑在船上。一頭綁著自己胸間。方纔跳下海去。如今卻是一箇月後。被俄敦等七手八脚將纜收回。才把那昏昏不省人事的武安。救到船上。經了好一會。方回過氣來。但上岸的路途。卻係絕望了。看看過了正午。那潮又漲起來。浪頭越大。若等到潮滿的時候。這船從擱礁處浮起。萬一撞着那海邊巉巖峭利的大石。這便變成虀粉。或者被埋沙浪打得幾打。亦要沈沒。這孩子們的性命是沒有定了。這時候無計可施。只有一箇箇站在船尾。眼睜睜看着那些石頭。漸漸被潮水淹過。況又火上加油。那北風復轉成西風。潮越發高浪越發大。這船的左舷已經浮起。船頭還膠着海底。船尾又却落在兩塊大石之中間。一陣陣浪打過來。船便像米篩一般。不停的左搖右動。孩子們一面口中喃喃祈禱上帝。一面互相抱擁。僅免跌倒。心裏都想道不料二十幾日海洋颶風。都捱得過。却是送命在這裏呀。正徬徨間。忽然一堆怒濤比小山還大。從船尾直打過來。那一帶岩礁飛起十多丈高的白沫。這船身突然擡起。像懸空飛過一般。轉瞬間已在岸邊沙漠之上。那一簇茂林近在眼前二十丈了。這也算皇天不負苦心人。絕處逢生。這驚喜自不消說。却是船到岸上。經了一點多鐘。並不見一箇人影兒。茂樹那邊雖有小河流出來。却連打魚船不見一隻。俄敦道。我們僥倖得到陸地。雖然看此光景。却像一箇無人島呀。武安道。目前最要緊的。先尋些屋舍。安頓這些年紀小的。至於此處係何國何地。慢慢查察不遲。於是武安和俄敦一齊先上船。向茂林一帶細勘光景。只見濃陰密樹在石壁和溪水的中間。越近石壁處。樹林越密。進林中一看。只見喬木自僵。枝幹朽腐。落葉紛積深可沒膝。闃闃寂寂。絕無人踪。時有飛鳥三兩隻。見有人來。即便驚飛。似已識性知畏人者。

穿林而行。約一刻鐘之久。便到石壁底下。石壁高二十餘丈。矗立如平面板。不獨沒有洞穴可容孩子們居住。連攀登之路亦絕。沿壁南下。約半點鐘。達於溪水之右岸。俄敦武安兩个。滿擬覓一低處。登此壁頂。一覽四面光景。無奈峭壁依然。路早盡了。那對岸卻是一幅平原。絕無蒼綠之色。不得已回到船中。述其所見。共議仍暫在船上居住。以作後圖。這船雖龍骨破壞。欹斜不正。然暫時以蔽風雨。尚猶自可。武安等先取出一條繩做的梯子。掛在船的右邊。預備孩子們上落方便。莫科收拾晚飯。一同喫去。孩子們自從離紐西蘭以來。直到今日。始得略放心些。吃餐有味道的飯。那幾个年紀最小的。早已嬉嬉笑笑起來了。最可怪者。那武安的兄弟佐克。向來在學校著名淘氣。此時卻獨自向隅。悄然若有所思。衆咸怪之。就問其故。則顧左右而言他。耳用飯已完。衆人因連日疲倦已極。皆去就寢。獨有武安、俄敦、杜番、三箇。恐防萬一、有猛獸來襲。獨在船面、張羅。徹夜不睡。翌朝同人起身。共歌禮拜詩。感謝上帝。這日的功課。先要點明船內存儲食品。及其他什物。以備持久。食物呢。除餅乾一項外。其餘乾菜醃肉燻牛肉燻魚等。若節省用去。計可支兩箇月。雖然以此有限之食物。而支無期之將來。勢必不給。彼等

三

不能不藉著漁獵兩業來彌補彌補。於是取出船內的魚釣教那年紀小的去學釣魚。

一面將存儲食物開出清單計開

大小帆布　繩索　鐵鏈　錨碇等一應船具若干件。

網　釣竿　釣絲等漁具大小若干件。

長銃八枝。射鴨銃一枝。五響短銃一打。火藥包三百箇。火藥兩箱。每箱各貯二十五磅。大小彈子若干。

夜間通信用的火具一襲。船上所用以做記號與他船通信者　大砲二尊。火藥包及砲彈三十箇。

厨具及餐具如鍋碗等件。雖經二十餘日之大颶風破損不少。然尚足供孩子們此後所用而有餘。

臥具及枕席等亦有餘於諸童子之數。

此外晴雨表兩個。大寒暑表一個。時辰鐘一個。隔遠通話之喇叭三個。千里鏡三箇。風雨表一箇。英國旗若干面。信號旗一副。木匠器具全副。針線鈕釦等若干。火柴火鐮若干。紐西侖沿岸詳細地圖數張。世界全圖一張。

閱書房內（凡外國船中皆有閱書房）有英法兩國文之著名游歷日記冒險談等書若干册。鋼筆
鉛筆 墨水 紙等若干。 一千八百六十年之黃歷一本。巴士他便將這本黃歷
每日做起日記來。
又有金錢五百鎊。 葡萄酒 車厘酒各百卡倫。 毡酒 潑蘭地酒 威士忌酒
各五十卡倫。 麥酒共二十五石。

這樣看來。這孩子們可以若干月內無憂困乏。……到了中午。那年紀小的從海邊撿得許多蚌蛤之類。同着莫科歸到船中。據莫科說道。那石壁一處有鴿子數千。那喜歡打獵衆且熟練的杜番。搔着心癢。遂約同夥伴定議明日往打鴿去。此次午餐。不消說是要享用那蚌蛤等鮮味了。隨搭些鹹牛肉。從溪中汲些冽水。滴幾滴潑蘭地酒。皆覺饒有珍味。午後。大家撿點船身破壞之處。共修補之。那年紀小的便往溪邊釣魚。晚飯後一齊就寢。韋格及巴士他二人輪更守夜。…… 抑此地到底是海島。還是大陸。是武安俄敦杜番等幾個年長的所最關心之第一問題也。他們屢屢聚談。互鬥意見。但大略看來。此地決不屬於熱帶。何以故。其茂林之中。多有松、柏、檜、樺。及山毛櫸等樹。都

是太平洋中赤道國裏沒有的。且當此時候。地上已落葉堆積。除松柏外無復蒼翠。這樣看來。此地一定在紐西侖更南了。果爾則交到冬令嚴寒。將不可耐。今方三月中旬。（時赤道南各地之秋節也）計到五月之際。即北半球十一月時節。或者天氣格外險惡。亦不可料。所以他們要盡六個禮拜內將一切事預備停妥。他們經幾次商議。先要往北岸高岬探望這地方的形狀。再作商量。這回差事。武安自先任之。約計此高岬與船相距不過五六邁之遠。岬頭高出海平三十丈以外。可以望見附近五六邁之形勢。商議已定。不料連天陰雨。武安未能動身。但武安者。勤敏之人也。其生平雖片刻之光陰。決不肯虛度。於是趁此空閑。在艙中撿出水手所穿的衣服。與莫科一齊不停手的縫補。量度這孩子們身材。做些衣服。以備過冬禦寒之用。其餘各孩子亦不許空閑度日。每日由雅涅巴士他二人監督著往溪邊釣魚拾貝。各自勞作。以爲歡娛。雖常洒思親之淚。但各懷將來之希望。常得寬解。杜番、韋格、乙菩、格羅士四人每日常攜獵犬。跋涉林間。其與諸童子偕者殆希。……至十五日天氣稍霽。晴雨表亦昇高度。於是武安豫備一切。明日起程。以上探險之途。隨身帶短筇一枝。短銃一枝。又腰袋裏裝餅乾若干枚。醃肉及潑蘭地各少許。又帶一箇望遠鏡。行了一點多鐘。已到半路。約算上午八點鐘便可到岬頭。不料前途地段與這邊不同。非復平坦沙場。全是凹凸的堆石。及蒙茸的海草。闌跋涉困難。不可言狀。或脫靴徒涉。海水沒膝。或失足跌倒于石磯上。不止一次。到十點鐘始達岬下。武安乃小憩石上。從袋子裡掏出食物及潑蘭地酒。少療飢渴。隨看四面光景。但見海中無數魚族。印盤渦于波上。時有海豹兩三隻。出沒嬉戲。這海豹卻是寒帶動物。這越發見得此地係在南緯度高處了。俄而颯然有聲。則有羣鳥名鵜鶘者。從頭上飛過。這種鳥係南極地方出產。此地極寒。更可推見。正是

絕塞氷霜千里夢。　天涯涕淚一身遙。

畢竟武安察看形勢如何。且看下回分解。

本書原擬依水滸紅樓等書體裁。純用俗話。但翻譯之時。甚爲困難。參用文言。勞半功倍。計前數回文體。每點鐘僅能譯千字。此次則譯二千五百字。譯者貪省時日。只得文俗並用。明知體例不符。俟全書殺青時。再改定耳。但因此亦可見語言文字分離。爲中國文學最不便之一端。而文界革命非易言也。

點檢什物一段。看似無味。實則此後件件皆得其用。布置殊非偶然。

船中所存什物。統計之不能值五百磅金。然莫不有用。所最無用者。則此金錢五百磅耳。平準學言金錢非財富。在此等境地。便足證學理之確當。

# 文苑

## 詩界潮音集

孝丑冬日登山望雪感賦　平等閣

千論紛馳萬象繁擧頭抬眼更何言到心哀樂原平等（此近日体味所得）入世愛憎也法門宙
合彌綸此以太古今遞嬗我靈魂日星整滌皆吾事且上崑崙掃雪痕

偶翻殘稿拉雜盈尺矣悵然賦此　日生

二十世紀競爭世豈是揚風扢雅時聊託音聲寫懷抱不妨寓重任差池（莊子天下篇寓言十九重言十七）
多哀怨者聊復爾折芳馨兮遺所思孔佛耶回千萬語何曾文字果然離

緣棠招飲席上共譚北事感賦八首　默士

舊地新交此再來主賓俱是劫餘灰豺狼自古橫當道麋鹿於今又上臺易水風寒三
尺勁蜀山天遣五丁開蒼穹終古傾西北誰是人間種禍胎

夜深跳舞影婆娑金鼓鼕鼕鬼唱歌豔說神師精地遁不逢壯士挽天河九重粟帛貽

窮寇十八阿羅共伏魔從此狂瀾難砥柱海鰍無水亦生波
羽衣一曲舞霓裳不道漁陽動鼓鼙涇渭地中分畛域昆侖天險隔東西將軍跋扈皆
梁冀相國逃名愧范蠡夜夜忠魂咽江水錢塘一道冷悽悽
妖星閃爍漏天閫逼近薇垣入上方莫怨長官都憒憒可憐大刼本茫茫白蓮龍鳳重
司令黑夜狐狸坐御床歎息貔貅過十萬任他蛇豕發猖狂
霾霧迷茫白日昏圍城犇突竟無門紅燈綠酒迷人陣碧血靑燐怨鬼魂一隊笙歌遙
女子昔時文繡舊王孫軍前行酒强歡笑浣到靑衣有淚痕
劍履朝班儼帝容人臣勳位極墉封長城塞外招回鶻滄海波深走孽龍雲雨全憑翻
覆手恩仇大快老奸胸至今貸死歸沙漠憶否君恩倍萬重
降旗夜豎石頭城頃刻通衢盡敵兵崔立一家先戮辱李綱百計苦經營天心未悔干
戈禍海面重驚鼓角聲燕雀處堂猶夢夢不知何日報昇平
軍書午夜引杯天回首燕雲益惘然河北不關辛棄疾江南重見李龜年傷心隋苑題
新柳灑淚吳宮看採蓮底事六朝亡國恨秦淮簫管總嬋娟

## 中興四賢詠

蒲生天漢

湘鄉創局儲船械從此民權震墜泥何似祖龍鑄鐘鐻去兵明訓鑒宣尼（曾文正）

鄂江流血成紅海軍府催租事未央曾泊鸚洲問漁父聲聲陳涉勝秦皇（胡文忠）

提軍萬騎爲牛後槖項封侯亦大癡爭說南陽有新亮依然文若飲鴆時（左文襄）

舒桐豪氣小天下顚棄前旒掉勝鬉至竟圍棊難賭墅白頭愁對八公山（李文忠）

## 和因明子即席口占原韻

楚四

大地不堪重駐足此身惆悵欲何之可憐一掬傷心淚白紵筵前醉酒時

## 前題

泗澄

頭顱尚託微軀戴痛念殘生何所之當道豺狼貪利祿碧天猶是血腥時

## 前題

日生

罪言空有書三篋贏得清狂似牧之且自尋春且消遣綠陰莫待已成時

## 再成一首

楚四

滿腔哀怨託銅琶樂府當年重漢家刖具幽懷人不識嚴寒應有遲開花

懷導儒　　復腦

漫漫長夜一鷄鳴。此是東南希有聲。八百魔龍窮阻力。人天漸放大光明。

猛聞南嶽一聲雷。顚倒傷心劇自哀。神未返眞吾死我佛恩指點再輪廻

懷天四　　復腦

華嚴國土恒沙數流轉相遭作弟兄而又現身病夫國嗟哉天僇佛何言

金剛身戰玄黃血。智慧眼淸惡濁塵。精進益加勇猛大。共肩責任救金人。

水調歌頭　述意寄華威子　　惺庵

卓犖觀書史。所志在春秋。未知肝膽誰是。中夜舞吳鉤。天下英雄餘幾。只有使君與我。敵愾切同仇。記取祖生語。擊楫誓江流。　指揮定。談笑頃。掃貔貅。莫圖斗大金印。都只爲身謀。須有千年勛業。震動環球耳目。慘澹佛貍愁。直抵黃龍府。恢復舊神州

# 問答

(三)問、日本書中金融二字其意云何。中國當以何譯之。(東京愛讀生)

(三)答、金融者指金銀行情之變動漲落。嚴氏原富譯爲金銀本值。省稱銀值。惟值字僅言其性質。不言其形態。於變動漲落之象不甚著。且省稱銀值。尤不適用於金貨本位之國。日本言金融。取金錢融通之義。如吾古者以泉名幣意也。沿用之似亦可乎。

(四)問、中國近日多倡民權之論。其說大率宗法儒盧梭。然日本人譯盧梭之說多名爲天賦人權說。民權與人權有以異乎。此兩名詞果孰當。(東京愛讀生)

(四)答、民權之說。實非倡自盧梭。如希臘古賢柏拉圖阿里士多德亦多言之。但至十八世紀而大昌明耳。民權兩字其義實不賅括。乃中國人對於專制政治一時未確定之名詞耳。天賦人權之原字拉丁文爲 Jura innata, Jura connata. 法蘭西文爲 Drois d'l Homme, Droits homains、英文爲 Right of man 德文爲 Urrecht, Fundamentalrecht, Angeborene Menschenrecht, Menschenrecht, 其意謂人人生而固有之自由自治的權利。及平等均一的權利。實天之所以與我。而他人所不可犯不可奪者也。然則

其意以爲此權者。凡號稱人類。莫不有之。無論其爲君爲民也。其語意範圍。不專用於政治上也。故以日本譯語爲當

(五)問、貴報第四號論說第七葉。載白沙先生崖山弔古詩二句。讀之令人愛國之心。油然而生。極欲受其全文。以資諷誦。又奇石二字出典若何。幷希示教。(上海衢冠子)

(五)答、奇石者。崖山江海交匯處。有浮石二。高各數丈。形勢突兀。狀類門闔。故居民字之曰上奇石下奇石。亦稱崖門。崖門者以石形得名也。宋帝及張陸諸烈殉國於此。賊臣張弘範實尸其功。因勒奇石爲銘曰「張弘範滅宋於此」陳白沙居近崖海。常臨憑弔。乃爲冠一字刻於其上曰「宋張弘範滅宋於此」更題一詩於石陰云「忍奪中華與外夷。乾坤回首重堪悲。鐫功奇石張弘範。不是胡兒是漢兒」此石粤中多有搨本。而新會尤夥。碑旁又附一詩。則前明逸民南海陳獨漉恭尹之作也。詩曰「山木蕭蕭風更吹。兩崖風浪至今悲。一聲望帝啼荒殿。十載愁人拜古祠。海水有門分上下。江山無界限華夷。停舟我亦艱難日。愧向蒼苔讀舊碑」文中荒殿古祠云云者。附近居民爲殉國帝后立殿。並附三忠祠。以爲亡國紀念也。白沙之詈怒而嚴。獨漉之言哀而苦。嗚呼。獨漉之遇。瘉慘而感瘉深矣。

# 紹介新著

## 萬國憲法志

湘鄉周逵編譯　上海廣智書局印行　定價七角

今日世界文明國。莫不有憲法。憲法者立國之元氣。而今日中國急當講求之一大問題也。顧講求之殊不易易。歐美日本之書。言憲法者。雖汗牛充棟。雖然彼皆已有憲法之國也。故其書關於憲法者。率以解釋本國法理法文爲主。其目的在擁護憲法。非在創立憲法也。夫國體之各自不同。如人面焉。不徒甲國之憲法。不能適用於乙國而已至其所以得此憲法之來歷。亦各自不同。故今欲在歐美日本人所著憲法書中。求一二種適合于今日中國人研究之用者。竟不可得。此書著者。留學於日本東京專門學校有年。就所講習。著爲是書。凡分三編。上編曰君主國憲法志。中編曰民主國憲法志。下編曰聯邦憲法志。每編擇數國以爲代表。各列其憲法正文。間下注案。首冠以總論。而末附各國憲法成立年表終焉。讀者觀此。可以知憲法之重且要。而各國民所以得

一

之者如此其艱也則我中國人亦可以自擇矣。全書體例謹嚴。文筆流暢。較之尋常直譯之本。相去天淵。

**憲法精理**

湘鄉周逵編著　上海廣智書局印行　定價五角五分

此書與萬國憲法志同時並著。著者既採集各國憲法正文。述其成立之所由。使吾國人知求得憲法之爲急務。雖然、不知憲法之原理。則烏從竇之。烏從求之。乃復著此編。分別部居。冀以憲法思想。浸入國民腦中。其自敘曰。「嗚呼。自十八世紀之末。至十九世紀之中期。歐人唱民權。唱自由。其風潮之猛。震蕩全洲。蔓延百載。究其所得者爲何。曰、數十條憲法而已。法蘭西之革命。與夫列國之政變。競權力。流膏血。前者死之。後者繼焉。爲之犧牲者以數十萬計。究其所爲者何事。曰、數十條憲法而已。十九世紀之歷史。皆君民相爭之歷史。更瞭言之。則歐美諸國憲法之成立記耳。其初也憤政治之不良。平民權利之不競。則君臣相爭於內。既而憲法立。內亂平。人口繁殖。國力不足以養之。則舉全力而爭於外。故十九世紀爲歐人政治競爭之時代。二十世紀爲歐人經濟競爭之時代。憲法之立。是出政治競爭而入經濟競爭之界線也。雖然、其政治競爭之風潮。其力之猛。僅足以鼓動同洲同種之國民。至經濟競爭之風潮。乃能鼓動異洲異種之國民。如日本。如中國。凡遠東諸國民。皆將感其經濟競爭之風潮而起者也。唯日本之起也速。故驟强。唯中國之起也遲。故日弱。嗚呼。內治不改良。憲法不立。政治之競爭不先起於國內。則中國國民。何足與歐人遇而與之爭存于世界哉。且公理日明。人人終有求其自由之一日。則國必易人之統治而代以法律。此一定不易之時勢也。故時至二十世紀。中國俄羅斯土耳其諸國民。苟其不亡。亦將受治於憲法而不可避者也。屢敗以來。中國國民。駸駸有政治思想矣。曰專制政體、曰立憲政體。人人能知之。曰立憲政治良於專制政治。人人能言之。雖然、問其何爲專制政治。何爲立憲政治。何爲而立憲政治獨良於專制政治。則鮮有能道其故者。嗚呼。憲法之原理不明。而欲望憲法之思想。漸浸入國民之腦中。以起政治競爭而强國。難矣。故取列國憲法之原理。條分而論之。使我國民知立憲政治之眞相。夫國家之事。先有其思想而後有議論。而後有成效。居今日之中國。而尙待輸入憲法之思想。晚矣。是則非予之咎也。」又其凡列

三

云。「一、此書詳論憲法之原理。而舉列國現行憲法爲例。使人知其言非著者一人之空言。一、法理深奧。此書唯求思想之普及。故多取政治原理之淺近易明者言之。故謂之法理之言。寧謂之爲政理之言。庶爲稍近。一最深之理。若更以最深之文出之。則更非尋常學者所能解。此書辭以達意爲主。不務高尚。不矜文辭。以求易解。一、憲法之理。說者互歧。聚訟紛紛。莫衷一是。此書惟就列國所通行者言之。不從一家言。間有有宗旨者。則著者之私案」觀此則著者之苦心。與本書之體例。皆可以見矣。全書凡八章。一總論憲法之意義。二論主權。三論國民之權利義務。四論元首。五論議院。六論上議院。七論行政大臣。八論法院。其說理簡而賅。邃而達。以中國人之眼觀歐洲之政治。復以中國人之筆達之。雖謂爲現行政治書中第一佳本。非過言也。惜其裝潢太樸陋。未免衣錦尙絅之譏。

## 國法學

日本岸崎昌 中村孝合著　烏程章宗祥譯　東京譯書彙編社印行　定價七角五分

此書爲政法叢書第一編。全書爲緒論一。爲卷四。緒論凡二篇。曰國法學之意義。曰國法之淵源。卷一論國家之組織。凡三篇曰統治權。曰領土。曰臣民。卷二論國家之機關。凡三篇。曰君主。曰國會。曰裁判所。卷三論國家之機能。凡三篇曰立法。曰行政。曰司法。卷四論國家之聯合。凡三篇。曰事實上之連結。曰國際法上之連結。曰國法上之連結。今日稍有知識者。莫不競言國家思想政治思想法律思想。雖然、不知國家之爲何物。政治法律之爲何物。則思想烏從而生。國法學者言國家法之學。實國家學之一部。亦法學之一部也。譯者留學於東京法科大學有年。於斯學深有所心得。因選譯是書以餉國民。但原著兩氏。其學說意見常有異同。蓋其所受者。各有淵源也。而譯者所以選擇此書之意。殆亦在是。蓋中國人今日思想尙在幼稚之域。並羣說而存之。以待讀者之采擇。實濬發思泉之一法門耳。

財政四綱

歸安錢恂輯著　自刻本　定價一元

全書凡分四編。一曰租稅。二曰貨幣。三曰銀行。四曰國債。著者爲留學生監督。旅居於日本東京者三年。能讀其書。深考其立國之所由。是編蓋與留學生參考輯述。非全出於一人之手。以故徵引詳博。體例完善。其所取材。大率在諸學校行政科講義。而常以他書參補之。每篇之中。先言其學理及其種類。而皆引各國制度以比較證明之。於日本尤特詳焉。其異同得失。大率案而不斷。俟讀者之自別擇也。著者務實行之人也。今日中國政府。百事不舉。而其受病處由於財政紊亂者爲多。當局苟精讀是書。而按成法以救之。以此泱泱廣土衆民之國。豈患貧哉。雖然。良政治必待良政府而後行。不學人之全體。而欲學其一部分。必不可得之勢也。然則此書之爲用於中國。其必俟全國民精神發達政體改良之後矣。

**埃及近世史**

日本柴四郎著　順德麥鼎華譯　上海廣智書局印　定價四角

讀建國之史。使人感。使人興。使人發揚蹈厲。讀亡國之史。使人痛。使人懼。使人怵然自戒。史也者。誠養國民精神之要務哉。雖然。處將亡之勢。而不自知其所以亡者。則與其讀建國史。不如讀亡國史。埃及與中國最相類者也。其古代之文明相類。其近世之積弱而中興。中興而復積弱相類。故欲鑒中國之前途。不可不讀埃及史。柴氏以蠡貫之才班馬之筆。親游彼都。歸著是書。麥氏以其可以藥我也。故從而譯之。其自序云。「嗚呼。文明之古國。其又何可恃耶。埃及非地球所稱開國最早。數千年前文物燦備者哉。其理學之奧。學問之精。藝術之巧。至今歐人猶沾丐其餘瀝。而文物燦備之國。反已若存若亡。其人種且愚蠢陵夷。降爲奴隸。嗚呼。文明之古國。其又何可恃耶。埃及國於形勢之地。握歐亞之喉咽。而又物產殷繁。商業通利。其爲列强所涎睒。殆不足怪。獨怪以謨罕麥德阿梨之英雄。中興其國。教育經濟。措施美備。以彼其才。豈不足振國勢而庇孫子。乃傳及二世。忽焉蹶失。豈彼詒謀之不臧耶。抑亦國民膜視大局。冷於政治思想。故雖有英辟誼主。亦止能成爲一治一亂之世耶。夫以中興之國。乃至溘然崩敗。推求其故。實由借外債而任外人。以埃及蕞爾之邦。用外人至一千二百餘人。給外俸至三百八十餘萬金。一切內權。皆歸其手。夫以外人而治內政。不諳情勢。不習民俗。其措置已多窒礙。況乃倒授太阿。主權盡失。卒以是故。坐召外人之干預。反覆相尋。遂藩其邦而奴其族。嗚呼。此亦可爲專倚外人之炯戒。而知國權之不可假人也。若其內治衰亂。財政紛紊。官俸微薄。吏士貪庸。奔競鑽營。寡廉鮮恥。甚乃抑國民。禁報館。其腐敗之情狀。何藎然與我同也。然埃及彈丸。猶有亞刺飛之英豪領袖國民提倡自主收復內權抵拒外禦。雖志業不遂。而其激昂之意氣。猶足立懦夫之志。而懾列强之心。我國政變以來。將三年矣。而士民婾忍。初未聞有如此之一人。嗚呼。埃及衰矣。以我視之。抑又不逮。此固我四萬萬人之痛恥奇辱。而埃及所竊笑其旁者也。余痛時事之艱危。悲國權之屈辱。用譯是書。以助戒懼。古人有言。殷鑒不遠。又曰前車覆。後車鑒。我國雖危。猶可及止。願我國民同此戒懼。無遵埃及之轍。而使後人以哀埃及者哀我邦也」讀此可見本書之大略。而著譯者之苦心。亦從可察矣。其文筆之精暢銳達。一如其自序之文。

**譯書彙編**　每月一冊

社員輯譯　東京譯書彙編社印行　定價全年二元五角每冊二角五分

玆編爲我國學生留學於日本東京者所輯譯。採擇東西各國政法之書。分期譯載。務播文明思想於國民。自辛丑春間。初號發行。已印九冊。至本年更加改良。以四箇月爲一結束。年分三期。每期各成書若干種。誠最便於學者矣。第二年第一期內容書凡四種。一外交通義。二歐洲財政史。三警察學。四法律學綱領。其第四種已完成。皆簡要精絕之書也。其中如法律學綱領。全書不過萬言。而提要鉤元。精義俱備。著者自此於道德經五千言。誠非誣也。此等精構。一一紹介於我國民學界之前途可爲預慶。加以本編改頁後。裝潢精美。圖畫鮮明。實爲叢報中放一新彩。卷末附載歐美政治法律經濟各新著書目。尤足爲孳精西學者之一助也。

選報 每月三册

社員編輯 上海選報館印行 定價每册一角三分

中國之報界。今猶幼稚時代也。上海一隅。號稱最盛。其以叢報體發行者。不下十數家。丙丁間時務報一時風行。舉國傳誦。審其體例。厖雜已甚。缺點滋多。此後繼起者。抑又下焉。近年以來。斯風漸息。稍有進步。而選報其一也。報中論說皆能以發揮國民精神爲主。文體淵懿。陳義悱惻。誠爲滬濱斯道之冠。記中國近事。亦繁簡得宜。以視「時務」過之遠矣。

# 中國近事

◎約文詳錄 滿洲約頃已据所聞登載前號本報玆復得東報所載更爲詳細。合併譯錄之如下。第一、俄皇以愛和平起見欲與中國皇帝表交誼之實情。雖受俄國臣民之攻擊。亦所不顧。依然以滿洲全部還付中國。一切統治及行政之權。均與俄軍未占領前無異。第二、滿洲既歸中國統治。則中國當確守一千八百九十六年八月廿七日華俄道勝銀行所訂之條約。照該約第五條應極力保護東清鐵路及鐵道人員。且宜保護在留滿洲之俄人。及其所剏設之事業。中國苟能踐言。俄國自不別生事端。當依下列之期限撤退駐滿洲之兵。一、本條約畫押後六個月內當撤退盛京省西南部及遼河一帶之兵。并將鐵道交還清國。一、保護鐵道爲中國固有之權。不得使局外之國干預。凡俄人所還付之各地。日後不得割讓他國。一、再後六個月內。撤退盛京省未撤盡之兵。及吉林之兵。一、再後六個月內。撤退黑龍江全省之兵。第三、當一千九百年時。華兵無故往俄境騷擾。中俄兩政府自訂此約後。當以此事爲鑑。不可令再有此等暴舉。俄兵撤退之前。當令各省將軍與俄國軍務官就近議定中國應增之兵數。及華兵駐紮之地位。而中政府不得於將軍及軍務官議定之兵數外另派大軍前往。華兵在滿洲者。以足敷彈壓匪徒綏靖地方爲限。俄兵撤退後。中國當考實滿洲華兵之數。苟有增減。當隨時隨地通告俄政府。中國如于該處調駐多兵。俄人亦當于邊境添加相當之軍隊。如是則徒費兵餉。兩無裨益也。至于東清鐵道公司產業之地。當由該將軍編成騎步憲兵。以備防守。 第四、俄政府自一千九百年九月以來所經營之東清楡營各鐵道。均當交還原主。而中政府當依下列之條理。一、滿洲鐵道之建築及經營等。當照一千八百九十九年四月十六日之英俄協商。與一千八百九十八年九月二十八日之借款契約。由該處私立公司承辦。特東清楡營二鐵道。不在此例。一、將來滿洲南部。應如何添築支線。營口遼河應如何架設橋梁。營楡停車站應如何更改。均須由中俄兩政府協議定奪。一、東清營楡兩鐵道既已交還。則中國當於賠款之外。另爲酬賠其數。應由兩國政府會議。中俄兩國前日所訂諸約。雖此約訂定後。亦不作廢。自兩國全權畫押之日始。兩國均當踐守約文。三個月後在俄京互換。

◎招聘日員　政府近以變法事繁。擬請日本政治家數人前來襄理政務。慶親王荐舉加藤高明君。朝臣中多有贊成之者。

◎托購書籍　政府某大臣日前往見駐京日使內田康哉君。請其代買日本公私各學校教科諸書。約計數百部之多。內田君已允爲代辦。聞辦至中國後。即當須發各學校應用云。

◎指駁新章　督辦鐵路礦務大臣王文韶瞿鴻禨。當訂定礦務章程時。幷未與會辦大臣張翼商議。迨章程頒發。張始得知。遂將章程中所有不妥之處。逐項簽駁。幷請兩大臣從速更改。聞各公使亦以新章稅課太重。嘖有煩言。

◎大閱水師　聞北洋海軍統領葉祖珪軍門。已定于四月十五日調集各艦在江蘇沿海之某處操演。畢。即將各兵艦調往直隸灣碇泊大沽附近。稟請慶親王袁世凱親往閱驗。幷求指授海軍再興方略。聞應行操演之船共十三艘云。

◎袁督東游　聞直督袁世凱一俟天津事件了結。即擬親游日本考察政治經濟軍事教育及各種制度。而外間傳聞則謂實係特往調查學生之舉動。幷詳察留學生章程及教法。擬在東京勾留約僅十日。即當前赴北美游歷。其同伴及隨員則為聯芳、呂海寰、梁仲衡、等共十五六人云。

◎商設商部　盛宣懷電商政務處外務部代奏請旨遵行。異日商務部開辦之時。托各國駐北京公使代聘各國著名律師數人。為該部教習。博采各國礦務鐵路。及商務專律。編纂成書。再由國家派員學習。俟學業有成。即派此項人員為該部聽審委員。備有中外人民為房產等事涉訟。皆赴該部控訴。如中國人民不願如此辦理。仍赴該管地方控訴。亦聽其便。

◎礦利均霑　聞政府已與各國訂約。准俄人在奉天開礦。英德法美四國在吉林黑龍江一帶開礦云。

◎德索鐵路　前者嘗聞德使不再向中朝續索山東礦務。茲聞該使又請外務部准其從直隸正定建造幹路一條。達河南開封府。又枝路一條。轉接蘆漢。

◎俄索鐵路　俄國道勝銀行近復與議建造由正定至太原之鐵路。此事一千九百年毓賢在山西巡撫任內時。曾經議過。今乃舊案重提也。

四

◎開埠併議　滿洲奉天齊齊哈爾哈爾賓等處開作通商口岸各節當歸併上海會議商約時一體議辦將來必由英美日三國公使中推舉一人辦理此事云

◎新設鐵路　聞有張某嚴某請外務部轉奏開辦鐵路由永定門至長江北岸之蕪湖名京裕鐵路綿延三千餘里在蘆漢津鎮之中央誠南北之要路也其欵項係美國劉海蘭所籌現已由全權大臣入奏不日即當有明文云

◎商辦鐵路　粤漢鐵路總董張弼士日前回粤謁見陶制軍籌商開辦聞已有頭緒惟尚須面謁督辦盛大臣方能酌妥已于月前自省附輪前往申江一俟妥商即行開辦也

◎朝陽亂耗　朝陽土民鬧教滋事勢頗猖獗政府特派馬玉崑軍門往剿馬軍至後大營僅離土巢數里該頭目即遣說士一人往謁軍門議論風生頗有捫蝨而談旁若無人之概始歷言民生如何疾苦繼論教士教民如何壓制最後謂彼等今日進無保身之策退無再生之理朝廷遣兵來勦固不敢與抗無如其境遇情形實不忍再以兵力相加即盡殺之其如四百神洲殺不勝殺何爲今之計正宜內修政治外則据理與

鄰國爭。小民雖愚。豈樂蹈險而就死。致上受賠款之累。下遭教士教民之虐。土室泣血。慘無天日。今事已至此。足下勿爲外人之爪牙。致我同胞操戈自戕也云云。該說士聞係本地文生。馬軍門部下聞之。有淚下者。聞已有三百餘名逃赴賊壘投降云。

◎西亂彙聞　廣東函稱。廣西柳州府馬平縣之土匪林某。會同遊勇大隊前至鬱林滋擾。近已竄回馬平原籍地方。猖獗異常。日前刦掠四堡新墟及村鄉等處。勒令富家納交米糧銀兩。否則搶掠無遺。刻下各村紳民舉辦團練。防守甚嚴云。又聞亂黨中有許多黑旗兵在內。該兵訓練數年。故非烏合流寇可比。且機械頗足。聞有快鎗六萬枝。日前馬介堂與匪大戰。初小不利。後以四面兜擊。匪始逃竄。馬軍遂勝。追殺約千餘人。又聞亂黨近日蔓延漸大。且戰勝官軍。其勢因之益張。日前在某處殺斃軍民不下千餘人云。

# 海外彙報

半月大事記西歷四月上半月

▲一日路透電。加拿大運船。兹已駛抵奎因斯湯。船內所載各犯。內有澳洲二人。因用鎗擊斃杜囚。故已判定監禁終身之罪。另有澳官二人。已經處斬。所犯罪與前同。

同日電。丹國首相尼派。現已啓行前往比京及德京兩處。據稱尼相此行。乃爲杜人介紹。蓋欲勸令德廷扶助杜國也。

▲二日路透電。前禮拜內杜兵陣亡者廿三人。就擒者二百四人。投誠者四十九人。

同日電。英軍二千人。前擬于四月半由英附輪前往南非洲。兹各營業已奉諭整備戎裝。准于本月十五日啓行。

同日電。英國陸軍統領名凱拉克者。兹已因病逝世。現年七十有八歲。

▲三日路透電。德亨利親王偕其夫人。行將帶同隨員多人。前往英京慶賀英皇加冕。華德斯爵帥亦在其列。

同日電。英京近預備英皇加冕之慶典。甚形忙碌。玆已飭令安設煤火管。緜亘數英里之遙。以爲屆時點燈火之用也。

同日電。洛治出殯時。英皇后嘗備送花圈一具。

同日電。麥西多尼亞並爰羅便尼亞兩處匪黨聚衆滋事。以致地方甚形擾亂。玆土王已將前情備文佈告各國矣。

同日電。丹國首相前有比京德京之行。實爲考察各該處藝學堂中情形。

▲四日路透電。英委員保格同杜政府各大臣等。近日已與阿連治前總統斯他銀往返商議和局之事。

同日電。杜將底拉利並鏗斐二人。目下均在前總統斯他銀營處、

同日電。上月二十七日路透電所云。澳官二人因鎗斃無辜杜民。業均正法各節。玆悉該犯官等奉諭後。十八点鐘即行臨刑。既不及料理身後事務。又弗獲具摺上奏英皇。澳洲輿論。均以執法者不無過苛云。

同日電。前任南非洲巡撫洛治殯葬之日。甚形熱鬧。通國臣民同深惋悼。

▲五日路透電。洛治遺命撥欵十萬磅以助阿利哀學堂經費。

同日電。英杜兩軍近在哈透河大戰。杜軍終被英軍所敗。是役也。英軍中官弁陣亡三人。兵勇三十四人。受傷者官弁十六人。兵勇百三十一人。

▲六日路透電。杜兵現在効命于疆埸者。約計有八千餘人之衆。

同日電。路透局派駐南非洲訪事電稱。和議委員保格踰與杜總統斯他銀並杜將底拉利等往返信商。但所議各節。至今尚無頭緒。緣兩處地方相隔太遠故也。

▲七日路透電。基將軍電稱杜將苦里正格前因其所犯案情。有顯悖公理之嫌疑。茲經訊明釋放。此後祇以尋常之罪人待之。

同日電。俄海部大臣已核准發給英金六萬磅。以備東方俄屬本年疏濬港道之用。

同日電。英議院中議員名巴敦者。院中之領袖也。茲因事阻。不克應日本之請。

▲八日路透電。據泰晤士報所論中俄此次所訂之約。彼此均不失主權。而且與各國之利權亦不相碍云。

同日電。美國所議禁止華工入境章程。業經華盛頓議院核准施行。

▲九日路透電。日前英軍與杜將底拉利所統之軍互戰時。加拿大之兵七十名。攻戰甚爲得力。然杜兵有六百人之多。且奮勇直前。相持兩點鐘之久。英軍終爲所敗。死傷者五十五名。

同日電。英杜和局現已開議。惟杜國副大統領斯他銀及提督威兒脫未肯降心相從。故于和局大有所碍。

同日電。英康諾親王已奉簡統帶英皇加冕時所有馬步各軍。

同日電。法國某報云。法宜在長江一帶求一水師軍港。並宜創一法國商輪公司云。

同日電。美國議院議定非律賓羣島現用銀幣。仍照舊式。前有抗議者。今悉贊成矣。

同日電。英戶部大臣在某處宣言。月前英杜和局。實在並無端倪。蓋杜國所擬之意旨如何。固不可知。第未知果能悉孚英之所求否也。故其究竟殊不可測。

▲十一日路透電。比京各會黨大有蠢動之勢。比政府業已召集後備兵兩旅團。以防意外之變。

同日電。英杜兩國議和委員。近已畢集開克斯多。惟所議如何。英軍尚未得有消息。

同日電。洛治已于前日卜葬于馬陀與波丘。執紼而送者。白人有千餘名。土民倍之。殯儀可謂盛矣。

▲十二日路透電。美屬楷克故人民。擬欲復舉現任總統羅維斯聯任。並舉伊理雷須爲副總統之任云。

同日電。法國海部近已出示裁減駐紮遠東之水師兵額。但留軍艦一隊往防東海。並派水師副提督一員統轄全軍。

同日電。英兵部大臣在下議院宣言。南非洲和局一事。杜人究竟如何意見。政府尙未得有消息。未知政府曾否受意于基將軍。惟目前則尙無停戰之約也。

同日電。英步兵七千。炮兵一千。鄉兵七千。又各屬奮勇兵五千。巡兵一千。定于下禮拜由英啓程前赴南非助戰。

同日電。英杜委員近雖在開克斯多會議和局。但所議條欵如何。英官迄未得信。

▲十四日路透電。英廷派與杜國議和委員保格偕同前總統斯他銀並杜將竇薩底拉利及底威特等。已從開克斯多地方分乘專車二輛至斐托里亞矣。

同日電。英內閣大臣于前禮拜六之夜。齊集理藩院大臣張伯倫府中議事。據云因接有南非洲甚將軍緊要文牘故爾集議。

同日電。昨日內閣各大臣在張大臣府中。自一点鐘議至夜半始散。翌日清晨。張大臣入署。隨即入覲英皇。奏對有兩点半鐘之久。退出時即備文覆寄南非洲。

▲十五日路透電。英戶部大臣昨在下議院出示。謂本年國中度支用欵。對算尚缺絀費英金五十二兆五十萬磅。本大臣擬向民間籌借三十二兆磅。餘則另增新稅。以補不足。所擬新稅數如下。一凡官民進欵數至一百磅者。輸捐一辨士。次則五穀每重百磅加稅三辨士。麵粉加稅五辨士。其他郵票匯票等亦擬一併酌加。

同日電。英戶部大臣因度支短絀。擬增新稅各節。若照此辦法。可增進欵五百十六萬磅。然後再向民間籌借三十二兆磅。以補不足。

同日電。加拿大政府派員稽查外國人民流寓本境。茲据該委員稟覆政府云。日本業已自禁其民流寓外洋。故日人可無須阻抑。惟華人則須嚴行禁絕。每一人頭稅宜增至五百元云云。

# 餘錄

## 周末學術餘議

金七十論學者來稿

貴報第四號「論中國學術思想變遷之大勢」一篇。謂周末理想勃興。其原因凡有七事。又取先秦學派。分爲南北。眞能洞見社會之沿革種性之蕃變者。惟篇中尙有數事。鄙意未敢苟同。謹獻顓愚。用祈裁定。

一謂子思孟軻與荀同源。而其强辭排斥與他子等。爲尊小宗而忘大宗。鄙意子思子學界本無卓絕過人之識。徒以孟氏出其門下。遂被高名。其實不過仲尼之鄰子耳。蓋在儒家。實能開新世界者。下比子思。誠不啻長狄與侏儒也。乃荀卿所以並譏二子者。蓋自唐虞以至周末。雖文明日進。而神權宗教之見。猶未滌除。至荀卿一出。知禨祥神怪。一切出于誣妄。大聲疾呼以息此燄。觀其全書。率皆此旨。無庸瑣屑徵擧也。夫神權宗教之在儀式者。文化既進。夫人而知其繆。若夫改變舊說。自立新義。以此傳諸材性道德。則學者之神經。亦爲之梗塞紊亂矣。是故荀卿所擧以非思孟者。要在五行。五行之說今于二子書中證據尠少然中庸開端即以天命爲性始舊注釋其義曰「木神則仁火神則禮土神則智金神則義水神則信」是可見中庸本旨固以五行附五德也又其稱述仲尼乃云「上律天時下襲水土」斯非宗教語乎孟氏從子思說又以仁義禮智四德並擧大抵亦本諸此自以五行傳五德適與鄒衍之學接觸至漢世春秋繁露白虎通義諸說千徙萬變終局促于此範圍當世經生非無思想發達者自囿藩籬坐令頹萎其影響于政治界者則遇星變日食河決山崩等事或殺貴臣或赦盜賊綱紀廢弛一聽天道其諸子思孟軻實爲戎首歟夫五行之說遠本上古鴻範肇其緒二雅承其流（齊詩五際六情之說）是以孟子于詩書爲其專長荀卿於詩書在所必殺詩猶薄伽梵歌書猶富蘭那神話抑豈無哲學古義存乎其間而足以眩惑人者不少然則荀卿非特譏思孟亦未必純宗孔子矣哲學觀念歷世變易不必趨步本師釋伽初敎惟欲解脫苦集其說實近虛無至馬鳴大士出以爲無明染相悉皆實在排斥灰滅小乘不遺餘力而終不敢昌言排佛荀卿之尊孔子而譏思孟亦與此類豈獨不尊大宗亦幷違其初祖推之宋世洛閩江西諸彥何獨不然然其所見實有陵駕孔氏者故據師法言則

可謂之偭規據眞理言則不得不謂之見道意者學派之異于宗教其要點固在是乎一謂藝文志既列儒家於九流則不應別著六藝略既崇儒於六藝何復夷其子孫以儕十家鄙意儒與六藝本不同科儒爲一家之私言六藝爲九流之公業他家姑不盡引即如墨子既稱百國春秋又引逸書雅頌非徒徵擧其詞亦實奉爲法式莊周作徐無鬼篇載當時游說者橫以詩書禮樂從以金版六弢此可見戰國學風矣無他六藝本典章記註之書肄業所及不能出乎其外亦猶今時爲專門科學者其在中小學校時無不略讀國史特儒家所習專爲孔子删定之書而墨與諸家所習則尚有逸書逸詩與不修春秋在此其別耳夫未删定者爲儒家所不取而已删定者則未必爲諸家所棄遺故曰六蓺者九流所公也秦火已後獨删定者尚在蓺文志不得不僅取此以應名實然苟有斷簡子存則亦一槪入錄如尙書家有逸周書是也漢世九流鉅子存者無幾而儒家尙占多數則稱說經傳者自在儒生故蓺文志不得不崇儒於六蓺推尋元始其知六蓺非儒家所專擅也明矣借令周末本無餘子獨有儒者一家儒與六蓺亦不得合何者六蓺爲實錄儒家爲理論一則具體一則抽象本無同在一略之法也況

推本六藝者實繁有徒耶。故鄙意二者分科於義實允。惟論語孝經與所謂典章記注者體本殊絕。而儒家以外亦未聞誦習其書。禮記百三十一篇屬通論者不少。又多從儒書錄出。而皆置之六藝略中。斯實漢世尊奉孔氏墨守師法之過。今所當議者此僃一謂農家位置與兵商醫諸家相等。農可列於九流。則如孫吳之兵計然白圭之商扁鵲之醫亦不可不爲一流。今有兵書略方伎略在諸子略外。於義不完。鄙意農家者非徒植穀分區之法常平積貯之政也。如許行爲神農之言。而其所主持者乃在君臣並耕。此與近世勞作私有權說幾無二致。爲社會學中一大宗派。固形而上之農非形而下之農矣。方伎略中能有此義乎。兵家如吳起輩非不兼涉政治。而究不過政治之一分支。非如農家欲盡變薦紳工賈以爲耕夫。其範圍及于全部社會者也。況編集兵書者爲張良韓信。彼固長于軍旅而非精研內政。觀編集者之爲何如人。即可知其書之爲何如書。蓋如吳子之兼涉政治者亦鮮矣。故農家可以入諸子。而兵書方伎不得不獨爲一略。有形上形下之分焉。商本與農異職。如計然白圭輩所見亦極遠大。而當時貨殖學者挾術自助。率以商與農兼。越絕載計然范蠡之說。大抵如是。則知言商術者。

其說固兼見于農書而未嘗特爲一帙。九流之有農而無商。勢亦不得不然也。

一謂諸子略之陰陽家與數術略界限不甚分明鄙意謂此種書籍今已不傳。界限如何無由臆測。苟以近世著述喩之。則邵雍之皇極經世。黃道周之三易洞璣。可以入陰陽家。而一切卜筮形法諸書則當在數術略。此亦形上形下之分也。使不見其書而徒以名號揣度。則安知若者爲形上若者爲形下耶。今漢志所錄。雖無執證。然陰陽家鄒衍一人。史記尙存其學說關于時間者則五德轉移是也。關于空間者則大九州是也。五德之說與儒家思孟同符。其粗者傳之張蒼公孫臣輩。以五行推統系而吹律定姓。三統文質之義起焉。其精者傳之董仲舒翼奉輩。以五行附道德而澄列五性以立父子之說起焉。仲舒有五行對篇五行之義篇。其言曰。「五行者五行（德行）之行也。木生火養。金死水藏。火樂木而養以陽。水克金而喪以陰。土之事天竭其忠。故五行者乃忠臣孝子之行也。」藝文志有于長天下忠臣九篇入陰陽家。昔人每不能解。豈知其爲推衍董學乎。翼氏以五情分配方位。則純爲主觀之心理。又進于客觀之倫理矣。昔希臘哲學家他列士作形神合一論。歸世界之原理于水。赫科利德斯作轉化論。歸宇宙之根本于火。而赫氏更謂「世界有神火。人之精神。爲神火之一部。是稱心火。心火乾燥者爲賢人。心火溼潤者爲愚人」此與以五行附材性道德者。最爲微近。大九州之說。非得之于步地。亦非得之于讀書。憑虛冥索以爲數。有必至。故與印度富蘭那神話。如閉門造車。出而合轍者。彼云「宇宙以須彌山爲中心。而最近此山者爲閻浮洲。其中凡分九界。有鹽海環之。其外他洲。又有錫海環之。如此七洲七海。大圓同心。至於落伽山脈而爲極際焉。」此非與裨海大瀛之義。冥合無間耶。夫希臘哲學印度神話。皆由冥想搆成。理固荒唐。終非形下。鄒衍立說。正與彼同。豈若賣卜旋式占星相人者。區區小道。致遠則泥乎。以此推之。陰陽家義本浩博。故阻化害政者亦多。數術略理至膚淺。故卑論儕俗而易破。此即其界限之分明可指者也。

一南派支流。以屈原與許行並舉。鄙意屈原特賦頌之雄。豈得抗衡許氏。其思想幻忽。非有宗旨。天問一篇。因廟壁圖畫而作。九歌諸曲。以俚儻謠舞而成。可稱宗教而不可稱學派。可稱民間宗教。而不可稱組織宗教。試變天問爲散文。較論衡之煩瑣。哲學尚遠不逮。況能與許氏頡頏耶。唐甄有言。「屈原之死。疑有祟焉。發而爲言。皆非人世之言。其心志所往。皆非人世所及之境。見神見鬼。神語鬼語。可畏也。使當日者其弟子見其師之深亂。往卜於鄭詹尹。詹尹必曰湘水爲祟。則至湘水之濱。備牲沈玉。以禳其災。原或免于死乎」。是雖諧謔語。可謂洞見屈氏之病根矣。宗教病態。不狂不止。食欲亢進而拜蘇摩。色欲亢進而崇毘紐。美感亢進而舞蹈于壇殿。神感亢進而徬徨于森林。其發爲文辭。靡不雄麗。而原也兼備之。非其神經妄動。以致此疾耶。徒舉其文。誠所謂金相玉質。百世無疇者矣。以思想言。則爲不規則之思想。列諸南方學派。殆未可也

以上數事。聊貢一得。意者褊愚所及。篤時拘墟。未足語于天地之大。惟大君子裁察焉。

右來稿一篇。以二月杪寄到。本擬登第四號。因排印不及。故改登本號。篇中陳義。悉洞本原。第五條辨屈原爲文家而非學派。尤中癥結。他山之石。可以攻玉。記者所心折而深感也。其中惟第一條。與鄙見不無異同。荀卿之攻孟子。實由黨同伐異之見。來稿謂二子未脫神權宗教思想。荀之攻之。專在此點。而二子書中。旣不能得其言五行之證據。則引舊注附會之說。强謂言五德者即言五行。恐思孟所不受也。西漢經說。多出荀卿。汪容甫述學考據頗詳而陰陽五行說最盛。然則謂此種道術。原本荀卿。尚稍爲

近耳。當時諸子。互相爭辯。常不免强詞奪理。頗類村嫗嫚罵口吻。實吾國學史上一汚點。如孟氏謂楊氏無君。墨氏無父。夫爲我與無君何涉。兼愛與無父何涉。斯豈非溢惡之言耶。荀之攻孟。亦若是則已耳。荀學之取義宏博。綜理密微。誠中國之阿里士多德也。吾非敢鄙薄之。但其非十二子一篇。則期期以爲不可耳。第五條所論。其大旨固所心折。但鄙論標題爲學術思想變遷之大勢。非欲爲中國哲學史也。故苟有可以代表一時代一地方之思想者。不得不著論之。如第一章之胚胎時代。第四章之魏晉時代。其思想更下於屈原。亦不得不舉論也。不問其思想之爲是爲否。爲完全爲不完全。爲有條理爲無條理。但在其時代占勢力者。則舉之。此本論之例也。屈原之不脫宗教神話。實亦可爲當時湘楚間思想幼稚之一徵。烏可以其不完全無條理而遺之。且屈子之厭世觀。與其國家主義。亦實先秦思想界一特色也。鄙論第五號已略言之矣。至其餘各條。皆精覈辨析。實足匡我不逮。他日全論殺青彙印時。必當校改以報盛意也。　記者附識